U0899933

新编精短

# 领导致辞

## 多情境无死角的致辞速查全书

短不失理·小不削情·言简义丰·回味无穷

余柏 主编

哈尔滨出版社
HARBIN PUBLISHING HOUSE

图书在版编目(CIP)数据

新编精短领导致辞 / 余柏主编. —哈尔滨：哈尔滨出版社，2014.4

（实用精短文库）

ISBN 978-7-5484-1747-7

Ⅰ. ①新… Ⅱ. ①余… Ⅲ. ①领导人员－语言艺术 Ⅳ. ①C933.2

中国版本图书馆 CIP 数据核字(2014)第 014860 号

书　　名：新编精短领导致辞

作　　者：余　柏　主编
责任编辑：韩伟锋　杨晓梅
责任审校：李　战
封面设计：夏　初
版式设计：远流图文工作室　陈　亮

出版发行：哈尔滨出版社(Harbin Publishing House)
社　　址：哈尔滨市松北区世坤路 738 号 9 号楼　　邮编：150028
经　　销：全国新华书店
印　　刷：辽宁星海彩色印刷有限公司
网　　址：www.hrbcbs.com　　www.mifengniao.com
E-mail：hrbcbs@yeah.net
编辑版权热线：(0451)87900271　87900272
邮购热线：4006900345　(0451)87900345　87900299　或登录蜜蜂鸟网站购买
销售热线：(0451)87900201　87900202　87900203

开　　本：720mm × 1000mm　1/16　印张：29.5　字数：432 千字
版　　次：2014 年 4 月第 1 版
印　　次：2014 年 4 月第 1 次印刷
书　　号：ISBN 978-7-5484-1747-7
定　　价：48.00 元

# 前言

空谈误国，实干兴邦。开短会、发短文、讲短话，已经成为当今的时代新风尚。不管是哪一个行业或哪一个层级的领导，都是一个群体或团体行动的筹划者、指挥者、领路人和代言人。不论是下决策、做指示、安排工作、部署任务，还是发动群众、教育群众，都需要通过讲话来完成。换句话说，要做一名称职的领导者，必须具备较高的讲话水平。领导者立权立威的过程其实也是立言立行的过程。讲话作为领导者必备的一项基本功，是考验领导者综合素质的一面镜子，也是评价领导水平的一把尺子。

不知从何时起，有些领导习惯了“你方唱罢我登场”的讲话方式，尽管内容大同小异，表达语无伦次，但都要说上几句、强调几句、补充几句。讲话似乎成了领导的一种政治待遇，逢会不讲上一讲，就失去了身份。逢会必讲，逢讲必长。说者滔滔不绝，费尽口舌；听者昏昏欲睡，苦不堪言。为什么不能把话说短些呢？其实，发言的效果和发言的长短，往往是成反比的。发言越长，效果越差；发言越短，效果越好。讲短话，是在追求效率，是懂得珍惜时间的表现，也是对听众的尊重。《墨子》中记载着这样一则寓言，学生子禽向墨子请教：“多言有益乎?”墨子回答说：“虾蟆蛙蝇，日夜恒鸣，口干舌擗，然而不听。今观晨鸡，时夜而鸣，天下振动。多言何益？唯其言之时也。”意思是说，青蛙和苍蝇日夜鸣个不停，可仍然没有人听；报晓的公鸡一叫，天下为之震动。话不在多，关键在于合乎时宜。明代则有个“朱元璋怒打茹太素”的故事，茹太素写一份奏折，开头竟写了三页纸那么长，因而遭到皇帝的责打。寓言和历史故事无非告诉人们这样一个道理：讲话要言简意赅。事实上，讲短话已成为当今社会的一种风气。提倡领导者讲短话，语言简洁、准确、精练，有话则长，无话则短，必然会短而实、短而精，人们也必然会愿意听，也有利于解决问题。浪费时间就等于浪费别人的生命，无论什么场合讲话都滔滔不绝的那些领导，不仅浪费别人的生命，也在浪费资源和成本，也是一种腐败，是讲话腐败。讲话简洁，既是能力，也是廉政。基于此，我们编辑了《新编精短领导致辞》这本书。

本书在形式结构上主要分为两部分：一是通用规范，通用规范主要概括本章致辞主题的写作要点和写作技巧以及在致辞过程中应当遵循的一些语言、行为等方面的礼仪、规范，以便读者对本章内容形成整体思路；二是参考范例，参考范例主要是以实例的形式（不同单位领导在不同场合的致辞）对通用规范进行再阐释，使读者能够更直接地掌握致辞要领，从而满足不同类型读者对致辞的不同要求。

全书从结构上分十二章、共三十三节。这十二章依次为：开幕式、闭幕式致辞；欢迎辞；欢送辞；节日致辞；纪念活动致辞；答谢辞；公务礼仪活动致辞；工作会议致辞；通过媒体致辞；慰问致辞；悼念致辞；岗位变动致辞。每章包含多节内容，选取具体事例，对每章内容进行具体说明。

本书的特点如下：

第一，范例精短，字数多不过千，内容精彩，便于学习。

第二，形式新颖，每个范例都提炼出人物、场合、时机、语言风格、精彩语句等关键要素，既方便读者索引、对照、查找、选取，也便于读者通过关键词加以串联，容易记忆，甚至方便读者挑选精彩句式直接引用。

第三，风格多样，所选范例风格各异。逻辑严谨者环环相扣，滴水不漏；激情四射者天马行空，热烈奔放；诙谐幽默者充满智慧，引人思考；文采飞扬者行云流水，辞藻华丽。

领导讲话大有学问，如何把话讲得短些、短些、再短些，这里头有大学问。通过本书，我们相信，每位读者都能精通讲话这门学问，掌握一套让人记忆深刻的讲话本领。

# 目录

## 第 1 章　开幕式、闭幕式致辞

## 第 2 章　欢迎辞

## 第 5 章　纪念活动致辞

## 第 6 章 答谢辞

## 第 8 章　工作会议致辞

## 第 9 章　通过媒体致辞

## 第 10 章　慰问致辞

## 第 11 章　悼念致辞

# 第 1 章

# 开幕式、闭幕式致辞

开幕词是在重要会议或重大活动开始时，会议主持人或主要领导人讲话所用的文稿。开幕词的主要特点是具有宣告性和引导性。不论召开什么重要会议，或开展什么重要活动，按照惯例，一般都要由主持人或主要领导人致开幕词，这是一个必不可少的环节，标志着会议或活动的正式开始。开幕词通常要阐明会议或活动的性质、宗旨、任务、要求和议程安排等，集中体现了大会或活动的指导思想，起着定调的作用，对引导会议或活动朝着既定的方向顺利发展，对保证会议或活动的圆满成功，有着重要的作用。

闭幕词与开幕词一样，具有简明性和口语化两个特点，其种类与开幕词相同。凡重要会议或重要活动，与开幕词相对应，一般都有闭幕词，这是一道必不可少的程序，标志着整个会议或活动的结束。闭幕词通常要对会议或活动做出正确的评估和总结，充分肯定会议或活动所取得的成果，强调会议或活动的主要精神和深远影响，激励有关人员宣传会议或活动的精神和贯彻落实有关的决议或倡议。

开幕词通常由标题、称呼及正文三部分组成。

（一）标题

标题一般由事由和文种构成，如《中国共产党第十二次全国代表大会开幕词》；有的标题由致辞人、事由和文种构成，其形式是《××同志在××会上的开幕词》；有的采用复式标题，主标题揭示会议的宗旨、中心内容，副标题与前两种标题的构成形式相同，如《我们的文学应该站在世界的前列——中国作家协会第四次会员代表大会开幕词》；也有的只写文种，如《开幕词》。

（二）称呼

一般根据会议的性质及与会者的身份确定称谓，如“同志们”，“各位代表、各位来宾”，“运动员同志们”等，一般写在标题下行顶格，

（三）正文

正文一般包括开头、主体和结尾三部分。

1. 开头

开头部分一般会开门见山地宣布会议开幕。也可以对会议的规模及与会者的身份等做简要介绍，如“参加这次大会的代表有×××人，其中有来自……”，并对会议的召开表示祝贺及对与会人员表示欢迎。需要说明的是，开头部分即使只有一句话，也要单独列一个自然段，将其与主体部分分开。

2. 主体

主体部分是开幕词的核心部分。通常包括三项内容：

①阐明会议的意义，通过对以往工作情况的概括总结，以及对当前形势的分析，说明会议是在什么形势下，为了解决什么问题和达到什么目的而召开的；

②阐明会议的指导思想，提出大会任务，说明会议主要议程和具体安排；

③为保证会议顺利举行，向与会者提出会议的要求。

3. 结尾

结尾部分提出会议的任务、要求和希望。结尾要简短、有力，并要有号召性和鼓动性。写法上常以呼告语领起一段，用“预祝大会圆满成功”做结尾。

闭幕词也由标题、称呼和正文三部分组成，标题与称呼的写法与开幕词基本相同。在标题和称呼之后，另起一段首先说明会议已经完成预定任务，现在就要闭幕了；然后概述会议的进行情况，恰当地评价会议的收获、意义及影响。核心部分要写明：会议通过的主要事项和基本精神；会议的重要性和深远意义；向与会人员提出贯彻会议精神的基本要求等等。一般来说，这几方面内容都不能少，而且顺序是基本不变的。写作时要掌握会议情况，有针对性地对会议内容予以阐述和评价；同时可以对会议未能深入讨论的问题适当强调或补充；行文要热情洋溢、文章要简洁有力，起到激发斗志、增强信念的作用。结尾部分一般先以坚定语气发出号召、提出希望、表示祝愿等，最后郑重宣布会议闭幕。

## 第一节　文体活动开幕式、闭幕式致辞

文体活动主要是指各类团体举办的文艺汇演、文化节、艺术展、博览会等，这些文体活动的规模有大有小，取决于主办方的组织规模的大小。近年来，各个组织单位对文体活动的重视程度不断增加，从策划到开展也已形成了一套稳定程序，而在整个文体活动中，开、闭幕式致辞占据着十分重要的位置。文体活动的开、闭幕式致辞一般由三部分构成——开头、正文、结尾。开头通常为礼貌问候语——“尊敬的××，热烈欢迎”等等。正文一般介绍本次文体活动举行的原因、准备情况、参加人员。领导在进行致辞时一定要凸显文体活动或体育赛事的特点，明确参加人员、活动方式。正文是致辞的主体部分，正文的内容要与整个文体活动的风格相一致，要富于文采，充满激情。结尾要对整个文体活动的举办表示肯定，并对活

动进行美好祝愿："预祝××圆满成功！"

★★★

## 范例1：区委书记在首届桃花文化节开幕式上致辞

【致辞人】某区区委书记

【场　景】桃花文化节开幕式

【时　机】在开幕式开始时致辞

【风　格】热情洋溢

【关键词】春光明媚　战略决策　创新理念　别样风采　坚实步伐

【妙　语】赏特色桃花、展××风采、兴富民产业；让清幽的农家庭院变成城市居民休闲度假的第二家园，变成老百姓增收致富的绿色银行；美丽田园、幸福家园、致富摇篮。

尊敬的各位领导、各位嘉宾：

大家好！

在这春光明媚、桃花盛开的阳春三月，我们相逢在郁郁葱葱、花团锦簇的桃花山巅，拉开××首届特色桃花文化节序幕，这既是我区认真落实科学发展观，加快社会主义新农村建设的战略决策，也是大力实现商旅兴区和整体开放战略，推进城市特色农业产业开发的重大举措，更是狠抓"项目年"工作，创新理念，以特色办节、以节办会、以节招商、以节促发展的实践。在此，我谨代表区委、区人大、区政府、区政协向光临开幕式的各位领导、各位嘉宾表示热烈的欢迎，向特色桃花文化节的如期举办表示热烈的祝贺，向长期关心、支持、帮助××发展的省、市领导和各界朋友表示衷心的感谢！

××首届特色桃花文化节的举办，既展示了××建区两年来整体发展的别样风采，同时也迈出了建设富裕文明、现代化强区的坚实步伐。本届特色桃花文化节，我们以"赏特色桃花、展××风采、兴富民产业"为主题，搭建起招商引资、整体开放的平台，吸八方宾客来桃花山休闲，聚四海资金来××区创业，形成集农业资源开发、旅游休闲、招商引资为一体的“节会经济”。我们将通过桃花文化节的举办，以花为媒、广交朋友、展示形象、加快发展，让沉睡的山坡变成丰收的果园，让丰收的果园变成美丽的城市公园，让清幽的农家庭院变成城市居民休闲度假的第二家园，变成老百姓增收致富的绿色银行。我们将借助桃花文化节的示范效应，打响××全国农产品加工示范基地和全省循环经济试点两大品牌，强势推进社会主义新农村建设，带动城市特色休闲旅游产业开发，让希望的田野真正成为美丽田园、幸福家园、致富摇篮。

统筹发展谱新篇，××桃花别样红。我相信，通过本届特色桃花文化节的举办，××的整体发展必将跃上新的台阶，××的明天也一定会更加美好！

最后，预祝××首届特色桃花文化节圆满成功！

祝各位领导、各界朋友万事如意、幸福安康！

谢谢大家！

★★★

## 范例2：区领导在风筝年画艺术节开幕式上致辞

【致辞人】区领导

【场　景】风筝年画艺术节开幕式

【时　机】在开幕式开始时致辞

【风　格】热情洋溢

【关键词】历史悠久　群英荟萃　流派纷呈　享誉四方　旅游胜地

【妙　语】艺术属于人民，服务于人民；让您陶醉其中、流连忘返；让我们借着这次风筝盛会的东风，以年画为媒，以风筝牵线，携手共创美好的明天！

尊敬的各位领导、各位来宾，女士们、先生们：

大家好！

××区地处××半岛中部、××湾南岸，是沿海开放城市、世界风筝之都××市中心市区之一，也是连接省会××与××半岛的中间枢纽，总面积××平方公里，人口××万，辖经济技术开发区、海洋化工开发区和×镇×乡×个街道。××的前身是×县，历史悠久，群英荟萃，具有深厚的文化底蕴。“建安七子”中的孔融、徐幹，清代著名文学家、书画家郑板桥，都在此留下过不朽的足迹。××民间艺术的历史源远流长、流派纷呈，尤其以杨家埠风筝年画为代表的地方特色艺术更是独树一帜、享誉四方。杨家埠风筝以其造型精美、色彩艳丽、品种繁多、扎工精细等特点，与北京风筝、天津风筝、四川风筝并称为中国四大风筝流派，是我国民间艺术宝库中的一朵奇葩。被称作“姊妹艺术”的杨家埠木版年画距今已有500多年的历史，曾有“画店百家，画种过千，画版上万”之说，浓郁的乡土气息和鲜明的艺术风格，使其与天津杨柳青、苏州桃花坞并称为中国三大木版年画，在中国民间艺术中占有重要地位。改革开放以来，特别是近几年来，××区抓住新一轮发展机遇，以杨家埠风筝和木版年画为重点，依托丰富多彩的民俗文化，借助潍坊国际风筝会的影响力，不断加大保护、开发力度，杨家埠已成为展示我国悠久历史、灿烂文化的重要窗口和集民俗旅游、休闲娱乐、旅游产品交易于一体，享誉海内外的知名旅游胜地。

艺术属于人民，服务于人民。我们举办这届艺术节，就是要通过各种丰富多彩的活动，全方位展示风筝年画的魅力，展现民间艺术风采，传播民俗文化精华，推动地方特色文化产业的发展与繁荣，并以此为舞台，加强与各地在政治、经济、文化等各个领域的交流与合作，为早日实现“加快发展、富民强区”，全面建设小康社会的宏伟目标，提供坚强的思想保证和强大的智力支持。

举办这样大型的艺术节，在××尚属首次。但我们有理由相信，有上级领导的大力支持，有社会各界人士的共同参与，有兄弟单位的鼎力协助，我们一定会把本届艺术节办出特色、办出水平，为风筝年画艺术的不断创新与发展谱写新的篇章！

艺术节期间，我们将组织开展风筝年画艺术展、游园灯会、戏曲演出、工艺品展、名人书画展、摄影大赛、焰火晚会、风筝放飞活动以及农产品展、经贸洽谈等一系列活动。各位可欣赏到威风锣鼓、耍龙灯、舞狮子、状元巡游、武术表演等精彩演出。其中举办的“千女扎风筝、百案印年画”活动，将以宏大的场面集中再现杨家埠风筝年画传统民间工艺的制作流程。同时，杨家埠书画院、杨家埠客栈、度朔山、嫦娥奔月台、美食一条街等诸多景点也会全部开放，这些都将使本届艺术节精彩纷呈、高潮迭起，让您陶醉其中、流连忘返。

各位领导、各位来宾，女士们、先生们，佳节逢盛世，鲜花迎嘉宾。纯朴友好的××人民热诚欢迎海内外宾朋在这生机盎然的春天里，相聚××、放飞欢乐、加深了解、增进友谊。风筝高翔方知天下大事，年画入户才晓人间真情。让我们借着这次风筝盛会的东风，以年画为媒，以风筝牵线，携手共创美好的明天！

最后，祝各位来宾身体健康、工作顺利、万事如意！

谢谢大家！

★★★

## 范例3：省民政厅领导在乒乓球比赛开幕式上致辞

【致辞人】某省民政厅领导

【场　景】“福彩杯”乒乓球比赛开幕式

【时　机】在开幕式开始时致辞

【风　格】热情洋溢

【关键词】祝贺　欢迎　问候　公益活动　发展　圆满成功

【妙　语】金秋十月，值此硕果飘香的美好时节；取之于民、用之于民、造福于民；赛出风格、赛出水平、赛出友谊，把本届比赛办成一个文明、团结、成功的赛事。

各位领导、各位来宾，同志们、朋友们：

大家好！

金秋十月，值此硕果飘香的美好时节，我们相聚在历史文化名城，隆重举行第×届全国民政系统“福彩杯”乒乓球邀请赛。借此机会，我代表省人民政府，对比赛召开表示热烈的祝贺！向参加本次比赛的各位嘉宾和运动员、教练员、裁判员表示诚挚的欢迎！向为筹备比赛付出辛勤努力的广大工作人员致以亲切的问候！

省委、省政府历来对民政工作十分重视，特别是近年来，在民政部的大力支持和关心下，坚持把“扶老、助残、救孤、济困、赈灾”作为民政工作主题和福彩发行宗旨，通过开展“福彩暖冬”、“福彩巾帼创业”、“明天计划”、“星光计划”、“福彩献爱心、爱心助学子”等一系列大型公益活动，大力兴办残疾人、老年人、孤儿福利事业，帮助弱势群体和困难群众，做到了取之于民、用之于民、造福于民，有力推动了民政事业的良好发展。

中国福利彩票自发行以来，在社会福利保障和公益事业中，发挥了十分重要的作用。全国民政系统乒乓球邀请赛以“福彩”为标志，既彰显了福彩的历史地位和文化价值，更体现了民政系统广大干部职工团结奋进、昂扬向上的精神风貌。本届比赛的举行，对展示燕赵风采、增进我省与各兄弟省份民政系统之间的沟通了解，是一次极好的机会。比赛期间，我们将全力以赴，为各位来宾、各位朋友提供热情周到的服务。希望广大运动员以良好的竞技状态和精神风貌，赛出风格、赛出水平、赛出友谊，把本届比赛办成一个文明、团结、成功的赛事。

最后，预祝本届“福彩杯”乒乓球邀请赛圆满成功！祝各位来宾、各位朋友身体健康、万事如意！

谢谢大家！

★★★

## 范例4：局长在文化节闭幕式上致辞

【致辞人】国税局局长

【场　景】国税局文化节闭幕式

【时　机】在闭幕式文艺汇演开始时致辞

【风　格】措辞严谨　逻辑连贯

【关键词】落下帷幕 圆满成功 推陈出新 生活气息 收获硕果 收获希望

【妙　语】高质量、高品位、创精品；一定能为干部职工的工作和生活带来乐趣和动力，勇于创新的××国税人一定会在文化节中收获硕果、收获希望！

……………………………………………………

同志们：

××市国税局第×届“蓝盾文化艺术节”，将于今晚落下帷幕。本届文化节在全局系统干部职工的共同努力下取得了圆满成功。主要表现在以下几个方面：

一、思想统一，组织有力

为成功举行本届文化节，我局专门成立了以局长为首的领导筹备小组，并分项目确定了负责人、协调人、经办人，组织工作井然有序。经过广泛深入地宣传发动，本届艺术节“高质量、高品位、创精品”的目标成为干部职工共同的追求。保证了各项工作能够顺利进行。

二、内容丰富，推陈出新

本届文化节共有七项内容，包括重阳节座谈会，乒乓球、羽毛球比赛，围棋争冠赛，职工拔河比赛，税收调研大赛，“金点子”评审，闭幕式暨文艺演出。这些内容涉及音乐、舞蹈、体育、写作、表演等方面，特别值得一提的是，文化节期间我们还迎来了全省思想政治工作会议基层现场会的召开，接受了来自全省国税系统部分领导和同人的检阅。前天又传来喜讯，我局荣获“全国文明单位”称号。在文化节活动项目的安排上，我们注重推陈出新，如为引导干部的兴趣爱好举办的乒乓球、羽毛球比赛，为活跃工作气氛组织的精短笑话比赛，具有较浓的生活气息。

三、参与面广，质量较高

经初步统计，全局干部职工不仅做到了人人参与，而且直接参加本届文化节七个大项目的就有××人，平均每人直接参加了×个项目。参与本届文化节的人数和人次是历届中最多的。节目质量高、精彩纷呈是又一个大亮点，如我局组织编排的舞蹈《踏歌起舞》在××市局文艺晚会上演出后得到了一致好评，税收精细化征文大赛也得到了省局领导的充分肯定。

四、宣传力度大，社会影响好

为打造优质的社会品牌，我们加强了对本届文化节的宣传报道工作，××月份期间有关文化节的宣传报道在《××日报》、《××晚报》、《××报》以及省、市国税系统刊物上刊登和发表，引起了广泛的社会关注。

在本届文化节取得圆满成功的同时，也还存在着组织不周密、时间安排不合理等方面的问题。这些问题应在以后的文化节中引起注意。

我们深信，本届文化节的成功举行，一定能为干部职工的工作和生活带来乐趣和动力，勇于创新的××国税人一定会在文化节中收获硕果、收获希望！

★★★

## 范例5：县长在县民俗文化节开幕式上致辞

【致辞人】某县县长

【场　景】县民俗文化节开幕式

【时　机】在开幕式开始时致辞

【风　格】逻辑严谨

【关键词】示范　开创　民俗文化　品牌项目　圆满成功

【妙　语】民俗文化是先进文化建设的一个重要组成部分；形成风俗，越办越旺；展示渔区风情，演绎独特民俗，推介渔港古镇；八方宾客纷至沓来。

各位领导、各位来宾：

大家好！

近几年来，××县坚持以“三个代表”重要思想为指导，在文化大省、文化大市、文化大县建设春风的沐浴下，在各级党委、政府部门的因势利导下，积极抢抓机遇，精心付诸行动，各项文化事业都呈现出良好的发展态势，尤其是民族民间文化保护工作成效显著，为全省做出了示范。

目前，××的竹根雕闻名全国、享誉世界；农民画、剪纸、鱼灯等民间艺术影响也越来越大；中国（××××）开渔节声势浩大、影响广泛，渔文化研究开创国内先河；极具地方特色的××“三月三、踏沙滩”活动，形成风俗，越办越旺。所有这些文化成就的取得，是××县委、县政府高度重视文化建设的结果，是社会各界、各级各部门合力精心打造的结果，也是××文化人辛勤努力的结果。

民俗文化是先进文化建设的一个重要组成部分。它源于生活、源于基层，有着坚实的群众基础，有着旺盛的生命力。××“三月三、踏沙滩”民俗文化活动不仅是××民俗文化工作成绩的一个缩影，而且是见证民俗文化旺盛生命力的一个典型事例。这次“三月三、踏沙滩”活动与××老街开游仪式和家庭文化艺术节相结合，突出“展示渔区风情，演绎独特民俗，推介渔港古镇”的主题，同时安排了辣螺姑娘招亲、综艺舞台、渔歌对唱、有奖拾螺、抬阁表演、民间杂艺表演和挑鱼接力、渔姑织网、滚冰桶比赛等一些具有浓郁地方特色的民间文体活动，这必将吸引八方宾客纷至沓来，大大提高游客及群众的参与兴致，从而达到“人人享受先进文化”的目的。民俗文化、民俗文化活动不仅需要保护传承，更需要不断创新发展。在这里，我们也衷心希望××从节庆活动做起，引导广大的市民、游客认识内涵丰富的民俗文化艺术，把××“三月三、踏沙滩”民俗文化活动逐步打造成为继开渔节后又一个民俗文化旅游品牌项目。

最后，祝愿××的民俗文化和各项文化事业乘势而上，在新的历史时期焕发出新的光彩！预祝××“三月三、踏沙滩”民俗文化活动取得圆满成功！

谢谢大家！

★★★

## 范例6：县政府领导在县艺术节开幕式上致辞

【致辞人】县政府领导

【场　景】县艺术节开幕式

【时　机】在开幕式开始时致辞

【风　格】慷慨激昂

【关键词】喜闻乐见 展示 创新 探索 贡献

【妙　语】万众一心跟党走、齐力协心求发展；文化是一个民族、一个国家的灵魂和内涵；经济竞争日趋激烈、科学技术日新月异；为构建富裕、文明、和谐新××做出更新、更大的贡献。

同志们：

在伟大的中国共产党××华诞到来之际，县委、县政府为庆祝党的生日，以构建“和谐家园”和“廉政文化”为主题，举办首届“××之夏艺术节”活动。此次活动以群众喜闻乐见的形式，以积极、健康、向上的态度，抒发全县广大干部群众对党、对祖国、对家乡的热爱之情，进一步唱响“科学发展、共创和谐”的主旋律，歌颂中国共产党的光辉历史和丰功伟绩，树立万众一心跟党走、齐力协心求发展的昂扬向上精神。

今天，我们欢聚在这里，隆重举行首届“××之夏艺术节”活动，这是我县贯彻落实党的十六届五中全会、十六届六中全会精神，省、市、县党代会精神，践行“三个代表”重要思想，繁荣山城文化，活跃百姓生活，提升大众文化素质，构建和谐社会的一次成果展示！

文化是一个民族、一个国家的灵魂和内涵。群众文化是现代城市、现代文明的一个重要标志，是宣传党和国家的方针、政策的重要阵地，是展示精神文明建设成果的重要窗口，是提升城市文明程度的重要载体。近年来，随着我县基础设施建设的不断加强和推进，群众文化建设也逐步得到发展，各类文化体育活动蓬勃开展。我们欣喜地看到，群众文化活动改变了城乡居民的精神面貌，提高了广大居民的道德素质、文化品位，营造了欢乐、祥和、幸福的生活氛围。今天，××县委宣传部在这里举行首届“××之夏艺术节”，这既是庆祝党的××岁生日，又是我县群众文化成果的集中展示，更是对今后深化群众文化建设的有益探索和创新。

同志们，在全球经济竞争日趋激烈、科学技术日新月异的今天，拥有和谐、温馨、文明、幸福、快乐的生活是千家万户的共同企盼。在这个属于党、属于人民群众的盛大节日里，我们衷心希望全县广大文艺工作者和群众能够乘“××之夏艺术节”的东风，在继承中华民族传统美德的基础上，携手并进，发扬团结祥和、健康向上的群众文化精神，唱响群众文化之歌。为××文化事业的发展、为民族文化的繁荣、为文明城市的创建、为社会主义精神文明建设做出不懈的努力，为“打造优势企业群、建成××财政十强县”提供坚强的思想保证，为构建富裕、文明、和谐新××做出更新、更大的贡献。

最后，预祝首届“××之夏艺术节”圆满成功！

★★★

## 范例7：市长在企业文化节开幕式上致辞

【致辞人】市长

【场　景】企业文化节开幕式

【时　机】在开幕式开始时致辞

【风　格】慷慨激昂

【关键词】欢迎 问候 感谢 创新 新风采 同心同德

【妙　语】没有文化的军队就没有战斗力，没有文化的企业也就没有生命力；企业文化是企业的灵魂；为建设现代化制造基地、花园式侨乡滨海城市做出更大贡献！

各位领导、各位来宾，女士们、先生们：

××市第×届企业文化节隆重开幕了，这是我市经济、社会生活中的一件喜事。在此，我代表××市第×届企业文化节组委会向应邀参加活动的各个企业、各位员工表示热烈的欢迎和诚挚的问候！同时向所有关心、支持××企业，为××经济发展和企业文化建设做出贡献的各界朋友们表示衷心的感谢！

××是全国著名的“品牌之都”，现有各类企业×万家，已经由“质量立市”顺利过渡到了“品牌立市”阶段，市政府和企业界高度重视企业文化的构建和创新，因为没有文化的军队就没有战斗力，没有文化的企业也就没有生命力。只有在根植文化的基础上，才能形成企业的持续发展，才能在打造一个个“百年老店”的同时，也让整个××的品牌上升到一个更高的平台。

本届企业文化节内容丰富、形式多样，有广场文艺表演、企业文化之旅、企业文化节节徽及口号征集活动、“品牌之都”灯谜夜市、企业之声歌咏比赛、乒乓球竞赛、中国象棋竞赛等七项活动。本届文化节历时两个月，将集中展示我市企业改革与发展、企业文化建设等方面取得的新经验、新成就，展示我市经济发展的新思路、新举措，展示我市企业及广大员工的新风采、新面貌、新形象。

同志们，企业文化是企业的灵魂，建设一个企业的文化，好比塑造一个人的性格，需要一段相当长的时间。新的历史时期，探究城市经济发展中企业文化的内涵和外延，打造企业文化相互交流的平台，加速企业文化建设的进程，提升企业核心竞争力，打响企业品牌，提升城市内涵，促进经济发展，依然是任重道远的工作。让我们同心同德、开拓进取，为促进我市经济持续、健康、高效发展，为建设现代化制造基地、花园式侨乡滨海城市做出更大贡献！

现在，我宣布××市第×届企业文化节开幕！

谢谢大家！

★★★

## 范例8：县长在县机关运动会闭幕式上致辞

【致辞人】某县县长

【场　景】县机关运动会闭幕式

【时　机】在闭幕式开始时致辞

【风　格】逻辑清晰

【关键词】重要举措　有效手段　光荣传统　精神风貌　运动会　贡献

【妙　语】发展体育运动、弘扬体育精神；弘扬“更快、更高、更强”的奥运精神，举办一届“有特色、高质量、高水平”的运动会；为县委大院精神文明建设工作做出新的贡献。

……………………………………………………………

尊敬的各位领导，同志们：

发展体育运动、弘扬体育精神，是贯彻落实科学发展观，促进和谐社会建设的重要举措，是提高干部群众身体素质，保障干部群众身心健康的有效手段。举行机关运动会是我们县委大院的光荣传统，也是全县精神文明建设的重要组成部分。机关运动会深受全体机关干部的喜爱，对活跃我们县委机关、人大机关和政协机关的工作气氛，提高干部职工身体素质，改变机关工作精神风貌，推动全民体育健身运动的开展，以及促进全县精神文明建设发挥了十分重要的作用。

按照县委大院精神文明建设领导小组的安排，下届县委机关运动会将由我们宣传部、党校和档案馆三家共同承办，我们备感光荣，并决心竭尽全力办出水平。总体目标就是要大力弘扬“更快、更高、更强”的奥运精神，举办一届“有特色、高质量、高水平”的运动会。具体地讲，就是学习和借鉴县委大院历届运动会所积累的先进经验和成功做法，继承和弘扬县委机关的优良传统，办一个全员参与、各展其长、各尽其能的运动会；要坚持高标准、高水平的要求，精心策划、周密筹划、创新谋划，在运动项目、文艺活动安排、会务组织等方面求新、求精、求美，办一个精彩纷呈、高潮迭起、富有特色的运动会；要热情周到、创优争先，携同县委大院各部门，以一流的组织、一流的服务，全力做好会务和后勤保障工作，办一个团结奋进、和谐圆满的运动会。真正做到健康又健美、思想受教育、人人得实惠，为县委大院精神文明建设工作做出新的贡献。

谢谢大家！

## 范例 9：市领导在影城嘉年华活动开幕式上致辞

【致辞人】某市领导
【场　景】影城嘉年华活动开幕式
【时　机】在开幕式开始时致辞
【风　格】条分缕析
【关键词】祝贺　感谢　电影产业　精神文明　社会效益
【妙　语】大力发展电影产业，对于加强社会主义文化建设、满足人民群众精神文化需求、促进经济社会协调发展具有重要意义。

尊敬的各位领导、各位嘉宾，以及新闻媒体朋友们：

大家上午好！

我很高兴能应邀参加中影大时代影城嘉年华开幕式活动，在此，我代表市委、市人大、市政府、市政协对本次嘉年华活动的举行表示热烈的祝贺，并对来到现场的农民工兄弟们、学生代表们表示亲切的问候。

中影大时代影城是目前××市规模最大、设备最先进的影城，将会对丰富广大市民的精神文化生活起到积极的促进作用，为××市民带来全新的电影体验，在此，非常感谢中影集团选择将影城落户在××，同时也感谢国家新闻出版广电总局对××电影产业的关心和支持。

电影是深受人民群众喜爱的文化娱乐形式之一，大力发展电影产业，对于加强社会主义文化建设、满足人民群众精神文化需求、促进经济社会协调发展具有重要意义。

根据“十二五”规划，我市十分重视文化产业发展，中影大时代影城的开业标志着××市电影文化产业进入一个全新的发展阶段，是××精神文明建设的重要成果。

最后，预祝中影大时代影城取得更好的社会效益和经济效益，为构建“文化××”、“和谐××”做出积极的贡献。

## 范例10：公安局长在县公安系统运动会开幕式上致辞

【致辞人】公安局长

【场　景】县公安系统运动会开幕式

【时　机】在开幕式开始时致辞

【风　格】结构缜密　慷慨激昂

【关键词】规模空前　欢迎　感谢　生活气氛　贡献力量　风采

【妙　语】活跃警营工作和生活气氛，丰富公安民警精神文化生活；展示人民警察顽强拼搏的精神；树立公安民警的良好形象，展示公安民警的风采。

各位领导、各位嘉宾，运动员、裁判员们：

在新年即将来临之际，我局举办了一次全警参与、规模空前的“迎春杯”运动会，这次运动会的召开得到了县委、县人大、县政府、县政协、州局领导及相关部门的关心和支持，在这里，我代表公安局党委和参加这次运动会的××名干警、协警，对前来参加运动会开幕式的各位领导、嘉宾表示热烈的欢迎！对你们长期以来的关心和支持表示衷心的感谢！

这次运动会的召开是为了活跃警营工作和生活气氛，丰富公安民警精神文化生活，进一步激发广大民警参与体能练兵热情，不断增强全体公安干警及武警消防官兵的团结协作意识，增强身体素质，提高公安队伍的凝聚力和战斗力，使我县公安机关的各项工作再上新的台阶。

本次“××杯”运动会，是采取多形式、多内容，具有广泛性和群众性的警体活动。此次运动会对推进公安体育事业的发展，巩固和深化大练兵成果有重要的意义，是增强民警体能素质的重要举措。希望能够以此类活动为载体，培养民警的团队精神和协作能力以及不怕困难、不畏挫折、顽强拼搏的优良品质，自觉加强体育锻炼、增强体质。使广大干警时刻有良好的精神面貌，更好地维护社会稳定，为人民的安居乐业和构建社会主义和谐社会而贡献力量。

希望全体公安干警及武警消防官兵通过这次运动会，一是要充分展示人民警察顽强拼搏的精神。比赛场上运动员们要敢于拼搏、敢于争先、勇往直前。二是要充分展示公安队伍的团结协作精神。从训练场到比赛场，从组织领导到后勤保障，大家心往一处想、劲往一处使，用集体的智慧和力量，获得公安机关的集体荣誉。三是要充分展示公安队伍的整体形象及良好的道德风尚。既讲竞争，又讲友谊；既讲成绩，又讲风格，胜不骄，败不馁。以强壮的体能、良好的政治素养和道德风尚，树立公安民警的良好形象，展示公安民警的风采。

最后希望各位参赛选手充分发扬“友谊第一、比赛第二”的精神，顽强拼搏、力争上游，赛出水平、赛出风格、赛出优异的成绩！预祝本次运动会取得圆满成功！

谢谢！

★★★

## 范例 11：省长在中国××国际杂技艺术节开幕式上致辞

【致辞人】某省省长

【场　景】中国××国际杂技艺术节开幕式

【时　机】在开幕式开始时致辞

【风　格】热情洋溢

【关键词】隆重开幕 欢迎 靓丽名片 杂技艺术 时代潮流 美好未来

【妙　语】文化是民族的血脉；成为对外文化交流的标志性品牌，成为传统艺术形成的靓丽名片；杂坛精英聚燕赵，高手云集逐金狮。

各位来宾，女士们、先生们，朋友们：

值此秋高气爽、硕果飘香的美好时节，第××届中国××国际杂技艺术节在××市隆重开幕了。在此，我代表省委、省政府，以及本届杂技艺术节组委会，向出席开幕式的各位嘉宾、各位朋友，向参加杂技比赛的演职人员和艺术家，表示热烈的欢迎！

文化是民族的血脉。杂技是不可复制的非物质文化遗产，是得天独厚的文化资源，是深受世界各国人民喜爱的艺术形式。杂技艺术历史悠久，驰名中外。中国××国际杂技艺术节创办于××××年，已成功举办了××届；××××年，中国××国际杂技艺术节升级为国家级艺术节，由国家文化部和××省人民政府共同主办，已经成为举世公认的“东方杂技大赛场”，成为对外文化交流的标志性品牌，更成为推广传统艺术的靓丽名片。

本届杂技艺术节以“友谊、交流、繁荣、发展”为主题，旨在弘扬杂技艺术，推进国际文化交流，促进经济社会发展，丰富群众文化生活。杂技艺术间期间，将举办杂技比赛演出、马戏大篷演出、广场社区演出、公益专场演出和国际马戏论坛、杂技商演项目洽谈会等活动，内容丰富、形式多样。来自世界各地的杂技精英们带着友谊、带着精湛的技艺，将以有形的技巧演绎经典、以无声的艺术展现绝技。这些反映不同文化背景和民族风格的节目，代表着当今国际杂坛的最高水平，引领着世界杂技艺术的时代潮流。

××是经济大省，也是文化大省，内环京津、外沿渤海，文化厚重、资源丰富，市场广阔、交通便捷，是一片充满生机和活力的热土。随着环渤海地区的加速崛起和京津冀都市圈的高速发展，我省的区位优势正在转化为发展优势，必将为包括杂技在内的文化产业发展提供更加广阔的空间和舞台。

杂坛精英聚燕赵，高手云集逐金狮。我们相信，有国家文化部的高度重视，有各国杂技艺术家的积极参与，有活动方的精心组织，有社会各界的关心、支持，本届杂技艺术节一定会办成杂技艺术的盛会，以及交流合作的平台。让我们携手谱写杂技艺术的新篇章，开创文化事业的美好未来！

★★★

## 范例12：集团领导在重阳节太极拳表演开幕式上致辞

【致辞人】集团领导

【场　景】太极拳表演开幕式

【时　机】在开幕式开始时致辞

【风　格】慷慨激昂

【关键词】重阳节　积极贡献　不懈努力　传统美德

【妙　语】秋风送爽，今又重阳；老有所养、老有所乐、安享晚年；全社会形成尊敬老人、人人有责的良好社会风尚；互相交流、互相学习、共同提高。

……………………………………………………

集团全体老年朋友们，参加表演的全体同志们：

大家好！

秋风送爽，今又重阳。在重阳节到来之际，我谨代表集团党委向集团广大老年人致以节日的祝贺和诚挚的问候！祝集团老年人节日愉快、身体健康！

近年来，集团广大老年人特别是老党员、老干部积极发扬老有所为、无私奉献的精神，踊跃参加各项社会活动。在关心教育下一代、带头遵纪守法、弘扬社会正气等方面做出了不懈努力，为推动集团经济和社会各项事业快速健康发展，确保集团社会政治稳定做出了积极贡献。你们用自己的实际行动赢得了集团人民的爱戴和尊重。在此，集团党委向你们表示衷心的感谢和崇高的敬意！

尊老敬老是中华民族的传统美德，关心老年人、切实维护好老年人的合法权益是各级党委义不容辞的责任。各级各部门要认真宣传贯彻《中华人民共和国老年人权益保障法》，深入开展群众性精神文明创建活动，切实加强社会公德教育，大力弘扬尊老敬老的传统美德，在全社会形成尊敬老人、人人有责的良好风尚。要继续坚持对老年人的走访慰问、送温暖活动，多为老年人办实事、办好事，解决他们生活中遇到的各种困难和问题。要关心、关注老年人的生活，组织老年人开展丰富多彩、形式多样的文体活动，让广大老年人老有所养、老有所乐、安享晚年。

老年人是社会的宝贵财富，是改革开放和经济建设的重要力量。当前，集团广大干部群众坚持以"三个代表"重要思想为指导，与时俱进、开拓创新，努力为实现"企业做强，职工做富，基地做美"的目标而努力奋斗。希望公司广大老年人特别是老党员、老干部要一如既往地关心、支持集团的各项工作，在三大文明建设中积极发挥作用，为实现全面建成小康社会的奋斗目标做出更大贡献。

近几年，集团中以中老年人为主要参加者的群众性体育健身、文化娱乐活动蓬勃发展，活跃了集团的文化生活，锻炼了职工的体魄，陶冶了职工的情操，也进一步展示了广大老年人的精神风采。今天集团举办的重阳节太极拳表演也是我们群众性体育健身活动的集中展示。希望通过这次表演活动，大家互相交流、互相学习、共同提高，进一步提高集团群众性体育健身活动的水平，进一步推动全集团群众性体育健身活动的开展。

预祝重阳节太极拳表演圆满成功！

最后，再次祝广大老年人节日愉快、健康长寿、万事如意！

★★★

## 范例13：公司领导在企业文化节开幕式上致辞

【致辞人】公司领导

【场　景】企业文化节开幕式

【时　机】在开幕式开始时致辞

【风　格】热情洋溢

【关键词】欢聚 成就 感谢 困难 走向光明 贡献

【妙　语】光阴荏苒，日月如梭，历史的长河滚滚向前；在企业内部营造一种高昂的、充满进取精神与活力的文化氛围；促进企业各项目标的圆满完成。

职工同志们：

今天，我们欢聚在此共同庆贺××公司首届企业文化节开幕，以此迎接中华人民共和国××岁华诞，纪念建企××周年，繁荣企业文化建设。企业文化节的成功举办是有关我们公司继往开来、繁荣发展的一件大事，在此，我代表公司经营班子向企业文化节的隆重开幕表示热烈的祝贺！

同志们，光阴荏苒，日月如梭，历史的长河滚滚向前。回顾企业××年来的风雨历程，是广大职工以辛勤的劳动，创造了满载史册的辉煌成就，谱写了一曲曲动人的篇章。

今天的成就，是××年来各级领导亲切关怀的结果，更是全体干部职工励精图治、艰苦创业的结果。为此，我代表公司领导对××年来，为企业改革发展做出贡献的各级领导、全体职工以及对企业发展给予大力支持的职工家属表示衷心的感谢！

在回顾成绩的同时，我们也必须清醒地认识到当前企业发展面临的困难。尤其是近几年来，随着电力企业改革不断深化，发电企业竞争日趋激烈，电力用煤价格快速上涨，公司连年亏损，给我们的经营工作带来了前所未有的压力。尽管完成上级下达的年度三项责任制目标，实现减亏增效，积极推进企业三项制度改革困难较多，但是作为公司经营班子我们充满信心。我相信经过今后两年的努力，我们公司一定能战胜困难、走出困境、走向光明，再创企业新的辉煌。

我们举办企业文化节的目的，就是要以人为本，在企业内部营造一种高昂的、充满进取精神与活力的文化氛围，不断增强凝聚力、向心力，提高职工爱岗敬业、无私奉献的自觉性，真正建设一支政治坚定、技术精湛、作风优良的职工队伍，促进企业各项目标的圆满完成。企业文化建设是一项长期的系统工程，需要全体职工在长期的生产、经营和管理实践中逐步提炼形成，并被全体职工认可。企业文化不断发展创新，不断为企业的生产、经营管理工作注入新的生机与活力。

通过这次企业文化节，让大家积极参与文化体育活动，就是要让广大职工感受到企业发展的活力，尽情展现企业形象和职工的精神风貌，增强战胜当前困难的信心和勇气，充满激情地投入到企业改革、发展和稳定的具体工作中，发挥聪明才智，为圆满完成全年工作任务做出应有的贡献。

最后，预祝公司首届企业文化节取得圆满成功！

谢谢大家！

## 范例14：董事长在集团员工运动会开幕式上致辞

【致辞人】董事长

【场　景】集团员工运动会开幕式

【时　机】在开幕式开始时致辞

【风　格】气势磅礴

【关键词】长足发展　问候　协调发展　努力奋斗

【妙　语】激情五月，春光无限；求美、求乐、求健康、求发展的需求日趋迫切；积极投身到集团公司的建设中去，为早日建成主业突出、核心竞争力强、国际化的企业集团而努力奋斗！

各位运动员、裁判员，同志们、朋友们：

激情五月，春光无限。在集团公司上下认真学习，积极践行社会主义荣辱观和安全生产的“十荣十耻”之际，在集团公司改革、发展、稳定，各项事业取得长足发展的大好形势下，××××举办第××届职工田径运动会，为集团公司全民健身运动的开展做出了积极贡献。这是全矿广大干部职工文体生活中的一件大事，是职工家属一个重要的体育文化节日，是对矿井各项工作的一次大推动、大促进。在此，我代表集团公司党政机关向××煤矿职工家属致以节日的问候，祝愿大家五一国际劳动节快乐！

近年来，随着职工群众物质文化生活水平的不断提高，广大职工群众的精神文化需求也日益增长，求美、求乐、求健康、求发展的需求日趋迫切，这为文化体育活动的开展提供了广阔的空间。党和政府历来十分重视、关心并支持群众体育事业的发展，党和国家历任领导人对群众体育工作都曾做出重要指示。

集团公司党政机关多年来一直把加强体育工作和开展群众性全民健身活动作为精神文明建设的一项重要内容。集团公司一直在努力构建群众性的多元化体育服务体系，逐步开展全民健身活动和完善体育运动设施，为广大职工群众提供必要的体育运动设施和服务，并取得了显著成绩，多次受到国家、省、市以及全煤系统的表彰。××煤矿举办第××届职工田径运动会，是矿区党政机关重视、关心职工文体生活，支持、开展群众性体育运动的具体体现，也是动员和激励广大职工群众的一项重要举措。此次运动会是对××××三个文明建设和全民健身活动的一次大检阅、大展示、大推动，必将进一步振奋精神、鼓舞士气，推动××××各项工作全面健康、协调发展。

同志们！“十一五”规划的宏伟蓝图鼓舞着我们奋勇前进！让我们发扬“更高、更快、更强”的奥林匹克精神，以运动会激发出的饱满热情、充沛活力，积极投身到集团公司的建设中去，为早日建成主业突出、核心竞争力强、国际化的企业集团而努力奋斗！

预祝运动员取得优异成绩！预祝本届运动会取得圆满成功！

谢谢大家！

★★★

## 范例15：董事长在集团篮球比赛闭幕式上致辞

【致辞人】董事长

【场　景】集团篮球比赛闭幕式

【时　机】在闭幕式开始时致辞

【风　格】条理清晰

【关键词】祝贺　敬意　企业文化　风格　友谊　角逐　立新功

【妙　语】增强员工身体素质和企业的凝聚力，培育优秀的企业文化；赛出了水平、赛出了风格、赛出了友谊；体育是力量的角逐，体育是智慧的较量，体育是美丽的展示。

各位领导、各位来宾、各位运动员：

大家好！

首届“××杯”篮球比赛，通过工会、团委的积极准备、周密安排和工作人员不辞辛苦的努力，各控股、参股公司的组织选拔、排兵布阵、精心指挥，得以如期进行并圆满结束。在此，我代表集团公司领导向获奖的代表队表示热烈的祝贺！向参赛的运动员、裁判员表示崇高的敬意！

首届“××杯”篮球赛，对于发展集团公司健康向上的体育运动，活跃职工业余文娱生活，增强员工身体素质和企业的凝聚力，培育优秀的企业文化，都具有十分重要的意义。在比赛中，各代表队识大体、顾大局、遵循“友谊第一，比赛第二”和“重在参与、重在学习、重在提高、重在娱乐”的原则，赛出了水平、赛出了风格、赛出了友谊。

同志们，体育是力量的角逐，体育是智慧的较量，体育是美丽的展示。通过这次比赛，我们高兴地看到，集团公司群众性的体育活动又有了新的发展，又有了一个更加良好的开端。比赛虽然结束了，但运动场上大家表现出来的战胜困难、超越自我、团结互助、奋勇拼博、勇于领先的精神要继续发扬光大，要把在运动场上成功的体会和感受带到我们的工作中去，要用我们的行动去追求集团公司的“更高、更快、更强的发展”，为××××的辉煌再立新功！

谢谢大家！

★★★

## 范例16：校长在校运动会开幕式上致辞

【致辞人】中学校长

【场　景】校运动会开幕式

【时　机】在开幕式开始时致辞

【风　格】气势磅礴

【关键词】感谢　发展　民族精神　积极参与　公平竞争　壮美乐章

【妙　语】秋风送爽，天高云淡；增强民族自信心和自豪感、振奋民族精神；每一次激情的跳跃、每一步热情的奔跑，共同奏响附中开拓创新的壮美乐章。

尊敬的各位领导、各位来宾，老师们、同学们：

大家好！

秋风送爽，天高云淡。值此黄金季节，附中隆重举行第×届田径运动会。请允许我代表附中全体师生，向百忙之中前来我校参加运动会的各级领导和来宾，表示衷心感谢！

社会在发展，时代在进步。现代的人才观，不仅要求建设者有较高水平的专业知识、实践能力和创新精神，还要有健全的人格、健壮的身体、健康的心理。体育运动，是学校培养德、智、体、美全面发展人才不可缺少的重要内容。现代体育运动，意义已超出了强身健体的范畴。体育运动不但可以增强人民体质，而且可以培养强烈的爱国主义情感、集体主义精神和自强不息、坚韧不拔的意志，可以增强民族自信心和自豪感、振奋民族精神。

参加这次田径运动会的人有很多，包括运动员裁判员和工作人员，共有××个比赛项目。本届田径运动会不仅是对我校一年来体育运动水平和体育运动成绩的一次大检阅，而且是对全校师生道德品质、思想作风、精神面貌和校风校纪的一次大展示。为了保证运动会的顺利进行，学校要求全体同学严格遵守大会纪律；要求各班在班主任带领下，在指定地点观看比赛；要求全体运动员严格遵守运动会秩序，严格服从裁判，赛出优异成绩的同时，讲文明、讲团结、讲风格；同时要求全体保卫、检查人员坚守岗位，切实保证同学们的安全，保证运动会顺利进行。

希望所有的运动员都能积极参与、公平竞争，用你们的无限活力和青春风采展示人格高尚、能力卓越、身心健康的新一代中学生的风貌！希望所有的裁判员能够认真负责、公正裁判，用你们的辛劳和汗水推动学校体育事业的发展，加快学校素质教育改革的步伐！希望所有的附中人用这运动场上每一次激情的跳跃、每一步热情的奔跑，共同奏响附中开拓创新的壮美乐章！

最后预祝本届运动会取得圆满成功！

## 范例17：校长在大学夏令营开幕式上致辞

【致辞人】校长

【场　景】大学夏令营开幕式

【时　机】在开幕式开始时致辞

【风　格】热情洋溢 气势磅礴

【关键词】向往 追求 摇篮 努力拼搏 熔炉 榜样

【妙　语】共度一个充满欢乐和挑战的假期；扬起理想的风帆，遨游于知识的海洋；就让我们踏着晨曦的露水，勇敢地去追逐心中的梦想！

各位老师、同学：

大家好！

今天，我们怀着对清华大学的向往，对知识的炽热追求，来到了这里——“成才之路”主题夏令营，我们将同×位清华学子一起，共度一个充满欢乐和挑战的假期。

提起清华大学，每个人心中都不禁会产生无尽的神往。因为那里是铸造人才的熔炉，实现梦想的摇篮。“自强不息，厚德载物”的校训，更激励着一代又一代的清华学子努力拼搏。

今天来到这里的×位清华大学的学子，正是清华这艘承载着理想的大船上刚毅的水手，他们会为我们导航，带领我们扬起理想的风帆，遨游于知识的海洋。他们之中，有的在高考中撷取桂冠，有的在全国各科奥林匹克竞赛中摘金夺银，他们是全面发展、品学兼优的佼佼者，更是我们学习上的榜样。在这里，我们要再次感谢他们，来到我们的夏令营。

在座的大多数同学，还有××市各个学校的同学们也即将迈入××中学的校门。这所区重点的名校，曾经培育过××等一批批优秀人才。我们应该坚信“今日我为××中学而骄傲，明日××中学为我而自豪！”

这短暂的假期，将会磨练我们的意志。就让我们踏着晨曦的露水，勇敢地去追逐心中的梦想！

## 范例18：校长在冬季球类运动会开幕式上致辞

【致辞人】某中学校长
【场　景】冬季球类运动会开幕式
【时　机】在开幕式开始时致辞
【风　格】逻辑严谨 条理分明
【关键词】祝贺 感谢 教育创新 锐意改革 社会信誉 优秀人才 实现梦想 团结拼搏
【妙　语】金菊怒放，万物丰盈；天高任鸟飞，海阔凭鱼跃；超越自己、实现梦想、展示能力和风采的舞台。

各位裁判员、运动员，同学们：

今天我们怀着喜悦的心情、以饱满的姿态迎来了我校××××年冬季球类运动会。在此，我代表学校向运动会的开幕表示热烈的祝贺，向为本次运动会付出辛勤汗水的各位师生表示忠心的感谢。

近几年来，我校高举素质教育的旗帜，坚持教育创新的理念，不断加强教育现代化建设，锐意改革，不断进取，一步一个脚印。教育教学，成绩喜人，特别是今年中考和全县中学生运动会实现了学校历史性的跨越；校舍改造工程前期准备就绪，即将开工建设；规章制度，日臻完善；社会信誉，不断提高。

同学们，教育的宗旨就是以人为本，全面提高人的综合素质。学校举办这次运动会正是对教育活动的一次大检阅，一次大验收。“天高任鸟飞，海阔凭鱼跃”，我相信你们一定能在这次运动会上大显身手，充分展示平时刻苦训练的成果。同时我也希望，通过这次运动会进一步推动我校体育活动的开展，加快体育特色学校的创建进程，让同学们学会健体、学会强身，真正成为学习好，身体棒，德、智、体、美、劳全面发展的优秀人才。

全体运动员们，你们是朝气蓬勃、奋发向上的一代，拼搏、进取、自强、从容是你们的一贯作风。希望你们发扬我校运动员在县运动会上顽强拼搏、团结进取的优良作风，赛出水平、赛出风格。相信本次运动会一定能够成为你们超越自己、实现梦想、展示能力和风采的舞台。

全体裁判员、教练员老师们，昨天你们在课堂上传道、授业、解惑，为学生的成长呕心沥血；今天比赛场上同样需要你们认真、细致地评判和指导。希望你们严格遵循公开、公正、公平的原则，认真工作，让每一名运动员都能发挥最好的水平。

全体同学们，你们一定要牢记“友谊第一，比赛第二”的宗旨，做文明观众，积极热情服务，用最佳的方式为运动员加油、呐喊，让竞技体育和精神文明之花在我校绽放得更美、更艳，让本届冬季球类运动会成为我校最亮丽的一道风景线。

团结拼搏创佳绩，齐心协力奏凯歌。让××××年的冬季球类运动会在全体师生心中留下美好的记忆，成为学校改革与发展取得更大成绩的推进器、加油站吧！

最后，让我们用热烈的掌声、饱满的激情，预祝这次运动会圆满成功！

谢谢大家！

★★★

## 范例 19：校长在校园读书节开幕式上致辞

【致辞人】校长

【场　景】校园读书节开幕式

【时　机】在开幕式开始时致辞

【风　格】有理有据　热情洋溢

【关键词】开幕　祝贺　桥梁　希望之火　开卷读书　五彩缤纷

【妙　语】书籍是传承文明的桥梁，是延续文化的中介；手捧书籍，就是手捧希望；开卷读书，就是打开窗户；天道酬勤，厚德载物。

尊敬的各位老师，亲爱的同学们：

今天是×月××日，是崭新的一天，更是不一般的一天，因为在今天，我们热切期待的第×届校园读书节隆重开幕了！在此，我谨代表学校对校园第×届读书节的开幕表示热烈的祝贺！

新教育实验的倡导者朱永新教授说："一个人的精神发育史就是一个人的阅读史，而一个民族的精神境界，在很大程度取决于这个民族的阅读水平。书籍是传承文明的桥梁，是延续文化的中介。充实而有意义的人生，应该伴随着读书而发展。"读书是每个人生命的需要。阅读一本好书，能够丰富我们的知识；陶冶我们的情操；启迪我们的智慧；点燃我们实现理想的希望之火。手捧书籍，就是手捧希望；开卷读书，就是打开窗户。

近两年来，我们××小学的全体师生沐浴在书香中、徜徉在书海里，我们惊喜地发现，读书让师生变得更聪慧、视野更开阔、思维更敏捷、气质更高雅，让我们的校园焕发出勃勃的生机。读书更提升了我们的品位：上学期，××电视台专门到我校录制了第×届校园读书节的专题节目；暑假里，我们学校的×校长还在××电视台《教育天地》栏目里做了关于读书的专题访谈。

我校本届读书节的主题为"读书改变人生——我们爱读书；读书启迪智慧——我们读好书；腹有诗书气自华——我们多读书"，意思是我们需要组建共同的语言，我们需要拥有共同的价值观，用真诚的共同行动，来创造共同的未来。为此，我们亟须通过读书、通过对话和用文字来交流、来实现真正的共同生活。围绕这一主题，学校将开展丰富多彩的读书活动，我们希望全校师生都能积极地投入到读书节的各项活动中，以书籍为伴、以读书为乐、以读书为荣，在书海中汲取智慧的营养。

同学们，在书中，你们看到了哈利·波特，认识了马小跳，同时也找到了自己的影子；你们感受到孙悟空七十二变的神奇，做着和杨利伟叔叔一同遨游太空的梦。书让我们的世界变得充满趣味，让我们的心灵更加充实，让我们与伟人、英雄对话，让我们眼前的世界变得更加五彩缤纷！

老师们、同学们，热爱读书吧！让我们与书为友，让我们捧起书本、翻开书页，在安徒生童话里陶醉，在唐诗宋词中穿行，在无声的语言里，看人文与科技共舞、赏经典与时尚齐飞。

同学们、老师们，天道酬勤，厚德载物！让我们的校园里弥漫阵阵书香，让书香伴我们一路前行！

最后，预祝校园读书节圆满成功！

## 范例 20：校长在校园科技文化节开幕式上致辞

【致辞人】校长

【场　景】校园科技文化节开幕式

【时　机】在开幕式开始时致辞

【风　格】慷慨激昂

【关键词】感谢 创造精彩 竞争 高峰 精神风貌 文化素质 圆满成功

【妙　语】春光浸浴，大地生辉；科技创造未来、创造精彩；校园有了文化，就有了深厚的底蕴；校园有了艺术，就有了灵动的精神；校园有了体育，就有了活跃的氛围；校园有了科技，就有了创新的活力。

尊敬的××区长、××局长，各位领导、同人、老师，同学们：

下午好！

春光浸浴，大地生辉。在上海科技世博、人文世博盛大开幕的日子里，我校第×届科技节今天也隆重拉开了帷幕。今天参加我们科技节的有××区长、教育局××局长等，还有兄弟学校的各位校长。我代表学校对各位领导、嘉宾的光临表示衷心的感谢，×××一中的发展离不开区委、政府、教育局各位领导及兄弟学校的支持与厚爱，离不开全体教职员工及同学们的共同努力与奋斗！

老师们、同学们，科技创造未来、创造精彩。中国古代“四大发明”对世界自然工业的发展起着巨大的推动作用，“神舟七号”遨游太空、“嫦娥一号”奔月成功则体现了当代中国人的科技智慧与实力。目前，我们正处在一个科学技术日新月异的时代。科技教育是世纪的呼唤，是发展素质教育的要求。今日的世界充满着激烈的竞争，世界各国综合实力的竞争，归根到底是科学技术的竞争，是教育实力的竞争。

在接下来的一周里，我们的校园将会充满学科学、用科学的浓郁氛围，洋溢着求真知、求创新的高涨热情。因此，我希望全体同学都能积极踊跃地投入到科技节的各项活动中去，用你们智慧的大脑、灵巧的双手去创造、去发明，去探索知识的奥秘，去攀登科学的高峰！

我校已经成功开展了×届科技节活动，我们始终把指导思想定位在：营造一种爱科学、学科学、用科学的氛围，让同学们置身于科学殿堂中去印证科学结论、提炼科学工作方法，去体验和感悟科学态度和科学精神，增强同学们的创新意识和创新能力，提高同学们的科学文化素质。

校园有了文化，就有了深厚的底蕴；校园有了艺术，就有了灵动的精神；校园有了体育，就有了活跃的氛围；校园有了科技，就有了创新的活力。校园科技节是校园文化的浓缩，是学校办学特色的呈现，是全体师生魅力展现的一个平台。它展现了一种朝气蓬勃、锐意进取、百折不挠、勇于创新的精神风貌。

同学们，愿科技节成为你们梦想的摇篮，成为你们展翅翱翔的蓝天。

最后预祝本届校园科技节取得圆满成功！

谢谢大家！

★★★

## 范例21：校长在校园艺术节文艺晚会开幕式上致辞

【致辞人】校长

【场　景】校园艺术节文艺晚会开幕式

【时　机】在文艺晚会开始时致辞

【风　格】热情洋溢

【关键词】欢迎 亲切关怀 校园文化 显著提高 与时俱进 开拓创新

【妙　语】春回大地，生机勃勃；高起点、高标准、可持续发展、争创一流；态度决定成效，定位决定地位，细节决定成败，思路决定出路，理念决定道路。

各位领导、各位来宾，广大市民朋友们：

下午好！

春回大地，生机勃勃。××区文化活动“春之韵”文艺晚会系列××

大学专场演出即将开始。在这里，我谨代表××大学全体师生向前来观看演出的各位领导、各位来宾和广大市民朋友们表示热烈的欢迎！

××大学有××年的历史，今年，在市委、市政府的亲切关怀下，学校整体搬迁至新校址。随着素质教育的实施和新课改的推行，学校站在新的高度，确立了“高起点、高标准、可持续发展、争创一流”的办学思路，面向每一个学生，面向学生的每一个方面，力争使在××大学就读的每一个学生在德、智、体、美、劳等方面得到全面发展。同时，学校以信息技术、音乐教育和英语教育为切入点，针对不同学生的教育做到特长加全面、全面加特长，努力构建具有××特色的校园文化。

一流的教学设施、雄厚的师资力量、严格的教学管理，以人为本、全面发展的教育理念，使得××大学的办学水平和教学质量有了跨越式的发展，社会声誉显著提高。

今天我们在这里演出，此次活动不仅仅是为了丰富××市民的业余文化生活，促进××社区的文化建设，也是我校艺术教育成果对全市人民的一次展示，同时也是我校实施素质教育的一次社会实践。希望各位来宾、广大市民朋友们对我们的活动予以支持。我们坚信：态度决定成效，定位决定地位，细节决定成败，思路决定出路，理念决定道路。

同志们、朋友们，我们坚信：在市委、市政府、市教育局的正确领导下，在广大市民的支持下，在全校师生自加压力、敢于争先的努力下，××大学将进一步抓建设、强队伍、扬特色、创品牌，以更新、更美、更优的风姿展现在××市人民面前。让我们与时俱进、开拓创新、扎实工作、锐意进取，以办人民群众满意的学校为目标，为构建和谐社会而努力工作。

预祝××大学专场演出圆满成功！

谢谢大家！

## 范例 22：校长在校园文化艺术节闭幕式上致辞

【致辞人】某中学校长

【场　景】校园文化艺术节闭幕式

【时　机】在闭幕式文艺汇演开始前致辞

【风　格】言语清晰 逻辑连贯

【关键词】创新 健康体魄 办学水平 艺术熏陶 蔚然成风

【妙　语】以小见大，以小搏大；有理想、有纪律、有修养、有知识、有情趣；宝剑锋从磨砺出，梅花香自苦寒来。

各位老师、同学：

大家好！

学校举办本届艺术节，是我校办学史上的一次尝试与创新，充分体现了我校的办学思想。我们的办学思想就是要培养“有理想、有纪律、有修养、有知识、有情趣”的学生，我们不仅要培养有知识的、有健康体魄的人，我们还要培养有特长、有品位的人。我们的办学精神是以小见大，以小搏大。在这里，我再次怀着激动的心情，向为艺术节做出贡献的老师们表示感谢！向积极参与艺术节的同学们表示感谢！

本届艺术节的成功举办，极大地丰富了校园文化生活，促进了校园文化建设，提升了学校的办学水平。

艺术节的文艺表演，以迎接建国××周年为主题，共有××个节目，各个精彩，为我们提供了一台校园文化艺术大餐。动听的歌声、优美的舞蹈、悠扬的笛声，使全体师生受到了良好的艺术熏陶，使××中学的校园充满活力与生机。

书法与绘画比赛，旨在倡导同学们写一手好字、多一项特长。“宝剑锋从磨砺出，梅花香自苦寒来”，这说明，优秀来自坚持，只要坚持不懈，无论做什么都能成功。

举办田径运动会是学校近年来的首次尝试。运动场上，同学们勇争第一的劲头，敢于拼搏的精神，热爱集体团队的意识，得到了全面展示。运动会的各项比赛记录的建立，记载的不仅是学校体育活动发展的历史，更铭记着学生们成长的足迹。优秀的学生必将造就优秀的学校。

老师们、同学们，艺术节的大幕降下了，但学校的艺术之门开启了，希望同学们在艺术的天地里不断追求，取得新的、更大的进步；获奖的同学，发给你们的不仅仅是荣誉证书，更是学校、家长、老师对你们沉甸甸的希望，希望你们以此为动力，带领全体学生在德、智、体、美、劳等方面向更高的目标冲击。

我们相信，通过本届校园文化艺术节，艺术之花、文明之花将在××中学处处开放；学习之风、锻炼之风将在××中学蔚然成风。

我们坚信，××中学的明天会更好，同学们的前途会更好，老师们的生活会更好！

## 第二节　会议开幕式、闭幕式致辞

会议开幕词是在一些大型会议开始时由会议主持人或主要领导人所做的开宗明义的讲话。它具有宣告性、提示性和指导性。

1. 开幕词的特点

一是简明性。开幕词要简洁明了、短小精悍，切忌连篇累牍，言不及义。应多使用祈使句，表示祝贺和希望；二是口语化。开幕词的语言应该通俗、明快、上口。

2. 开幕词的种类

按内容可以分为侧重性开幕词和一般性开幕词两种。侧重性开幕词往往对会议召开的历史背景、重大意义或会议的中心议题等做重点阐述，其他问题一带而过。一般性开幕词则只对会议的目的、议程、基本精神、来宾等做简要概述。

闭幕词，是会议的主要领导人代表会议举办单位，在会议闭幕时所做的讲话。其内容一般是概述会议所完成的任务，对会议的成果做出评价，对会议的经验进行总结，对贯彻会议精神提出要求和希望。闭幕词的特点如下：

一是总结性。闭幕词是在会议或活动的闭幕式上所做的讲话，要对会议内容、会议精神和进程进行简要的总结并做出恰当评价，肯定会议的重要成果，强调会议的主要意义和深远影响。

二是概括性。闭幕词应对会议进展情况、完成的议题、取得的成果、提出的会议精神及会议意义等进行高度的语言概括。因此，闭幕词的篇幅一般都短小精悍，语言简洁明快。

三是号召性。为激励参加会议的全体成员为实现会议提出的各项任务而奋斗，增强与会人员贯彻会议精神的决心和信心，闭幕词的行文要求充满热情，语言坚定有力，富有号召性和鼓动性。

四是口语化。闭幕词要适合口头表达，写作时语言要求通俗易懂、生动活泼。

★★★

## 范例1：市长在科技成果交易会开幕式上致辞

【致辞人】某市市长
【场　景】科技成果交易会开幕式
【时　机】在开幕式开始时致辞
【风　格】有理有据 措辞严密
【关键词】欢迎 感谢 长足进步 乐园 大平台 圆满成功
【妙　语】中国最具活力的城市之一；努力使我市成为国内外创业者的乐园；此次盛会必将成为与会各方展示优势、互通有无、密切合作、共创发展的大平台。

尊敬的各位领导、各位来宾，朋友们：

××××年中国（××）科技成果交易会今天隆重开幕。首先，我代表市委、市人大常委会、市政府、市政协，代表随××省代表团赴外省考察的市委书记××先生，向光临本次盛会的各位领导、来宾和朋友们，表示热烈的欢迎和衷心的感谢！

××地处中国东南沿海地区，是××省南部的经济、文化、交通中心。改革开放以来，在中央方针政策的指引下，在省委、省政府的正确领导下，××经济社会发展取得了长足进步。××××年，全市生产总值达到××亿元，财政总收入达到××亿元。经过多年努力，我们建成了中国鞋都、电器之都、汽摩配之都等××个“国”字号生产基地，拥有了×个中国驰名商标、××个中国名牌产品和××个国家免检产品，其中家企业跻身全国民营企业五百强之列。××已经成为中国最具活力的城市之一。

当前，××正处在经济结构战略性调整的关键阶段，积极引进优秀的人才，先进的技术和管理经验，加快技术创新和科技进步，带动产业结构的优化升级，显得尤为重要。为此，我们制定和实施了一系列扶持政策，进一步构筑发展和创新的平台，加强同国内外的科技交流与合作，努力使我市成为国内外创业者的乐园。这次以“科技、人才、合作、发展”为主题的交易会，邀请到了全国各地××所大院名校、近××个外地企业的代表，以及上千位专家、学者、高级技术管理人员和海外留学生，可谓人才荟萃、盛况空前。我们相信，通过各方面的努力，此次盛会必将成为与会各方展示优势、互通有无、密切合作、共创发展的大平台。

女士们、先生们，在这繁花似锦的五月，在这科技的盛典上，让我们共同祝愿，××××年中国（××）科技成果交易会圆满成功！

谢谢大家！

★★★

## 范例2：市领导在市佛教协会代表大会闭幕式上致辞

【致辞人】市领导

【场　景】市佛教协会代表大会闭幕式

【时　机】在闭幕式开始时致辞

【风　格】条分缕析

【关键词】祝贺　长足发展　创新　成绩　榜样　与时俱进

【妙　语】寺院建设、僧才培养、对外交流、文化建设、扶贫帮困；与时俱进、开拓创新、健康有序地发展；为构建社会主义和谐社会做出应有的贡献。

各位法师、各位居士、各位代表：

今天，××市佛教协会召开第×次代表会议，我代表中共××市委统战部，××市民族宗教事务局对大会的召开表示热烈的祝贺！对刚选举产生的新一届××市佛教协会的领导班子表示热烈的祝贺！

召开××市佛教协会第×届代表会议以来的×年时间里，在××大和尚的带领下，××市佛教得到了长足的发展，××佛教的“三统一”管理模式在我们××，乃至××佛教中都是一个创新。这×年来，××市佛教与社会主义社会相适应做出了很大的贡献，积极开展慈善事业，以真情回报社会。能正确处理好宗教文化与旅游方面的关系，以开发佛教旅游事业来服务于××的社会发展。寺院的建设管理井井有条。在这×年中，××市佛教协会坚持正确的办教方向，在寺院建设、僧才培养、对外交流、文化建设、扶贫帮困等方面都取得了显著成绩，为××佛教做出了榜样。

在工作报告中，××市佛教协会提出了今后×年的工作目标和任务。我相信，在党和政府的领导下，在新一届××市佛教协会领导班子的带领和广大信教群众的共同努力下，××市佛教一定能够坚持正确的方向，与时俱进、开拓创新、健康有序地发展。

最后，希望新一届××市佛教协会的领导班子要在党和政府的领导下，带领全市信教群众，开拓创新、与时俱进、庄严国土、利乐有情，为全面建成小康社会，为构建社会主义和谐社会做出应有的贡献。

祝各位身体健康、六时吉祥！

## 范例3：会长在房地产交易会开幕式上致辞

【致辞人】房地产协会会长

【场　景】房地产交易会开幕式

【时　机】在开幕式开始时致辞

【风　格】气势磅礴

【关键词】祝贺 欢迎 支柱产业 典范 建设成就 政企双赢 圆满成功

【妙　语】秋高气爽，丹桂飘香；发展必然有挑战，挑战又反过来推动发展；推动全县房地产市场健康持续发展，政企双赢，堪为全省表率。

各位领导、各位嘉宾，朋友们：

上午好！

秋高气爽，丹桂飘香。值此第×届××××房地产交易会隆重开幕之际，我谨代表××省房地产协会对本次盛会的召开表示热烈的祝贺！向莅临开幕式的各位领导、各位嘉宾和各位朋友表示诚挚的欢迎！

现阶段，房地产业是我国国民经济的重要支柱产业，与社会发展和群众生活密切相关，发展以住宅为主的房地产业，提高人民群众居住水平，是全面建设小康社会的需要。近年来，我省的房地产业通过一系列有效政策和措施，不断培育、完善市场体系，科学规划行业发展，获得了前所未有的发展契机，取得了令人瞩目的建设成就。作为全国××××之一的××××，更是发挥新县城优势，在推动房地产业发展上积极探索，勇为先锋，凭借先进的发展理念和傲人的发展成绩昂然走在我省房地产业最前列，为全省房地产业的健康、持续发展树立了良好的典范。

发展必然有挑战，挑战又反过来推动发展。去年以来，针对房地产业中的一些问题，党中央、国务院出台了一系列房地产宏观调控政策。这标志着我国房地产行业进入了调整、充实、提高的发展新阶段。对此，××××房地产界认识明确、反应积极，不仅按照中央精神和省委、省政府的要求认真进行行业自我调整，更以开阔的眼界和进取的心态，以本届房地产交易会为契机，积极倡导“四节一环保”绿色住宅理念，推动全县房地产市场健康持续发展，政企双赢，堪为全省表率。

最后，预祝××××第×届房地产展示交易会取得圆满成功！

谢谢大家！

★★★

## 范例4：工会主席在教职工代表大会闭幕式上致辞

【致辞人】工会主席

【场　景】教职工代表大会闭幕式

【时　机】在表彰活动完毕后致辞

【风　格】慷慨激昂

【关键词】共同努力 民主 和谐 进取 祝贺 载入史册 峥嵘岁月 努力奋斗

【妙　语】峥嵘岁月已经证明我们这个群体生活有品位而精神不空虚；工作有为而情义无价，生命有涯而追求无限；为××中学实现可持续发展而努力奋斗。

各位教师：

经过全体教职工的共同努力，××中学工会×届×次教职工代表大会圆满地完成了大会主席团预定的各项任务。大会始终充满了民主、和谐、求实、进取的气氛，是一次凝聚人心的大会、团结的大会。在此，我谨代表大会主席团，对大会取得的各项成绩表示热烈的祝贺！

审议通过了学校工作报告、教学奖发放办法、学校财务工作报告。大会期间，各位教职工本着主人翁的精神，以高度的责任感和使命感，对学校的科学发展以及构建和谐校园问题提出了许多宝贵的意见和建议。在此，我谨代表大会主席团，向全体教职员工表示衷心的感谢！

同志们，本次教职工代表大会是学校在特殊的背景下召开的，这次凝聚人心的大会必将对学校的发展产生深远的影响。大会对过去的×年尤其是去年做了全面而中肯的回顾。大会认为过去的×年时间是学校发展最好、最快的×年，业绩可圈可点，鼓舞人心，振奋精神。这些凝聚着全校师生智慧与汗水的成绩必将成为丰碑、载入史册。

同志们，峥嵘岁月已经证明我们这个群体生活有品位而精神不空虚。各位教师，工作有为而情义无价，生命有涯而追求无限，今后的岁月我们这个忠诚而上进的群体肯定会更加努力。本次教职工代表大会为我们展示了新的前景：要传承××中学优秀文化；精心组织，让母校××华诞过得充实有意义；要与时俱进，以发展的眼光看待并服务于学生和教师的成长；要因地制宜大力推进学风建设，保证学校高效运转；要全面贯彻党的精神，紧密团结在校长室周围，创新争强，以主人翁的姿态投入到学校的建设与发展中去，为××中学的教育教学质量，为××中学的科研水平和办学效益，为××中学实现可持续发展而努力奋斗。

下面我宣布：××中学工会×届×次教职工代表大会胜利闭幕！

谢谢大家！

★★★

## 范例5：厂长在首届党代会闭幕式上致辞

【致辞人】厂长

【场　景】厂首届党代会闭幕式

【时　机】在闭幕式开始时致辞

【风　格】逻辑严谨　言辞恳切

【关键词】共同努力　发扬传统　开拓创新　基础　使命　愿景目标

【妙语】精神饱满、畅所欲言、建言献策；鼓舞士气、和谐民主的大会；实现将我厂建设成“国内先进、国际一流”发电企业的宏伟愿景目标。

各位代表，同志们：

中国共产党××厂第一次代表大会，在上级党组织的亲切关怀下，在全体与会代表的共同努力下，圆满完成了各项任务，现在就要闭幕了。本次大会得到上级党组织高度重视，市委组织部××处长亲自到会，并发表了重要讲话，市纪委××主任、××股份有限公司纪委副书记××也出席了本次大会，对大会给予大力支持。本次大会审议通过了××同志代表上届党委和××同志代表上届纪律检查委员会所做的工作报告。通过换届选举，产生了新一届党委、纪委，对于做好我厂今后一个时期内党的工作、加强党风廉政建设和反腐败工作起到了重要的保障作用。我们相信，新的领导集体一定不负众望，带领全厂党员和广大职工，发扬传统、开拓创新、扎实进取，全面完成大会赋予的各项使命。

两天来，全体与会代表精神饱满、畅所欲言、建言献策，坚持和发扬党的民主集中制原则，以高度的政治责任感、使命感，忠实履行自己的神圣职责，展示出良好的精神风貌，使这次大会始终洋溢着民主、团结、务实的气氛。这次大会开得很成功，是一次开拓创新、继往开来的大会，是一次鼓舞士气、和谐民主的大会。这次大会必将为谱写我厂改革发展的新篇章奠定坚实的基础。

各位代表，同志们！回顾过去的×年，我们取得的成绩令人瞩目；展望未来，我们信心满怀。我们深知，在前进道路上还有许多困难和挑战；但我们坚信，××的未来充满生机和希望。只要我们坚持党中央和各级党组织的正确领导，高举邓小平理论和“三个代表”重要思想伟大旗帜，牢固树立和认真落实科学发展观，发挥好党委的政治核心作用，落实好本次大会提出的要求，倍加珍惜历史机遇，倍加珍惜当前团结、和谐的大好局面，就一定能够积极应对挑战、战胜各种困难，实现将我厂建设成“国内先进、国际一流”发电企业的宏伟愿景目标。

最后，我代表大会主席团和全体代表，向对这次大会给予极大关怀与支持的集团公司党组、××市委、××股份有限公司党委表示衷心感谢！向一直坚守在各自岗位上的广大党员和干部职工，向所有为大会辛勤工作、热情服务的同志们表示衷心感谢！并祝各位代表，同志们工作顺利、身体健康！

谢谢大家！

## 范例6：校长在国际研讨会开幕式上致辞

【致辞人】校长
【场　景】国际研讨会开幕式
【时　机】在开幕式开始时致辞
【风　格】热情洋溢
【关键词】问候　文化交流　共同发展　突飞猛进　贡献
【妙　语】加强有关企业、家族企业和民营经济发展和中外学术文化交流，实现共同发展；抓住发展的机遇，借着发展的热潮，紧随时代发展的步伐，争取谋求更大、更快的发展。

女士们、先生们：

值此“创业和家族企业成长”国际研讨会开幕之际，我谨代表××市家族企业联合会、××科学技术职业学院人文学院向远道而来的中外各大高校专家学者、各企业创业家和各企业代表表示热烈的欢迎和诚挚的问候！

本次研讨会层次高、规模大，共邀请了来自国内以及美国、澳大利亚、中国香港等国家与地区的高校专家学者以及××集团、××集团、××集团等著名企业创业家和各企业代表共××人参加。此次会议，还受到了××市政府、××基金会的大力支持以及社会各界的广泛关注。这是一次国内外学术界、企业界共同参与的盛会，它将进一步促进和加强有关企业、家族企业和民营经济发展和中外学术文化交流，实现共同发展。

在全球化的时代下，创业与企业成长的问题也将越来越受到人们的广泛关注。本次会议，将围绕“创业与家族企业成长”这一核心议题，就创业和中小企业成长、创业教育、创业家族的可持续发展、中国家族企业现代转型、企业家能力与企业成长、职业经理人与家族企业成长等一系列热点问题展开深入的探讨。

在过去的一年里，世界经济突飞猛进，中国的经济发展也在全国人民的共同努力下，取得了非常大的进步。××××年，在新的一年里，我们将紧紧抓住发展的机遇，借着发展的热潮，紧随时代发展的步伐，争取谋求更大、更快的发展。我相信，本次的国际研讨会，通过理论研究和讨论，并将理论联系实际，一定能为国家的改革、企业的成长做出巨大的贡献。

最后，预祝本次国际研讨会圆满成功！

谢谢！

★★★

## 范例7：校团委书记在学校团代会闭幕式上致辞

【致辞人】校团委书记

【场　景】学校团代会闭幕式

【时　机】在闭幕式开始时致辞

【风　格】满怀激情

【关键词】祝贺 感谢 辛勤劳动 群众组织 后备军 加强修养 新台阶

【妙　语】以主人翁的态度，共商学校团委会的大事；明确任务，加强学习，不断提高科学文化素质；勇于吃苦、勤于实践，在生动活泼的校园文化活动中发挥先锋模范作用。

各位领导、各位代表：

大家好！

首先，我代表党支部和学校领导向新成立的团委会及新当选的团委会委员表示热烈的祝贺！向一贯支持和关心我校共青团工作的教委团委领导和兄弟学校的各位领导、老师，同学们表示衷心的感谢！

今天，我校第×届团代会迎着新世纪的曙光胜利召开了。出席今天会议的代表有××人。他们来自全校各个班级，都是共青团员，青年中工作、学习的骨干分子。他们热爱×职专，关心共青团的工作，完成了学校交给的学习任务，为我校共青团工作做出了贡献，我校团委工作取得的成绩与你们的刻苦学习、努力工作、辛勤劳动是分不开的。

各位代表，共青团是党领导的先进青年的群众组织，是广大青年在实践中学习共产主义的学校，是中国共产党的助手和后备军。今天，我们欢聚一堂，以主人翁的态度，共商学校团委会的大事，体现了共青团工作的主体作用。我们总结了上一届团委会取得的成绩，同时也找出了不足，这为本届团委会更好地开展工作提供了有益的借鉴。为在新的世纪开创我校共青团工作的新局面，我们要认清形势、把握方向，进一步提高思想政治素养，增强历史责任感和时代紧迫感。明确任务，加强学习，不断提高科学文化素质。勇于吃苦、勤于实践，在生动活泼的校园文化活动中发挥先锋模范作用。明确责任、加强修养，不断提高工作能力并加强为全体同学服务的意识。

各位代表，希望你们把今天的会议精神带到各班去，带领全体同学立足现实、把握机遇、增强信心、齐心协力，使我校共青团的工作迈上一个新台阶。

★★★

## 范例8：校党委书记在团代会、学代会闭幕式上致辞

【致辞人】校党委书记

【场　景】团代会、学代会闭幕式

【时　机】在闭幕式开始时致辞

【风　格】条分缕析

【关键词】关怀 祝贺 使命感 朝气蓬勃 艰苦创业 贯彻落实 校园文明建设

【妙　语】强烈的使命感和主人翁意识；朝气蓬勃、艰苦创业、奋发向上的精神面貌；开创我校校风建设、学风建设、班风建设、校园文明建设的新局面。

各位代表，同志们、同学们：

在校党委及行政部门的亲切关怀和领导下，在上级团委的大力支持下，经过全体与会代表的共同努力，共青团××××第×次代表大会、××××第×次学生代表大会在团结、严肃、民主、活泼的气氛中已圆满完成了各项预定任务，就要胜利闭幕了。会议期间，代表们认真听取了学校领导的重要讲话；审议并通过了校团委副书记××同志做的校团委工作

报告，校学生会主席××同学所做的校学生会工作报告；大会民主选举产生了共青团××××第×届团委会和××××第×届学生会主席团，通过了《××××学生会章程》、《××××学生社团组织管理条例》和《校园文明倡议书》。我代表校党委、校行政部门对大会圆满成功表示祝贺，向新当选的共青团××××第×届委员会委员、书记、副书记和××××第×届学生会主席团成员表示热烈的祝贺。

这次大会是一次团结的大会、胜利的大会。大会气氛热烈、民主，充分体现了广大团员和青年学生强烈的使命感和主人翁意识，也充分体现了当代大学生朝气蓬勃、艰苦创业、奋发向上的精神面貌。

大会以邓小平理论、“三个代表”重要思想为指导，认真学习十六大的重要精神，实事求是地总结回顾团委会、学生会的工作成绩，并结合我校工作实际，提出了今后工作总体思路和主要任务，目标坚定而明确。这次大会必将对我校青年工作和学生工作产生深刻的影响。

大会即将闭幕，代表们将回到各自的单位和班级。我殷切地期望各位代表把此次大会“团结、民主、求真、务实”的作风带到基层去，把大会的目标、任务带回基层去，在“三个代表”重要思想的指引下，在校团委、校学生会新的领导班子带领下，贯彻落实大会精神，开创我校校风建设、学风建设、班风建设、校园文明建设的新局面。

同学们，共青团××××第×次团代会、××××第×次学代会即将闭幕。我衷心祝愿大家在以胡锦涛为总书记的党中央指引下，认真学习和贯彻党的十六大精神，与时俱进、开拓创新、奋发有为，把团委会、学生会工作再向前推进一步。××××的明天将更加美好！

# 第 2 章 欢迎辞

在社会主义市场经济深入发展的大背景下，为了提升形象、扩大影响、招商引资、促进发展，近年来各地纷纷举办各种内容和形式，不同规模的节庆活动。按照惯例和程序，在欢迎活动开幕式上，常常要由一位主办方的要员向来宾敬致一篇热情洋溢的欢迎辞。那么，撰写一篇合乎规范的欢迎辞自然就是活动筹备过程中一项不可忽视的细节工作了。

从表达方式上欢迎辞分为

1. 现场讲演欢迎辞

一般是由欢迎人在被欢迎人到达时在欢迎现场口头发表的欢迎稿。

2. 报刊发表欢迎辞

这是发表在报刊或公开发行刊物之上的欢迎稿。它一般在客人到达前后发表。

从社交的公关性质上欢迎辞分为

1. 私人交往欢迎辞

私人交往欢迎辞一般是在个人举行较大型的宴会、聚会、茶会、舞会、讨论会等非官方的场合下使用的欢迎稿。通常要在正式活动开始前进行。私人交往欢迎辞往往具有很大的即时性、现场性。

2. 公事往来欢迎辞

这样的欢迎辞一般在较庄重的公共事务中使用。要有事先准备好的得体的书面稿，文字措辞上的要求较私人交往欢迎辞要正式和严格。

欢迎辞主要特点：

1. 欢愉性

中国有句古话是“有朋自远方来，不亦乐乎”，所以致欢迎辞当有一种愉快的心情，言辞用语务必富有激情和表现出致辞人的真诚。只有这样才可给客人一种宾至如归的感觉，为下一步活动的顺利举行打下好的基础。

2. 口语性

欢迎辞本义是在欢迎现场当面向宾客口头表达的欢迎稿，所以口语化是欢迎辞文字上的必然要求，在遣词用语上要运用生活化的语言，即简洁又富有生活情趣的语言。口语化会拉近主人同来宾的关系。

欢迎辞的写作要求：

1. 要看对象说话，表达不同的情谊。如对来检查的上级领导人员应当表示谦恭，对初来乍到的外地考察团的同志表示诚恳，对刚到单位上班的新同志表示热情等。

2. 称呼要讲究礼仪。在来宾前后要加上头衔或亲切词语，不可用代称或简称。

3. 要严谨，也要活泼。欢迎辞也要看是在隆重的欢迎大会、宴会、酒会、招待会上用，还是在一般的展销会、订货会上用，具体讲话要视场合而定，该严肃则严肃，该轻松则轻松。

4. 要赞美来宾，搁置分歧或问题。充分肯定双方已有的良好关系或合作成果，表现今后继续交流与合作的强烈愿望。

5. 要热情而不失分寸。致欢迎辞应做到热情、谦逊、有礼。语言要短小精悍，饱含真情。既要充分表达热情欢迎的情感，也要注意身份，有分寸和节制，做到不卑不亢。

欢迎辞的写作结构一般分为标题、称呼、正文、署名及日期。

（一）标题

第一行正中写标题，字体略大，可写“欢迎辞”三个字或写“×××在欢迎×××会上的讲话”。

（二）称呼

第二行顶格写称呼，称呼要讲究礼仪，姓名要写全，要用尊称，可根据主客之间关系的疏密在姓名前面加表示亲切的修饰词语，如“尊敬的”、“敬爱的”、“亲爱的”等，要因人而异。

（三）正文

正文要表达三层意思：

第一层，开头要对客人表示热烈的欢迎、诚挚的问候和敬意。

第二层，阐述客人来访的意义，赞颂客人各方面取得的成就，也可回顾双方之间的交往与友谊，赞扬双方之间的友好合作。

第三层，在结尾处再一次对客人表示热烈的欢迎和良好的祝愿。

（四）署名及日期

正文右下方署名，如标题有名称，可不署名，署名下一行标明日期。

## 第一节　节庆活动欢迎辞

欢迎辞，是指客人光临时，主人为表示热烈的欢迎，在座谈会、宴会、酒会等场合发表的热情友好的讲话。节庆活动的欢迎辞致辞对象十分广泛，既可以是上级领导，也可以是相关部门、单位的平级组织，也可以是广大人民群众。在致辞风格上，由于是节庆活动，同时还是欢迎辞，因此必须突出热烈、喜庆、欢愉的特点。具体要求主要有以下几方面：

1. 言辞恳切、热情洋溢，确保欢迎现场的喜庆祥和氛围。
2. 致辞的撰写应结合节庆实际和来宾的具体情况而定。
3. 致辞应实事求是，切忌虚张声势、肆意夸大。
4. 致辞应感情真挚。

## 范例1：市领导在首届农民书画艺术节上致欢迎辞

【致辞人】某市领导
【场　景】首届农民书画艺术节
【时　机】在艺术节开始时致辞
【风　格】热情洋溢
【关键词】深化改革　勇气　宏大气象　先进文化　精神力量
【妙　语】社会各方形成合力，文化参与和文化创造活动空前踊跃；在与广大人民群众的水乳交融中激发艺术灵感；大力发展先进文化，支持健康有益文化，努力改造落后文化，坚持抵制腐朽文化；发展面向现代化、面向世界、面向未来的，民族的科学的、大众的社会主义文化。

尊敬的各位领导、各位来宾，朋友们：

大家好！

首先，请允许我代表市委、市政府以及艺术节的组织者对各位嘉宾的到来表示热烈的欢迎和真挚的感谢！

近年来，在市委、市政府的正确领导下，××镇农村工作紧紧围绕农民增收这个中心任务，不断深化改革、扩大开放、开拓创新、加快发展，××镇经济持续快速增长，农民收入连续几年大幅度增长，崇尚文明、富而思乐成为××镇农民的新追求。在各级党委、政府的关心和支持下，××镇的农村精神文化生活也在不断丰富，基础设施不断完善。

步入新世纪的××镇更加强烈地迸发出与时俱进的勇气和智慧，全镇上下呈现出开拓创新的宏大气象。为贯彻落实中共中央关于解决“三农”问题的有关精神，活跃农村文化生活，发展农村书画艺术，促进××书画院的形成与发展。由××市文化体育局、××市文学艺术界联合会、××镇人民政府联合主办，××市文化馆、××镇文化体育服务中心具体承办，××市书法协会、××市美术协会联合协办的××市首届农民书画艺术节今天正式开始。

首届农民书画艺术节得到各级党委、政府和有关部门的高度重视和大力支持，基层文化工作者和基层群众对农民书画艺术节表现出极大的热情，社会各方形成合力，文化参与和文化创造活动空前踊跃。在更广泛的领域和更深入的层面充分调动文化工作者的积极性，共同建设先进文化，进一步推动文化创新和文化繁荣的新局面。广大文艺工作者坚持“二为”方向和“双百”方针，深入生活、深入群众，在与广大人民群众的水乳交融中激发艺术灵感，创作出一批思想性与艺术性统一、深受广大群众喜爱的符合人民群众审美需求的优秀作品。

××镇政府将以此为契机，继续把发展文化事业作为文化工作的第一要务，积极实施精品战略，大力发展先进文化，支持健康有益文化，努力改造落后文化，坚持抵制腐朽文化，着眼于全市文化发展的前沿，不断推进文化工作的创新。牢牢把握先进文化的前进方向，大力弘扬和培育民族精神，发展面向现代化、面向世界、面向未来的，民族的、科学的、大众的社会主义文化，不断丰富××镇农民群众的精神世界，增强××镇农民群众的精神力量。

最后祝广大文艺工作者身体健康，祝我们的文化事业繁荣兴旺！

谢谢大家！

★★★

## 范例2：县长在梨花节上致欢迎辞

【致辞人】某县县长

【场　景】梨花节

【时　机】在梨花节开始时致辞

【风　格】热情洋溢　条理清晰

【关键词】如期而至　深情厚谊　不绝如缕　真实写照　跨越

【妙　语】一江春水，两岸青山，千顷沃野，万树甜雪；××厚土，生生不息；××人民，敢为人先；潮平两岸阔，风正一帆悬。

各位来宾：

伴随着和煦春风，全国生态家园富民计划高层专家论坛暨××第二届中国·××梨花节如期而至。一江春水，两岸青山，千顷沃野，万树甜雪，无不传递着××万××人民的深情厚谊：××人民欢迎您！

××厚土，生生不息。××山川壮丽，集造化之工巧；人情世俗，承古朴之民风。谯玄廷对辉两汉，王樾祖孙惊宋皇；杜甫把盏送客亭，陆游醉歌鼓楼铺；辛亥革命三烈士慷慨赴义，红军强渡嘉陵江壮怀激烈。千载以下，薪火传承不熄，精神不绝如缕。

××人民，敢为人先。改革开放的新时期，××儿女发扬“负重自强，排难创新，团结苦干，勇争一流”的××人精神，用勤劳的双手创建自己的美好家园。在践行“三个代表”重要思想、推进“三个转变”重要理论，实施“3466”发展方略的战鼓声中，重点工程喜讯频传、城镇面貌脱胎换骨、人民生活逐步改善。以“六个一”加“三配套”为主要内容的“××经验”更是闻名遐迩。“梨花一枝春带雨”，庭院万树果飘香成为××生态家园的真实写照。“潮平两岸阔，风正一帆悬”。在新一轮发展中，××人民将会以更加开阔的胸襟、开明的姿态、开放的理念，谋后发之势、抢先发之机，融入大市场、走向大舞台、实现新跨越。

开放的××、美丽的××热诚为您服务，期待与您合作。让我们在千帆竞发、百舸争流的新征程上携手同进，共创辉煌！

“最忆苍溪县，送客一亭绿。”愿××之行成为您美好的回忆！

★★★

## 范例3：县长在生态旅游节上致欢迎辞

【致辞人】某县县长

【场　景】生态旅游节

【时　机】在生态旅游节开始时致辞

【风　格】热情洋溢

【关键词】欢迎　感谢　大力支持　生态旅游　投资创业

【妙　语】在这丹桂飘香的金秋十月；依托自身的山水优势，

依靠全县上下的不懈努力；打造生态旅游县。

……………………………………………………………………

各位领导、各位来宾，女士们、先生们：

大家好！

在这丹桂飘香的金秋十月，我们迎来了首届刘基文化暨生态旅游节。在此，我代表××县委、县人大、县政府、县政协和全县××万人民向各位嘉宾表示诚挚的欢迎！向一直以来关心支持××发展的省市领导和各部门领导，大力支持家乡建设的海内外所有××人，以及各界友人表示衷心的感谢！

××地处××省西南部，全县总面积××平方公里，总人口××万人，是明朝开国元勋刘基的故乡。刘基，字伯温，谥号文成，辅助朱元璋一统大明江山，史称“帝师”、“王佐”，是我国历史上著名的政治家、军事家和文学家。××境内旅游资源极为丰富，拥有国家级文物保护单位——刘基庙（墓）、国家级森林公园——铜铃山、全国第一高瀑——百丈漈、华夏一绝——铜铃壶穴奇观、华东第一峡——岩门大峡谷、浙南最大淡水湖泊——珊溪水库飞云湖和独具民族特色的畲乡风情等宝贵的旅游资源。××丰富的旅游资源得到国家以及省市有关部门的充分肯定，目前××正在申报国家级风景区。××还是一个全国著名的侨乡，目前全县共有×万人侨居在世界××个国家和地区，其中担任各地华侨社团副会长以上职务的侨胞就达××人，被誉为“侨领之乡”。

改革开放以来，××得益于党的政策和社会各界的大力支持，依托自身的山水优势，依靠全县上下的不懈努力，各项事业都得到了长足的发展。以生态旅游为主的第三产业正在崛起，生态型效益农业蓬勃发展，特色工业初具规模。目前，我们正按照“生态旅游县”的战略部署，聚万众之心、举全县之力，把生态旅游放在主导地位，狠抓生态产业、大创生态品牌、力建生态城镇，努力打造××旅游休闲度假基地、沿海产业转移承接基地、优质农产品供应基地和劳动力输出基地，力争把××建设成为美丽的“后花园”。

各位来宾、各位朋友，展望××的美好前景，我们无比自豪。同时，我们也深知，××仍然是经济欠发达县，我们的差距还很大。打造生态旅游县，任重而道远，还需要我们全县广大干部群众的艰苦奋斗，更需要各级领导、各界人士和在海内外发展的××籍人士的关心和帮助。举办这次活动，既是为了进一步挖掘和弘扬刘基文化，提升文化品位，增强××人民创业动力的需要，又是为了推销和展示××山水，提高××的知名度，充分发挥旅游资源优势、加快经济发展步伐的需要。我们相信，通过本次活动，通过诸位嘉宾的宣传，世人将更加了解××、认识××，将会大大促进××的发展。

××山好、水好、人更好，请各位嘉宾尽量多留一些时间，走进××秀美山川、饱览名胜古迹、博采人文精华，感受蓝天碧水的自然本色，使本次活动成为大家人生旅途的一次美好之约、难忘之旅。我们也热情地期待各位在今后的日子里一如既往地关心××、宣传××、支持××、多到××旅游观光、指导工作、投资创业。让我们携手共同谱写××明天的辉煌！

最后，预祝首届刘基文化暨生态旅游节圆满成功！

祝各位嘉宾身体健康、生活愉快、万事如意！

谢谢！

★★★

## 范例4：区领导在旅游节招待酒会上致欢迎辞

【致辞人】区领导

【场　景】旅游节招待酒会

【时　机】在酒会开始时致辞

【风　格】热情洋溢

【关键词】欢迎 感谢 大力支持 积极参与 旅游节 互利互荣

【妙　语】有朋自远方来，不亦乐乎；亲朋好友共话友谊、共襄盛举、共谋发展的一次历史性聚会；一个异彩纷呈、令人难忘的旅游盛会，一个推动旅游产业发展、互利共荣的收获盛会。

尊敬的各位领导、各位来宾，女士们、先生们，朋友们：

“有朋自远方来，不亦乐乎。”今天，我们怀着无比激动的心情迎来了第×届××旅游节的召开。在此，我谨代表××区委、××区人民政府和热情好客的××人民，再次向在百忙中拨冗光临本届盛会的各级领导、各位贵宾、海内外各界朋友表示最热烈的欢迎和最衷心的感谢！

本届旅游节，是××市首次由市辖区单独承办的一次历史性节日，是各位领导、各界贤达、亲朋好友共话友谊、共襄盛举、共谋发展的一次历史性聚会。我们相信，有各级领导的关心指导，有海内外各界朋友的大力支持和积极参与，以“展示多元文化，彰显名城风采”为主题的第×届××旅游节，一定能够办成一个全面展示××市及××区改革开放成就和丰富旅游资源的展示盛会，一个加强与海内外各界朋友沟通联系、增进友谊、扩大合作的交流盛会，一个异彩纷呈、令人难忘的旅游盛会，一个推动旅游产业发展、互利共荣的收获盛会。

现在，我提议，让我们举杯，为第×届××旅游节的圆满成功，为各位领导、各位贵宾、各位朋友的光临，同时祝大家身体健康、事业发达、合家幸福，干杯！

★★★

## 范例5：县长在瓜菜节开幕式上致欢迎辞

【致辞人】某县县长

【场　景】瓜菜节开幕式

【时　机】开幕式开始时致辞

【风　格】热情洋溢

【关键词】农业大县　闻名遐迩　理想乐园　辉煌灿烂

【妙　语】在这春意盎然、瓜菜飘香的美好季节里；物华天宝、人杰地灵，名扬古今、饮誉全国；手牵手、心连心、同舟共济、共同开创××更加辉煌灿烂的明天。

各位领导、各位来宾，女士们、先生们，朋友们：

在这春意盎然、瓜菜飘香的美好季节里，××瓜菜节乘着西部大开发的东风，踩着加入世贸组织的鼓点，在各级领导的关怀和兄弟县市及有关部门的大力支持下，今天隆重开幕了！借此机会，我谨代表××县委、县人民政府和××万热情好客的××人民，向前来参加瓜菜节的各位领导、各方来宾、各界朋友表示热烈的欢迎！

××，位于八百里秦川东部，三河在这里交汇，历史从这里发源。××是孕育中华民族辉煌文化的腹地之一，自东周时就有戎国，战国时设××县，西晋时改为××县，至今已有2000多年的历史。××素以物华天宝、人杰地灵，名扬古今、享誉全国。

××县是全省乃至全国的农业大县，是关中平原名特优农产品的集中产区。黄花菜、红枣、花生等产品已闻名遐迩。近年来，我县大棚哈密瓜、礼品西瓜、台湾香瓜、水果黄瓜、圣女果等反季节瓜菜，迅速崛起；保健型蔬菜蕃茄椒已大面积引种成功，填补了国内市场的空白；鲜食冬枣、透明李子、早露蟠桃、桃王99、中华寿桃、铜仁葡萄，以及华光、艳光、署光系列油桃等名优杂果已成规模。面对加入世贸组织的新形势、新机遇、新挑战，我们将不断深化对县情的认识，着眼国际、国内两个市场，着力发展特色经济，着手打造龙头企业，积极推广高新技术，创造最佳生态环境，生产绿色有机食品，谱写由农业大县向经济强县跨越的新篇章。

各位领导、各位来宾，朋友们、同志们，××是一片蕴藏巨大潜力和充满无限商机的沃土，××是投资者大展宏图的黄金凹地，××是创业者铸造辉煌的理想乐园。热情好客的××人民将以更加开放的姿态、更加优惠的政策、更加优良的环境、更加丰厚的回报，热诚欢迎国内外有识之士前来投资开发、经商办厂、协作交流、共同发展。衷心希望各级领导、各界同人以及客商朋友们，一如既往地关心、关注、支持和帮助我们，为××的发展和振兴献计献策，与××人民手牵手、心连心、同舟共济、共同开创××更加辉煌灿烂的明天！

××的四月，是播种的季节、收获的季节、喜庆的季节、宾客相聚的季节！真诚地祝愿各位在××心情舒畅、生活愉快、万事如意！

预祝××瓜菜节圆满成功！

谢谢!

★★★

## 范例6：县委书记在服装节开幕式上致欢迎辞

【致辞人】县委书记
【场　景】服装节开幕式
【时　机】在服装节开幕式开始时致辞
【风　格】热情洋溢 气势磅礴
【关键词】繁花似锦 风光旖旎 开幕 盛会 共创辉煌
【妙　语】以节为媒，共创商机；大发展快发展，其力以积、其势已蓄、其期已至；给各位留下深刻而美好的印象。

尊敬的各位领导、各位来宾，女士们、先生们：

繁花似锦庆盛会，商贸名城迎嘉宾。在这风光旖旎，催人奋进的流火岁月里，第×届××××服装节隆重开幕了。在此，我谨代表××××县委、县政府和全县人民，向参加服装节的各位领导、嘉宾和各界朋友表示热烈的欢迎和衷心的感谢!

“以节为媒，共创商机”是我们一年一度举办服装节的宗旨。本届服装节集展示展销、投资洽谈、物资交流、文娱活动于一体，得到了省、市领导的广泛关注和大力支持，得到了国内外企业、客商的积极响应和热情参与，全国××个省市的××余家企业前来洽谈、参展和采购。服装节期间，有总投资×××亿元的××个重点招商项目集中开工，还有一批高投入、高技术含量的项目集中签约。本次大会，必将成为推动××发展的一次盛会。

××××年，是××站在新起点、开始新征程的重要一年，全县上下从解放思想入手，坚决破除“区位偏远，县域小实力弱，建县晚文化底蕴浅”三个误区，发挥地处两省三市中心的区位优势，拥有×万坐地客商和×万营销大军的商贸优势，儒释道文脉丰厚的文化优势，奋力争创“中国商贸名城”、“北方佛教圣地”、“华北旅游强县”、“××最佳创业城市”四大品牌。当前的××，大发展快发展，其力以积、其势已蓄、其期已至，已成为××经济圈最具发展活力的县域经济板块之一。

我们诚挚希望这次活动能给各位留下深刻而美好的印象！我们热切期待各方客商在××××服装节这个充满商机的舞台上，能够取得丰硕成果！我们也真诚盼望各位领导、各方来宾、新老朋友能够进一步了解××、认识××，与××携手发展，共创辉煌！

祝各位领导、各位嘉宾和各界朋友身体健康，万事如意！

谢谢！

★★★

## 范例7：县长在渔民文化节上致欢迎辞

【致辞人】某县县长

【场　景】渔民文化节开幕式

【时　机】在渔民文化节开始时致辞

【风　格】热情洋溢

【关键词】欢乐气氛 祝福 感谢 问候 腾飞起锚 不懈努力

【妙　语】用辛勤的汗水灌溉了这片土地；用丰富的经历堆积了海洋文化；万里碧波千帆尽，乘风破浪戏鱼龙；展示渔民、渔村特有的文化风采；新的时代需要新的动力，新的生活需要新的气象。

尊敬的各位领导，渔民兄弟姐妹们：

今天，我们欢聚在朝阳升起的地方，一起倾听赶海的渔鼓声，一起遥望茫茫沧海，一起感受海与我们共同期盼的欢乐气氛，我和大家一样感到十分欣慰和舒畅。首届××渔民文化节在县委、县政府领导的关心支持下，在县属各有关部门的大力配合下，在广大渔民群众的广泛参与下，即将隆重开幕了。在此，我谨代表县委、县政府对首届××渔民文化节的举办表示最诚挚的祝福，向参与本届渔民文化节并付出辛勤工作的组委会、县属各部门、各单位的同志们和渔民兄弟姐妹们表示最衷心的感谢，并希望通过你们，向全县广大的渔民兄弟姐妹们表示最深切的问候，更向四方宾朋表示热烈的欢迎。

渔民，一个朴实而具有代表性的名词，一个勤劳勇敢的群体，是你们用双手建设了美丽的××，是你们用智慧创造了源源不断的财富，是你们用辛勤的汗水灌溉了这片土地，是你们用丰富的经历堆积了海洋文化。“万里碧波千帆尽，乘风破浪戏鱼龙”是你们一生的写照和不平凡的人生历程。辽阔的大海是你们创造事业的舞台，而你们是这个舞台永远的主角，演奏了一曲曲粗犷有力的海洋文化旋律。让我们为××社会经济的腾飞起锚吧！

当前，随着渔业资源的不断衰退，“三渔”问题是县委、县政府亟待解决的重要问题，渔民群众的利益不容忽视，提高渔民收入和生活质量是我们义不容辞的任务，如何促使广大渔民转产转业，让渔民群众能够安居乐业，需要我们加以引导和帮助。今天，我们在这里讴歌海洋，欢庆渔民的节日，是我们亲近海洋，感受渔民生活气息的体现。也是我们努力实践“三个代表”重要思想，以新的方式、新的思路，发扬渔民闯海精神，做好、做足“海”字文章，使渔民文化在广大渔村群众中遍地开花，向全社会展示渔民、渔村特有的文化风采的新的尝试。以渔民文化节为载体，促使其成为地方旅游、商贸等领域的一大特色，推动休闲渔业的进一步发展，把海洋文化和海洋经济做大、做强、做深，产生最大的社会效益。

新的时代需要新的动力，新的生活需要新的气象，让我们在县委、县政府的正确领导下，带领广大渔民群众，为全面建设现代化港口旅游城市而不懈努力！

谢谢大家！

★★★

## 范例8：乡长在首届花瑶山歌对唱节上致欢迎辞

【致辞人】某乡乡长

【场　景】花瑶山歌对唱节

【时　机】在对唱节开始时致辞
【风　格】热情洋溢
【关键词】千年古寨　汇聚一堂　祝贺　欢迎　民族文化　指日可待
【妙　语】七月流火，烈日当空；古树石瀑金银花，百里××多姿多彩；夜晒打蹈拦门酒，千年风情美轮美奂；××正发生着翻天覆地的变化，千年古树正在绽放青春的嫩；芽；××的父老乡亲一定会乘势而上，用最优异的成绩回报各位的恩德。

各位领导、各位来宾，朋友们、乡亲们：

七月流火，烈日当空，在这秋高气爽的季节，在洋溢着希望与笑脸的千年古寨，我们有幸汇聚一堂，纪念瑶族同胞的传统佳节“讨僚皈”，参加首届花瑶山歌对唱节，并一同迎来了省祁剧院下乡慰问演出。首先，我谨代表乡党委、人大、政府、政协及全乡××万瑶汉两族人民对瑶族同胞致以节日的祝贺，对各位的莅临表示最热烈的欢迎！

古树石瀑金银花，百里××多姿多彩；夜晒打蹈拦门酒，千年风情美轮美奂。这是对××丰富的自然人文资源的精辟概括，也是××今后得以振兴发展的基础。近年来，各级领导及社会各界人士对××厚爱有加，××市×任市委书记在我乡挂点扶贫，县领导对××高看一眼、厚爱一层，各级、各部门倾注了大量的财力、物力，××××集团×××先生毅然投资千万元开发××旅游，这一切均为古老的××注入了生机与活力，××正发生着翻天覆地的变化，千年古树正在绽放青春的嫩芽。

本届花瑶山歌对唱节必将对弘扬民族文化，开发旅游资源产生深远的影响，也为广大人民群众提供一份美好的精神食粮，在此，我对多年来一直支持××发展的各级领导及社会各界人士表示衷心的感谢！明年是我乡建乡××周年，当前各项准备工作正在紧锣密鼓地进行。乡党委、乡政府号召全乡人民一定要有民族团结的正气、不甘落后的勇气、迎难而上的锐气，敢为人先的豪气、早日奔小康的志气、立足本地资源，发展特色经济，从我做起，从现在做起，为我乡××华诞献上一份满意的答卷。同时，我也诚恳地请求各级领导、各位来宾朋友们能对××一如既往地予以关怀和支持，××的父老乡亲一定会乘势而上，用最优异的成绩回报各位的恩德。我们相信，只要上下一心，团结一致，××致富奔小康的日子一定指日可待。

最后，祝首届花瑶山歌对唱节及省祁剧院的慰问演出圆满成功！祝各位领导、朋友们身体健康、万事如意！祝××的父老乡亲们合家欢乐、财源广进、幸福平安！

## 第二节　考察、检查活动欢迎辞

考察、检查活动是上级对下级的活动，致辞主体为本单位、部门领导，致辞对象为上级单位和部门的领导，因此，在致考察、检查活动欢迎辞时，一定要注意言辞的准确性和礼貌性。一般情况下，考察、检查活动欢迎辞有以下几点需要特别注意：

1. 在致辞开头一定要用尊称，表意得当。

2. 语言要实事求是，从实际出发，切勿口若悬河、夸夸其谈，避免上级领导对致辞人产生反感。

3. 语言要精确、热情、友好、礼貌。

4. 篇幅不宜过长，能够表达欢迎之意即可。

★★★

### 范例1：县领导在目标考察活动中致欢迎辞

【致辞人】县领导

【场　景】目标考察小组到县考察

【时　机】在考察小组领导到来时致辞

【风　格】热情洋溢 气势磅礴

【关键词】不辞辛劳 备受鼓舞 感谢 祝福 协调发展

【妙　语】吉羊送岁，金猴迎春；众志成城，攻坚破难；经济社会实现了协调发展、良性互动的好局面；一如既往地支持我们，一如既往地关怀我们。

……………………………………………………

市目标考察组的各位领导、各位同志：

吉羊送岁，金猴迎春，在新的一年刚刚到来、新的征程即将开启之际，你们不辞辛劳，莅临××指导检查工作，令我们备感振奋，备受鼓舞。在此，我代表××四套班子和××万××人民，对你们的到来表示热诚的欢迎和衷心的感谢，并向你们致以春天的问候与新年的祝福！

××××年，在市委、市政府的领导下，在市级各部门的关心支持下，我们团结带领全县人民，紧紧围绕建设“工业经济强县、特色农业大县、商贸旅游旺县、民营经济新县、绿色生态靓县、财税收入富县”的奋斗目标和“工业立支柱，农业兴产业，三产上台阶，城市升形象，党建出成果”的发展思路，众志成城，攻坚破难，开拓进取，克服“非典”疫情带来的不利影响，开创了经济快速增长、社会大局稳定、人民安居乐业的良好局面。在工业化、农业产业化、重点建设、招商引资、民营经济、社会事业及党建工作等方面取得了一系列新的收获。在全市半年工作目标现场考评中，我县三项工作获一等奖，其余四项获二等奖。在年终全市招商引资暨重点工程建设总结会上，我县两项工作均获一等奖。经济社会实现了协调发展、良性互动的好局面。

各位领导、各位同志，我们深知，××的每一点进步，都离不开你们的关心与帮助；××的每一点成绩，都离不开你们的理解与支持。今天你们的到来，更是对我们莫大的鞭策与鼓励。我们深信，在今后的工作中，有各位领导一如既往地支持我们，一如既往地关怀我们，××经济社会一定能实现新的跨越。

预祝考察工作取得圆满成功！

祝各位领导新春吉祥、万事如意！

## 范例2：县长在教育考察团到来时致欢迎辞

【致辞人】某县县长

【场　景】教育考察团考察活动

【时　机】在考察团到来时致辞

【风　格】热情洋溢 有理有据

【关键词】尊贵 敬意 感谢 教育质量 义务教育

【妙　语】值此激情如火、鸟语蝉鸣的盛夏时节，在这苍翠欲滴、松涛阵阵的×山脚下；话别匆匆×山行，演绎浓浓冀鲁情。

尊敬的各位领导：

大家上午好！

值此激情如火、鸟语蝉鸣的盛夏时节，在这苍翠欲滴、松涛阵阵的×山脚下，我们满怀喜悦的心情迎来了远方尊贵的客人。在此，我代表县委、县政府和××县××万××人民向远道而来的××省教育考察团的各位领导表示热烈的欢迎和真诚的感谢！向对××教育事业给予关注、支持和帮助的省、市各级领导表示衷心的感谢并致以崇高的敬意！

近几年，随着县域经济实力的增强，县委、县政府坚持教育优先发展，不断加大财政投入力度，以办人民需要的教育为目标，强化教育的内部管理功能，努力提高全县的教育质量。近×年来，县政府在高中建设、职业教育、中小学布局调整、中小学信息化建设等方面投入×亿元，使我县各类学校办学条件得到明显改善，中小学布局调整得到稳步推进，教育资源不断整合优化，整体办学实力得到较大提高，义务教育逐步向均衡方向发展。并连续×年得到市委、市政府表彰，××××年被评为××省教育工作先进县，××××年被省政府评为“××省义务教育均衡发展先进县”，教育在全县经济社会发展中发挥着重要作用。由于受考察行程限制，今天各位领导考察的两所学校是距离市区较近的学校，是我县义务教育的缩影，我县义务教育均衡发展总体情况将在汇报材料中向各位领导介绍。××整体教育水平还相对落后，义务教育均衡发展刚刚迈出第一步，真诚地希望各位领导提出宝贵意见。

话别匆匆×山行，演绎浓浓冀鲁情。愿××之行成为您美好的回忆！好客的××人民欢迎您再来！祝各位领导旅途愉快、身体健康、工作顺利、万事如意！

谢谢大家！

★★★

## 范例3：区领导在经贸考察团到来时致欢迎辞

【致辞人】区领导

【场　景】经贸考察团座谈会

【时　机】在座谈会开始时致辞

【风　格】慷慨激昂　热情洋溢

【关键词】光临　欢迎　西部江城　厚望　热土

【妙　语】××是一座宜居山水之城；××是一座创业兴业之城；××是一座开放发展之城。

尊敬的各位领导、各位来宾，朋友们：

大家好！

非常感谢各位的光临！在此，我谨代表区委、区人大、区政府、区政协，向各位领导、来宾和朋友们表示热烈的欢迎，向长期以来关心、支持××发展的各界人士致以崇高的敬意！

××地处渝西北，距主城核心区××公里，幅员面积××平方公里，总人口××万。其中，城市建成区面积××平方公里，常住人口××万。区内现有高校×所，在校大学生×万余人。

××是一座宜居山水之城。嘉陵江、渠江、涪江三江横贯全境，并在××城区汇流，是中国西部不可多得、不可复制的独特资源。同时，××城区青山环绕，钓鱼城、牟山、高望山、铜梁洞拱卫城市，城区内地势平坦。特别是草街航电枢纽即将蓄水成湖，待城区凉亭片区改造后，三江环抱城区的特点会更加明显，“城在江中、江在城中”、“半城青山、半城湖”的美景即将呈现，成为名副其实的秀美怡人的“西部江城”。

××是一座创业兴业之城。招商引资是××经济发展的“一号工程”，××区委、区政府历来高度重视招商引资工作。××将继续以强烈的开放态势、强有力的开放举措，持之以恒地搭建发展平台、搞好基础设施、营造优良环境，敞开怀抱喜迎四海客商，诚挚吸纳优质投资。同时各地客商也对××给予了极大信任、寄予了合作发展多赢的厚望。

××是一座开放发展之城。目前，我们正围绕中国知名旅游城市、××区域性中心大城市、××最美丽城市“三大奋斗目标”，实施富强××、美丽××、平安××、德润××“四大战略”，抓好发展与民心“双十工程”，推进“百个重点工作项目”，努力走出一条具有时代特征、××特色的发展之路。目前各项工作正有序推进，一批重大产业项目落户××，一大批基础设施项目正陆续上马，应该说，××已经驶入了发展的快车道，已经成了一方投资的热土。

最后，再次对你们的到来表示热烈的欢迎！祝各位领导、来宾，朋友们，身体安康、事业兴旺、合家幸福！谢谢大家！

★★★

## 范例4：县委书记在欢迎上级领导参观指导时致辞

【致辞人】某县县委书记

【场　景】上级领导参观指导

【时　机】在指导小组到来时致辞

【风　格】热情洋溢

【关键词】检查调研　关心　厚爱　感谢　发展教育　成效

【妙　语】阳春三月，风和日丽；抢抓机遇、乘势而上，扎实搞好基础教育课程改革实验；多方投入、保障有力、全面规划、稳步推进、只能成功、不许失败；努力把××县的教育工作提高到新水平。

尊敬的××厅长，尊敬的省市领导、教育专家：

阳春三月，风和日丽。在这美好时节，各位领导和教育专家亲临我县检查调研，这既是对我县教育事业的关心和厚爱，也是对我县广大教育工作者的鞭策和鼓舞。在此，我代表县委、县人大常委会、县政府、县政协，对××厅长一行人的到来，表示热烈的欢迎和衷心的感谢！

××县是一个教育大县，县委、县政府历来十分重视发展教育。近年来，我们坚定不移地实施“科教兴××”战略，逐年加大教育投入，积极改善办学条件，中小学教育质量稳步提高，高中教育质量在全市一直处于领先水平。特别是××××年，我县被确定为省首批基础教育课改实验区后，县委、县政府高度重视，确立了“抢抓机遇、乘势而上，扎实搞好基础教育课程改革实验，以课改实验推动基础教育改革，推进素质教育，提高教师素质，促进教育事业发展”的工作目标，提出了“多方投入、保障有力、全面规划、稳步推进、只能成功、不许失败”的工作要求。×年来，我县的课改实验工作稳步推进，并取得了一定成效，课改经验多次在省市课改工作会议上进行交流。××××年×月，我县被省教育厅评为课改先进集体。

发展信息技术，改进教学手段，既是国家教育发展的大趋势，也是我县教育发展的必由之路。××××年，在县财政十分困难的情况下，县委、县政府拿出××万元配套资金，开展了现代远程教育试点示范和试点工作项目两大教育工程，使我县××%的中小学校享受到了优质教育资源，教育信息化提前了5—10年。这为农村中小学校教师探究新课程改革与创新实践提供了更大的空间和条件，更使我县中小学校从教育观念到教学方式，从评价体系到管理体系，都发生了质的变化，为提升中小学教育教学质量发挥了重要作用。

我县课改实验工作所取得的成绩和现代远程教育项目的实施，与××厅长和省市教育主管部门的关心和支持是分不开的。今天，××厅长一行人亲临我县调研指导，这既是对我县基础教育工作的一次检阅，也是对我县各项教育工作的有力促进。我们将严格按照××厅长一行人的新要求，求实创新、锐意进取、狠抓落实、扎实苦干，努力把××县的教育工作提高到新水平。

我再一次提议，让我们以热烈的掌声对尊敬的××厅长、尊敬的各位省市领导、教育专家表示衷心的感谢和热烈的欢迎！

★★★

## 范例5：区领导在欢迎检查组仪式上致欢迎辞

【致辞人】区领导

【场　景】迎接检查组欢迎仪式

【时　机】在检查组到来时致辞

【风　格】逻辑清晰 热情洋溢

【关键词】欢迎 感谢 深入贯彻 宗旨 创建工作 特色优势 服务水平 生命安全

【妙　语】在这金桂飘香、秋风送爽的美好时节；充分发挥中医药特色优势，不断提升服务水平，保障人民群众身体健康及生命安全。

尊敬的各位领导、各位专家，同志们：

大家上午好！

在这金桂飘香、秋风送爽的美好时节，省、市中医药管理局的各位领导及专家莅临我区，检查评估我区创建全国社区中医药工作先进单位工作。我代表区委、区政府对各位的到来表示热烈欢迎！对你们长期以来的关心和支持表示衷心感谢！

近年来，我区深入贯彻落实国家、省、市中医工作精神，以“惠民利民、服务社区、服务百姓”为宗旨，积极开展创建工作，全区中医药事业得以健康快速发展，社区居民享受到“简、便、廉、验”的社区中医药服务。××××年，为加快推动社区中医药事业发展，我区正式启动创建全国社区中医药工作先进单位工作，并列入区政府主要工作目标。

今天，各位领导及专家莅临我区指导评估创建工作，是对我区医疗卫生事业莫大的鼓舞和鞭策。我们诚挚希望各位领导、专家多提宝贵意见，促进我区中医药工作再上新台阶。同时，我区将不断巩固创建成果，充分发挥中医药特色优势，不断提升服务水平，保障人民群众身体健康及生命安全。

谢谢大家！

★★★

## 范例6：县委书记在迎接人大代表考察团时致辞

【致辞人】某县县委书记

【场　景】人大代表到县委机关考察

【时　机】在欢迎仪式上致辞

【风　格】热情洋溢

【关键词】考察指导　增进情谊　感谢　宝贵经验　深情厚谊

【妙　语】公刘故里、能源重镇、果品之乡、旅游胜地；送来了××加快崛起的宝贵经验；密切往来、互通有无、携手并进，共创××与×县更加美好辉煌的明天。

各位领导，同志们：

今天，××市第×届人大代表来×县考察指导，相互交流，增进情谊，我们感到非常的高兴。首先，我代表县委、县人大常委会、县政府、县政协向各位代表的到来表示热烈的欢迎和衷心的感谢！

×县是公刘故里、能源重镇、果品之乡、旅游胜地，全县总面积××平方公里，人口××万，辖×镇×乡××个行政村。近年来，我们坚持以科学发展观为指导，紧扣冲刺“××十强县”奋斗目标，不断加快统筹城乡发展步伐，经济社会发展实现了历史性突破，提前×年实现了“十一五”规划的宏伟蓝图。××××年，县域经济综合考核跃居全省第××位，是第×届全国县域经济基本竞争力提升速度最快的百县（市）之一。预计到××××年年底，全县实现地方生产总值××亿元，增长××%；财政总收入××亿元，增长××%；地方财政收入××亿元，增长××%；全社会固定资产投资××亿元，增长××%；社会消费品零售总额××亿元，增长××%；城镇居民人均可支配收入××元，增长××%；农民人均纯收入××元，增长××%。

××与×县作为××极具发展潜力的市（县），都在向“××十强县”的目标阔步迈进。这几年，××的发展也是一年一个大变样、一年一个新台阶，我们目睹了××的城市建设和重点项目建设，真切感受到了××近几年突飞猛进、日新月异的强劲态势。这一切，是××市委、市政府正确领导的结果，也是全市人大代表积极履职、努力付出的结果。

今天，各位代表不仅送来了××人民对×县人民的深情厚谊，更重要的是也为我们送来了××加快崛起的宝贵经验，这必将为我县冲刺“××十强县”起到重要的推动作用。今后，希望我们密切往来、互通有无、携手并进，共创××与×县更加美好辉煌的明天！

最后，祝愿各位代表身体健康、工作顺利、万事如意！祝愿××人民与×县人民友谊长存！

★★★

## 范例7：县委书记在迎接考察团时致辞

【致辞人】县委书记
【场　景】考察团欢迎宴会
【时　机】在宴会开始时致辞
【风　格】慷慨激昂　热情洋溢
【关键词】荣幸　欢迎　书圣　历史悠久　保障　贡献　美好回忆
【妙　语】“有朋自远方来，不亦乐乎”；“佛宗道源，山水神秀”；“海内存知己，天涯若比邻”；“龙楼凤阙不肯住，飞腾直欲天台去”。

尊敬各位领导、各位嘉宾，女士们、先生们：

大家晚上好！

“有朋自远方来，不亦乐乎。”今天，古老、神奇而美丽的××山非常荣幸地迎来了“海外优秀教师访华团”××考察团的各位嘉宾，以及国侨办和省、市侨办的各位领导。在此，请允许我代表××县委、××县人民政府，对冒着酷暑、远道而来的各位领导、各位嘉宾表示热烈的欢迎！

××历史悠久，是立县近1800年的浙东名邑，县域面积××平方公里，总人口××万。“八山半水分半田”的××县，自然资源得天独厚，人文景观璀璨绚丽，是国家重点风景名胜区，全国首批4A级旅游区，素以“佛宗道源，山水神秀”而驰名海内外。这里不仅是汉化佛教第一宗派，中、韩、日等国佛教××宗的发祥地，中国道教南宗的创立地，而且还是佛典记载“五百罗汉”的应真地、“诗僧”寒山子70多年的隐居地、“活佛”济公的出生地、“游圣”徐霞客所著游记的开篇地、逍遥“唐诗之路”的目的地以及“书圣”王羲之书法之道的开悟地。

众所周知，社会的发展与进步，基础是人才；人才的培养，关键在教育。我们××自古就有耕读传家、重教兴学的优良传统，特别是改革开放以来，历届县委、县政府始终坚持“科教兴县”和“人才强县”战略，不断加大教育投入，努力推进教育公平，使教育事业得到了跨越式的发展，基本实现了“高标准、高质量”普及十五年基础教育的目标。同时全民学习、终身学习的学习型社会也基本形成，切实为××经济社会的发展提供了强有力的人力资源保障。

“海内存知己，天涯若比邻。”如今，华人、华侨遍布世界各地，他们在海外发扬中华民族的传统美德，发挥自己的聪明才智，刻苦勤俭，敢为人先，书写了生存与创业的回肠荡气的宏伟篇章。尤其是广大海外汉语教师为了使中华民族优秀文化能够在海外薪火相传，不计名利，不问得失，在世界的各个角落播撒着中华民族优秀文化的种子，为传承和弘扬中华民族优秀文化做出了重大的贡献。

“龙楼凤阙不肯住，飞腾直欲天台去。”我国唐代著名诗人李白道出了千百年来人们对××山的无限向往之情。今天上午，大家游览考察了我县的国清寺和石梁景区，相信对××山绮丽的自然风光和深厚的佛道文化已经有了一个初步的印象。虽然时间很短，但是我相信，大家的××之旅，定然不虚此行。借此机会，我也恳请各位嘉宾能把我们神奇而美丽的××山介绍给您的家人和亲朋好友，衷心希望通过你们的宣传和推介，使更多的朋友们能够了解××、走进××、亲近××，并热爱××。同时也请相信，文明开放、充满活力的××山，随时敞开大门，真诚地期待并热诚地欢迎更多的国内外友人的光临！

最后，真诚祝愿各位嘉宾身体健康、旅途愉快！真心希望美丽的××山能为大家留下终生难忘的美好回忆！

谢谢大家！

★★★

## 范例8：县领导在省扫盲验收评估工作组到来时致欢迎辞

【致辞人】县领导

【场　景】省扫盲验收评估工作组检查指导

【时　机】在工作组到来时致辞

【风　格】条分缕析 逻辑清晰

【关键词】莅临 检查指导 欢迎 战略任务 验收要求

【妙　语】历经××年的漫长艰辛之路，取得了一定成绩；我们将积极配合开展评估验收工作，顺利完成我县的扫盲验收工作。

尊敬的各位领导、各位专家，同志们：

在这春暖花开的时节，省扫盲验收评估工作组莅临我县检查指导工作，在此我谨代表县四套班子领导及全县××万各族人民，对你们的到来表示最热烈的欢迎。

我县地处云贵高原北部，受历史因素及自然、经济等条件的限制，至今尚属边远贫穷落后的县区之一，人口整体素质不高。人口素质的问题就成为了制约全县经济社会快速发展的瓶颈。历届党委、政府长期以来一直都把普及基础教育，提高人口素质作为重要的战略任务来狠抓落实。

全县扫盲工作从××××年开始，在上级党委、政府坚强有力的支持下，在全县各族干部群众的紧密配合下，历经××年的漫长艰辛之路，取得了一定成绩。××××年年初青壮年文盲率为××%，××××年通过全县自查显示青壮年非文盲率达到××%，复盲率已控制在×%以内，××周岁以下人口文盲率控制在×%以内，其余指标基本达到验收要求。

虽然取得一定成绩，但我们也清醒地看到，我县是××省最后按低标准、低要求“普六”的县城，离国家和省规定的标准尚有差距，要巩固“普六”和扫盲成果，实现“普九”，工作还十分艰巨。此次省扫盲验收评估工作组到我县来检查指导工作，将查找我们工作中的不足，指明我们今后工作的方向，对我县的“两基”工作将起到极大的促进作用。对此，我们再次对省工作组的到来表示热烈的欢迎，我们将积极配合开展评估验收工作，顺利完成我县的扫盲验收工作。

谢谢大家！

★★★

## 范例9：市领导在上级领导考察活动中致欢迎辞

【致辞人】某市领导
【场　景】上级考察欢迎会
【时　机】在欢迎仪式开始时致辞
【风　格】真情流露　条理清晰
【关键词】钟灵毓秀　薪火相传　如坐春风　无比崇敬
【妙　语】两千年上下求索，薪火相传；廿余载改革开放，负重攀登；民心剔透，磊落坦荡，莫胜于斯。

各位领导、各位来宾：

大家好！

这里，源远流长，钟灵毓秀。公元507年置××县，至今一千五百载，史册浩瀚，相如之赋、道子之画，意蕴犹在。我们的母亲河——嘉陵江，89公里河岸，逶迤蜿蜒；大深南海和白云山两个风景区，美轮美奂。

这里，人心思进，负重奋飞。两千年上下求索，薪火相传；廿余载改革开放，负重攀登。千里嘉陵第一坝屹立，马回水电站、金溪航电枢纽两颗明珠镶嵌；锦橙100号四获金奖，富民强县。达成铁路穿越东西，一级公路缩短时空。沐发展之春风，承各级之关怀，××拥抱一个又一个春天！

这里，民风淳朴，热情好客。一句问候，暖透人心；一条毛巾，洗尽铅尘；一杯热茶，口留余香；一盏淡酒，倾尽衷肠。古道热肠，云天高谊，尽现于斯；民心剔透，磊落坦荡，莫胜于斯！××万××人民，人人都有一颗火热的心，人人都有一腔滚烫的情！

今天，尊贵的客人光临，更是让我们如坐春风，如沐春雨，如逢甘霖。我们感谢母亲河，是她孕育了丰富的资源，带给我们希望。我们更感谢你们，是你们给我们带来了象征幸运、吉祥的橄榄枝，让我们充满了希望和梦想；是你们，给我们的希望插上了翅膀，让我们的梦想一步步走向现实。我们不会忘记：烈日下，你们翻山越岭，汗湿重衫；风雨中，你们走村串户，考察风土人情；你们不舍昼夜，无论晨昏，不辞辛劳，无怨无尤。这一切，众口交赞，历历在目；这一切，长存民心，难以忘怀。在××发展的史册上，将永远记载你们的名字，铭刻你们的功绩！

在这里，让我们以无比崇敬的心情，再道一声：尊贵的客人，你们辛苦了！

★★★

## 范例10：公司经理在档案馆领导到公司参观时致欢迎辞

【致辞人】公司经理

【场　景】档案馆领导到公司参观指导

【时　机】在欢迎领导参观仪式上致辞

【风　格】言辞恳切

【关键词】欢迎　百年历史　任务　档案资料　发展形势　新台阶

【妙　语】安全生产水平和经济效益不断提高；加强各项管理，促进企业全面发展；力争使我们的档案工作再上新台阶。

各位领导、各位来宾：

首先，我代表公司全体干部职工对各位领导、各位来宾光临我公司参观指导表示最诚挚的欢迎。

我公司是一个具有百年历史、在电网系统中处于重要地位的全国特大型供电企业，承担着地区工农业生产和人民生活用电以及向电网输电的任务。售电量××亿千瓦时，全国排名前十。近年来，我公司通过深化企业内部改革和深入开展“上星级、创一流”活动，安全生产水平和经济效益不断提高，公司连续多年被××省和国家电网公司评为“双文明”先进单位，又被上级命名为“三星级”供电企业，被国家电网公司命名为“全国一流供电企业”。

近几年，××的经济发展很快，为适应经济的发展，我们查阅了大量的档案资料，并依据这些档案资料，全面分析了电网发展形势，制订了电网发展规划，为21世纪电网的发展奠定了基础。随着市场经济的不断深入，我公司就电力建设用地、产权等问题与一些企业和个人的纠纷时有发生，我们利用档案提供的历史资料依法维护企业的利益，使企业避免了经济损失。

利用档案给企业带来的好处，使我们认识到：档案是企业管理中非常重要的一部分，它记载了企业各时期生产建设活动的各种情况、成果、经验和教训。充分利用这些档案可以使我们对企业的建设与发展正确决策、科学谋划、少走弯路；可以使我们全面了解企业的发展史，吸取经验教训，加强各项管理，促进企业全面发展。正是基于这些认识，几年来，我公司先后投资××万元用于档案建设，并围绕着档案目标管理，认真落实档案升级工作。整修了库房，充实了档案人员力量，并按照分类大纲要求，对两万多卷库存档案资料重新进行了整理，档案管理水平有了明显提高，并通过国家二级档案管理标准认定。

虽然我们的档案工作取得了一定成就，但由于我们对档案的认识深度仍不够，档案整体管理水平还有待于进一步提高。档案现代化虽然有了一定的投入，开发了一些功能，但今后还需要再充分利用这些功能为企业生产经营服务。今天，全省从事档案工作的领导、专家来我公司参观、指导，这本身就是对我们档案工作莫大的鼓舞和鞭策，我们一定要很好地珍惜这次机会，虚心向各位领导、专家学习，不断改进我们的工作方法，力争使我们的档案工作再上新台阶。

最后，欢迎各位领导、专家多提宝贵意见。谢谢大家！

★★★

## 范例11：企业领导在廉政文化现场会上致欢迎辞

【致辞人】企业领导

【场　景】企业廉政文化现场会

【时　机】在现场会开始时致辞

【风　格】激情澎湃

【关键词】廉政文化 鞭策 感谢 共识 政治环境 协调发展

【妙　语】在这春意盎然、充满生机的美好季节里；学习无止境，探索无终点；努力构建与市场经济相适应的教育体系，制度和监督并重的惩治和预防腐败体系，为促进矿区三个文明建设的健康协调发展做出更大的贡献。

各位领导，同志们：

在这春意盎然、充满生机的美好季节里，集团公司党委在我矿召开企业廉政文化现场会，这是对我矿企业廉政文化建设工作的鞭策、鼓励和肯定，也为我们提供了一次很好的学习机会。在此，我代表矿党委、矿行政部门和全矿广大干部、职工、家属，对会议的召开表示热烈的祝贺，向前来出席会议的集团公司领导、各兄弟单位的领导以及全体与会人员，表示热烈的欢迎和衷心的感谢！

廉政文化作为反腐倡廉工作的重要组成部分，已经越来越引起社会的关注，把文化的力量融入反腐倡廉的合力也越来越成为普遍的共识。去年以来，集团公司按照集团公司领导提出的“××煤矿在廉政文化建设上要先行一步，走快一点”的指示精神，始终坚持“高起点定位、高标准创建、高质量运行”的创建要求，全方位、多层次地开展廉政文化建设。

通过一年的探索实践，集团公司摸索出了一条以打造企业廉政文化、营造廉政文化氛围为载体，构建面向全党、全社会的党风廉政“大宣教”工作格局的新途径，初步形成了具有鲜明时代特征和煤矿特色的廉政文化体系，在全矿唱响了廉政文化建设的主旋律，为深入开展党风廉政建设提供了有力的文化支撑。廉政文化建设工作开展一年来，广大职工群众对党风廉政建设的满意率显著提高，党员干部违法违纪案件发案率明显下降，全矿呈现出了党风政风进一步好转、党群干群关系更加密切、企业发展步伐不断加快的良好发展态势，为构建平安、和谐、文明的××煤矿创造了良好的政治环境，奠定了坚实基础。

学习无止境，探索无终点。我们将借这次会议召开的良好机遇，虚心学习兄弟单位的经验，按照集团公司提出的“进一步优化和提升试点经验”的要求，坚持在实践中创新，在创新中发展。不断增强企业廉政文化的创造力、影响力、辐射力和可持续发展力。力争使廉政文化建设在思路上有新的视野、方法上有新的特点、工作上有新的突破，争创特色，打响品牌，努力构建与市场经济相适应的教育体系，制度和监督并重的惩治和预防腐败体系，为促进矿区三个文明建设的健康协调发展做出更大的贡献。

最后，祝各位领导身体健康、精神愉快，预祝会议取得圆满成功！

★★★

## 范例12：公司经理在上级领导参观时致欢迎辞

【致辞人】公司经理

【场　景】上级领导到公司参观

【时　机】在欢迎仪式上致辞

【风　格】热情洋溢

【关键词】重视 关心 感谢 重要意义 战略方针 迅猛发展 贡献

【妙　语】促进国民经济长期稳定可持续发展的高度，充分认识了节能工作的重要意义；我们在市场经济的大潮中，在创造物质财富的同时，也创造了丰富的精神文明、政治文明。

各位领导，同志们：

首先请允许我代表××制冷有限公司向百忙之中光临我公司的领导表示热烈的欢迎。同时向一直重视、关心、支持船舶尾气制冷产业发展的各级领导与社会各界人士表示最衷心的感谢！

多年来，我公司在各级领导的关心、支持、帮助之下，在制冷协会的直接领导下，始终努力实践着"十一五"规划纲要中关于节能环保的任务要求。我们从顺利实现全面建设小康社会宏伟目标和促进国民经济长期稳定可持续发展的高度，充分认识了节能工作的重要意义。

船舶尾气节能工作已成为我国经济和社会发展的一项长远战略方针，也是当前我国一项极为紧迫的任务。国家发改委一再强调要大力做好能源、资源节约工作，加快发展循环经济。经济发展拉动了人民生活水平的提高和渔业的发展，与之相配套的渔船制冷设备也得到了迅猛发展。虽然目前渔船上大量应用了压缩制冷设备，但由于压缩制冷设备，特别是氟利昂制冷设备经济效益却不乐观。以××马力渔船为例，安装制冷压缩机后要配备××马力左右的柴油机提供动力，一次性投资××万元左右，一年仅燃油的费用就有××万元，并且还要有专人看管机器，机组运行费用太高，所以安装压缩机制冷的渔船经济效益并无大的提高。针对渔船安装制冷压缩机保鲜运行费用高的情况，一些地方的政府主管部门采取补助的措施来鼓励渔民安装制冷压缩机设备以提高渔民收入，如××等地渔民安装一台制冷压缩机有关部门补贴××万元，但还是因运行费用高而未推广开来。

这一切都要求我们开发和应用高效节能的船舶尾气制冷设备。对于高效节能船舶尾气制冷设备的开发、研制直至成批量生产对于我国改善船舶制冷环境，使海产品保鲜增值十分重要。

我们在市场经济的大潮中，在创造物质财富的同时，也创造了丰富的精神文明、政治文明。在××市委、市政府领导的大力支持和指导帮助下，我们会一如既往地坚持科学发展观，积极推广船舶尾气制冷设备节能新技术，进一步提升我国船舶尾气节能应用技术水平，为我国渔业的振兴和经济发展做出贡献！为实现"十一五"规划节能目标而努力奋斗。

欢迎大家随时莅临公司指导，谢谢！

# 第 3 章 欢送辞

欢送辞是领导人在欢送仪式或宴会上向来宾发表的表示欢送之意的讲话，其主要功用与欢迎辞除发表的时间、场合不同外，并无实质性的区别。除内容以外，欢送辞的写法也与欢迎辞基本相同。

要想写好欢送辞一定要注意了解来宾来访期间的活动情况，访问所取得的进展（如交换了什么样的意见，达成了什么样的共识，签署了什么样的协议，发表了什么样的声明，有哪些科技、贸易、文化及其他方面的合作）等。掌握了这些情况，欢送辞就会写得内容丰富而准确。

写好欢送辞需要注意以下几方面：

1. 注重礼貌

中国是个礼仪之邦，欢送辞是出于礼仪的需要发表的。所以，语言要讲究礼貌，称呼要用全称、尊称，姓名前要加上亲切的修饰词语或头衔，以表示礼貌和尊敬。

2. 感情真挚

欢送辞的感情色彩应当尽量浓重，应洋溢着由衷的、自然的情感。致辞中应尽量避免客套，应表达真情实感。

3. 篇幅短小

因为欢送仪式一般时间比较短，所以欢送辞篇幅应当相对短小。

4. 语言生动、明快、口语化。欢送辞要表达真挚、热烈和亲切的感情，语言要求生动、明快。由于欢送辞的应用场合并非十分严肃，因此要求语言口语化。

欢送辞由标题、称呼、正文组成。

（一）标题

标题的写法一般有两种。一种是单独以文种命名。如《欢送辞》。标题由活动内容和文种名共同构成。如《在××欢送仪式上的讲话》

（二）称呼

称呼要求写在开头顶格处，并写出宾客的姓名和称呼。例如："尊敬的先生们、女士们"，"亲爱的×××同志们，各位大学同人"

（三）正文

欢送辞的正文一般由开头、中段和结尾三部分构成。具体要求如下：

1. 开头通常应说明此时在举行何种欢送仪式，发言人是以什么身份代表哪些人向宾客表达欢送之情的。

2. 欢送辞中段这一部分要回顾和阐述双方在合作或访问期间在哪些问题和项目上达成了一致的立场、取得了哪些有突破性的进展，陈述本次合作交流中双方的合作和交流给双方所带来的益处，阐述其深远的历史意义。对于私人欢送辞还应注意表达双方在共事合作期间彼此友谊的加深、增进、以及分别之后的想念之情。若为朋友送行，还要加上一些勉励的话。

3. 欢送辞的结尾处要再次表达真挚的欢送之情，并表达期待再次合作的心愿。亲朋远行尤其要表达希望早日团聚的惜别之情。

## 第一节　毕业、退伍、退休欢送辞

天下无不散之筵席，仁义之道自古就是中华民族的美德。人是社会性动物，在人与人交往的过程中，性情相合、志同道合的人会潜移默化地产生深厚友谊。同时也是由于社会性的原因，人与人之间很少能一直相处，分离在所难免。每到老兵退伍、老同志退休、学生毕业时候，分别的滋味无法形容。

对毕业、退伍、退休人员的欢送辞要表达出这种感受，所以，依依惜别之情要溢于言表。当然，格调也不可过于低沉，尤其应把握好分别时所用言辞的分寸。关于毕业、退伍、退休等内容的欢送辞，要注意被欢送对象的身份，致辞要恰到好处，感情要真挚、诚恳而且要健康。另外，遣词造句也应注意使用生活化的语言，使送别既富有情趣又自然得体。

★★★

## 范例1：高中校长在毕业典礼上致欢送辞

【致辞人】高中校长

【场　景】毕业典礼

【时　机】在毕业典礼上致辞

【风　格】满怀深情　感情真挚

【关键词】聚会　祝贺　光阴　汗水　不懈努力　再展宏图　飞跃辉煌

【妙　语】历经三载光阴，经过一千多个日夜；不畏艰辛、谆谆教诲、兢兢业业、无私奉献；勇往直前、自强不息、捷报频传。

各位老师，同学们：

今天，值此端午佳节祥和之日，我们在这里聚会，共同度过一个难忘的时刻。首先，我代表学校领导班子向圆满完成高中学业，即将步入高考考场的××名高三毕业生，表示衷心的祝贺！

三年前，全体高三同学带着梦想与期待走进××中学。历经三载光阴，走过一千多个日夜，如今满载收获成果，其中尤为突出的是思想品德和学习成绩的提高。这一成绩的取得来之不易，这里浸透着新一届领导班子和全校师生不懈努力、拼搏进取的汗水。

回顾三年成长历程，成绩来之不易，更凝聚了全体高三老师们的辛勤汗水，他们不畏艰辛、谆谆教诲、兢兢业业、无私奉献，忘记休息、放弃节假日，甚至晕倒在讲台上。学校感谢他们的付出，全体高三同学也不会忘记他们的恩情。有这样突出的成绩，有这样杰出的老师，我们可以自豪地说，选择××中学是幸运和无悔的。

十年寒窗苦，今朝凌云志。今天距高考仅剩三天，作为校长，我殷切希望在这关键时期，全体高三同学保持镇定、坚定信心、张弛有度。树立必胜信念，从容步入考场，发挥最佳状态。考后在老师指导下准确估分，填报志愿。如果成绩不理想、学校不如意，××中学还真诚欢迎你们回校复读，来年再展宏图。

今天是全体高三同学在××中学集体生活的最后一天，希望你们无论走到哪里，不忘母校培养和老师恩情，记住母校的激励与嘱托。今天我为××中学骄傲，明天××中学为我自豪！你们当中一定会出现蜚声海内外的科学家、功成名就的政治家、叱咤风云的企业家……无论声名显赫还是默默无闻，母校的大门都永远向你们敞开，欢迎你们为母校的未来与发展贡献力量，××中学也会在你们的祝福与期待中，实现更大飞跃、创造更多辉煌。

全体高三同学们，我相信，有学校的大力支持，有老师们的殷切期待，有家人们的激励目光，在高考乃至今后的人生旅途中，你们一定会勇往直前、自强不息、捷报频传！同时，希望全体高一、高二同学能够以高三师哥师姐为榜样，取长补短、刻苦学习、健康成长！

谢谢！

★★★

## 范例2：大学校长在毕业典礼上致欢送辞

【致辞人】大学校长

【场　景】毕业典礼

【时　机】在毕业典礼开始时致辞

【风　格】文采斐然 殷切希望

【关键词】欢送季节 港湾 历史画卷 昂扬斗志 热切期待

【妙　语】葳蕤生光月亮岛，碧波荡漾湃河水；时光匆匆，岁月悠悠；踏莎行歌，青春浩荡；登高伤远别，鸿雁几行飞；别浦盈盈永又波，凭栏渺渺思如何？

亲爱的××××届毕业生们：

葳蕤生光月亮岛，碧波荡漾湃河水。时光匆匆，岁月悠悠。夏日的××××又迎来了一年一度的欢送季节。充满青春活力、结满累累硕果的你们，将要告别美丽的湖中学府，走出诗画的岛上校园，奔赴全国各地，踏上新的人生征程。此时此刻全校领导、老师和师弟师妹们百感交集，依依不舍，万语千言化作一句话：××××是你们人生航程的起点，也是你们充实自己的基地，更是你们遮挡风雨的港湾。

踏莎行歌，青春浩荡。回首过去，你们专心致志，勤奋学习；你们团结互爱，奋进拼搏。各类丰富多彩的素拓活动，展示着你们充满青春活力的风采；各式林林总总的奖状奖杯，镌刻着你们骄傲喜人的成绩；晨曦夕晖映照的林荫大道，铺满你们思索探求的足印……你们在学校发展的历史画卷中又增添了崭新的一页。

登高伤远别，鸿雁几行飞。话别今天，执手已凝语，冰心在玉壶。告别母校，希望你们鼓起昂扬的斗志，更加自信自立，更加勇敢坚强，积极面对困难；告别母校，希望你们学会领悟、珍惜和感激，珍惜师生情、朋友情、同学情，感激父母以及所有对你有帮助的人，做传播爱与文明的使者；告别母校，希望你们正确处理好就业、择业和创业的关系，脚踏实地走好每一步。通向成功的路有千万条，俯下身去，凝视脚下的大地，你们会感到今天的世界充满关爱！仰起头来，仰望头上的星空，你会发现未来的人生充满希望！相信吧，你们的未来一定会更加灿烂辉煌！

别浦盈盈永又波，凭栏渺渺思如何？展望未来，我们深情凝望，凝望你们张开隐形的翅膀，翱翔蓝天，放飞梦想；我们热切期待，期待你们面带成功的欣喜，荣归母校，畅叙情怀。

祝你们一帆风顺，一路欢歌，早日实现宏图大志，拥有更加美好灿烂的未来！

★★★

## 范例3：学院院长在毕业典礼上致欢送辞

【致辞人】学院院长

【场　景】毕业典礼

【时　机】在毕业典礼开始时致辞

【风　格】殷切希望

【关键词】告别　漫漫征程　可歌可赞　希望　精神家园

【妙　语】赣水悠悠，梅岭巍巍；时光匆匆，岁月悠悠；母校永远是你们的港湾；请你们面带丰收的微笑，带着你们的眷恋与不舍，踏上新的征程。

同学们：

赣水悠悠，梅岭巍巍。如火的仲夏注定成为你们收获的季节，也注定要成为你们离别的季节。伴随着切切同学情、拳拳朋友情和融融师生情，你们就要满怀累累硕果，告别母校，值此依依惜别之际，××学院全体师生衷心祝贺你们圆满完成学业，祝愿你们走好未来人生路！

聚德智，献众生。不久，你们都将带着母校校训进入社会，走向工作岗位。三年前，你们满怀期待与梦想来到××学院，在这里勤学苦读，挥洒青春汗水。教学楼前的朗朗晨读声，图书馆里的刻苦钻研，运动场上的激情与汗水……都见证了你们为实现理想所做的努力。三年来，你们从内到外都成熟起来了，这为以后你们走向社会，谋求发展奠定了良好的基础，也在学校发展的历史画卷中留下了你们可歌可赞的一页。

时光匆匆，岁月悠悠。现在，你们将挥手告别母校。此时此刻百感交集，万语千言化作一句话：请不要忘了，母校永远是你们的港湾！

亲爱的同学们，你们在母校的生活即将过去。在这离别时分，请你们面带丰收的微笑，带着你们的眷恋与不舍，踏上新的征程。请你们记住，××学院是你们永远的精神家园！母校会永远关注你们、支持你们、欢迎你们！

昨天，你们以××为骄傲；明天，××因你而自豪。祝所有毕业生同学一路顺风、鹏程万里！

★★★

## 范例4：大学校长在毕业生欢送仪式上致辞

【致辞人】大学校长
【场　景】毕业生欢送仪式
【时　机】在欢送仪式开始时致辞
【风　格】满怀深情
【关键词】时光荏苒　漫漫征程　殷殷期盼　乐章　鹏程万里
【妙　语】数年寒窗苦，莘莘学子情；忆往昔，峥嵘岁月，感慨万千；望未来，意气风发，前程似锦；群鸿飞四海，爱心留故园；海阔凭鱼跃，天高任鸟飞。

亲爱的同学们：

数年寒窗苦，莘莘学子情。忆往昔，峥嵘岁月，感慨万千；望未来，意气风发，前程似锦。时光荏苒，转眼间你们又要奔赴各地，满载着知识和收获，为了理想踏上新的漫漫征程。

同学们，无论走到天涯海角，别忘记，母校是你们永远的港湾！所有的校友是彼此永远的朋友！

离开母校，希望同学们秉承母校薪火相传的精神，积极地去思考、去创造，去烙印未来旅程中每一步坚实的脚印，发扬“坚毅、笃实、传承、创新”的校园精神。踏出校园的你们，背负着社会的责任，凝结着母校和亲人的殷殷期盼，你们的每一次成功，都会使母校的荣光更加灿烂夺目。同学们，努力吧！为祖国的建设奉献青春，也为你们的人生构筑新的高度！

离开母校，希望同学们胸怀正气，学会珍惜和感激。在课堂上倾心讲述的老师，迷惘时互相鼓励的朋友……这些人、这些事，曾为你们的心灵撑起一片晴朗的天空，迈入社会的大家庭后，希望同学们做传播爱与文明的使者，用你们的正义和善良谱写和谐社会的乐章。

离开母校，希望同学们昂扬志气，更加坚强和勇敢。志气是拼搏的决心和奋斗的勇气，志气意味着对目标的追求和对困难的征服。走出象牙塔的你们，正如一叶扁舟驶入大海，未知的航线、无情的风浪，也许会是横亘在前方的艰难。但是，请你记住，唯有矢志不渝的决心、天生我材必有用的信念方能成就顽强的意志和坚强的品格，唯有顽强的意志和坚强的品格方能成就辉煌的人生。同学们，前方的道路也许曲折，但未来一定属于你们！

亲爱的同学们，在你们离校之际，我们真诚地欢迎大家为母校的发展献言献策，为母校的建设贡献一份力量。一朝师生情，终生缅于怀。在这个离别时分，相信同学们心中都有一种深深的惜别和眷恋之情，关于母校、关于老师、关于同学、关于朋友、关于自己的青春时光……这是一种无法替代的情感，也是一份难以磨灭的记忆。群鸿飞四海，爱心留故园；“海阔凭鱼跃，天高任鸟飞”。在这离别的季节，请同学们面带丰收的微笑，轻轻告别安详而宁静的校园，留下美好的回忆，踏上新的征程！

祝所有毕业生同学一帆风顺、鹏程万里！

★★★

## 范例5：大学校长在毕业晚会上致欢送辞

【致辞人】大学校长

【场　景】毕业晚会

【时　机】在毕业晚会开始时致辞

【风　格】殷切希望

【关键词】庆贺　感谢　有为青年　气壮山河　风华正茂

【妙　语】斗转星移，花开花落，四年的大学生活即将画上圆满的句号；人生本身就是一个历程，常怀感恩心，一生无憾事；朝夕耕耘，图春华秋实；十年寒窗，求学有所用。

各位老师，同学们：

大家好！

今天我们在这里隆重举行××学院××××级毕业生晚会。在此，我谨代表××学院全体师生向圆满完成学业的同学们表示热烈的庆贺！向辛勤培育同学们成长、成才的教师们表示衷心的感谢！

斗转星移，花开花落，四年的大学生活即将画上圆满的句号。四年，在人类的历史长河中只是短暂的一瞬，在同学们的生命中也不算漫长，但是这四年却是你们人生中最重要的四年。通过这四年的学习，你们完成了从学校走向社会的过渡，从一个懵懵懂懂的少年成长为一个风华正茂的青年。你们已经成为有知识、懂技能、有修养的社会有为青年。

我相信，对你们来说，四年的大学生活是丰富多彩的。教室里有你们辩论的声音；操场上有你们矫健的身姿；树荫下有你们恋爱的耳语。对待国家大事，你们气壮山河，激扬笔墨；对待专业知识，你们辛苦研讨，一丝不苟。这片土地留下了你们成功的喜悦、失败的迷茫、友谊的美好、恋爱的甜蜜、失恋的痛楚。但随着毕业时刻的到来，全部这些都将变成过往。

在此，我对即将毕业的毕业生们，提出几点希望：

希望大家在以后的工作中，能够学以致用，在自己的工作岗位上发挥最大价值。你们学到的理论知识还很有限，实践经验更少。一张白纸，恰好写字。因此你们毕业后要放下架子，在社会这个大课堂里虚心学习。现在的社会是终身学习的社会，只有善于学习的人，才能成为社会的有用之才。

希望大家能够用感恩的心面对生活，包容世间百态。人生本身就是一个历程，常怀感恩心，一生无憾事。翻开日历，平淡的生活会因为感恩而变得更加璀璨。感恩是力量之源，爱心之根，勇气之本。感恩父母，你将不再辜负父母的期望；感恩社会，你会轻轻扶起跌倒在地的老人；感恩人生，你将笑对狂风暴雨，笑迎天边那一抹彩虹。让我们一起学会感恩，收获别样的人生！

希望同学们常回家看看，常回学校看看。这里的记忆不会暗淡退色，只会随着岁月更具韵味。

朝夕耕耘，图春华秋实；十年寒窗，求学有所用。似水流年，体味完美人生；分手再见，走向灿烂明天！

最后，衷心祝愿各位老师身体健康、工作顺利；祝愿各位毕业生学业有成、前程似锦；祝愿我们的学院发展得更好、更美、更强！

谢谢大家！

★★★

## 范例6：部队领导在退伍士兵欢送仪式上致辞

【致辞人】部队领导

【场　景】退伍士兵欢送仪式

【时　机】在欢送仪式开始时致辞

【风　格】满怀期望

【关键词】退出现役　挥手离别　青春年华　伟业　再创辉煌

【妙　语】你们熟悉的身影将会在我们的祝福中渐渐远行；

摸爬滚打洗去了你们的稚嫩，风霜雨雪铸就了你们的豪情，

永远保持革命军人的英雄本色。

即将退出现役的各位战友们：

今天，我们就要挥手离别，你们熟悉的身影将会在我们的祝福中渐渐远行。

几年来，摸爬滚打洗去了你们的稚嫩，风霜雨雪铸就了你们的豪情。在栉风沐雨的日子里，你们和着“稍息立正”的韵律，和着排山倒海的步伐，和着学院建设的大潮，描绘了一幅幅壮丽画卷。在操场上，有你们辛勤忙碌的身影；在野外驻训场上，你们战寒冷、抗泥泞，保障工作一丝不苟；在日常工作中，你们站岗执勤、送报做饭，默默地在本职岗位上谱写着奉献的篇章！

几年来，你们服务基层、服务机关，在军队舞台上度过了自己的青春年华，为我军培养高素质新型军事人才贡献了自己的心血和智慧。

战友们，你们即将脱下军装，投身社会主义市场经济建设。我们坚信，你们在部队所练就的雷厉风行的作风、坚韧果敢的意志、开拓进取的风貌、

无私奉献的品德，将伴随你们走好人生的每一步，并助你们开创新的伟业。

铁打的营盘流水的兵，但军旅生涯永远值得珍藏，让我们共同立誓：军旗永远在我们心中！军徽永远在我们心中！我们将永远保持革命军人的英雄本色！

祝愿战友们在新的人生道路上大展宏图、再创辉煌！

★★★

## 范例7：部队党支部领导在退伍士兵欢送仪式上致辞

【致辞人】部队党支部领导

【场　景】老兵退伍欢送仪式

【时　机】在欢送仪式开始时致辞

【风　格】饱含深情

【关键词】前程似锦　男子汉　扎根军营　奋发图强　捷报

【妙　语】当初的小不点成为威武强壮的军营男子汉；分手了，往昔的一切珍存在我们的记忆里，构成了我们人生永恒的回忆；战友情、军营爱；具有勤奋好学、百折不挠的优秀素质。

亲爱的战友们：

时间过得好快，一转眼，你们就要告别这绿色的军营，离开亲爱的连队，在此，我代表部队党支部和全体官兵祝你们一路平安、前程似锦！

四年前，当多数同龄人还在父母呵护下、在家庭的温室里享受时，你们胸怀祖国、心系国防，积极响应国家的号召，坚定地跨入了共和国的绿色方队。

四年前，你们穿着肥大的军装，来到部队，是那么的天真。我还记得在第一次参加部队紧急集合时你们慌得把裤子都穿反了，记得你们第一次在班务会上发言，憋了几分钟也没蹦出几个字；记得你们第一次正步训练，踢成顺拐的情景。如今你们长大了、成熟了、进步了、自信了，当初的小不点成为威武强壮的军营男子汉。

四年来，你们以军队为家，扎根军营、严格训练、刻苦学习，你们把生命中最灿烂、最富有色彩的年华献给了军营。正是因为有你们，我们的连队连续三年被评为先进集体，并连续三年夺得师岗位练兵、技术比武的金牌。是你们丰富了连队的文化生活，是你们为连队送上营养可口的饭菜，是你们在连队每一个角落都留下了矫健的身影，连队的一草一木都洒满了你们的汗水。通过你们自身奋发图强，有的成为训练标兵、技术能手，有的成为思想骨干和文体尖子，为连队带出了一批技术骨干。在这里，我代表全连向你们表示衷心感谢。

分手了，往昔的一切珍存在我们的记忆里，构成了我们人生永恒的回忆。亲爱的战友们，虽然你们离开了连队，却为我们留下了无私奉献的精神、艰苦奋斗的优良作风，这都将成为连队宝贵的财富和前进的动力。

有人说，当了四年兵，喊了四年“一二一”，擦了四年玻璃，现在退伍了，在这竞争激烈的经济大潮中，回到地方什么都做不了。可我要说，在部队你们是好样的，回到地方也决不会是孬种，因为你们当过兵，因为你们具有勤奋好学、百折不挠的优秀素质，因为你们具有军人坚韧忠诚的品格。相信在不久的将来，你们就会成为优秀的厂长、经理、企业家，甚至某跨国公司的总裁！不过出了名、有了钱，我仍要提醒你们，不要忘记自己曾经是一名军人，不要忘记军人的光荣传统，不要忘记了军人美德，更不要忘记了我们深深的战友情、军营爱。

最后，让我们高唱一曲《战友之歌》来为战友们送行！祝你们一路顺风、早传捷报！

★★★

## 范例8：部队团党委领导在退伍士兵欢送仪式上致辞

【致辞人】部队团党委领导

【场　景】老兵退伍欢送仪式

【时　机】在欢送仪式开始时致辞

【风　格】饱含深情

【关键词】心潮澎湃 肺腑之言 尽职尽责 乐于奉献 诚挚问候

【妙　语】每一项成绩都凝结着你们的聪明和才智，每一项光荣都渗透着你们的汗水和心血；抓住机遇，迎接挑战，成为时代的骄傲；为我们团的全面建设做出了平凡而伟大的贡献。

亲爱的战友们：

你们今天就要告别军营、退出现役，此时此刻，我想大家都心潮澎湃、思绪万千，借此机会，我谨代表团党委和全团官兵讲几句肺腑之言。你们入伍以来，在党组织的培养教育下，认真学习专业理论知识，努力提高军事技能，多方学习文化知识，尽职尽责、乐于奉献，为我们团的全面建设做出了平凡而伟大的贡献。

三年来，我们团的每一项成绩都凝结着你们的聪明和才智，每一项光荣都渗透着你们的汗水和心血。对此，我代表团党委和全体留队的官兵向你们表示崇高的敬意和衷心的感谢。同志们，在改革开放的浪潮一浪高过一浪的大好形势下，你们脱下军装走向社会，这对大家既是一个严峻的挑战，更是一个难得的机遇。衷心希望你们勇敢地走上社会舞台，以军人特有的气质和风采，抓住机遇，迎接挑战，成为时代的骄傲。在你们中间一定会涌现出一个又一个新型的工人、农民；一个又一个大有作为的厂长、经理；一个又一个被社会认可的企业家、文学家……我们在此敬候你们的佳音。

同志们，你们的亲人在盼望着能够与你们早日团聚，祝你们一路平安，高高兴兴见到亲人，并请常去部队首长和战友们对你们家乡父老乡亲、兄弟姐妹及亲朋好友的诚挚问候。

最后，请允许我代表团党委和全体官兵向你们致以神圣的告别军礼！

## 范例 9：学校党委书记在退休教师欢送仪式上致辞

【致辞人】学校党委书记

【场　景】退休教师欢送仪式

【时　机】在欢送仪式开始时致辞

【风　格】真挚祝福

【关键词】欢聚一堂　无私奉献　任务　榜样　辉煌

【妙　语】你们在三尺讲台上挥洒着青春和热血，用实践的脚步诠释着人生的真谛；弹指沧桑数十载，霜染鬓须仍抖笔；清风两袖精神爽，桃李芬芳醉晚年。

各位老师，同学们：

今天我们大家欢聚一堂，用一腔真情，一颗真心欢送×××老师、×××老师、×××老师光荣退休。从教数十载，你们忠诚于党的教育事业，兢兢业业、勤勤恳恳、任劳任怨、无私奉献，出色地完成了党和人民交给你们的光荣而艰巨的任务。

多年来，你们在三尺讲台上挥洒着青春和热血，用实践的脚步诠释着人生的真谛，直至青丝变白发。你们用高尚的人格筑就了崇高的师魂。你们那优秀的品质和扎实的工作作风，永远是我们学习的榜样！

教过的学生记着你们！共事过的同志记着你们！党和人民记着你们！你们对工作满怀热忱，你们对同志春天般的温暖，你们对事业高度负责的精神，时时、事事、处处对我们产生深远的影响！你们的精神令人难忘，你们的风范使人钦佩，你们的教诲催人奋进……今天你们虽已告别心爱的讲台，但是你们依然是我们学校的一员，希望你们继续关注学校，支持学校，做我们学校永远的宣传员。让我们携手去创造××小学更加辉煌灿烂的明天。

弹指沧桑数十载，霜染鬓须仍抖笔。清风两袖精神爽，桃李芬芳醉晚年。三位老教师，你们告别心爱的讲台，开始幸福的晚年生活，我们衷心地祝愿你们身体健康、生活幸福。请你们相信“人虽走，茶不凉”。这儿永远是你们的家，请你们有时间常回家看看。最后，再一次祝愿你们晚年幸福、健康快乐！并祝全体师生身体健康、万事如意！

谢谢大家！

★★★

## 范例10：学校校长在退休教师欢送仪式上致辞

【致辞人】学校校长

【场　景】退休教师欢送仪式

【时　机】在欢送仪式开始时致辞

【风　格】真挚祝福

【关键词】无比崇敬 勤勤恳恳 甘为人梯 辛勤耕耘 摒弃名利

【妙　语】倾尽丹心育桃李，奉献韶华铸师魂；勤勤恳恳、兢兢业业、爱岗敬业、无私奉献；安心教学，乐于奉献，甘为人梯；他用几十年的微笑勾画着年轮；老有所得、老有所乐。

各位领导、老师，同学们：

大家好！

倾尽丹心育桃李，奉献韶华铸师魂。今天，我们怀着无比崇敬的心情，特为×××老师举行退休欢送会。

×××老师从事教育工作××年来，勤勤恳恳、兢兢业业、爱岗敬业、无私奉献，几十年如一日，把美好的青春年华默默奉献给了××的教育事业，为××的教育事业，特别是为××山区的教育事业发展做出了不可磨灭的贡献。

今天，×××老师将正式告别讲台，光荣地从教师岗位上退休，在此我谨代表学校及我个人对×××老师长期以来的辛勤耕耘和无私奉献深表敬意！

弹指一挥间，×××老师自参加工作以来，一直为××的教育事业服务着，不知不觉已经走过了××年。在他短暂而漫长的教育生涯中，他始终能够安心教学，乐于奉献，甘为人梯，为培养一代又一代的学生辛勤耕耘着，为××的教育事业愁白了黑发。在工作生活中，他不计个人得失，任劳任怨，尽心尽力；他心胸宽广、坦诚，是同事们的良师益友；他还是一位和蔼可亲、忠厚诚实、踏实勤恳的长者；他以一名党员的高姿态主动服从学校工作的需要，尊重学校行政的安排，认真做好学校安排的每一项工作。他是我们学习的榜样。他用几十年的执着选择了淡泊，他用几十年的平凡造就了人格，他用几十年的高尚摒弃了名利，他用几十年的微笑勾画着年轮。

聚也依依，散也依依，千言万语，万语千言，道不尽我们对×××老师的无限眷恋。在此，真诚地希望×××老师“退而不休”，常回“家”看看，为学校工作多提宝贵建议，一如既往地关心学校的发展。

最后，希望×××老师调整心态、乐观舒畅、老有所得、老有所乐。祝愿×××老师退休后健康长寿、幸福安康！

★★★

## 范例11：学校副校长在退休教师欢送仪式上致辞

【致辞人】学校副校长

【场　景】退休教师欢送仪式

【时　机】在欢送仪式开始时致辞

【风　格】饱含深情

【关键词】祝福　畅谈明天　不计得失　自豪　以身作则　不断进取

【妙　语】热爱教育事业，师德高尚，是师者楷模；爱岗敬业、默默耕耘、不图名利、不计得失；于平凡之处见伟大，于细微之中显精神。

尊敬的×××校长、×××老师、×××老师以及所有与会领导、教师：

大家中午好！今天，在这间简陋的办公室里，情谊浓浓。我们特意为已经光荣退休的×××校长、×××老师、×××老师三位同志举行欢送会。据我了解，今年的退休人数是我校历史上退休教师人数最多的，这也是我校举行欢送活动以来人数最多的一次欢送会。我代表学校全体师生对你们表示真诚的敬意和美好的祝福！

今天参会的有三位退休教师、中心校领导、村委领导、工会主席和教师代表。大家相聚一起，共同回忆昨天，畅谈明天的美好。

这三位教师既是我的同事，又是我的长辈，更是我的老师。从代课教师到民办教师再转为公办教师，几十年如一日，你们热爱教育事业，师德高尚，是师者楷模；你们以教师职业为荣，以教育事业为重，倾全部心血教书育人；你们爱岗敬业、默默耕耘、不图名利、不计得失；你们的事迹于平凡之处见伟大，于细微之中显精神，我们为你们感到高兴和自豪。

在与×校长相处的岁月里，我感觉到他就是一位工作踏实、管理细心的好领导，更是一位关心他人、和蔼可亲的好长辈，其他两位我虽然没有和你们一起工作过，但据我的了解和同事们平时的评价，临近退休的这几年，你们并没有倚老卖老，也从不得过且过，而是能够主动服从学校工作的需要，能够真心尊重学校行政的安排，能够自觉遵守学校的规章制度，能够出色完成学校交与的任务。作为学校的一分子，你们严格做好学校的常规工作，维持校园秩序，以身作则，主动参加学校各项活动；作为一名老教师，你们与青年教师一道备课、上课、批改作业、辅导学生，样样不落，甚至做得比青年老师更好。

坐在这里，我的心情十分激动。正是有许许多多像三位退休教师一样的教师不断辛勤奉献，才奠定了我校蓬勃发展的基础；正是你们的谆谆教诲，激励着学生们的健康成长；正是你们的含辛茹苦，造就了一批批优秀学生；正是你们的爱岗敬业，深深地影响着我们的年轻教师。你们勤勤恳恳做事、踏踏实实做人的优良作风，永远是我们学习的榜样；你们的经验智慧永远值得我们学习；你们的道德品质将永远激励我们不断进取。

伴随着不舍和祝福，衷心希望各位老前辈在合理、科学安排好自己晚年生活的同时，继续为学校今后的发展献计献策；并真诚祝愿各位老前辈心情舒畅、老有所乐、健康长寿、合家欢乐！欢迎你们常回“家”看看！

## 范例12：学校领导在退休教师欢送仪式上致辞

【致辞人】学校领导

【场　景】退休教师欢送仪式

【时　机】在欢送仪式开始时致辞

【风　格】真挚祝福

【关键词】喜气洋洋　相聚在此　共同追忆　荡气回肠　孜孜不倦

【妙　语】共同追忆昨天的甜蜜回忆，相互畅想明天的美好征程；以教师职业为荣，以教育事业为重，倾全部心血教书育人；默默无闻奉献智慧，孜孜不倦耕耘心田；古枫吐艳，晚菊傲霜。

各位老师：

大家上午好！

今天，会议室内，喜气洋洋，情谊浓浓。我们特意为已经光荣退休的×老师、×老师和即将光荣退休的×老师、×老师、×老师等五位同志举行欢送会，这也是我校校史上退休教师人数最多、规模空前的退休欢送会。我代表校工会全体会员向五位同志表示真诚的敬意和美好的祝福！

今天参会的有五位退休教师、全体行政人员、工会委员和教师代表。大家相聚在此，共同追忆昨天的甜蜜回忆，相互畅想明天的美好征程。

这五位教师既是我们的同事，又是我们的良师益友。五位教师自投身教育事业、踏上了为师从教的道路开始，就扬起信念的风帆，勇敢而坚毅地摇动着人生的小舟。

夕阳无限好，晚霞别样红。坐在这里，我的心情十分激动。不禁想起清代诗人龚自珍的诗：“落红不是无情物，化作春泥更护花。”正是有许许多多像这五位退休教师一样的教师不断辛勤奉献，才奠定了我校蓬勃发展的雄厚基础；正是你们的谆谆教诲，激励着莘莘学子的健康成长；正是你们的含辛茹苦，造就了一批批栋梁之才；正是你们的爱岗敬业，深深地影响着我们的年轻教师。你们勤勤恳恳做事、踏踏实实做人的优良作风，永远是我们的榜样；你们的经验智慧永远值得我们学习；你们的道德品质将永远激励我们不断进取。

古枫吐艳，晚菊傲霜。伴随着不舍和祝福，衷心地祝福退休的老师们退休生活充实幸福，继续为社会发挥余热。欢迎你们常回“家”看看。

★★★

## 范例13：矿区领导在矿区退休干部职工欢送会上致辞

【致辞人】矿区领导

【场　景】矿区退休干部职工欢送会

【时　机】在欢送会开始时致辞

【风　格】言辞恳切 殷切祝福

【关键词】欢聚一堂 卓越贡献 任劳任怨 感谢 关心

【妙　语】把自己的青春和力量无私地奉献给了煤炭事业，把自己的工作热情和智慧奉献给了钟爱的矿山；莫道桑榆晚，为霞尚满天。

同志们：

今天，我们欢聚一堂，隆重举行退休干部职工欢送会。首先，我代表矿党委、矿行政向光荣退休的××名干部职工及你们的家人表示热烈的祝贺！向你们为企业所做的卓越贡献表示衷心的感谢！

几十年来，你们在各自的岗位上，勤勤恳恳、任劳任怨、忘我工作，把自己的青春和力量无私地奉献给了煤炭事业，把自己的工作热情和智慧奉献给了钟爱的矿山；你们一心为公、无私奉献，顾大局、识大体，始终与企业同呼吸共命运、风雨同舟、共渡难关；你们心系企业发展、心怀报企之志，想企业之事、解企业之忧，自觉参与一系列改革改制，积极参加急难险重的建设任务，为企业发展献计献策、贡献自己的力量；你们立足本职、奉献岗位、扎实工作、拼搏实干，特别是长年以来在井下从事采掘区队工作的同志们，你们不怕苦，不怕累，起早贪黑，风风雨雨几十年，把一切都献给了矿山，有的同志身体上甚至留下了伤病。你们的精神和业绩将永远镌刻在××煤矿的发展史上。让我们再一次以热烈的掌声向你们表示崇高的敬意和衷心的感谢！

同志们，目前，我矿正处于改革发展的关键时期。要实现新的目标、取得更大的成绩，让广大职工家属过上更好的日子，需要你们一如既往地关心、支持和拥护××煤矿的工作。

另外，退休老同志也应该明白，退休是人生的一大转折点，这是自然规律，不可抗拒。大家辛辛苦苦几十年也该休息休息了，可以多腾出时间照顾家庭，锻炼身体，享受美好生活。希望退休同志们尽快调整心态，放下思想包袱，适应新环境，开始新生活。同时，要求全矿特别是老干部科、离退休党支部、财务部门、物业公司、社会家属委员会等单位和部门对退休职工要高看一眼、厚爱一层，多一些理解、多一些关注、多一些便利，经常找他们谈心，帮助他们解决实际困难和问题，让他们感受到企业的温暖、社会的和谐和各级领导对他们的关心。

同志们，“莫道桑榆晚，为霞尚满天”，当前我矿的大好形势为大家奉献余热、再立新功提供了广阔的舞台。我衷心地祝愿各位退休同志们，老有所乐、老有所为、身体健康、合家欢乐、万事如意！

谢谢大家！

★★★

## 范例14：街道领导在退休同志欢送仪式上致辞

【致辞人】街道领导

【场　景】街道退休同志欢送仪式

【时　机】在欢送仪式开始时致辞

【风　格】真心祝愿

【关键词】欢聚一堂　祝贺　感谢　发展繁荣　贡献

【妙　语】同呼吸共命运、勤勤恳恳、敬业爱岗、胸怀全局；退休是人生的一段历程。

同志们：

今天我们欢聚一堂，共同欢送×××、×××、×××等同志光荣退休。首先，我代表街道党工委、街道办事处向光荣退休的同志及你们的家人表示热烈的祝贺！向你们为街道所做出的卓越贡献表示衷心的感谢！

你们多年来始终与街道同呼吸共命运、勤勤恳恳、敬业爱岗、胸怀全局、忘我工作，把自己的青春和力量无私地奉献给了街道的发展繁荣。在大是大非面前，你们坚持原则、廉洁勤勉、以诚待人、以情动人，是广大机关干部学习的榜样。今天，我们许多科室的年轻同志也在这里，也希望你们能以老同志为榜样，为街道的经济社会发展做出贡献。

退休是人生的一段历程，它预示着人一生中为集体工作和为国家奉献的使命告一段落，可以用一生辛勤工作的辉煌成果来展示人生风采、诠释人生价值，更可以用骄人的业绩和自豪的心态进入人生的另一种境界，可以幸福、快乐地享受晚年的美好时光，从这个意义上说，退休真是可喜可贺、可敬可赞的。在祝贺几位同志的同时，我也提几点希望与祝福：

一是希望你们一如既往地支持街道工作。退休同志在基层战线精心耕耘几十载，具备熟练的业务素养和丰富的工作经验，这正是我们基层工作需要的宝贵财富。你们在退休后，要努力发挥余热，继续关心、支持街道各项工作的开展，多给街道各项事业的发展提出宝贵意见。

二是希望你们时刻牢记党的宗旨，退休不退志。共产党员不会退休，无论在什么时候，什么方面都要为群众做出表率，无愧于共产党员的光荣称号。我们每一位退休的党员同志，都要一如既往地拥护党的决策，与党组织保持高度一致，继续在生活中发挥党员的先锋模范作用。

三是希望你们能多参加文体活动，保持身心健康。退休不是人生的终点，而是一个全新的起点。在新的航程上，要继续保持学习的良好习惯，多参加一些有益健康的社会活动，陶冶自己的情操；同时，要加强身体锻炼，适当地培养一些兴趣爱好，保持健康硬朗的体魄和乐观开朗的心态，度过一个幸福安康的晚年。

同志们，“老骥伏枥，志在千里”。希望广大老同志们能够在以后的生活中继续发挥余热，再创新功。最后祝大家晚年幸福、一生平安！

谢谢大家！

★★★

## 范例15：银行领导在退休同志欢送仪式上致辞

【致辞人】银行领导

【场　景】银行退休同志欢送仪式

【时　机】在欢送仪式开始时致辞

【风　格】言辞恳切

【关键词】欢聚一堂 祝贺 感谢 改革发展 德高望重 调整心态

【妙　语】不畏艰难、勤勤恳恳、任劳任怨；照顾家庭、锻炼身体、享受美好生活；莫道桑榆晚，为霞尚满天。

同志们：

今天，我们欢聚一堂，为××同志举行欢送会。首先，我代表市分行党委向光荣退休的××同志表示热烈的祝贺！向××同志为××农发行所做的贡献表示衷心的感谢！

××同志工作××年来，在各岗位工作中不畏艰难、勤勤恳恳、任劳任怨，把自己的青春和力量无私地奉献给了农村金融事业，把自己的工作热情和智慧奉献给了××农发行的改革发展，做出了不凡的工作业绩。先后受到各级表彰近××次，××次被评为优秀共产党员，多次被评为先进工作者。××××年先后被团省委和团中央授予省级“新长征突击手”称号和全国“新长征突击手”称号，是全市乃至全省农发行系统受到表彰次数最多、表彰等级最高的女职工，在全行广大干部职工中具有较高的威信，可以说是德高望重。在此，我提议我们再次以热烈的掌声向××同志表示崇高的敬意。

退休是人生的一大转折点，也是一段全新生活的开始，老同志辛辛苦苦工作几十年，也到了休息的时候，可以腾出更多的时间照顾家庭、锻炼身体、享受美好生活。希望退休的同志能调整心态、适应新环境、开始新生活，市分行党委将一如既往地关心老同志的生活，尽最大努力解决老同志的困难，让所有退休老同志能有个快乐的晚年。

“莫道桑榆晚，为霞尚满天”，老同志是我行宝贵的财富，××农发行的发展离不开老同志的关心和支持，当前××农发行改革发展已全面进入了起飞阶段，为老同志奉献余热、再立新功提供了广阔的舞台，各位退休的老同志要坚持锻炼身体，保持健康的体魄，继续为××农发行改革发展献计献策、发挥余热。

最后，我衷心地祝愿××同志及在座的退休老同志们退休后的生活愉快、身体健康、合家幸福！

谢谢大家！

## 第二节　致来宾欢送辞

在向来宾致欢送辞时，致辞人在致辞之前一定要熟悉来宾在来访期间的行走路线，在致辞过程中要对来宾的访问情况进行总结性发言，而后在此基础之上表达对来宾的欢送之意。在致辞过程中，应当注意以下几个方面的内容：

1. 言辞恳切、感情真挚，要结合来宾来访实际，从实际情况出发撰写欢送辞，避免言辞空洞、不切实际。

2. 求同存异，尽量表达与来宾想法一致的结论，切勿引起争执。

3. 尊重对方，注重礼貌用语。

★★★

### 范例1：校长在外籍教授欢送仪式上致辞

【致辞人】校长

【场　景】来华访问教授欢送会

【时　机】在欢送仪式开始时致辞

【风　格】气势磅礴

【关键词】欢聚一堂 愉快 深厚友谊 问候 敬意

【妙　语】我们的社会主义国家是非常年轻的，它脱胎于受封建主义和资本主义影响很深的旧社会；提出批评、指导意见，以便我们改进工作。

……………………………………………………………

同志们、朋友们：

时间过得多么快啊！××天前我们大家曾高兴地聚集在这个礼堂，衷心欢迎×××教授。今天，在×××教授访问了我国的许多地方之后，我们再次欢聚一堂，感到特别亲切和愉快。

×××教授将于明天回国。×××教授是我们的一位老朋友，他非常熟悉我国各个方面的情况。他在我国访问期间，仔细地考查了我国的政治、经济、文化和教育现状。大家知道，我们的社会主义国家是非常年轻的，它脱胎于受封建主义和资本主义影响很深的旧社会，尽管解放后我们做了巨大的努力去消除这种影响，但是还有许多困难要我们去克服，还有许多缺点亟待改进。

我们诚恳地希望×××教授给我们提出批评、指导意见，以便我们改进工作。在向×××教授告别时，我们借此机会请求他转达我们对他的国家的人民的深厚友谊，还请他转达我们对他们的亲切问候和敬意。祝×××教授回国途中一路平安、身体健康！

★★★

## 范例2：公司经理在技术指导欢送会上致辞

……………………………………………………………

【致辞人】经理

【场　景】技术指导欢送会

【时　机】在欢送会开始时致辞

【风　格】气势磅礴

【关键词】欢送会 辛勤劳动 敬意 重重阻力 杰出贡献

【妙　语】为我们的干部和技术队伍注入了新鲜的血液；大

家同舟共济、迎难而上；技术过硬、管理有方、精益求精、任劳任怨，不愧是一支高素质的技术队伍。

同志们：

去年×月××日，也是在这里，我们为×厂长举行了欢送会；×月××日，为工程指挥部的×总举行了欢送会。今天，我们又同样怀着依依不舍的心情举行第三个欢送会，借此机会，我代表公司全体员工并以公司和我个人的名义，向为××技改项目的建设和生产付出聪明才智和辛勤劳动，并做出卓著贡献的所有××的同志们，表示衷心的感谢并致以崇高的敬意！

××××年，在我们公司的焦化技改项目一号焦炉即将投产的紧要关头，××焦化煤气有限公司的各位领导雪中送炭及时为我们派来了××名生产和管理方面的技术骨干。当时，各项工作千头万绪，领导力量不足，技术力量薄弱，投产工作面临着重重阻力。在我们最困难的时候，××的同志们为我们的干部和技术队伍注入了新鲜的血液，他们不惧“非典”，与其他技术人员很快拧成一股劲儿，大家同舟共济、迎难而上，做好投产前的各项准备工作，严格检查生产工艺，制订投产计划，精心部署，周密安排，攻克了一个又一个的难关，降伏了一个又一个的拦路虎，为一号焦炉的投产扫平了道路。在二号焦炉的投产冲刺中，他们以全面的技术知识、丰富的实践经验，依靠自身力量，一边组织生产，一边制订烘炉方案，实施烘炉，在限电等不利因素的干扰中，硬是攻克了技术难关，胜利完成了烘炉任务，使二号焦炉得以顺利投产。在化产后部的投产筹备过程中，他们以高度的责任感，一丝不苟地严格审查生产工艺设计，对于设计上出现的一些不合理和不符合生产要求的部分积极与工程指挥部联系整改，累计提出大小技改项目达××项，仅化产车间就整改了××项。在大家的共同努力下，去年×月低，公司技改项目得以全面胜利投产，为××的发展史揭开了崭新的一页。

通过这一阶段的指导，我们可以看到，××的同志们技术过硬、管理有方、精益求精、任劳任怨，不愧是一支高素质的技术队伍。最难能可贵的是，他们在工作中，不仅圆满完成了各项生产任务，而且还为我们留下了许多宝贵的精神财富，具体表现在他们服务××，不遗余力的敬业精神上；表现在他们对工作和技术精益求精的精神上；表现在他们敢于严格要求、严格管理的精神上；表现在他们工作第一，不怕吃苦的精神上；表现在他们廉洁自律，严于律己的精神上；表现在他们尊重科学，善于革新的精神上；表现在他们育人授徒，诲人不倦的精神上；表现在他们能团结大多数人一道工作的团队精神上；表现在他们从不提要求，讲条件的奉献精神上。他们的这种思想和精神境界正是我们公司需要大力学习、加强和弘扬的企业精神。另外，在职工培训、制度建设、技术改造、设备维护等方面他们也都做了大量的卓有成效的工作，发挥了巨大作用，为我们公司技改项目的建设，做出了难以替代的贡献。我们永远不会忘记××的同志们为××的发展所付出的艰辛和做出的杰出贡献。

现在我们的技改项目全面投产了，各项工作也已走向了正轨，但这只能说是二万五千里长征迈出了第一步，以后遇到的困难和问题还会很多，虽然××的同志们就要离开我们了，但以后公司如有技术上的难题，还会随时向你们请教。希望大家永远不要忘记自己也是××人，继续一如既往地关心和支持××的发展，多联系、多交流。××公司的大门永远向你们敞开，随时欢迎你们常回家看看。祝愿××的同志们生活愉快、身体健康、合家欢乐、一路顺风，也希望参加会议的同志，热情发言、真切交流、立足本职，继承和发扬××同志们的优秀作风，努力做好各自的工作，以实际行动感谢××的同志们对××公司付出的艰辛和努力。

谢谢大家！

★★★

## 范例3：县长在欢送外宾仪式上致辞

【致辞人】县长

【场　景】欢送外宾仪式

【时　机】在欢送仪式开始时致辞

【风　格】气势磅礴

【关键词】感谢 圆满成功 高兴 交流

【妙　语】丹山翠叠迎宾客，锦水波悠传友情，世界名山丹霞山，正敞开她热情的怀抱，拥抱四海的友人；将我们的真诚带回你们的国度；你们的行程虽然短暂，但是我们的友谊地久天长。

朋友们：

首先，请允许我代表××县人民政府和××县的父老乡亲，对你们到××中学进行参观指导表示衷心的感谢，活动取得圆满成功，我们感到由衷的高兴。

××地处山区，但是，高山并不能阻隔我们的友好往来。丹山翠叠迎宾客，锦水波悠传友情，世界名山丹霞山，正敞开她热情的怀抱，拥抱四海的友人。古诗有云："海内存知己，天涯若比邻。"我们的空间距离虽然很远，但是，我相信我们的心是相通的。通过这次的参观交流活动，我们加深了相互之间的了解，为今后的进一步友好往来奠定了坚实的基础。

此次活动，对我们××中学的教学有很大促进作用，××的父老乡亲感谢你们。我衷心地希望，通过你们的活动，能够把我们的交流合作扩展到其他的领域，请将我们的真诚带回你们的国度。

你们的行程虽然短暂，但是我们的友谊地久天长。在这个充满喜庆的时刻，我代表县政府，也代表我个人，对各位女士、先生的付出再次表示衷心的感谢。

最后，祝你们事业有成、合家幸福！

★★★

## 范例4：考察接待团团长在欢送仪式上致辞

【致辞人】考察接待团团长

【场　景】考察团欢送仪式

【时　机】在欢送仪式开始时致辞

【风　格】气势磅礴

【关键词】考察 美好 印象 支持 愉快 好运连连

【妙　语】相见时难别亦难；美丽的草原、浩瀚的沙漠、神秘的成吉思汗陵；有缘千里来相会，送君千里，终须一别，天下没有不散的筵席。

……………………………………………………

女士们、先生们：

古诗云："相见时难别亦难"，不知不觉中我们的考察生活就要结束了，一会儿大家就要踏上返程的列车。在这几天的考察生活中，想必我们美丽的草原、浩瀚的沙漠、神秘的成吉思汗陵，独具魅力的××××都市风光都给大家留下了美好而深刻的印象。

考察过程中各位对我们工作给予了大力的支持，又能彼此理解，使我们度过了一段愉快的时光。在这里，让我衷心地说声"谢谢"！同时，如果我们在工作中有不周之处，请大家多多包涵并提出宝贵的意见。

俗话说得好，"有缘千里来相会"。是这次考察活动使我们有缘相识，我相信我们也有缘再会。希望大家下次再来×××做客！时间是无情的，不想说再见，可又要说再见了。昨天的相识是为了今天的相知，今天的别离是为了明天更美好的回忆与欢聚。很开心与各位相识、相知，也真诚地感谢各位朋友对于我工作的支持和配合，使得我们能够这么融洽地度过这段美好的时光。送君千里，终须一别，天下没有不散的筵席。在这里，我衷心地祝愿各位朋友好运连连、好梦圆圆！身为一个×××人，我们要用×××人特有的热情，诚挚地欢迎您再次光临。最后，大家还记得我教你们的那句蒙古话"再会"吗？

就让我们一起挥挥手，大声说一句"巴耶日太"（音译）！

最后，我祝大家一路顺风、万事如意！好人一生平安！

# 第 4 章 节日致辞

节日是一种文化，是一种历史文化，是一个国家或一个民族在漫长的历史过程中沉淀而来的民族文化。节日有深刻的寓意，有的是为了纪念某一重要历史人物、纪念某一重要历史事件，或是庆祝某一时节的到来等等。如中国的春节、元旦、元宵节、清明节、端午节、中秋节、国庆节、重阳节、教师节、妇女节等等。每逢重要节日，人们欢聚一堂，为了庆祝节日，举办各种形式的庆祝活动，如看花灯、舞龙、舞狮、赛龙舟等，这其中既有民间庆祝活动，也有官方的庆祝活动。古时只有国家性和民族性的节日，现代国际交流和国际合作越来越广泛，为了纪念重大的国际活动，产生了各种各样的国际性节日，如五一国际劳动节、六一国际儿童节等。

领导干部的节日致辞是礼仪致辞的一种，旨在在节日中烘托热烈的气氛，对与会人员致以节日的祝福；总结以往取得的成就，以图继往开来，并且鼓舞、激励员工或群众，在接下来的时间里努力奋斗，争取取得更多的成就。

节日致辞情感应热烈、激昂，语言要真挚、诚恳。在致辞中，致辞人应结合实际情况总结上一个工作周期取得的成就，并对未来做出规划，最后表达出殷切的期望。整个致辞过程应将喜庆的情感贯穿始终。

节日致辞一般由开头、主体和结尾三部分组成。

（一）开头

开头要对所庆祝节日的名称进行说明，同时还要表达对与会人员的欢迎和祝福。例如：

值此辞旧迎新之际，我谨代表学校党支部、校委会，向一年来辛勤工作在学校各个岗位，为学校发展做出巨大贡献的全校教职员工，以及关心学校工作的家属和学生家长表示衷心的感谢，并致以新年的祝福：祝大家新年愉快、合家幸福、学习进步、万事如意！

（二）主体

主体的内容一般为总结以往的工作成就，表扬广大群众、员工的工作表现，分析在新的时期出现的新情况、新问题，继往开来，鼓励大家在新的目标和条件下，将工作做好。例如：

过去的一年是我们获得成绩的一年。成绩的取得，是全院师生员工团结奋斗、开拓创新、辛勤耕耘、无私奉献的结果，是上级领导、社会各界关心支持的结果，对此我们表示衷心的感谢！

日月开新元，天地又一春。回顾过去，振奋人心；展望未来，满怀豪情。新的一年，学院将认真贯彻党的十七大、十七届四中全会精神，以科学发展观统领学院工作全局，进一步加强学科专业建设，强化“内涵式发展”意识，深化教育教学改革，不断提高人才培养质量；大力加强人才队伍建设，努力建设高素质师资队伍；进一步抓好科研工作，不断提升科技创新能力；继续深化产学研联合办学和学院内部管理体制改革。把一切为了学生的办学宗旨，贯彻落实到各项任务的实践之中，求真务实、锐意进取，全面开创学院各项工作的新局面。

（三）结尾

结尾应再次表达对与会人员的节日问候和祝福，并以坚定的信心向大家致以殷切的期望。例如：

因为有梦，人类社会拥有了灿烂的文明。同一个梦想，让我们团结在一起成为了××××人！我们坚信，有公司决策人的正确领导，有全体员工的共同努力，我们的目标一定会实现，我们的企业一定会不断发展壮大，××××人一定能铸就新的、更加壮美的未来。

最后，让我们共饮庆功美酒，祝愿各位新年快乐、身体健康、家庭幸福！共同祝愿：××××年更上一层楼，加快实现“××辉煌，××腾飞”的宏伟目标。

## 第一节　元旦致辞

1949年9月27日，中国人民政治协商会议第一届全体会议正式确立使用公元纪年，即我们所说的阳历。为了区别阴历和阳历两个新年，便把阴历正月初一改为春节，阳历一月一日定为元旦，至此，元旦才成为全国人民的节日。元旦致辞应注意的问题主要包括：

1. 既然是节日，就是欢庆的时刻，因此元旦致辞一定要喜庆、欢愉。字里行间要流露出喜庆的气氛。

2. 在进行总结性的致辞中，要对历史成就进行肯定，尽量避免直接问题的出现，并对大家在成绩取得过程中所做的努力进行肯定。

3. 在回顾过去的同时还要对未来进行展望，措辞应充满信心，给人以希望。

★★★

### 范例1：县长在元旦电视会议上致辞

【致辞人】县长

【场　景】元旦电视会议

【时　机】在电视会议开始时致辞

【风　格】慷慨激昂

【关键词】问候 成绩 稳定 重任 小康 团结一致

【妙　语】大事多、喜事多、难事多；三业扩总量，富民兴县乡，放手抓发展，全面达小康；团结一致、同心同德、携手共进、争创辉煌。

………………………………………………………………

××县的各位父老乡亲：

大家好！

随着新中国××周年大庆，我们满怀豪情地迎来了××××年。值××××年元旦佳节之际，我们代表县委、县政府向辛勤奋战在全县各条战线上的广大干部群众致以节日的问候！

刚刚过去的××××年，是不平凡的一年，是大事多、喜事多、难事多的一年。在这一年，全县广大干部群众，解放思想、振奋精神、团结拼搏、苦干实干，各方面工作都取得了可喜的成绩。农村经济持续发展，农民收入不断增长；工业经济平稳运行，活力大大增强；民营经济发展加快，质量明显提高；社会事业取得新的进展，城乡面貌进一步改观；人民安居乐业，社会大局保持稳定。

××××年，是××的关键之年，是我县全面建设小康社会的攻坚决战之年。干好××××年，对于完成全年计划，打好现代化基础至关重要。新的一年，我们面临着新的形势、新的任务和新的挑战，以及建设小康大业的重任，我们决不能有丝毫的懈怠。我们一定要按照“三业扩总量，富民兴县乡，放手抓发展，全面达小康”的总体思路，加快改革开放步伐，加大工作力度，继续保持经济持续、快速、健康发展和社会事业的全面进步，确保××××年全面建设小康社会。“三业扩总量”，就是要始终坚持以开拓市场和提高效益为导向，加快结构调整，加快改革创新，积极推进名牌战略，不断提升二、三产业的比重，促进经济总量的快速扩张。“富民兴县乡”，就是要千方百计提高城乡居民收入，增加村级集体积累，加快县乡财源建设，促进财政的明显好转。“放手抓发展”，就是要通过改善软硬件环境，加大招商引资力度，广泛吸纳各种生产要素，大力发展个体私营经济，繁荣城乡市场，激发经济活力。“全面达小康”，就是要按照小康标准，采取缺什么补什么的办法，切实抓好薄弱环节，确保全县全面建设小康社会，以新的姿态迈向新的世纪。

一元复始，万象更新。展望新的一年，我们满怀必胜的信心。在世纪之交的重任面前，我们一定要更加紧密地团结起来，同心同德、携手共进、争创辉煌，以我们的实际行动，把××的现代化建设事业全面推向新的胜利！

★★★

## 范例2：银行党委书记在元旦晚会上致辞

【致辞人】银行党委书记

【场　景】元旦晚会

【时　机】在元旦晚会开始时致辞

【风　格】慷慨激昂

【关键词】帐篷银行 履岗能力 愿景 政策 能力 发达

【妙　语】辛勤耕耘、默默奉献；总结经验教训，内控管理基础进一步夯实；机遇蕴含精彩，创新成就伟业，新的一年，新的希望。

各位领导、各位同事：

大家晚上好！

××××年对于××来说是不平凡的一年，这一年，我们共同经历了百年不遇的大地震。震后临时修建的“帐篷银行”不仅没有使××分行的业务发展放慢脚步，反而使我们的各项事业取得了历史性突破：“十五字”方针统揽工作全局，全行思想认识空前提高；各项指标已提前完成三年愿景；××铁路、××高速、××金矿等一系列国内关注的大项目落户我行；改革对公经营机制，组建十大营销团队，业务营销更加高效快捷；总结经验教训，内控管理基础进一步夯实；完善激励约束机制，员工朝气和活力进一步激发；转变工作作风，领导带头提高执行能力，赶超目标渐次实现；加大培训力度，全员履岗能力大大提升。

所有这些业绩的取得，得益于××分行坚决贯彻执行上级的政策，得益于全行员工的艰苦努力、奋勇拼搏，得益于××分行领导班子团结、和谐的工作氛围。在座的各位同事都为××分行的建设和发展，辛勤耕耘、默默奉献，正是有了你们付出的心血和汗水，才铸就了××分行今天的精彩。

值此元旦佳节之际，我代表××分行党委向辛勤工作在第一线的广大员工，向一直在背后默默支持我们工作的家属，以及离退休老干部表示最诚挚的感谢和最由衷的敬意。

光辉荣耀既往事，策马扬鞭奔前程。××××年是我们实施新的三年目标的第一年，更是充满机遇和挑战的一年，面对千帆竞渡、百舸争流的竞争态势，我们有信心、有决心把××分行打造成当地乃至全省同行业的龙头。机遇蕴含精彩，创新成就伟业，新的一年，新的希望。我们将不懈努力，继续奋斗！同志们、朋友们，我坚信，在大家的共同努力下，××分行的前途一定会更加美好！××分行的事业一定会更加发达！

最后，恭祝各位新年好运！谢谢大家！

★★★

## 范例3：城建局局长在元旦联欢晚会上致辞

【致辞人】城建局局长

【场　景】城建局元旦联欢晚会

【时　机】在晚会开始时致辞

【风　格】气势昂扬

【关键词】欢聚一堂　元旦佳节　欢迎　感谢　生活环境　美好

【妙　语】机遇与挑战并存，希望与困难同在；地县共建、以县为主；吃苦耐劳、勇于拼搏，敢打硬仗、能打硬仗的精神。

各位领导、各位来宾，同志们：

今天我们欢聚一堂，共庆××××年元旦佳节。

在这辞旧迎新之际，我谨代表城建局领导班子，向各位领导的到来表示热烈的欢迎！向单位全体职工致以节日的问候，并祝大家新年快乐！

过去的一年是不平凡的一年，在这一年里城建系统干部职工团结进取、奋力拼搏，城镇建设取得了突破性进展。全年累计完成投资××亿元，完成了××景点建设等××项重点工程建设，城市功能不断完善；县城脏乱差现象得到了有效遏制，县城管理逐步走向制度化、规范化，城区面貌有了较大改观。这些成绩的取得，得益于县委、县政府和上级主管部门的正确领导，也得益于城建系统干部职工的奋力拼搏。借此机会，我代表城建局领导班子向各位领导、全体干部职工，表示衷心的感谢！

充满希望的××××年即将到来。新的一年里，机遇与挑战并存，希望与困难同在，摆在我们面前的任务仍然十分艰巨。让我们在党的十七大精神鼓舞下，深入贯彻落实科学发展观，同心同德、艰苦奋斗，按照“地县共建、以县为主”的城市发展思路，大力弘扬“讲实话、出实招、干实事、创实绩”的工作作风，发扬城建人吃苦耐劳、勇于拼搏，敢打硬仗、能打硬仗的精神，突出重点，梯次推进，全方位提高城镇化水平，为××人民创造一个干净、舒适、优美的工作和生活环境。

我相信，我们的明天一定会更加美好！

最后，预祝联欢会圆满成功！

★★★

## 范例4：医院领导在元旦庆典上致辞

【致辞人】医院领导

【场　景】医院元旦庆典

【时　机】在庆典开始时致辞

【风　格】逻辑严谨　慷慨激昂

【关键词】感谢　辛苦　开拓进取　敬意　再创辉煌

【妙　语】勤勤恳恳、任劳任怨、爱岗敬业、无私奉献；全体员工以院为家，开拓进取，负重拼搏；精诚团结，爱岗敬业，振兴医院；激情飞扬、再创辉煌。

各位领导、各位同志：

大家晚上好！

值此辞旧迎新之际，我谨代表院领导向关心、支持医院发展的各位同人表示衷心的感谢！向一年来勤勤恳恳、任劳任怨、爱岗敬业、无私奉献的全院干部职工真诚地道一声，你们辛苦了！恭祝大家在新的一年里工作顺利、身体健康、合家欢乐、心想事成、万事如意！

光阴似箭××改制诚信魅力喜迎×载；日月如梭全体同人与时俱进铸造辉煌。在不经意的瞬间，耳边又响起了新年的钟声，新的一年准时来临了。它让我向全院的各位同人道一声，新年好！

过去的一年，是我院各项工作全面丰收的一年。全体员工以院为家，开拓进取，负重拼搏；精诚团结，爱岗敬业，振兴医院；以人为本，以德兴院，打造诚信；刻苦学习，规范操守，精益求精；竭尽忠诚，注重医德，廉洁奉公；以崇高的服务理念、高尚的服务宗旨（一切为了病人、一切方便病人、一切服务于病人）和“三性化”（人性化、个性化、亲情化）的服务标准，按照“患者的需求是我们的责任，患者的满意是我们的标准”的办院宗旨，赢得了社会各界的高度赞誉，取得了社会效益和经济效益的双丰收。这些成绩的取得，是全院职工团结奋斗、努力拼搏的结果，凝聚着全院干部职工的心血和汗水，展示了××院职工勇于创新、开拓进取的时代风貌。在此，我再次代表院领导向大家表示衷心的感谢并致以崇高的敬意！

同志们，我坚信，有全体员工的共同努力，有各方朋友的鼎力支持，有各级组织的正确领导，××院的明天会更美好，让我们共祝××院××××年激情飞扬、再创辉煌！

最后祝各位同人共享精彩盛会，共度元旦佳节，尽情地欢歌，难忘今宵！

谢谢大家！

## 范例 5：董事长在企业新年庆典上致辞

【致辞人】董事长

【场　景】企业新年庆典

【时　机】在新年庆典开始时致辞

【风　格】气势磅礴

【关键词】辞旧迎新 敬礼 心潮澎湃 不懈努力 全力以赴 辉煌

【妙　语】抚今追昔，我们感慨万千；展望前程，我们心潮澎湃；迎接挑战、经受考验、克服困难；因为有梦，人类社会拥有了灿烂的文明。

各位同事：

在这辞旧迎新的时刻，在××××年新年到来之际，我谨代表××集团董事会、公司行政部及以我个人名义向公司领导致以崇高的敬意！向工作在各个岗位上的全体员工及家属致以最亲切的问候和良好的祝愿！恭祝各位新年快乐、身体健康、万事如意！共同祝愿××××事业兴旺！

此时，抚今追昔，我们感慨万千；展望前程，我们心潮澎湃。过去的一年是公司发展史上具有里程碑意义的一年。即将过去的××××年，是我公司全面提升管理水平的基础年；是全公司员工迎接挑战、经受考验、克服困难、努力完成出货任务的一年。

一年来，在全体员工的共同努力下，我们以饱满的工作热情和奋发向上的精神状态，卓有成效地开展各项工作，健全和完善了公司管理制度，逐步提升产量、质量、业务量。以上这些成就的取得，都与全体员工所付出的艰辛和努力密不可分，与我们顽强拼搏、开拓创新、无私奉献的敬业精神密切相关。在这里，感谢一年来全体××××人的不懈努力！

新的一年即将来临，我们在品尝美酒、分享喜悦的同时，还要清醒地认识到：在激烈的市场竞争环境中，我们的企业依然面对广泛的机遇和严峻的挑战。我们必须抓住新机遇，迎接新挑战，以高度的使命感和责任感来推进我公司的持续发展，全力以赴，打造品牌。

因为有梦，人类社会拥有了灿烂的文明。同一个梦想，让我们聚首成为了××××人！我们坚信，有公司决策人的正确领导，有全体员工的共同努力，我们的目标一定会实现，我们的企业一定会不断发展壮大，××××人一定能铸就新的、更加壮美的未来。

最后，让我们共饮庆功美酒，祝愿各位新年快乐，身体健康，家庭幸福！共同祝愿：××××年更上一层楼，加快实现“××辉煌，××腾飞”的宏伟目标。

★★★

## 范例6：经理在元旦庆典上致辞

【致辞人】公司经理

【场　景】在元旦庆典上致辞

【时　机】在庆典活动开始时致辞

【风　格】慷慨激昂

【关键词】新的开始　祝福　纪念　历史阶段　宏伟蓝图

【妙　语】欢声笑语，喜逢新岁；一元复始，万象更新；宏图已绘就，壮志在心头，潮起浪涌风正急、机遇和挑战并存。

各位同事：

欢声笑语，喜逢新岁；一元复始，万象更新。

我们满载着丰硕的成果迎来了充满希冀的××××年。

新的一年，新的开始。值此辞旧迎新之际，我谨代表集团公司党委、董事会和经营班子，向辛勤工作、团结拼搏的广大员工及其家人致以最亲切的慰问和最诚挚的祝福。

刚刚过去的××××年，饱含了我们的每一份耕耘和努力。通过广大员工的辛勤工作和无私奉献，集团公司各项工作呈现出龙腾虎跃之势，迸发出前所未有的勃勃生机，××人的“敬业、进取、合作”精神得到了最好的诠释和发扬。这一年，是不平凡的一年，是值得我们纪念的一年。

我们不会忘记，××××年，集团公司高瞻远瞩，构建了完整的中期战略规划，进一步明确了“用×年左右时间，实现把××集团打造成中国水务行业旗舰企业，成为中国水务行业领航者”的目标，描绘了未来发展的宏伟蓝图。

我们不会忘记，××××年，集团公司全体员工一起见证了××集团正式合资的历史时刻。这一时刻，标志着集团公司产权主体多元化的改革顺利完成，标志着集团公司的发展进入了一个新的历史阶段。

宏图已绘就，壮志在心头。展望××××年，将又是一个进取之年、腾飞之年。集团公司已正式××挂牌，做好了迈向新境界的准备。在未来的一年里，我们将切实转换经营机制，强化管理改革，加快完成从国有独资企业向规范合资企业的转变，真正发展成为国内一流、具有核心竞争力的大型水务企业。面对国内水务市场潮起浪涌风正急、机遇和挑战并存的竞争局面，我们将在做强、做大本地供排水业务的同时，努力拓展异地水务市场，实现集团公司业务领域的进一步拓宽和经营规模的扩张。

每一位员工都是集团公司的一分子，集团公司向前发展的每一步都离不开每一位员工的辛劳和付出，公司的辉煌就是每位员工的骄傲。希望我们以更加务实的作风、更加奋发有为的精神状态，抓住新机遇，迎接新挑战，将迈向旗舰目标的每一步走得更加的坚实，将我们的水务事业推向一个崭新的阶段。

最后，恭祝全体员工身体健康、事业进步、合家幸福！

★★★

## 范例7：总经理在元旦文艺晚会上致辞

【致辞人】总经理

【场　景】元旦文艺晚会

【时　机】在文艺晚会开始时致辞

【风　格】激情四射

【关键词】共聚一堂　祝贺　诚挚　感谢　美好未来

【妙　语】天时人事日相催，冬至阳生春又来；昼夜苦战、尽职尽责、绞尽脑汁、用心设计；很高的思想境界，很强的团队意识。

各位领导、各位来宾，全体员工同志们：

天时人事日相催，冬至阳生春又来！在这辞旧迎新之际，我们共聚一堂，举办这次以“颂××之美，壮××之志，扬××之威，铸××之魂”为主题的“××之春”元旦文艺晚会。

借此机会，我以××公司董事长、总经理的名义，向大家致以节日的祝贺和诚挚的问候！

即将过去的××××年是我们公司技改项目全面投产后，参与激烈市场竞争的一年，也是接受严峻挑战和考验的一年。一年来，我们取得了可喜的成绩。……这些成绩的取得是党的政策正确指引的结果，是各级领导大力支持的结果，是各协作单位全力帮助的结果，是社会各界倾心关怀的结果，是全公司上下精诚团结、自强不息、以苦为乐、勤勉务实、埋头苦干、锐意拼搏的结果。我谨代表集团公司党委、董事会、领导班子向一贯支持和关心××公司发展的各级党委、政府、各职能部门、兄弟企业的同人、社会各界的新老朋友，以及公司全体干部职工致以崇高的敬意并表示衷心的感谢！

在这次文艺晚会的准备过程中，组委会、各级干部和演职人员不计报酬、加班加点、昼夜苦战、尽职尽责、绞尽脑汁、用心设计，表现出很高的思想境界，很强的团队意识、大局意识、责任意识和较强的艺术造诣，让我感受到我们员工的可亲、可爱、可敬，使我进一步体会到实施人本战略的真实含义，更使我看到了××的美好未来。严冬已经来临，春天就不会遥远。这样一支能征善战的员工队伍让我们有一千个、一万个理由坚信：××的明天会更美好！

最后，祝大家新年愉快、工作进步、身体健康、合家幸福！预祝晚会圆满成功！

谢谢大家！

## 范例8：公司经理在台商慰问晚会上致辞

【致辞人】公司经理
【场　景】元旦台商慰问活动
【时　机】在领导讲话结束后致辞
【风　格】激情洋溢
【关键词】感谢　首战大捷　殷切希望　新的形势
【妙　语】新年伊始，万象更新；新的一年，开门见喜；抓学习、抓安全、抓生产、抓生活，坚决完成各项任务。

尊敬的××市长、尊敬的各位领导：

新年伊始，万象更新。新年第一天，××市长就不畏严寒，不辞辛劳，率队到××公司慰问，为我们鼓劲加油。在此，我代表公司全体干部职工向××市长和各位领导，表示热烈的欢迎和衷心的感谢！

新的一年，开门见喜。在昨天夜班生产中，公司广大干部职工顶着风雪、挥汗工作，一举创出了单班吞吐量××万吨、接卸外贸矿××万吨、装卸火车××节的优异战绩。新年首战大捷！在此，特向××市长和各位领导报喜！

刚过去的一年，公司在市委、市政府的领导和支持下，同心同德、顽强拼搏，谱写了××公司发展史上最为辉煌、最为灿烂的一页。××××年是××公司受益最大的一年，市委、市政府科学决策，投入××亿元巨资，先后为公司打造了“××工程”、“××工程”。在××市长的关心和重金武装下，公司实现了跨越大发展。在此，我代表公司全体干部职工，再一次向始终关心、支持公司发展的××市长表示最崇高的敬意和最衷心的感谢！

××××年，面对新的形势、新的任务、新的挑战，我们要认真贯彻××市长一系列重要讲话精神，抓学习、抓安全、抓生产、抓生活，坚决完成各项任务。我们决心牢记责任，不忘重托，超越自我，誓夺全胜，越是困难越向前。在确保安全质量的前提下，坚决夺取“开门红”，胜利实现“双过半”，确保全年“满堂红”。给市委、市政府交上一份满意的答卷，决不辜负市委、市政府对××公司的殷切期望！

最后，再次祝愿××市长，各位领导节日愉快、身体健康、合家欢乐、万事如意！

★★★

## 范例9：校长在学校元旦联欢晚会上致辞

【致辞人】校长

【场　景】学校元旦联欢晚会

【时　机】在联欢晚会上致辞

【风　格】气势磅礴

【关键词】感谢 祝贺 凝聚力 多方指导 越迈越快 珍惜青春

【妙　语】在新的一年里，百尺竿头，更进一步；巨大的向心力和凝聚力；人生有限，知识无穷。

各位领导、同事、同学：

新年好！

首先，我代表全体教师向光临我校元旦联欢会的各级领导表示衷心的感谢；向参加这次联欢会的全体师生致以节日的祝贺。愿大家在新的一年里，百尺竿头、更进一步！

今天，在各级领导的精心组织和指导下，我校师生××人，聚集在一起，共同联欢。场面之宏大，气氛之热烈，意义之重大，心情之振奋，都是前所未有的。这体现了上级领导对我乡教育事业的关心与支持，体现了我乡中小学师生间的亲密团结和友好合作，说明了××学校之间存有巨大的向心力和凝聚力。

各位领导，今后，希望你们更加重视和关心我们的教育事业，在改善办学条件、优化教学环境方面再做努力，并对我们的教育教学工作时时督查，多方指导。

各位同事，在新的一年里，真希望我们都能成为出色的向导，带学生到书山中去探路，到学海里去泛舟；让学生去采撷知识的花朵，去捕捉创造的火星，去丰富他们的情感，去净化他们的心灵，去描绘他们的人生。把素质教育逐步渗透到我们的教育教学工作中来，使教改的步伐越迈越稳、越迈越大、越迈越快。

同学们，人生有限，知识无穷。现在，你们正处在人生的黄金时代，但生命的蜡烛无时无刻不在默默地燃烧、悄悄地变短。请珍惜青春，热爱生命吧！爱学习、勤学习、会学习，全面发展，立志成材，尽快投身于我们祖国的现代化建设事业中。少壮勤努力，老大不伤悲！

让我们谨记：重教育、育英才、树百年大计，爱学习、求真知、标一代新风。

最后，我预祝此次联欢会圆满成功，为欢乐的节日再添光彩的一笔。

★★★

## 范例10：校长在元旦庆典上致辞

【致辞人】学校校长

【场　景】元旦庆典

【时　机】在庆典开始时致辞

【风　格】慷慨激昂

【关键词】问候　不懈努力　成绩斐然　流逝　重大突破　兴旺发达

【妙　语】冬去春来，斗转星移；回顾过往，令人欢欣鼓舞；展望新年，更感重任在肩；让我们团结一致，扬起创新的风帆，荡起智慧的双桨，迎着网络教育的春风朝阳，起航破浪。

老师们、同学们：

大家好！

弹指一挥间，我们送走了硕果累累的××××年，明天即将迎来充满希望的××××年。在这辞旧迎新之际，我代表学校党支部、校委会向大家致以节日的祝贺。对一年来辛勤工作在教学教研、学校管理、后勤服务等各个部门的同志们表示衷心的感谢，对全校师生和离退休老同志表示亲切的问候!

××××年，在学校党支部、校委会的领导下，全校教干教师认真贯彻落实全国和省市区基础教育工作会议精神，抓机遇、求改革、促发展，不懈努力、共同奋斗，各项工作成绩斐然。

冬去春来，斗转星移。这一切，伴随时间的流逝，已经载入××初中的校史。回顾过往，令人欢欣鼓舞；展望新年，更感重任在肩。

即将到来的××××年，我们面临的形势既充满挑战，更催人奋进。在新的一年里，我们将同全国人民一道，坚持把发展作为主题，以改革为动力，统一思想、坚定信心、立足岗位、与时俱进。在新的一年，学校工作的重点是:

一是积极推进“三个课题，一个特色”和“两个习惯，一个教育”的深入研究和实施工作，力求在促进师生的自主发展方面取得重大突破。

二是突出毕业班工作重点，加强各年级教学常规管理，争取中考再创佳绩，初中毕业质量评估继续位居全区第一。

三是加快学校校园网建设，建立校园局域网，实现教师网上备课，实现学生网上自主学习。

四是全面加快学校规范化建设的步伐，进一步完善硬件设施及软件资料，确保年底成为××市示范学校。

一年之计在于春。我们即将迎来一个充满希望的春天，让我们满怀信心拥抱春天，让我们辛勤耕耘，创造灿烂辉煌的明天!

祝各位老师和同学节日快乐、前程似锦、万事如意!

祝愿我们的学校蒸蒸日上、欣欣向荣、兴旺发达!

智者，吾院师生员工！能者，吾院师生员工！我们更应该正视事业发展中如铁的“雄关漫道”。老师们、同学们，让我们团结一致，扬起创新的风帆，荡起智慧的双桨，迎着网络教育的春风朝阳，起航破浪!

谢谢大家!

## 范例 11：学院院长在元旦欢庆晚会上致辞

【致辞人】学院院长
【场　景】元旦晚会现场
【时　机】在晚会开始时致辞
【风　格】慷慨激昂
【关键词】重大进展　硕果累累　解放思想　新局面　学业有成
【妙　语】解放思想、务实苦干，办学水平不断提高、办学实力日益增强；团结奋斗、开拓创新、辛勤耕耘、无私奉献；全面开创学院各项工作的新局面。

各位老师，同学们：

大家好！

××××年是学院各项事业取得重大进展的一年。一年来，学院在市委、市政府的领导下，在上级业务部门的指导下，学院广大师生员工以教育教学工作为中心，不断加快“内涵式发展”步伐，解放思想、务实苦干，办学水平不断提高、办学实力日益增强，实现了规模、结构、质量、效益协调发展。

转眼间，我们将送走硕果累累的××××年，迎来充满希望和更多期待的××××年。值此元旦佳节之际，我们向一年来在学院各个岗位上辛勤工作的广大党员、干部、教职员工，向刻苦求学的莘莘学子，向关心和支持学院建设与发展的各级领导、离退休老同志、广大校友和各界朋友致以最诚挚的问候和最衷心的祝福。祝大家身体健康、工作顺利、合家欢乐！

过去的一年是我们获得成绩的一年。……这些成绩的取得，是全院师生员工团结奋斗、开拓创新、辛勤耕耘、无私奉献的结果，是上级领导、社会各界关心支持的结果，对此我们表示衷心的感谢！

日月开新元，天地又一春。回顾过去，振奋人心；展望未来，满怀豪情。新的一年，学院将进一步加强学科专业建设，强化“内涵式发展”意识，深化教育教学改革，不断提高人才培养质量；大力加强人才队伍建设，努力建设高素质师资队伍；进一步抓好科研工作，不断提升科技创新能力；

继续深化产学研联合办学和学院内部管理体制改革。把一切为了学生的办学宗旨贯彻落实到各项任务的实践之中，求真务实，锐意进取，全面开创学院各项工作的新局面。

伴随着悠扬的新年钟声，让我们共同祝愿伟大的祖国更加繁荣昌盛，祝愿××学院明天更加灿烂辉煌！并祝全体教职员工事业进步，祝全体老同志身体安康，祝全体同学学业有成！

★★★

## 范例12：学院党委书记在新年庆典活动上致辞

【致辞人】学校党委书记

【场　景】新年庆典

【时　机】在庆典开始时致辞

【风　格】慷慨激昂

【关键词】感谢 祝福 进步 奠定基础 季节 桃李芬芳

【妙　语】岁月不居，天道酬勤；心潮澎湃，感慨万千；金榜题名，扬眉六月；迎来学校及个人发展的春天。

尊敬的各位老师，亲爱的同学们：

新年好！

值此辞旧迎新之际，我谨代表学校党支部、校委会，向一年来辛勤工作在学校各个岗位，为学校发展做出巨大贡献的全校师生员工、关心学校工作的家属及学生家长表示衷心的感谢，并致以新年的祝福：祝大家新年愉快、合家幸福、万事如意！

岁月不居，天道酬勤。回顾过去一年的工作，我们心潮澎湃，感慨万千。一年来，我们学校在各级领导的亲切关怀和全校师生的共同努力下，各方面工作都取得了长足的进步。

老师们、同学们，回首过去，学校发展历程中的每一次闪光点都令我们欢欣和鼓舞；展望未来，宏伟的目标和历史的重托让我们深感任重而道远。××××年，是我校实现“五年发展规划”的关键一年。我们将坚持“主动发展”的办学理念，走“内涵式发展”之路，实行精细化管理，用精益求精的态度，把学校做优做强，为学生终身发展奠定基础。

老师们、同学们，俗话说：“一年之计在于春”，春天是播种的季节，更是耕耘的季节。×个月以后，我们的初三同学将参加人生中第一次重要的考试——××××年中考，我希望初三的同学顽强拼搏、快马加鞭、讲究方法、追求效率，祝愿你们金榜题名、扬眉六月。我希望全体教职工坚持育人为本、育德为先、责任为重、团队为力，祝愿你们工作顺利、桃李芬芳。

老师们、同学们，只要我们胸怀希望，就总能与春天相伴；只要我们付出努力，就一定能收获累累硕果。只要我们师生同心同德，埋头苦干，锐意进取，开拓创新，就一定能够实现自我的人生价值，就一定能够迎来学校及个人发展的春天！

最后再次衷心地祝愿同学们在新的一年里天天进步、学有所成！衷心地祝愿老师们身体健康、合家幸福！衷心地祝愿我们的学校在未来的日子里红红火火、蒸蒸日上！

谢谢大家！

## 第二节　新春致辞

过春节，是对亲情和友情的检阅和激励，是对未来美好生活的祝福和祈祷。春节文化是源远流长的东方文化，受人喜爱，深入人心。如今，春节不但深入中国人心，还深入了外国人心。重家庭、重亲情，中国人、外国人都一样。在一些有中国人的国家和地区，外国人也同中国人一起过春节。除了原来的几千万华人华侨和留学人员，今天还有更多的中国人走出国门，也有更多的外国人来到中国。人的交流，势必促进文化的交流，有“西学东渐”，也有“东学西渐”，你中有我，我中有你，东西方互相吸收文化的精华，取长补短，凡是健康的、文明的就是世界欢迎的。文化交流使世界更文明，生活更多彩。春节的魅力是中国的魅力、东方的魅力，也是世界文明的魅力。中国的春节，是对世界文明的一种贡献，是送给全人类的一份厚礼。

春节致辞是单位领导在春节期间参加庆祝活动时进行的讲话，由于场合和对象的不同，致辞要求也不尽相同，具体要注意以下几个方面：

1. 致辞时要时刻注意烘托节日气氛，热情洋溢，将会议或活动的气氛推向高潮。

2. 要对与会者致以节日的祝福和问候，问候和祝福的语言要亲切、到位。

3. 主体部分总结和展望的篇幅不宜过长，应言简意赅，直抒胸臆，表述清楚需要表达的意思即可。

★★★

## 范例1：市长在新春庆典上致辞

【致辞人】市长

【场　景】新春庆典

【时　机】在新春庆典开始时致辞

【风　格】热情洋溢

【关键词】拜年　问候　祝福　豪情满怀　新篇章　献礼

【妙　语】金牛辞岁寒风尽，瑞虎迎春喜气来；欢聚一堂，畅叙友情，共话发展；同心同德、扎实工作；开创科学发展的新局面、谱写美好生活的新篇章。

同志们、朋友们：

金牛辞岁寒风尽，瑞虎迎春喜气来。值此中华民族传统佳节——春节即将来临之际，我们欢聚一堂，畅叙友情，共话发展，感到格外高兴。首先，我代表市委、市政府，向在座的各位拜年！向全市人民，向驻×部队、武警官兵、公安干警，向所有关心和支持××发展的各界友人，致以节日的问候和新春的祝福！

回首极不平凡、非同寻常的××××年，崛起中的××涌动着改革创新的澎湃热潮，奏响科学发展的时代强音。这一年我们众志成城、豪情满怀、欢欣鼓舞支持北京奥运，沉着应对金融危机，成功战胜历史罕见的特大冰雪灾害，有效控制突如其来的手足口病疫情；这一年我们奋发有为、锐意进取，×××高速公路建成通车，××亿吨煤炭基地竣工投产，××新区建设步入快车道，××取得新进展；这一年我们同心同德、扎实工作，在省委、省政府的正确领导下，深入学习、实践科学发展观，全市呈现出经济增长、价格回稳、结构优化、民生改善、和谐稳定、党建加强的良好局面。

跨越××××年，我们步伐铿锵，激情飞扬；迎来××××年，我们信心坚定，续写华章。在这新的一年里，困难和挑战考验着我们，事业和希望召唤着我们。我们要以科学发展观为指导，全面贯彻党的十七大、十七届三中全会精神，按照市委八届八次全会和“两会”部署，以“推进科学发展、加速××崛起”为主题，大力实施“七大战略”和“9771”提升行动计划，把保持经济平稳较快增长作为首要任务。立足扩大内需，强化投资拉动，推进结构调整，转变发展方式，深化改革开放，保障改善民生。努力在应对挑战中把握机遇，在战胜困难中赢得主动。知难而进、开拓进取，不断开创科学发展的新局面、谱写美好生活的新篇章！

同志们、朋友们！新年孕育新希望，新年当有新作为。只要我们不动摇、不懈怠、不折腾，坚定奋力崛起的自信心，激发逆势而上的精气神，××××年的××，必定能够在科学发展进程中创造出更加优异的成绩，向建国××周年献礼！

★★★

## 范例2：县长在新春文艺晚会上致辞

【致辞人】县长

【场　景】新春文艺晚会

【时　机】在晚会开始时致辞

【风　格】慷慨激昂

【关键词】欢聚一堂 美好未来 祝愿 感谢 发展

【妙　语】欢聚一堂、载歌载舞、挥别旧岁、喜迎新春，共同畅想美好未来，天时人事日相催，冬至阳生春又来；回首过去，我们豪情满怀；展望未来，我们信心百倍。

……………………………………………………

各位领导、来宾：

大家好！

佳节将至，新春新喜。我们欢聚一堂、载歌载舞、挥别旧岁、喜迎新春，共同畅想美好未来。借此机会，我代表县委、县政府向全县人民，向在我县投资置业的海内外客商和所有关心支持我县建设和发展的各级领导和各界朋友，致以诚挚的问候和良好的祝愿，衷心祝愿大家在新的一年里，新年愉快、身体健康、家庭幸福、万事如意！

过去的一年，全县上下以“三个代表”重要思想和科学发展观为指导，紧扣发展这一第一要义，聚精会神抓产业，一心一意谋发展，团结奋进，扎实工作。实现了经济发展提速，发展活力增强，群众满意率提高，社会大局稳定，人民安居乐业的良好局面。是实现新突破、新跨越的一年，是硕果累累、令人欣慰的一年，更是形势看好、催人奋进的一年。这成绩来之不易，是全县人民团结奋斗、开拓进取的结果，是社会各界和广大朋友热忱关心、大力支持的结果。在此，我们谨代表县委、县政府表示衷心的感谢！

新的一年，是加快产业发展，巩固改革成果，保持经济社会全面协调发展的关键之年，新的起点、新的征程，对我们提出了新的要求、新的考验。我们要强化发展意识，抢抓发展机遇，进一步深化改革。以推进工业化为核心，以农民增收为主线，以强化城镇管理为手段，以构建和谐社会为目标，以提高执政能力为重点，坚持产业兴县，全面推进全县各项事业的新发展。

“天时人事日相催，冬至阳生春又来。”新春的到来给人们带来美好的憧憬，回首过去，我们豪情满怀；展望未来，我们信心百倍。让我们同心同德、扎实苦干、开拓创新、与时俱进，共同创造××美好的明天！

最后，祝全县人民新春愉快、合家欢乐！

★★★

## 范例3：市长在新春团拜会上致辞

【致辞人】市长

【场　景】新春团拜会

【时　机】在团拜会开始时致辞

【风　格】气势磅礴

【关键词】祝福　风采　钟声　贡献　喝彩　万事如意

【妙　语】喜迎盛世千秋伟业，笑看神州万里春风；激情四溢，信心倍增；今年花胜去年红，料得明年花更好。

各位领导，同志们、朋友们：

大家好！

沐浴着新年的阳光，我们已经告别了令人难忘的××××年，即将迎来××××年新春佳节，在这辞旧迎新、欢乐喜庆的时刻，我谨代表中共××市委，代表今天到会的各位市领导，向市委机关各部门、各群众团体、后勤服务部门的全体干部职工致以衷心的问候和诚挚的祝福！

喜迎盛世千秋伟业，笑看神州万里春风。当我们以兴奋而喜悦的心情回顾××××年时，不由得激情四溢，信心倍增。过去的一年，是我市发展史上十分重要的一年，全市上下在市委的领导下，以邓小平理论、“三个代表”重要思想为指导，牢固树立和落实科学发展观，在宏观调控中抓住机遇，乘势而上，各方面工作都取得了新的成就。为实现我市“跨三步、翻三番”，提前全面建成小康社会，率先基本实现现代化的宏伟目标迈出了坚实的一步。一年来的实践和成就，充分展示了××的生机与活力，展示了××人的风采。

这些成绩里面凝聚了机关干部职工的智慧和汗水。在此，我代表市委，向大家表示衷心的感谢！新年的钟声，催人奋进。××××年是我市发展的重要时期，让我们共同努力，认真落实市委五届三次全会会议精神，不断提高党的执政能力，为促进农民增收、推进新型工业化、建设组合城市圈、改革创新体制、提升第三产业、构建和谐社会做出新的贡献。

站在新春的门槛上，让我们一起奏响新的华章，让我们一道，为我们新的业绩喝彩！今年花胜去年红，料得明年花更好。衷心地祝愿大家在新的一年里身体健康、家庭幸福、事业进步、万事如意！

★★★

## 范例4：镇长在新春文艺演出上致辞

【致辞人】镇长
【场　景】新春文艺演出
【时　机】在文艺演出开始时致辞
【风　格】热情洋溢　逻辑清晰
【关键词】辞旧迎新　感谢　激动　美好向往　灿烂辉煌
【妙　语】承前启后，继往开来；立足当前，我们任重道远；天时人事日相催，冬至阳生春又来。

各位来宾，同志们、朋友们：

凯歌高奏辞旧岁，春风得意迎新年。今天，我们欢聚一堂，辞旧迎新，共贺新春佳节。在此，我谨代表中共××镇党委、××镇人民政府向全镇×万父老乡亲致以节日的祝贺！向所有关心和致力于××发展的各界人士致以崇高的敬意！向为××经济发展而不懈努力的全体领导干部表示亲切的问候！向参与这场演出的××××有限公司的全体员工和所有演职人员表示忠心的感谢！

此时此刻，我的心情非常激动！回顾过去，我们豪情满怀。××××年，是我镇经受考验、战胜各种困难的一年，也是经济高速运行、快速发展的一年。……成绩的取得，印记着全镇人民的全力支持和无私奉献，凝结着全镇人民的无数心血和辛勤汗水，包含着全镇人民的真诚挚爱和美好向往！全镇的父老乡亲，你们辛苦了！谢谢你们！

承前启后，继往开来；立足当前，我们任重道远。××××年，是加快推进工业强镇战略、保持经济社会发展良好态势的关键一年，也是“十一五”规划目标实现开门红的一年，更是充满机遇、充满希望、充满挑战的重要一年。

“天时人事日相催，冬至阳生春又来。”回首过去，我们激情澎湃；展望未来，我们信心百倍。在新的一年里，有社会各界的大力支持，有全镇父老乡亲的共同努力，我们将以更加饱满的热情、更加开放的胸襟、更加昂扬的斗志、更加务实的作风，在镇党委、镇政府的正确领导下，同心同德、扎实苦干、奋力追赶、大步跨越，不断取得全面建设小康社会的新成就，不断开创活力××生机勃勃的新局面，不断谱写生态××美丽富饶的新篇章。我们坚信，××的明天一定会更加美好，××的未来一定会更加灿烂辉煌！

最后，恭祝全镇人民新春愉快、身体健康、合家欢乐、万事如意！

谢谢大家！

★★★

## 范例5：区长在迎新春文艺汇演上致辞

【致辞人】区长
【场　景】迎新春文艺汇演
【时　机】在文艺汇演开始时致辞
【风　格】言辞恳切 结构严谨
【关键词】欢聚一堂 祝福 可喜成绩 豪情满怀
【妙　语】一如既往的关心、支持；重任在肩，唯有勇往直前；乘风破浪，须臾不可懈怠；同心同德、扎实苦干、开拓创新、与时俱进。

各位来宾，同志们、朋友们：

值此新春佳节到来之际，我们欢聚一堂、辞旧迎新。

借此机会，我谨代表区委、区政府，向奋战在全区各条战线上的广大工人、农民、知识分子和全体劳动者，向驻地解放军指战员、武警官兵和公安干警，向所有关心、支持、参与××发展的老领导、老同志、各界朋友、各地客商，致以节日的问候和新年的祝福！衷心祝愿大家在新的一年里，身体健康、家庭幸福、万事如意！

回首硕果累累的××××年，我们心潮澎湃。一年来，区委、区政府在市委、市政府的坚强领导下，团结全区人民，认真学习贯彻十七大精神，以科学发展观为指导，解放思想，抢抓机遇，取得了经济提速发展、社会协调进步的可喜成绩。一年来，我们取得的巨大成就，得益于区六大班子团结协作、善谋实干，得益于全区上下凝心聚力、攻艰克难，得益于历届老领导、老同志奠定的坚实基础和一如既往的关心、支持。在此，我代表区委、区政府，并以个人的名义，再次向大家表示衷心的感谢！

展望机遇空前的××××年，我们豪情满怀。今年是全面贯彻落实党的十七大精神的关键一年，更是建设“江北水乡，运河古城”的关键之年。面对千载难逢的大好时机，面对上级领导的殷切希望和周边地区的竞争压力，我们不能有丝毫的自满和懈怠，必须应时顺势、奋发进取，在新一轮发展热潮中开创新的业绩。新的一年，我们要认真贯彻十七大，省、市人代会和区八届三次全会、区十届人大一次会议精神，全面落实科学发展观。突出运河古城恢复建设和招商引资“两大主题”，抓好新农村建设、计划生育、社会稳定“三项重点”，深入实施工业强区、旅游兴区、人才立区、开放活区“四大战略”，加强党的建设和政治文明、精神文明建设，促进全区经济社会又好又快发展。

重任在肩，唯有勇往直前；乘风破浪，须臾不可懈怠。新的发展生机盎然，新的使命催人奋进，让我们高举旗帜，在市委、市政府的领导下，同心同德、扎实苦干、开拓创新、与时俱进，共同创造××美好的明天！

预祝文艺汇演取得圆满成功，谢谢大家！

## 范例6：市长在新春座谈会上致辞

【致辞人】市长
【场　景】新春座谈会
【时　机】在座谈会开始时致辞
【风　格】逻辑严密　气势磅礴
【关键词】欢聚一堂　问候　开拓进取　敬意
【妙　语】解放思想、开拓进取、同心同德、艰苦创业；加快发展的信心进一步增强；坚定信心、振奋精神、开拓创新、狠抓落实。

同志们、朋友们：

值此新春佳节来临之际，我们欢聚一堂，喜迎新春。在此，我谨代表市委、市人大常委会、市政府、市政协，向在座的各位，并通过你们向全市广大工人、农民、干部、知识分子和离退休老同志，向各民主党派、工商联、各人民团体、无党派人士和社会各界人士，向驻×人民解放军、武警部队官兵、公安干警，致以诚挚的祝福和亲切的问候！

过去的一年，在省委、省政府的领导下，我市上下解放思想、开拓进取、同心同德、艰苦创业，各项工作都取得了可喜的成就，经济呈现快速发展的良好势头。……

过去的一年，我市各项改革继续深入，对外开放进一步扩大。……

过去的一年，我市项目建设成效显著，城市化步伐加快。……

过去的一年，我市通过深入学习贯彻胡锦涛总书记重要讲话，开展科学发展观学教活动，广大干部群众对市情有了更加清醒的认识，加快发展的信心进一步增强。……

上述成绩来之不易，是各级党委、政府和各部门辛勤工作的结果，更是×××万××人民智慧和汗水的结晶。在此，谨向同志们、向全市人民表示衷心的感谢和崇高的敬意！

同志们、朋友们，新年钟声，催人奋进。让我们努力践行科学发展观，紧密团结在以胡锦涛同志为总书记的党中央周围，按照“三个代表”重要思想的要求，坚定信心、振奋精神、开拓创新、狠抓落实，以开放发展的××新形象、以优异的成绩迎接新的挑战！

最后，祝大家身体健康、合家欢乐、新年进步！

★★★

## 范例7：县委书记在春节电视讲话中致辞

【致辞人】县委书记

【场　景】县委书记春节电视讲话

【时　机】电视讲话开始时致辞

【风　格】层次清晰

【关键词】美好时刻 继往开来 基础 发展 新台阶 新成就

【妙　语】同心同德、奋力拼搏、加快改革、扩大开放、抓住机遇、迎接挑战、增创优势、破难前进；大业需携手，重任贵同心。

同志们、朋友们：

在辞兔岁、迎龙年，万家团聚、欢乐祥和，共庆新世纪年第一个新春佳节的美好时刻，我代表××县委、××县人民政府向大家拜年，向关心和支持××建设的各界人士、各方朋友，以及在县外工作的同胞致以节日的祝福！向在节日期间始终坚守在工作岗位的同志表示亲切问候！祝大家新年快乐！

××××年，在上级党委和政府的领导下，县委、县政府带领全县人民同心同德、奋力拼搏、加快改革、扩大开放、抓住机遇、迎接挑战、增创优势、破难前进，社会和经济各项事业取得新的成绩，为我们实现跨世纪的发展目标进一步打好基础。

××××年，是我们承前启后、继往开来、加快发展至关重要的一年。在新的一年里，我们将坚持以邓小平理论和党的基本路线为指导，全面贯彻落实县委的工作部署，按照“夯实基础，提高素质，稳中奋进，协调发展”的经济工作方针，坚持“资源加科技、开放促开发，改革求发展，开拓市场，提高效益”的工作思路，加大结构调整力度，巩固和提高第一产业；加快改革步伐，发展和壮大第二产业；搞好环境建设，激活和催生第三产业，确保国民经济持续快速健康发展。在具体工作中，以深化国有企业改革为重点，促进国有企业发展；以优化调整农业结构为重点，搞好农业综合开发，加快农村经济发展；以搞好城镇规划建设为管理重点，改善投资环境，发展城镇经济，推进第三产业发展；以加快发展非公有制经济为重点，培育新的经济增长点；以“双引进”为重点，实施“外向带动”战略，增强发展后劲；以加强党的建设和精神文明建设为重点，确保社会大局稳定，推动社会全面进步，促进我县经济和社会发展跃上新台阶。

大业需携手，重任贵同心。我们相信，只要全县人民和社会各界人士同心协力、奋发向上、抢抓机遇、扎实工作，我们的工作和事业，就一定会蒸蒸日上，开创新局面、取得新成就。

祝福大家龙年春节愉快、工作顺利、身体健康、家庭幸福、万事如意！

★★★

## 范例8：教育局局长在新春团拜会上致辞

【致辞人】教育局局长

【场　景】教育局新春团拜会

【时　机】在团拜会开始时致辞

【风　格】热情洋溢

【关键词】新春佳节　感谢　慰问　拜年　良好态势　再创辉煌

【妙　语】教育事业日新月异，继续保持着跨越式发展的良好态势；教育骨干体系不断壮大；教育教学质量再创辉煌。

全县各级领导、广大教职员工，父老乡亲们：

值此新春佳节来临之际，我代表县教育局向关心支持教育事业的各级领导、社会各界人士表示衷心的感谢！向辛勤工作在教育战线上的广大教职员工及其家属表示亲切的慰问！给全县父老乡亲拜年！

××××年，在县委、县政府的正确领导下，在社会各界的关心和支持下，经过全县广大教育工作者的共同努力，我县教育事业日新月异，继续保持着跨越式发展的良好态势。

办学条件不断改善。全年争取上级专款到位资金××万元，吸引社会资金××万元。完成固定资产投资××万元。其中危漏校舍改造投入资金××万元，总建筑面积××平方米。撤并教学点××个，数村联合办学××个。

教育骨干体系不断壮大。××中学创建成省级重点高中，××中学创建成省级示范初中，××镇创建成教育强镇，职教中心顺利通过国家级复检，××所学校被命名为示范校。目前，全县省、市级示范学校已占学校总数的三分之一以上。

教育教学质量再创辉煌。我县各学段学生在各级各类学科竞赛中屡拔头筹；中考质量在全市领先；高考一批次本科上线××人，二批次本科上线××人，三批次本科上线××人。三个批次的上线率分别高出全市平均上线率××个百分点、××个百分点和××个百分点，均居全市第一。实现了高考五连冠的奋斗目标。

教师队伍建设、教育督导、勤工俭学、招生等工作继续保持在省、市领先地位，分别获得省、市先进称号。这些成绩的取得，离不开县委、县政府的正确领导和社会各界的大力支持，离不开教育系统广大干部职工的不懈努力和离退休老领导、老同志的一如既往的关注。在新的一年里，我们将以党的十六届四中全会和全国、全省农村教育工作会议精神为指导，围绕县委、县政府提出的创建“旅游大县、科教名县、经济强县”的奋斗目标，按照“巩固、深化、发展、提高”的工作方针，以更加昂扬的姿态、更加饱满的工作热情、更加优异的工作成绩，向全县人民献礼。

最后，祝各级领导、全体老师、全县父老乡亲们新春愉快、合家欢乐、万事如意！

## 范例9：局领导在春节团拜会上致辞

【致辞人】局领导

【场　景】春节团拜会

【时　机】在团拜会开始时致辞

【风　格】条分缕析

【关键词】满怀喜悦　备感欣慰　新业绩　新征程　马到成功

【妙　语】回首往昔，我们备感欣慰；整顿规范市场价格秩序、深化价格改革、加强干部队伍建设；年轻人策马扬鞭，志存高远；中年人马不停蹄，自强不息。

同志们：

今天，我们满怀喜悦，欢聚一堂，共迎狗年新春。在这辞旧迎新、万家欢乐的喜庆时刻，我谨代表局党组向全市广大干部职工和离退休老同志，并通过你们向全局的家属拜年，祝大家新年好！

回首往昔，我们备感欣慰。过去的一年我市国民经济保持了持续快速健康的发展，社会事业发展取得新进步，精神文明和民主法制建设获得了新成就，谱写了我市改革开放和现代化建设的新篇章。这一年我市的物价事业也取得了新业绩，全市物价系统广大干部职工解放思想、开拓创新、团结一致、埋头实干、服务大局，以“三个代表”重要思想为指导，紧紧围绕省委、省政府工作中心，积极发挥价格部门的职能作用。在运用价格杠杆扩大内需、强化农村价格收费管理，整顿规范市场价格秩序、深化价格改革、加强干部队伍建设等方面都取得了良好成绩，受到市委、市政府的充分肯定，也引起了社会各界的良好反响。这些成绩的取得凝聚着全局同志的辛苦汗水和智慧结晶，也与全局离退休老同志的关心支持与积极参与密不可分，借此机会我向大家表示衷心的感谢！

展望未来，我们任重道远。今年是我们党和国家历史上具有重要意义的一年，我国将踏上改革开放和社会主义现代化建设的新征程。我市价格工作也将面临许多新的机遇与挑战，我们一定要深刻领会中央、全省经济工作会议精神，认真按照全省物价工作会议的部署，认清形势、服务大局，与时俱进、开拓进取，牢牢把握狗年价格工作的正确方向。进一步转变职能，继续加大力度做好“定规则、当裁判”工作；以完善政府定价和收费机制为重点，深化价格改革；大力整顿价格和收费秩序，加强价格收费的监管和检查力度；继续运用价格杠杆促进内需扩大；为实现价格总水平的基本稳定，促进需求增长、经济发展和社会稳定创造良好的环境。

在即将步入新年之际，我们深感责任的重大，只有以更加坚定的信心、更加旺盛的斗志、更加科学的态度、更加扎实的作风，有计划、有步骤、有重点、高效率地完成各项工作，才能努力开创工作新局面，为我市经济繁荣和社会发展贡献力量。由衷希望年轻人策马扬鞭，志存高远；中年人马不停蹄，自强不息；老年人老骥伏枥，志在千里。人人都能一马当先，争当物价事业的“马前卒”，那我们的事业必将马到成功！

最后，祝愿同志们身体健康、合家欢乐、狗年大吉、万事如意！

★★★

## 范例10：企业领导在企业庆新春活动上致辞

【致辞人】企业领导
【场　景】企业庆新春活动
【时　机】在活动开始时致辞
【风　格】热情洋溢
【关键词】成绩斐然　谢意　共同努力　串串足迹　辉煌
【妙　语】律回春晖渐，万象始更新；诚信缔造伟业；创新成就未来；机遇与挑战同在，光荣与梦想共存。

同志们：

律回春晖渐，万象始更新。我们告别成绩斐然的××××年，迎来了充满希望的××××年。值此新春到来之际，我谨代表集团董事局，向全体职员的努力进取和勤奋工作、投资者给予公司的真诚信赖、中外客户的热情支持致以深深的谢意！祝大家在新的一年里幸福吉祥、身体健康、家庭康泰、万事如意！

××××年，在各级经营团队和全体员工的共同努力下，××先后取得了与公司合资、夺取开发权、进军产业、发展板块启航等振奋人心的重大突破，各项经济指标比往年有了较大增长。这些令人欣喜和振奋的成绩证明：公司的战略是清晰的，定位是准确的，决策是正确的。通过这些成绩，我们看到了一个充满生机和活力的新××。在这里，感谢这个伟大的时代！更感谢一年来全体××人的不懈努力！

诚信缔造伟业！面对集团良好的运营状况，我们应有清醒的认识和更为远大的目标。当前，我国的经济生态系统正发生着深刻的变化，中国经济与世界经济已进入一个良性的互动之中，新财经政策、新竞争环境、新一轮国企改革……新的一年，集团正面临着前所未有的机遇和挑战！新的一年，集团将在“创建国际一流品牌，建设中国百强企业”的进程中，在产业发展和资本运作上次第推进，演绎出浓墨重彩的一章，而留下的将是全体××人无穷的商业智慧和勤奋实干的串串足迹……

创新成就未来！变革创新、知行合一是通向未来之路。在当前，变革创新就是完善公司管理结构，建立和完善层次清晰、责任明确的三个层面的管理体制，加大激励力度，实施企业再造与流程创新，在管理力度和管理风格上实现突破；知行合一就是针对不同的层面，在管理上严格要求、在经营上慎重求实、在技术上掌握核心，真正做到战略合理、组织高效、制度完善、流程顺畅、人员精干。

机遇与挑战同在，光荣与梦想共存！经过管理变革，通过实施多元化、国际化的发展战略，××定会迎来更加辉煌的明天！

最后，祝愿大家新春愉快、身体健康、合家欢乐、万事如意！

## 第三节 建军节致辞

1927年8月1日，中国共产党领导南昌起义，标志着中国共产党独立领导武装革命的开始。1933年6月10日，中央革命军事委员会决定每年的8月1日为中国工农红军纪念日。同年7月11日，中华苏维埃共和国临时中央政府批准中央革命军事委员会的决定。从此，“八一”成为中国人民解放军的建军节。

在撰写建军节致辞时，有以下几个方面需要注意：

1. 我国军队是党领导下的军队，因此，在致辞时，特别是在取得成绩时，一定要强调党在成绩取得时发挥的巨大作用。

2. 人民是军队发展的沃土，因此，在回顾取得的成绩时还应当对广大人民群众的巨大作用进行说明。

3. 建军节致辞语言要严肃、庄重，不得浮夸、华而不实。

4. 致辞要讲究逻辑性。

★★★

### 范例1：县长在八一建军节文艺晚会上致辞

【致辞人】县长

【场　景】八一建军节文艺晚会

【时　机】在文艺晚会开始时致辞

【风　格】慷慨激昂

【关键词】慰问 无私奉献 感谢 改革开放 拥军优属

【妙　语】军政军民团结是我们能够顶住压力，抗御风险、战胜困难、不断前进，最终实现我们发展目标的一个重要法宝。

尊敬的驻×人民解放军、武装警察部队官兵，预备役军人、民兵：

今天，我们欢聚一堂，共同庆祝八一建军节，借此机会，我谨代表中共××县委、××县人民政府向你们表示节日的祝贺和亲切的慰问，向你们对××经济发展、社会进步所做出的贡献表示衷心的感谢。

改革开放以来，××经济始终保持较快增长势头，支柱产业发展壮大，特色经济迅速崛起，城市建设日新月异，社会各项事业不断向前推进，综合实力进一步增强，人民生活水平显著提高。××××年，全县完成国内生产总值××亿元，比××××年增长××%，位居全州第一，全省第五。现在，全县上下呈现出一派经济欣欣向荣、社会安定团结的大好局面。这些成绩的取得，是县委正确领导的结果，是全县××万各族人民共同努力的结果，同时，也是你们无私奉献、积极参与建设的结果。

江泽民同志指出："全面推进建设有中国特色社会主义事业，努力增强我国的经济实力、国防实力和民族凝聚力，实现中华民族的伟大复兴，始终需要广大军民同心同德，艰苦奋斗。"在今后的工作中，××县人民政府要认真学习、深刻领会江泽民同志的重要指示精神，切实站在全局的高度，进一步提高对"双拥"工作重大意义的认识。现在，××正面临着实现经济社会发展新跨越的艰巨任务。面对前进道路上的各种困难和风险，要实现我们的奋斗目标，必须动员全县上上下下、方方面面的力量，紧紧依靠广大军民，团结一心、共同奋斗。实践证明，军政军民团结是我们能够顶住压力、抗御风险、战胜困难、不断前进，最终实现我们发展目标的一个重要法宝。没有人民军队的支持，没有军政军民团结，就不会有改革发展稳定的大好局面，也就不会有××今后更加美好的未来。因此，××县人民政府将站在民族振兴、人民幸福和国家长治久安的战略高度，从全县工作大局出发，充分认识"双拥"工作的重大意义，切实做好拥军优属工作，积极主动为驻×部队解决教育、训练、值勤以及生活中的难题，进一步巩固和发展军政军民关系。

最后，我预祝晚会取得圆满成功，祝你们节日快乐、身体健康、工作顺利。

谢谢大家！

## 范例2：市长在建军节座谈会上致辞

【致辞人】市长

【场　景】八一建军节座谈会

【时　机】在座谈会开始时致辞

【风　格】慷慨激昂

【关键词】建军佳节　鱼水深情　感谢　祝愿　伟大事业

【妙　语】开展科技拥军、智力拥军、文化拥军活动；紧密结合战区部队的使命任务，深入扎实地做好军事斗争准备。

同志们：

在中国人民解放军的光辉节日——八一建军节即将来临之际，市委、市政府在这里隆重举行座谈会，大家欢聚一堂，同庆建军佳节，共叙鱼水深情，这对于推动“双拥”工作、进一步巩固和发展市军政军民团结的大好局面，必将起到积极的作用。借此机会，我代表军区党委、机关和全区官兵，向为国防建设做出贡献的离退休老同志，向长期以来关心支持军队建设的市各级党委、政府和各族人民群众，表示衷心的感谢！向转业退伍军人、革命伤残军人、烈军属和民兵预备役人员，致以节日的问候和美好的祝愿！

××市是一个驻军比较多的城市，这些年来，市委、市政府坚持把“双拥”工作摆上重中之重的位置，“双拥”工作的大事，主要领导亲自过问；“双拥”工作的重要活动，主要领导亲自参加；军地之间遇到比较棘手的一些问题，主要领导亲自出面协调，对“双拥”工作实施了强有力的组织领导。抓“市场”不忘“战场”，积极适应形势任务的发展变化，着眼部队，做好军事斗争准备，不断推出拥军优属的新举措，广泛开展科技拥军、智力拥军、文化拥军活动，使拥军优属工作的主题更加鲜明、内容更加丰富、成效更加明显。全市上下坚持把帮助部队解难题、办实事作为义不容辞的责任，无论是全市统一组织开展的“爱心献功臣”活动，还是××地区出台的军人“三免”政策，无论是市里组织开展的“百台电脑进军营”活动，还是××地区推出的“老妈妈服务队”活动，都充分体现了广大人民群众对子弟兵的深厚感情。在此，我们向长期以来关心和支持部队建设的市委、市政府和广大人民群众，再次表示衷心的感谢！

当前，全党全军和全国人民正沿着十六大确立的宏伟目标，加速推进全面建设小康社会和中国特色军事变革的伟大事业。我们一定要深入学习贯彻“三个代表”重要思想，进一步坚定广大官兵的政治信仰。一定要及时把握国际战略形势的发展变化，紧密结合战区部队的使命任务，深入扎实地做好军事斗争准备。一定要按照建设信息化军队、打赢信息化战争的要求，大力推进战区部队的现代化建设。一定要适应新形势、新任务的要求，围绕全面建设小康社会这个时代主题，积极参加和支援西部大开发，以实际行动为西北地区的繁荣发展做出新的、更大的贡献。

谢谢大家！

★★★

## 范例3：市领导在建军节座谈会上致辞

【致辞人】市领导

【场　景】八一建军节座谈会

【时　机】在座谈会开始时致辞

【风　格】条分缕析　层次清晰

【关键词】欢聚一堂　祝贺　问候　良好形象　无私奉献　努力奋斗

【妙　语】视人民为父母、把驻地当故乡；军民同呼吸、共命运、心连心的鱼水深情；树立起了爱民之师、威武之师、文明之师的良好形象。

同志们：

在八一建军节即将到来之际，我们欢聚一堂，热烈庆祝中国人民解放军建军××周年，共叙军民鱼水深情。借此机会，我谨代表××市委、市人大常委会、市政府、市政协及全市××万人民向驻×各部队指战员和武警官兵致以节日的祝贺！向全市军队离退休干部、军烈属、残疾军人、复转军人致以诚挚的问候！

多年来，驻×部队官兵积极发扬我军拥政爱民的光荣传统和优良作风，在全面加强和推进部队革命化、现代化、正规化建设的同时，始终牢记全心全意为人民服务的根本宗旨，坚持驻在××、热爱××、建设××。视人民为父母、把驻地当故乡，积极支援地方重点工程建设，深入开展扶贫帮困、救助群众、维护社会稳定等活动，体现了军民同呼吸、共命运、心连心的鱼水深情。特别是在创建“双拥模范城”活动中，全体官兵从部队实际出发，积极创造条件，倾注了心血和汗水，为社会、为群众办实事、办好事，用实际行动在全市人民心目中树立起了爱民之师、威武之师、文明之师的良好形象。

特别是去年以来，全市人民在市委、市政府的正确领导下和驻×部队的大力支持下，全面落实科学发展观，紧紧围绕富民强市目标，不断解放思想、扎实工作、开拓创新，全市三个文明建设都取得了丰硕成果。经济持续、快速、健康发展，农业增产、工业增效、财政增收，党的建设、社会主义精神文明和民主法制建设进一步加强，人民生活水平进一步改善，全市呈现出改革开放不断深入、经济发展势头迅猛、社会政治稳定、人民安居乐业的喜人局面。所有这些成绩的取得，都凝聚着全体官兵和广大优抚对象的辛勤劳动和无私奉献，全市人民衷心感谢你们！

事实证明，军政军民的团结，是胜利之本、发展之本、稳定之本，也是社会全面进步的重要保证。今年是第×轮“双拥模范城”创建之年，让我们以“三个代表”重要思想为指导，以提高部队战斗力、发展生产力、增强军民凝聚力为宗旨，加大力度、突破难点、打造品牌、营造亮点，为××市的“双拥”工作再创辉煌而努力奋斗！

★★★

## 范例4：市领导在建军节庆祝活动上致辞

【致辞人】市领导

【场　景】八一建军节庆祝活动

【时　机】在庆祝活动开始时致辞

【风　格】条分缕析

【关键词】欢聚一堂　慰问　祝愿　正规化建设　洗礼

【妙　语】人民军队始终与中华民族命运共系，与中国人民血肉相连，在中国共产党的领导下，经历了血与火的洗礼；捍卫国家主权和领土完整的钢铁长城；军民团结如一人，试看天下谁能敌。

同志们：

今天，我们欢聚一堂，热烈庆祝中国人民解放军建军××周年。首先，我代表市委、市人大常委会、市政府、市政协和全市××万各族人民，向军区空军、××市军区、武警××市总队的各位领导，向人民解放军驻×部队全体指战员、武警官兵、预备役军人和广大民兵，致以节日的祝贺。向军队离退休干部、革命伤残军人、转业复退军人以及烈军属，表示诚挚的慰问和美好的祝愿！祝大家节日快乐、身体健康、工作顺利！

中国人民解放军是一支具有光荣革命传统和辉煌战斗业绩的人民军队。××年来，人民军队始终与中华民族命运共系，与中国人民血肉相连，在中国共产党的领导下，经历了血与火的洗礼，为人民解放、民族独立、国家富强，进行了英勇顽强、艰苦卓绝的斗争，取得了卓越功勋。中国人民解放军不愧为人民民主专政的坚强柱石，不愧为捍卫国家主权和领土完整的钢铁长城，不愧为社会主义建设的重要力量，不愧为全心全意为人民服务的子弟兵。

长期以来，驻×解放军和武警官兵，大力弘扬人民军队的光荣传统，在圆满完成各项军事任务的同时，积极支持、参加地方的改革和建设，为我市“两个文明”建设做出了重要贡献，充分展现了人民子弟兵的英雄本色和威武之师、文明之师的光辉形象，赢得了全市人民的爱戴和赞誉。实践证明，××的发展离不开军政军民团结，离不开军队和地方的共同努力。在这里，我代表全市各族人民群众，向人民解放军驻×部队和武警官兵表示崇高的敬意和衷心的感谢！

我们要全力支持部队做好军事斗争准备。市委、市政府要一如既往地关心、支持部队的各项建设，尤其要把支持部队做好军事斗争准备作为维护国家安全、促进祖国统一、推进社会主义现代化建设事业的大事，纳入地方经济社会发展的总体规划，摆在重要位置，全力给予支持。

同志们，“兵民是胜利之本”，“军民团结如一人，试看天下谁能敌”。在战争年代是这样，在和平建设时期同样是这样。让我们紧密地团结在以胡锦涛同志为总书记的党中央周围，高举邓小平理论伟大旗帜，全面贯彻“三个代表”重要思想，认真落实党的十六大精神，进一步巩固和发展军政军民团结，为加强军队的革命化、现代化、正规化建设，为加快××的经济社会发展而共同奋斗！

★★★

## 范例5：国土局领导在建军节座谈会上致辞

【致辞人】国土局领导

【场　景】八一建军节拥军座谈会

【时　机】在座谈会开始时致辞

【风　格】气势磅礴

【关键词】鱼水情谊　军民共建　良好形象　友谊之桥　贡献

【妙　语】共叙军民鱼水情谊；实现和保持全国“双拥模范城”的桂冠，做出了突出的贡献，树立了人民军队的良好形象；同呼吸、共命运、心连心。

全体官兵同志们：

在全党全军、全国人民以饱满的政治热情加快小康社会建设的时候，我们迎来了中国人民解放军建军××周年的光辉节日。今天，我们怀着十分喜悦的心情在这里共庆这个光辉的节日，共叙军民鱼水情谊。值此，我代表×××国土资源局全体干部职工，向军分区教导队官兵致以节日的祝贺和亲切的问候！

军分区驻×××部队始终保持和发扬了人民军队的优良传统和作风，

把驻地当故乡，视人民为父母，在努力搞好战备训练的同时，大力支持×××地区各项事业的发展，哪里最艰苦、哪里最危险，哪里就有解放军。尤其是在反对民族分裂斗争、扫黑除恶、抢险救灾、支援地方重点工程建设、军民共建方面，为全地区经济和社会各项事业的发展，为实现和保持全国“双拥模范城”的桂冠，做出了突出的贡献，树立了人民军队的良好形象。全×××人民敬佩你们，感谢你们！

×××国土资源局和军分区教导队，以军民共建结对单位为载体，以共同提高军民的整体素质为目标，以经常性的联谊活动为主要形式开展活动。在我们双方的共同努力下，已经连续多年开展了军民共建活动，取得了明显成效，密切了军民关系，在军民之间架起一座友谊之桥。

今天，我们单位的部分干部职工代表来到军分区教导队，开展慰问活动，向部队赠送一台空调，用于部队的培训教育，表达我们的一点心意。

新的形势和任务对“双拥”工作提出了新的、更高的要求，今后，我们要着眼市场经济发展的特点规律，在更大范围、更广领域、更高层次上去谋划拓展“双拥”工作的发展思路；从经济发展和军事需求出发，以加强军民团结，促进经济发展和提高部队战斗力为目的，以解决热点、难点问题为突破口，不断探索“双拥”工作的新途径；加大“双拥”科技含量，推进军地双方的科技合作，促进地方经济和部队战斗力的跨越式发展。

同志们，让我们以更加昂扬的精神状态，做好落实工作，进一步发展“同呼吸、共命运、心连心”的新型军民关系，继续谱写“双拥”工作新篇章，为创造×××繁荣富强的美好未来做出新的更大的贡献。

## 第四节　国庆节致辞

“国庆”一词，本指国家喜庆之事，有关“国庆”的文字叙述最早见于西晋。西晋的文学家陆机在《五等诸侯论》一文中就曾有“国庆独飨其利，主忧莫与其害”的记载。我国封建时代，国家喜庆的大事，莫大过于帝王的登基、诞辰（清朝称皇帝的生日为万岁节）等。因而我国古代把皇帝即位、诞辰称为“国庆”。今天称国家建立的纪念日为国庆节。在我国，国庆节特指中华人民共和国正式宣告成立的10月1日。

国庆纪念日是近代民族国家的一种特征，是伴随着近代民族国家的出现而出现的，并且变得尤为重要。它成为一个独立国家的标志，反映这个国家的国体和政体。

在国庆节致辞时，需要注意以下几点内容：

1. 在致辞的开头，一定要表达对与会者、杰出贡献者的深切感激之情。

2. 在取得巨大成绩的前提下，对本单位、本部门所取得的成绩进行全面说明。

3. 国庆节是举国欢庆的节日，因此，国庆致辞应当庄重严肃、气势磅礴，恰如其分地表达对祖国的祝福和感激之情。

4. 在致辞结束时，应当对国家、单位的未来发展进行美好的祝愿，坚定听众的信心，鼓舞听众的士气。

★★★

## 范例1：区党委书记在庆“十一”文艺汇演上致辞

【致辞人】区党委书记

【场　景】庆“十一”文艺汇演

【时　机】在文艺汇演开始时致辞

【风　格】气势磅礴

【关键词】欢聚一堂　祝贺　政治生活　关键时期　信心百倍　灿烂辉煌

【妙　语】回顾过去，我们豪情满怀；展望未来，我们踌躇满志，信心百倍。

同志们、朋友们：

今天，我们满怀喜悦的心情，欢聚一堂，共同庆祝伟大的中华人民共和国成立××周年。首先，我代表××区党工委、管委会向××区全体建设者和驻区部队、武警官兵、公安干警以及各条战线的同志、社会各界人士以及所有关心支持××区发展的海内外朋友，致以亲切的问候和节日的祝贺！

今年，是全国人民政治生活中极具意义的一年，新中国成立××周年；今年，也是××区进行“二次创业”的重要一年。在省委、省政府和市委、市政府的领导下，××区党工委、管委会带领全体干部职工，认真实践“三个代表”重要思想，贯彻落实党的十六大精神和十六届四中全会精神，切实提高党的执政能力，努力把××区建设“成为全市经济社会发展的发动机、火车头，三个文明的示范区”。

未来几年，是××区经济建设的关键时期，市委、市政府对××区的发展寄予了厚望，为了确保“二次创业”发展目标的实现。我们将团结一致、开拓进取，加快实施“一二二三”发展战略，继续加大招商引资力度，加速产业聚集，培育壮大区内企业，做优做美××区形象。实现“世界知名、全国一流、西部第一”的奋斗目标，将××区建设成为地方经济发展新的增长点和中国重要的××技术产业化基地，成为中国西部投资环境最好、经济发展最快的区域。

回顾过去，我们豪情满怀，充满希望；展望未来，我们踌躇满志，信心百倍。

同志们、朋友们，在举国欢庆中华人民共和国成立××周年的喜庆气氛中，让我们牢记光荣历史，宏扬优良传统，肩负责任使命，开拓进取，求真务实，为全面建设小康社会，加快实现××区“二次创业”目标而努力奋斗，共同创造我们的幸福生活和美好未来。

最后，让我们衷心祝愿我们伟大的祖国更加繁荣富强！祝愿××区的未来更加灿烂辉煌！祝愿各位来宾、各位朋友、各位同志事业有成、身体健康！

谢谢大家！

## 范例2：区长在“十一”庆典上致辞

【致辞人】区长
【场　景】“十一”庆典
【时　机】在庆典开始时致辞
【风　格】慷慨激昂
【关键词】祝贺 蓬勃发展 蒸蒸日上 巍然屹立 光辉历程 贡献
【妙　语】全体中华儿女团结一心、艰苦奋斗；我们伟大的祖国欣欣向荣、蒸蒸日上、巍然屹立在世界东方；为中华民族的伟大复兴做出应有的贡献。

女士们、先生们，同志们、朋友们：

今天，我们大家欢聚一堂，隆重庆祝中华人民共和国成立××周年。在此，我代表××，向辛勤工作在各条战线的全区各族人民致以节日的祝贺！向为××的繁荣和进步做出杰出贡献的离退休老干部、老同志致以亲切的问候！向外国专家和留学生代表，向所有关心、支持××建设和发展事业的国际友人表示衷心的感谢！

今天是新中国成立××周年华诞。××年来，在中国共产党的领导下，全体中华儿女团结一心、艰苦奋斗，建设了一个人民生活总体达到小康水平、各项事业蓬勃发展的新中国。特别是改革开放以来，在邓小平理论、“三个代表”重要思想和科学发展观的指引下，我国开辟了一条中国特色社会主义道路，综合国力显著增强，国际地位日益提高。我们伟大的祖国欣欣向荣、蒸蒸日上、巍然屹立在世界东方。伴随着共和国前进的步伐，在中国共产党的领导下，××彻底摆脱了帝国主义侵略和封建农奴制的羁绊，开辟了从黑暗走向光明、从落后走向进步、从贫穷走向富裕、从专制走向民主、从封闭走向开放的新时代。现在的××，经济发展、社会进步、局势稳定、民族团结、边防巩固，人民安居乐业。这些成就的取得，是党中央英明领导的结果，是中央关心、全国支援的结果，××的发展印证了一个伟大真理：只有在中国共产党的领导下，只有在祖国大家庭的怀抱中，只有坚定不移地走建设中国特色社会主义道路，××才有繁荣进步的今天和更加美好的明天！

回顾共和国走过的光辉历程，我们感到无比的骄傲和自豪，展望未来，我们充满必胜信心。我们坚信，在邓小平理论、“三个代表”重要思想、科学发展观的指引下，在以胡锦涛同志为总书记的党中央的坚强领导下，我们就一定能够战胜各种困难，实现跨越式发展和全面建设小康社会的宏伟目标，为中华民族的伟大复兴做出应有的贡献！

现在，我提议做为中华人民共和国××周年华诞，为祖国的繁荣富强和各族人民的幸福，为在座的各位来宾和同志的健康，干杯！

★★★

## 范例3：镇长在庆“十一”扶贫济困晚会上致辞

【致辞人】镇长

【场　景】庆“十一”扶贫济困慰问文艺演出

【时　机】在演出开始时致辞

【风　格】热情洋溢

【关键词】强国富民　生命力　欢聚一堂　祝愿　捐赠　蒸蒸日上

【妙　语】充满生机勃勃的景象，各项事业蒸蒸日上；历史告诉我们，暂时的困难并不可怕；为实现国家的现代化和中华民族的伟大复兴而共同奋斗。

各位领导、各位来宾，女士们、先生们：

大家晚上好！

在中国共产党的领导下，亿万人民艰苦创业，努力探索中国特色社会主义的发展道路，在改革开放和现代化建设的历程中，创造了一个又一个奇迹，实现着强国富民、民族复兴的百年梦想。当今中国充满生机勃勃的景象，各项事业蒸蒸日上，中国特色社会主义事业显示出强大的生命力。

今天，我们欢聚一堂，隆重举行庆祝中华人民共和国××周年华诞扶贫济困“送温暖、献爱心”慰问文艺演出活动，目的主要是带来县法院、县民政局领导对奋战在基层一线的××干部职工和××人民的关心和问候。在此，我代表中共××镇委、××镇人民政府，向县法院、县民政局的各位领导表示崇高的敬意，向全镇困难职工群众致以诚挚的慰问！向关心支持我镇发展的社会各界人士和全镇人民致以亲切的问候，向今天参加演出的全体演职人员表示衷心的感谢和美好的祝愿！

同志们，开展扶贫济困“送温暖、献爱心”活动是党和政府多年来倡导的一项便民、利民、爱民的民心工程，是坚持“以人为本”执政理念、努力践行“三个代表”重要思想的具体表现，是中华民族“一方有难、八方支援”优良传统的体现。同时，也是对各级党政组织和广大干部职工是否真正做到“体察民情、为民办事”的现实考验和树立机关干部形象的重要举措。自扶贫济困“送温暖、献爱心”活动开展以来，全镇共收到来自县法院、县民政局各项捐款××元，其中：个人捐款××元，单位捐款××元。捐赠衣物××件，落实扶贫帮扶项目××个，投入扶贫帮扶资金××万元，××户困难群众得到救助。通过实实在在的困难帮扶，广大困难职工群众深切感受到了祖国的温暖和领导的关爱，切实体会到了县法院、县民政局等县级部门就是广大××困难职工群众的贴心人。

回顾祖国××载风云变幻，历史告诉我们，暂时的困难并不可怕，中华民族以自己的聪明才智和卓越创造力为世界文明书写了光彩的篇章，我们感到无比骄傲和自豪。站在新的历史起点，我们坚信，在以胡锦涛同志为总书记的党中央领导下，坚持以邓小平理论和“三个代表”重要思想为指导，××人民一定能够战胜前进道路上的艰难险阻，为实现国家的现代化和中华民族的伟大复兴而共同奋斗。

同志们、来宾们，让我们共同祝愿伟大祖国繁荣富强，全镇人民幸福安康！祝愿我们美丽的××，社会更加稳定、经济更加繁荣、人民生活蒸蒸日上！

最后，恭祝各位建国××周年国庆节节日快乐，预祝今天晚上的慰问文艺演出取得圆满成功！

## 范例4：监狱长在庆“十一”文艺汇演上致辞

【致辞人】监狱长

【场　景】庆“十一”文艺汇演

【时　机】在文艺汇演开始时致辞

【风　格】条分缕析

【关键词】热烈庆祝　节日问候　佳节愉快　改造动力　大展宏图　心灵启迪

【妙　语】雅俗共赏的文艺节目营造出浓郁的文化氛围，使服刑人员深受感染和教育；再加一把劲、更上一层楼；显示出永不言老、永不言败的生活信念。

各位嘉宾、各位干警，全体服刑人员：

大家好！

在举国上下热烈庆祝中华人民共和国成立××周年的大喜日子里，请允许我代表女子监狱党委向各位嘉宾、各位干警和全体服刑人员致以诚挚的节日问候，祝大家佳节愉快、万事如意！

为全面践行“三个代表”重要思想，进一步提高监管改造工作的整体水平和服刑人员的综合素质，根据省局的统一部署，我监狱于××日办了第×届“××节”活动。各监区就地取材，充分发挥人才优势，独立创作编排了一系列既贴近改造生活又富有时代气息的节目。从×月初到×月底，以监区为单位的“××节”文艺演出广受好评，充分展示了服刑人员不凡的艺术天赋和良好的精神风貌。雅俗共赏的文艺节目营造出浓郁的文化氛围，使服刑人员深受感染和教育，从而树立起乐观的人生态度，激发出无限的改造动力。

今天我们举办的这场庆国庆文艺演出，既是“××节”精彩节目的大荟萃，也是对我监狱教育改造丰硕成果的又一次集中展示。希望大家在今天的演出中，尽情地唱、尽情地跳、尽情地放松、尽情地欢乐，也希望广大服刑人员通过观赏这些优秀节目，唤起对美好生活的向往和追求，从而更加珍惜现在拥有的一切，在今后的改造中再加一把劲、更上一层楼。

今天，我们还荣幸地请来了××老年合唱团的朋友们，让我们以热烈的掌声对他们的到来表示欢迎！

他们过去都曾是社会主义建设中的生力军，都曾在不同的领域中大展宏图。现在虽然离开了各自的工作岗位，但是他们仍然以饱满的热情在广阔的生活空间里绽放异彩、发挥余热，显示出永不言老、永不言败的生活信念。相信他们带来的精彩的文艺节目一定能给大家以美的艺术享受，相信他们那种昂扬向上的生活态度，一定能给大家以特殊的心灵启迪。

最后，祝愿演出圆满成功，祝愿各位嘉宾、各位干警、全体服刑人员度过一个愉快而有意义的节日！

## 第五节　其他节日致辞

中国的节日文化博大精深，中国的节日种类也比较繁多，在中国人的生活里，一年之中除了几个历史性节日之外，还包括妇女节、教师节、元宵节、端午节等等。在进行这些节日致辞时，除了前几节介绍的节日致辞的注意事项之外，还需要注意以下几个方面的内容：

1. 要针对不同的节日撰写不同的节日致辞，采取多种形式、运用多种表达方式进行庆祝，避免单调、古板。

2. 致辞要与节日文化相一致，突出节日特色。

3. 若是在非正式场合致辞，则致辞的语言应当轻松，以烘托气氛为主。

★★★

### 范例1：区长在元宵节文艺晚会上致辞

【致辞人】区长

【场　景】全区元宵节文艺汇演

【时　机】在文艺汇演开始时致辞

【风　格】层次清晰 逻辑严谨

【关键词】欢迎 祝贺 深化改革 协调发展 努力奋斗

【妙　语】新年伊始，万象更新；建设小康社会、创造幸福生活和美好未来；与时俱进、开拓创新、奋发进取、扎实工作。

各位领导、各位来宾，同志们、朋友们、全区的父老乡亲们：

新年伊始，万象更新。今天，我们欢聚一堂，共贺元宵佳节。我代表区委、区人大、区政府、区政协向全区各族人民，向各位领导、各位来宾表示热烈的欢迎和节日的祝贺！

××××年，是“十一五”规划的第一年，是全面落实党的十六大和十六届五中全会精神，深化改革、扩大开放、促进发展的重要一年，是我们向更高目标全面冲刺的一年。我们的主要奋斗目标是：地区生产总值以××%的速度增长，达到××亿元；财政收入确保以××%的速度增长，达到××亿元以上，力争突破××亿元；城镇居民人均可支配收入以××%的速度增长，达到××万元；农牧民人均纯收入以××%的速度增长，达到××元，力争达到××元。到××××年，把我区建设成为××××第一。

在新的一年里，我们要更加自觉、坚定地用“三个代表”重要思想统领各项工作，认真贯彻落实市委九届七次全委（扩大）会议和区委七届七次全委（扩大）会议精神，进一步使“三个代表”重要思想转化为广大干部群众全面建设小康社会、创造幸福生活和美好未来的巨大力量，切实抓好发展这个执政兴国的第一要务，始终坚持以经济建设为中心不动摇，加大经济结构调整的力度。千方百计增加城乡居民收入，认真解决与人民群众生产生活密切相关的热点、难点问题。全面加强党的建设、民主法制建设和精神文明建设，促进我区经济社会持续、快速、协调发展。

同志们，朋友们！全面建设小康社会的任务艰巨，新的发展形势催人奋进。让我们紧密团结在以胡锦涛同志为总书记的党中央周围，高举邓小平理论伟大旗帜，全面贯彻“三个代表”重要思想，与时俱进、开拓创新、奋发进取、扎实工作，努力完成今年经济社会发展的各项任务，为全面建设小康社会、共同创造××区更加美好的明天而努力奋斗！

最后，祝全区人民元宵节愉快、身体健康、合家欢乐、幸福吉祥、万事如意！

谢谢大家！

★★★

## 范例2：工商局局长在妇女节庆祝活动上致辞

【致辞人】工商局局长

【场　景】妇女节庆祝活动

【时　机】在妇女节庆祝活动开始时致辞

【风　格】条分缕析

【关键词】敬意　祝贺　聪明才智　精神风貌　起步之年　献计出力

【妙　语】阳春三月，万象更新；解放思想、实事求是、与时俱进；积极在本职岗位上施展才华、贡献智慧、埋头苦干、创出一流业绩。

同志们：

阳春三月，万象更新。在这生机盎然的季节里，我们喜迎三八国际妇女节××周年纪念日。在此，我代表局党组向全系统广大妇女同志致以亲切的节日问候！向辛勤工作在一线的广大女同胞致以诚挚的敬意！向受到表彰的先进个人表示热烈的祝贺！

多年来，在上级局党组和市委、市政府的正确领导下，我们系统内的女同胞始终以主人翁的姿态积极投身工商行政管理工作中去，充分施展聪明才智，在工作、社会和家庭生活等各方面都发挥了“半边天”作用，充分展示了蓬勃向上的新时期工商女性的精神风貌，成为推动××工商发展壮大的一支重要力量。局女工委和个私协会妇联紧紧围绕全局工作中心，发挥优势，深入开展创建“巾帼文明岗”、“文明家庭”、“文明诚信个体工商户”三大主体活动，以推进妇女素质提高为中心，切实维护妇女儿童权益，大力宣传男女平等的基本国策，在促进妇女进步、推动经济和社会发展方面起到了不可替代的作用。实践证明，我局的广大妇女是推动工商事业健康发展的生力军。××××年是全面落实省、市工商行政管理工作部署的重要之年，是我局进入跨越式发展阶段的起步之年。借此机会，我提几点希望：

一、希望全局妇女同志不断学习，努力提高自身素质。妇女地位的提高和作用的发挥，很大程度上取决于妇女自身的素质。面对市场经济和知识经济的挑战，更要求妇女具有较高的思想素质，掌握一定的专业知识和具备参与社会竞争的能力。要树立正确的世界观、人生观和价值观，进一步发扬艰苦创业的精神；要坚持解放思想、实事求是、与时俱进，努力在各自的岗位上发扬开拓创新精神；要努力做到以素质求平等、以作为求地位，坚持发扬自尊、自信、自立、自强的精神，争做“勤学习、敏时尚、求进取、有爱心”的21世纪时代新女性。

二、希望全局妇女同志积极投身工商行政管理工作，立足本职创一流。妇女是我局一支强大的队伍，也是推进我局发展的重要力量。广大妇女要紧紧围绕经济建设，结合各自实际，保持“巾帼不让须眉，臂膀同样坚挺”的精神，进一步激发劳动热情，始终保持奋发有为、昂扬向上的精神状态，积极参加“巾帼文明岗”创建活动，积极在本职岗位上施展才华、贡献智慧、埋头苦干、创出一流业绩，为××工商事业的发展壮大献计出力。

最后，祝全局妇女同志节日快乐、家庭安康、幸福永远！

★★★

## 范例3：县委副书记在妇女节庆祝活动上致辞

【致辞人】县委副书记

【场　景】三八妇女节庆祝活动

【时　机】在庆典活动开始时致辞

【风　格】激情四射

【关键词】欢聚一堂　问候　祝贺　无私奉献　努力奋斗

美好未来

【妙　语】党政所急、妇女所需、妇联所能；创造良好的工作、学习、生活环境；盎然的春意和蓬勃的生机；共同创造我们的幸福生活和美好未来。

同志们：

今天，××县各界妇女欢聚一堂，隆重庆祝三八国际妇女节××周年纪念日，同时表彰一批在社会主义现代化建设中涌现出来的巾帼建功先进个人和先进集体。我代表县委、县政府向出席今天大会的同志们致以节日的问候！向全县各界妇女致以热烈的祝贺！向全县各级妇联干部和妇女工作者致以亲切的慰问！向这次受到表彰的先进集体和个人表示热烈的祝贺！向为××的繁荣与发展做出卓越贡献的优秀女性致以崇高的敬意！

过去的一年中，在县委、县府的领导下，在全国妇联的统一部署和指导下，县妇联高举邓小平理论伟大旗帜，努力实践“三个代表”重要思想，紧密围绕党的中心工作，配合我县的经济建设和社会发展，以“党政所急、妇女所需、妇联所能”为工作原则，做了大量卓有成效的工作，发挥了不可替代的作用。全县各行各业的广大劳动妇女，在自己的岗位上，艰苦奋斗、无私奉献，用聪明才智为××的现代化建设贡献了自己的力量。值此，我代表县委、县政府向全县各界劳动妇女和妇女工作者表示衷心的感谢！

作为××县建设的重要力量，我县各界妇女要全面贯彻党的十六大和十六届三中全会精神，认真落实县第十一次党代会部署的各项任务，为实现“经济强县、文化名县和现代化中等城市”的目标，率先基本实现现代化而努力奋斗。

各级党委要继续贯彻男女平等的基本国策，一如既往地关心、支持妇女工作，使各级妇联组织按照章程独立自主地开展工作；关心妇联干部成长，要为她们创造良好的工作、学习、生活环境，使广大妇女在各自的工作岗位上创造新业绩。

同志们，我们每年都是在春天灿烂的时节庆祝全世界妇女的节日，这象征着“半边天”给我们的工作和生活带来了盎然的春意和蓬勃的生机。

让我们在党的十六大和十六届三中全会开启的新的历史征程上，高举邓小平理论伟大旗帜，全面贯彻“三个代表”重要思想，认真落实党的十六大和县第十一次党代会精神，再接再厉、团结奋斗、与时俱进、开拓创新，加快建设现代化××的步伐，共同创造我们的幸福生活和美好未来！

★★★

## 范例4：副县长在儿童节演讲比赛上致辞

【致辞人】副县长

【场　景】儿童节演讲比赛

【时　机】在演讲比赛开始时致辞

【风　格】和蔼可亲

【关键词】喜悦　竞相开放　庆祝　聪慧可爱　欣慰　快速发展　健康成长

【妙　语】儿童事业是关系民族兴衰的事业；刻苦学习，加倍努力，全面发展，成长为有理想、有道德、有文化、有纪律的一代新人。

同志们、小朋友们：

你们好！

当初夏的阳光映射我们喜悦的面庞，当朵朵绚烂、娇艳的花儿竞相开放时，我们又迎来了六一国际儿童节！

今天，我们在这里隆重举行全县中小学生“建设美丽家乡，爱护我们家园”演讲比赛，以庆祝孩子们的节日。在这喜庆的日子里，望着一个个聪慧可爱、健康活泼的小天使们，我感到无限的欣慰。我代表县委、县政府向全县少年儿童致以节日的祝贺，向辛勤耕耘在教育一线的广大教师、少年儿童工作者和关心儿童成长的社会各界人士表示衷心的感谢和崇高的敬意！

儿童事业是关系民族兴衰的事业。20世纪《九十年代中国儿童发展规划纲要》颁布实施后，我县儿童事业得到了长足的发展，儿童生存与发展环境日趋优化，借此机会，我向为我县儿童事业发展做出贡献的社会各界人士表示衷心的感谢！

培养教育儿童是全社会的责任。各级党委和政府要进一步关心儿童事业的发展，贯彻儿童优先原则，切实关心儿童成长，切实解决儿童工作中的突出问题。社会各界及妇儿工委成员单位，要认真贯彻《中共中央国务院关于进一步加强和改进未成年人思想道德建设的若干意见》，全面落实《公民道德建设实施纲要》，努力形成关心儿童、爱护儿童，为儿童办好事、为儿童做表率的良好风尚，推动我县儿童事业全面快速发展。

小朋友们，你们是新世纪的主人，肩负着21世纪祖国腾飞的重任，希望你们不断发扬爱国主义和民族精神，从小树立远大的志向和崇高的理想信念，养成良好的道德品质和文明习惯。刻苦学习，加倍努力，全面发展，成长为有理想、有道德、有文化、有纪律的一代新人。

最后，祝小朋友们节日快乐！祝本次演讲比赛圆满成功！愿广大少年儿童在祖国的怀抱里健康成长！

★★★

## 范例5：校长在儿童节庆祝大会上致辞

【致辞人】校长

【场　景】儿童节庆祝大会

【时　机】在庆祝大会开始时致辞

【风　格】条分缕析

【关键词】庆祝　欢迎　感谢　办学目标　文明校园　谅解

【妙　语】走以法治校，以德治校，法、德相结合的治校之路；培养学生自强、自主、自爱、上进、创新精神。

各位辅导员老师、全体少先队员们：

大家好！

今天是六一儿童节，我们在这里举行庆祝活动，我代表学校党支部向各位辅导员问好！向全体少先队员们致以节日的祝贺！向前来参加庆祝活动的有关领导、学生家长、广大群众表示热烈的欢迎！向为六一儿童节捐资的单位、企业、个体工商户、群众表示感谢！

过去的一年，我们在各级党政机关、业务主管部门的正确领导下，贯彻党的教育方针，培养学生德、智、体、美、劳全方面发展，端正办学思想，明确办学目标，走以法治校，以德治校，法、德相结合的治校之路，内强管理，外树形象，树立良好的校风、教风、学风。创建安全文明校园，尤其是少先队工作，紧紧围绕学校的中心工作，唱响德育教育主旋律，通过开展丰富多彩的少先队活动，培养学生自强、自主、自爱、上进、创新精神，教育学生争做有理想、有道德、守纪律、懂文明的四有新人，进一步推动了学校的素质教育和精神文明建设，使学校工作真正起到了围绕教学抓少队、抓好少队促发展的作用。

同志们、同学们，举行今年的六一儿童节庆祝活动，我们得到镇政府的大力支持，得到有关单位、企业、个体工商户、群众的大力资助，先后收到自愿捐助款×××元。在这里我代表全镇各个学校的广大师生向他们表示崇高的敬意和衷心的感谢。

为了搞好今天的各项活动，我提几点要求：

一、希望每位老师，按照学校的细化分工，认真负责，自始自终要跟班跟队；高度重视安全工作，不能出现任何人为安全事故，确保每位师生的安全。

二、希望每位队员，要遵守班集体纪律，听从大会、学校、班主任指挥，有事必须和老师请假，不许私自离队上街，不许损坏××小学公物。

三、希望评委要严肃认真、公正客观，尊重每所学校、尊重表演的每位学生，评分量化准确，合分无误。

四、希望来宾、家长把方便让给学生、把欢乐留给孩子，在指定位置观看，不许随便把孩子带到街上或饭馆、商店，由于我们服务条件有限，只能给大家供应开水，提供休息的教室，有服务不到的地方请谅解。

最后，为了展示各校少先队文化生活，大会安排了一台少儿文艺节目演出奉献给广大观众，以表我们全体师生对全镇人民的谢意。

预祝大会圆满成功！谢谢！

## 范例6：校长在教师节庆祝活动上致辞

【致辞人】大学校长
【场　景】教师节庆祝活动
【时　机】在庆祝活动开始时致辞
【风　格】热情洋溢
【关键词】问候　祝愿　以人为本　活跃　来之不易　良好氛围
【妙　语】在这个硕果累累、充满喜悦的金秋时节；努力形成发展的意识、发展的合力、发展的氛围；共创我们更加美好的明天。

各位老师，同学们：

新的学年开始了，我们迎来了第××个教师节。在这个硕果累累、充满喜悦的金秋时节，我谨代表校党委、校行政，向辛勤工作的全校教职员工致以诚挚的问候和良好的祝愿！

刚刚过去的一年，在省委、省政府的关心和支持下，我校广大师生员工大力弘扬以人为本、求真务实的精神，扎实工作，无私奉献，学校各项事业获得了全面的新进展，全校上下呈现出风正气顺、人和业兴的良好发展态势。科研创新保持着良好的发展势头，在项目申报、成果评定、经费争取和实验室建设等方面都取得了新的成绩，国内外学术交流更加活跃。积极推进教学质量与教学改革工程，全面启动迎接教育部本科教学工作水平评估的准备工作。

回顾上一年的工作，我们深深感到学校的持续发展来之不易。我们要认真学习贯彻省委七届七次全会精神，牢固树立和认真落实科学发展观，努力形成发展的意识、发展的合力、发展的氛围。进一步丰富发展内涵、创新发展观念、开拓发展思路、破解发展难题，狠抓落实，形成合力。扎实做好重点学科和学位点建设、人才强校战略、教学改革、科研创新、新老校区建设、精神文明建设、开放办学、党建思政等八个方面重点工作，努力抓住新机遇，实现学校各项事业的持续发展。

实现学校的奋斗目标，比任何时候都需要广大师生员工的积极参与和大力支持，必须要紧紧依靠和团结广大教职员工。我们要不断增强“教师主体”的意识，为广大教职员工办实事、办好事，热切关心教职员工的工作、生活、学习和个人发展，努力营造尊重知识、尊重人才、尊重教师和关心教育、理解教育、支持教育的良好氛围。

我们衷心祝愿广大教职员工在科教兴国、人才强国的伟大事业中大显身手、大展宏图，共创我们更加美好的明天。

最后，再次祝愿全校教职员工节日愉快、身体健康、合家幸福！

★★★

## 范例7：副县长在教师节庆典上致辞

【致辞人】副县长

【场　景】教师节庆典

【时　机】在庆典开始时致辞

【风　格】结构合理 逻辑清晰

【关键词】慰问 鸿鹄之志 敬意 华彩乐章 教育事业

【妙　语】十年树木，百年树人；国运兴衰，系于教育；认真履行神圣职责，爱岗敬业，乐于奉献；用汗水和智慧办人民满意的教育事业。

各位老师，同学们：

大家好！

值此千名学子满怀鸿鹄之志奔赴高等学校深造、万名学生满怀喜悦进入校园开始新学期生活之际，我们迎来了第××个教师节。在此，请允许我代表县委、县政府及全县人民向辛勤工作在教育战线的全体教师及教育工作者，以及曾经为教育事业做出过贡献的离退休教师致以节日的祝贺和亲切的慰问！向你们问声好，道一声“辛苦了”！向关心支持教育工作的社会各界人士致以崇高的敬意！

十年树木，百年树人。国运兴衰，系于教育。把教育放在优先发展战略地位，实施科教兴县战略，是县委、县政府一贯坚持的重大决策。长期以来，在历届县委、县政府的领导下，在全县人民的支持下，广大的教育工作者和教师群体团结拼博、爱岗敬业、倾情奉献，谱写了一曲曲向教育现代化奋进的华彩乐章。

百年大计，教育为本；教育大计，教师为本。教师工作光荣、平凡、伟大、艰辛，承载着国家、民族的希望，也寄托着千家万户的希望。全社会都要尊师重教，努力营造尊重知识、尊重人才、尊重教师的良好风尚和关心教育、理解教育、支持教育的社会氛围。各级各部门要从社会主义现代化事业兴旺发达和强县富民的大局出发，关心支持教育事业，努力为教育事业办实事、办好事。

“师者，所以传道授业解惑也”。今天，老师传道，就是要传爱国主义、集体主义、社会主义之道；授业，就是要教授学生建设祖国的知识和技能；解惑，就是要引导学生去思考、创新，培养孩子们的创造性思维。衷心希望广大教师和教育工作者认真履行神圣职责，爱岗敬业，乐于奉献；加强学习，不断提高思想政治素质和业务素质，自觉适应全面推进素质教育的需要，自觉适应社会主义现代化建设的需要；勇做先进生产力的开拓者、先进文化的传播者，不断提高教育教学质量，以高尚的形象赢得全社会的尊敬，以无私和爱心培育好祖国的下一代，做人民满意的教师，用汗水和智慧办人民满意的教育事业！

最后，祝全县教师和教育工作者节日愉快、身体健康、工作进步、合家幸福！祝大家事业有成、万事如意！

★★★

## 范例8：校长在中秋节文艺演出上致辞

【致辞人】校长

【场　景】中秋节文艺演出

【时　机】在文艺演出开始时致辞

【风　格】感情真挚

【关键词】升华　温暖　难舍难分　中秋夜晚　心情舒畅

【妙　语】中秋月圆，学海情缘；沐浴着融融月光，沉浸在浓浓情意中；这景色迷人的中秋夜晚，自然牵动着我们的血肉亲情。

老师们、同学们：

中秋月圆，学海情缘。在这特殊的夜晚，××中学的全体师生，汇聚在美丽宁静的操场上，沐浴着融融月光，沉浸在浓浓情意中。

一个月前，我们从四面八方来到××，从陌生到相识，从相识到相知，又从相知到相亲。感情的升华，使我们对我们的学校、对我们的老师、对我们的同学更是难舍难分。一声声“老师好”、“同学好”温暖着每个人的心房。让我们这种抒不尽、道不完的情怀融进今晚的月光里、祝福中、歌声中！亲爱的老师、亲爱的同学，我代表××中学，祝你们中秋快乐、万事如意！

“举头望明月，低头思故乡。”这景色迷人的中秋夜晚，自然牵动着我们的血肉亲情。家中的父老乡亲、兄弟姐妹，今晚很有可能和我们一样，围坐在这柔和温馨的月光下，为我们祝福。这里，我也代表我校的全体老师、全体同学，通过我的声音，向远方异地的亲人们，送去一片温情，遥祝他们身体健康、中秋愉快！我们也真诚地禀告父老乡亲：你们的亲人在这里生活安定、心情舒畅！我们向你们表示，一定牢记你们的嘱托、不负你们的厚望，努力工作、努力学习，请你们放心！

我相信，真挚的感情、精湛的演艺，一定能使今晚的晚会热烈精彩！

## 范例9：市政协主席在中秋节文艺晚会上致辞

【致辞人】市政协主席

【场　景】中秋文艺晚会

【时　机】在文艺晚会开始时致辞

【风　格】慷慨激昂

【关键词】问候 历史潮流 角落 优势 不畏艰难 时代特征

【妙 语】澄江涵皓月，水影若浮天；天上明月，直到天头；天尽处，不曾私照一人家；双节同辉，举国同庆，家家乐团圆。

各位来宾，同志们、朋友们：

晚上好！

澄江涵皓月，水影若浮天。××各界朋友欢聚在黄浦江畔，共度我国人民的传统节日，请允许我代表市政协，向在座的各位来宾致以节日的问候，并通过你们向全市的工人、农民、知识分子和广大干部，向各民主党派、人民团体、各界爱国人士，向有中国特色社会主义事业的建设者，向驻××三军指战员、武警官兵、公安干警，向关心和支持××现代化建设的香港、澳门特别行政区同胞、台湾同胞及广大侨胞，向关心和支持××改革发展的国际友人致以亲切的问候。

同志们、朋友们，今年是中国共产党成立××周年，江泽民同志的“七一”重要讲话，是新世纪中国共产党的伟大宣言，是具有里程碑意义的马克思主义的纲领性文件。刚结束的中国共产党十五届六中全会通过的决定，把党的作风建设推进到一个新的阶段。

庆中秋，话团圆，盼统一。结束台湾同祖国大陆分离的局面，实现祖国的完全统一是人心所向，是任何势力也阻挡不了的历史潮流。天上明月，直到天头；天尽处，不曾私照一人家。让皓月把我们对台湾同胞的深深思念带到海峡彼岸，让皓月把我们对所有海外华人、侨胞、留学生的深深思念带到世界的每一个角落。

今年的中秋是进入21世纪的第×个中秋节。双节同辉，举国同庆，家家乐团圆。当然，我们不会忘记××的昨天，无数革命先烈、仁人志士不畏艰难，团结奋斗，把死气沉沉的旧××变成欣欣向荣的新××；我们正在创造××的今天，坚持开创性、坚韧性和操作性统一的务实精神，为××在新世纪的振兴发展奠定了坚实的基础；我们更加期待××的明天，一座具有中国特色、时代特征、××特点的国际现代化大都市必将屹立在世界东方。新的机遇必然蕴含着新的挑战，新的希望也同样伴随新的困难。我们一定要在中共××市委的领导下，认真学习贯彻江泽民同志“七一”重要讲话精神，在改革开放和现代化建设的进程中，充分发挥政协的特点和优势，为××的改革、发展、稳定，为开创××社会主义现代化建设的新局面做出新的贡献。

最后，衷心祝愿朋友们、同志们合家团圆、幸福快乐、身体健康、青春永驻！

★★★

## 范例10：森林管理局局长在重阳节庆祝大会上致辞

【致辞人】森林管理局局长

【场　景】重阳节庆祝大会

【时　机】在庆祝大会开始时致辞

【风　格】情谊真挚

【关键词】问候　祝愿　骄傲　心态　精神　千载难逢　优秀品格　悉心指导

【妙　语】飞火流霞迎盛世，欢歌笑语贺华章；在这云淡风轻、秋高气爽、橘红橙黄、金桂飘香的日子里；九九重阳金光照，万紫千红大地明。

尊敬的各位老领导、老干部、老同志：

你们好！

飞火流霞迎盛世，欢歌笑语贺华章。在这云淡风轻、秋高气爽、橘红橙黄、金桂飘香的日子里，温馨的“国际老年人日”刚刚过去，我们又迎来了传统的重阳节。在此，我谨代表××管委会、××森管局，向在座的各位老年朋友们致以节日的问候和衷心的祝愿，同时也祝愿森管局的××名职工身体健康、万事如意！

近年来，在××市委、市政府、××管委会的领导下，在全体职工的共同努力下，在你们的大力支持下，森管局的工作取得了有目共睹的成绩，这是我们森管局人的骄傲。

霞披夕阳情无限，霜染秋枫叶正红。今天，你们离开了工作岗位、但仍然“老骥伏枥，志在千里”。当年，你们用心血和智慧浇铸了××，为我们铺就了今日继续前进的道路；现在，你们继续保持一个健康向上的心态、乐观积极的精神，对森管局的事务十分关注、对我们的工作十分支持，从不提过分要求、从不添点滴麻烦，表现出极高的政治素质和大局意识，表现出老共产党员的优秀品格，值得我们大家学习和尊重。对此，我再次向你们表示衷心的感谢！

为了进一步理顺旅游管理体制，加快旅游发展速度，优化旅游产业结构，去年，××市委、市政府将××森林经营所、××采育场合并成立了××市××森林资源管理局。今年年初，市委、市政府提出了打造蜚声中外旅游胜地的宏伟目标，标志着××的旅游业由此进入了一个崭新的发展时期，这为森管局的发展创造了千载难逢的良机。面对新形势、新目标、新任务、新困难、新挑战，我们需要并渴望能够继续得到你们的热情关怀和悉心指导。

我相信，有市委、市政府、××管委会的正确领导，有各位老领导、老干部、老同志一如既往的关心和支持，我们一定能够迈出更加坚实的步伐，团结和带领全体职工共同为打造蜚声中外的旅游胜地而努力奋斗。

最美不过夕阳红。祝愿在座的老领导、老前辈，森管局的全体离退休老同志身体健康、家庭幸福！

最后，我有一首赋献给大家：九九重阳金光照，万紫千红大地明。人老不失戎马志，余热生辉耀九重。振兴九州心不老，祝与青松永同龄。

★★★

## 范例11：县长在记者节庆祝大会上致辞

【致辞人】县长

【场　景】记者节庆祝大会

【时　机】在庆祝大会开始时致辞

【风　格】热情洋溢

【关键词】欢聚一堂 祝贺 问候 智慧 汗水 贡献

【妙　语】新闻工作历来是党的事业的重要组成部分；凝聚了我们全体新闻工作者的智慧和汗水；以新的精神风貌为实现我县由农业大县向经济强县的跨越做出新的更大的贡献。

各位领导、各位来宾，同志们：

今天，我们欢聚一堂，隆重庆祝全国第×个记者节。在此，我代表县人民政府向联欢会的召开表示热烈的祝贺！向辛勤工作在新闻战线的全体同志致以亲切的问候！

新闻工作历来是党的事业的重要组成部分。专门设立记者节，充分说明了党中央对新闻工作及新闻工作者的重视和关心。

近几年来，我县广大新闻工作者在县委的正确领导下，高举邓小平理论伟大旗帜，坚持为人民服务的方向，紧紧围绕经济建设和全县工作大局，勇于拼搏，乐于奉献，为全县改革开放、经济发展和社会稳定发挥了重要的舆论引导作用。新闻事业在诸多困难和矛盾中实现了快速发展，展现出无限的生机和活力，尤其是现代化高标准广播电视大楼的建成、××套有线电视节目的开通、××台节目质量的不断提高及高科技编采设备的更新，标志着我县新闻事业已经走上了新的发展阶段。这些都凝聚了我们全体新闻工作者的智慧和汗水，对此，县政府和全县人民都是比较满意的。

借此机会，我向同志们的辛勤努力表示衷心的感谢！“十五”规划时期是我县经济和社会实现大发展的重要时期，新闻舆论工作在改革、发展、稳定中的作用更加突出、任务更加繁重、工作更加艰巨。为此，我希望全县新闻工作者进一步增强政治意识、大局意识和责任意识，认真实践“三个代表”重要思想，围绕两个文明建设的工作中心和重点，唱响主旋律、打好主场仗，统一全县人民的思想，凝聚力量，鼓舞士气，以新的精神风貌为实现我县由农业大县向经济强县的跨越做出新的更大的贡献。

最后，祝大家节日愉快、万事如意！

第 5 章

# 纪念活动致辞

纪念活动致辞主要是针对名人、历史事件、纪念日发表的致辞。

在纪念活动中致辞，措辞一定要严谨，情感不能浮夸，要充分表达出真情实感。纪念活动致辞的语言应朴实，但在朴实的同时，要充分表达对故人、故事的纪念之情，可适当使用排比修辞来表达真挚的感情。

在纪念历史事件的致辞当中，一方面要回顾历史事件的发生过程，另一方面要总结这一历史事件在整个历史形成过程中的意义，最后揭示这一历史事件对于当前社会的影响。

在纪念名人的致辞当中，要对名人生前的成绩进行总结、评价。在纪念名人致辞的最后，要充分阐释名人精神对于当前社会的意义。

纪念活动致辞应注意以下几点内容：

1. 纪念活动致辞应当充满真情实感，语言表达应当准确，对历史事件、历史名人应当有全面的认识，应充分表达对所要纪念的人或事的怀念、颂扬之情。

2. 语言表达应当庄重、严肃且凝练，采用书面语言。

3. 注重启发性致辞，通过人物、事迹对当下生活进行启发式教育。

纪念活动致辞主要由开头、主体和结尾三个部分组成。

（一）开头

致辞开头要对致辞的对象——人物、事件、事迹等进行说明，并对到场嘉宾表达欢迎之意。例如：今天，我们怀着崇敬的心情，在这里举行座谈会，纪念孙起孟同志诞辰100周年，追忆他的奋斗历程，缅怀他的光辉业绩，弘扬他的崇高风范。在此，我代表中共安徽省委、安徽省人民政府，表达对孙起孟同志的深切怀念和崇高敬意！向孙起孟同志的亲属致以亲切的问候！向参加座谈会的各位来宾表示诚挚的欢迎！

（二）主体

纪念活动致辞的主体部分，应当以讲述和回顾纪念对象的事迹、生平等为主，并对人物、事件的历史地位进行阐述，对历史和现实意义进行颂扬，并基于当下对未来进行展望，带有满腔希望的感情色彩。例如：在近半个世纪的职业教育生涯中，孙起孟同志积极探索我国职业教育的发展道路，为推动和发展我国的职业教育事业呕心沥血。特别是1995年，他倡导并实施温暖工程，把扶助弱势群体、促进劳动力就业作为基本任务，坚持“为国分忧、为民效力，急人所急、雪中送炭，灯亮一盏、光洒成片”的指导思想，大力开展职业培训及捐资助学活动，取得显著成效，赢得了社会各界广泛赞誉。

（三）结尾

在结尾处，应向与会来宾致以良好的祝愿。例如：同志们，把安徽建设好、发展好，是孙起孟同志等老前辈的殷切期盼。当前，我们已经踏上“十二五”新的征程，安徽正面临大有可为的黄金发展期。让我们紧密团结在以胡锦涛同志为总书记的党中央周围，高举中国特色社会主义伟大旗帜，深入贯彻落实科学发展观，凝心聚力，锐意进取，不断开创安徽全面转型、加速崛起、兴皖富民的新局面，以优异成绩迎接建党90周年。

## 第一节　纪念名人致辞

纪念名人致辞，主要是在名人诞辰时进行致辞，纪念对象应当对历史做过巨大贡献，并对历史发展产生过重要影响。

纪念名人致辞应注意以下几个方面：

1. 恰如其分地对所纪念人物进行描述。

2. 对所纪念人物的生平事迹和历史贡献进行总结和评价。

3. 阐述所纪念人物的时代精神，号召与会人员学习对所纪念人物进行学习。

★★★

### 范例1：校长在冯友兰诞辰110周年庆典活动上致辞

【致辞人】北京大学副校长　吴志攀

【场　景】冯友兰先生诞辰110周年庆典活动

【时　机】在周年庆典开始时致辞

【风　格】条分缕析　气势磅礴

【关键词】诞辰　诚挚　薪火相传　智慧　基本原则

【妙　语】我国有着五千年绵延不绝的伟大传统，新文明的建设，应该汲取其中的智慧；“周虽旧邦，其命维新”，为中国未来的发展寻求哲学上的创新。

尊敬的全国人大常委会副委员长丁石孙先生、

尊敬的国家图书馆名誉馆长任继愈先生、

国际儒联常务副会长杨波先生、

尊敬的冯宗璞女士，

冯友兰先生家乡——河南南阳市副市长冯晓仙女士、

河南唐河县副县长赵阳先生，

各位来宾、各位专家：

今天大家在北大集会，隆重纪念冯友兰先生110周年诞辰，并探讨冯友兰哲学思想，这是我国哲学界的一件大事。我受北京大学闵维方书记和许智宏校长的委托，代表北大全体师生向大会表示热烈的祝贺，向来自国内外的各位哲学大家表示诚挚的欢迎！

我们研讨冯友兰先生的哲学思想，追思先生人生与学说的轨迹，既是为了寄托对先生的怀念之情，也是为了发展今后大学的哲学教育和科研。我们希望用这样的方式启发年轻一代，让他们喜欢哲学、研究哲学，特别是喜欢中国哲学、研究中国哲学，使中国哲学的思想与精神薪火相传。

在人类进入21世纪之后，我们研究冯友兰先生的哲学思想显得更加重要，因为先生的思想，不但有着极高的学术价值，而且在现实的经济和社会发展过程中日益显现出重要的意义。我认为，对于今天以及未来的中国人而言，应从三个方面研究先生的生平与思想：

其一，抱爱国热心，做冷门学问。

……

其二，将古今融合，行中西贯通。

……

其三，学问为中国、为中国社会、为中国人而作。

……

1946年，冯友兰先生在为西南联大纪念碑所作的碑文中写道：

“我国家以世界之古国，居东亚之天府，本应绍汉唐之遗烈，作并世之先进。将来建国完成，必于世界历史居独特之地位。盖并世列强，虽新而不古；希腊、罗马，有古而无今。惟我国家，亘古亘今，亦新亦旧，斯所谓‘周虽旧邦，其命维新’者也！”

这一段气势雄浑的论述，实际上也给了我们启示：我国有着五千年绵延不绝的伟大传统，新文明的建设，应该汲取其中的智慧。

我们知道，18世纪60年代以来，延续将近100年的英国工业革命引导着世界经济的发展。这段历史中产生了许多伟大的哲学思想，其中最有生命力的是马克思主义哲学思想，历史已经证明了马克思主义的科学性。

马克思主义不仅指导中国人民取得了民族的解放，也指导着我们的社会主义建设事业。坚持马克思主义的指导地位，坚持与时俱进、理论创新，这是我们建设社会主义的一项基本原则。

……

只有坚持马克思主义的指导，坚持与时俱进、理论创新，我们未来的经济和社会发展才会有冷静的头脑，才能有一个平和稳健而不浮躁，循序渐进而不急于求成的心态，才会有一个人与自然和谐的，中国与世界和谐的、可持续发展的、符合普遍规律的科学发展观。

以上是我个人的粗浅看法，在此就教于各位哲学大家。

“周虽旧邦，其命维新”，为中国未来的发展寻求哲学上的创新。我想，这就是大家今天在北京大学集会，纪念我们的哲学大师冯友兰先生110周年诞辰的意义所在。

谢谢大家！祝大家健康！

★★★

## 范例2：省委书记在孙起孟诞辰100周年纪念活动上致辞

【致辞人】安徽省省委书记

【场　景】孙起孟同志诞辰100周年纪念活动

【时　机】在纪念活动开始时致辞

【风　格】深情怀念

【关键词】敬意　无私奉献　呕心沥血　广泛赞誉　瞻仰

【妙　语】追忆他的奋斗历程，缅怀他的光辉业绩，弘扬他的崇高风范；为国分忧、为民效力，急人所急、雪中送炭，灯亮一盏、光洒成片；学习他责在人先、利居众后的高尚情操。

同志们：

今天，我们怀着崇敬的心情，在这里举行座谈会，纪念孙起孟同志诞辰100周年，追忆他的奋斗历程，缅怀他的光辉业绩，弘扬他的崇高风范。

在此，我代表中共安徽省委、安徽省人民政府，表达对孙起孟同志的深切怀念和崇高敬意！向孙起孟同志的亲属致以亲切的问候！向参加座谈会的各位来宾表示诚挚的欢迎！

孙起孟同志是著名的教育家和社会活动家，中国民主建国会、全国工商联的卓越领导人，中国共产党的优秀党员。他的一生是光辉的一生，是爱国奋斗的一生，是为人民的事业无私奉献的一生。

……

在近半个世纪的职业教育生涯中，孙起孟同志积极探索我国职业教育的发展道路，为推动和发展我国的职业教育事业呕心沥血。特别是1995年，他倡导并实施温暖工程，把扶助弱势群体、促进劳动力就业作为基本任务，坚持“为国分忧、为民效力，急人所急、雪中送炭，灯亮一盏、光洒成片”的指导思想，大力开展职业培训及捐资助学活动，取得显著成效，赢得了社会各界广泛赞誉。

安徽是孙起孟同志的家乡，他对这片养育他的土地始终怀着深厚的感情。虽然自幼离开家乡，但他始终牵挂着家乡的一草一木，记挂着乡亲们的冷暖安危。1995年，他看到劳务输出对于发展经济和改善民生意义重大，积极牵线搭桥，促成了商山223名青年赴广东打工。得知家乡连遭洪灾，他心急如焚，来电慰问、捐款捐物；闻知家乡筹建商山大桥，他率两位女儿慷慨解囊、捐资相助。他特别关心黄山的保护开发，叮嘱：“一定要保护好黄山。黄山是我国两代领导人都到过的地方，值得骄傲。一定要注意环保，要做到可持续发展。只要长期坚持发展的观点，家乡人民的生活一定会越来越好。”谆谆嘱托和殷切期望，彰显了他对家乡人民的骨肉情怀和深厚情谊，我们将铭记在心，永志不忘。为了纪念他的卓越功勋，弘扬他的高尚品德，我们把休宁县商山镇孙起孟故居列为省文物保护单位，去年又投入专项资金加以维修。现在，孙起孟故居正以崭新的面貌迎接来自四面八方的瞻仰者。

斯人已逝，风范长存。孙起孟同志虽然已经离开我们，但他的高尚精神和崇高风范，永远是激励家乡人民奋发有为、开拓进取的宝贵财富。今天我们纪念孙起孟同志，不仅要缅怀他的历史功绩，更要学习他的高尚品质，并转化为推进兴皖富民大业的强大动力，在新的起点上实现安徽新的更大发展。这是我们对孙起孟同志最好的纪念。

纪念孙起孟同志，要学习他追求真理、紧跟党走的坚定信念。……

纪念孙起孟同志，要学习他热爱祖国、心系人民的赤子情怀。……

纪念孙起孟同志，要学习他责在人先、利居众后的高尚情操。……

……

同志们，把安徽建设好、发展好，是孙起孟同志等老前辈的殷切期盼。当前，我们已经踏上“十二五”新的征程，安徽正面临大有可为的黄金发展期。让我们紧密团结在以胡锦涛同志为总书记的党中央周围，高举中国特色社会主义伟大旗帜，深入贯彻落实科学发展观，凝心聚力，锐意进取，不断开创安徽全面转型、加速崛起、兴皖富民的新局面，以优异成绩迎接建党 90 周年。

★★★

## 范例 3：会长在安徒生诞辰 200 周年纪念大会上致辞

【致辞人】宋庆龄基金会会长

【场　景】安徒生诞辰 200 周年纪念大会

【时　机】在纪念大会开始时致辞

【风　格】逻辑清晰

【关键词】儿童文学　童话大师　亮点　美好生活　向往　和谐发展

【妙　语】无限崇敬和无比热爱；了解安徒生的人生历程，感悟安徒生作品中的人生哲理和人文思想；唤醒我们对人生真、善、美的追求和美好生活的向往。

各位领导、各位来宾：

今年 4 月 2 日是丹麦世界级儿童文学大师、文化名人安徒生诞辰 200 周年纪念日。一段时间以来，世界各地以不同的方式纪念着这位非凡、不朽的童话大师，表达着人们对他的无限崇敬和无比热爱。

宋庆龄基金会作为以宋庆龄的名字命名、以少年儿童工作为中心的基金会，按照中国和丹麦两国政府签订的文化交流协定，从2004年12月开始，积极参与主办了“点燃下一根火柴——安徒生诞辰200周年中国纪念活动”。在文化部、广电总局、共青团中央及各地方政府的关注和支持下，在承办单位充分准备和周密策划下，纪念活动陆续在全国展开，在社会上引起了普遍反响。北京的活动是继上海、武汉、广州、成都之后的第五站。北京是中国的首都，是政治、经济、教育和文化中心，有着浓厚的文化底蕴和国际化氛围。我们相信“安徒生生平暨童话插图原画展”、《安徒生讲故事》动画片展播、《安徒生童话绘本典藏》丛书的发行，以及相关戏剧、文学、教育、网络、会议等不同形式、不同层面的系列纪念活动，一定有助于北京的观众和读者深入地了解安徒生的人生历程，感悟安徒生作品中的人生哲理和人文思想，把安徒生诞辰200周年中国纪念活动推向一个新的高潮。同时，北京的活动还将跨越六一国际儿童节，希望丰富多彩的活动能够成为今年首都庆祝“六一”活动中的一个亮点。

纪念活动在中国开展以来，数以万计的孩子通过倾听、阅读安徒生的童话故事，体验着童话中的诗与幻想、爱与感动、美与幸福；数以万计的成年人通过回顾、品味和理解，重温着安徒生人生经历的坎坷与美好；那些洋溢着智慧，充满激情，享誉世界200年的童话故事——《皇帝的新装》、《海的女儿》、《卖火柴的小女孩》和《丑小鸭》再次温暖着我们的心灵，唤醒我们对人生真、善、美的追求和美好生活的向往。

……

200年过去了，安徒生这位伟大的童话作家与他的作品一直生活在全世界儿童的身边，用他的幽默、慈爱，陪伴着一代又一代儿童成长。我们甚至可以想象，再过几百年甚至上千年，他仍然会随着他的作品永生于世，永远地陪伴着我们的后代。这个不争的事实让我们懂得，什么是“寓教于乐”；什么是只有在给孩子带去快乐的同时，才能提高他们的学习兴趣、才能让他懂得做人的道理、才能让他们懂得人与社会和人与自然和谐发展的道理。

为此，在这里，我们愿意与社会各界一道“点燃下一根火柴”，照亮我们共同的人生！

最后，祝愿安徒生诞辰200周年北京纪念活动圆满成功！

谢谢大家！

## 第二节　纪念历史事件致辞

历史事件是指对历史的发生和发展产生重要影响的重大事件，如珍珠港事件、九一八事变、卢沟桥事变等等。纪念历史事件的致辞，首先应当对历史事件进行简要描述，对其历史和现实意义进行阐述，在写作手法上应当气势恢宏、饱含深意，要将历史与现实相结合，理论与实际相结合。

在进行纪念历史事件致辞时应当注意以下几方面的问题：

1. 注意将历史事件与现实情况紧密地联系起来，不可空谈事件，不谈意义。

2. 要始终保持严肃的语言风格，避免过于幽默、风趣。

3. 语气上应庄重肃穆，措辞要准确。

★★★

### 范例1：市委书记在纪念卢沟桥事变××周年活动上致辞

【致辞人】市委书记

【场　景】卢沟桥事变纪念活动

【时　机】在纪念活动开始时致辞

【风　格】气势恢宏

【关键词】尊严　侵略　领土　振兴崛起　充满激情　努力奋斗

【妙　语】卢沟晓月长桥上，宛平城威严门外；历史总是在以它凝重的方式和笔墨，记录着人类的智慧和情操；共同为中华民族的伟大复兴和共和国的建设而努力奋斗。

各位尊敬的爱国人士，各位战友、各位来宾：

大家好！××年前的今天，在那个铭记青史的日子，在“卢沟晓月长桥上，宛平城威严门外，是我们忠勇大义的先辈，面对武装到牙齿的东瀛倭寇，用血肉之躯，用古老的唐刀，在这里义无反顾地捍卫着我们中华的尊严。今天，在这神圣庄严的地方，纪念中国人民和中华民族奋起反抗日本帝国主义和军国主义侵略，维护领土、民族、主权不被侵犯的日子，我们能够代表××纪念我们伟大的先辈们，这是我们的荣幸和骄傲，能够参与这么重大的活动，是历史给予我们的期望。

当我们怀着美好的憧憬与希望告别20世纪，欣喜地迈进21世纪时，一个全新的时代展现在我们面前。告别世纪之初的风云激荡，放眼世界格局的变迁，爱国和民族——这永恒的主题，又以崭新的面貌呈现出来。胡锦涛总书记在关于“民族主义和爱国主义教育”的讲话中提出“爱国主义和民族主义教育，要从中小学开始”。七勇士成功地保卫钓登岛，对中国海疆主权的宣誓，说明我们需要有强大的中国，强大的中华民族。弘扬爱国主义和民族主义，需要全体中华儿女携手并肩团结起来，继承先辈们的“赤胆忠心，爱国豪情”，为中华振兴崛起而奋斗。

历史总是在以它凝重的方式和笔墨，记录着人类的智慧和情操，对祖国和民族的热爱，永远可以让我们体会和领悟到爱、希望、信心和鼓励，使我们更执着地去追求梦想与憧憬。在面临国际挑战、遭受挫折和感到无望之时，对祖国的热爱会给予我们强大的力量；在惶惑、痛苦和失落之际，是祖国给予我们慰藉。人类虽然只有一个地球，但是我们更只有一个祖国。我们“江山如此多娇”的祖国，是大自然在先辈勤奋耕耘后，赐予我们最珍贵的宝藏，走到阳光下，拥抱广阔的天地，让我们永远都铭记自己的历史重任：信念如山般执着，性情似水般活泼，爱得博大深沉，活得充满激情，健康而向上，朝气而蓬勃。

这是一个以爱国为主题，以宏扬中华民族精神为宗旨，以中华民族产业发展为目的，坚定追随伟大中国共产党和中华人民共和国政府，以继承革命前辈爱国理念，以“爱国·民族·国货·诚信”为口号的爱国新时代，这将为我们的爱国行动翻开新的一页。广大的网络战友们，全体的中国人，让我们携手并进，共同为中华民族的伟大复兴和共和国的建设而努力奋斗。

★★★

### 范例2：市长在纪念五四运动周年庆典上致辞

【致辞人】市长
【场　景】五四运动周年纪念庆典
【时　机】在纪念活动开始时致辞
【风　格】气势磅礴
【关键词】隆重表彰　表率作用　豪迈誓言　大显身手　栋梁
【妙　语】期盼你们茁壮成长，早日成为社会的栋梁；满怀信心地去面对未来的风雨，热情拥抱灿烂的阳光；珍惜伟大时代，不负青春年华，成为国家和民族的骄傲。

同学们、青少年朋友们：

你们好！

今天是伟大的五四运动××周年纪念日，是青年们的盛大节日。我首先代表××市委、市政府，向宣誓成年的同学们和荣获“五四奖章”的优秀青年表示热烈的祝贺，向前来参加活动的青少年朋友们致以节日的问候，并通过你们向全市青少年朋友们问好！

大家非常幸运，能够在×××广场参加成人仪式和接受隆重表彰。这里是××的心脏，预示着你们的心要和祖国紧密相连，始终与祖国同呼吸共命运。你们是祖国的未来，要毅然担负起实现民族复兴的重任；你们又是同龄人中的佼佼者，要发挥出表率作用，争做建设祖国的先锋。

刚才，同学们进行了成年宣誓。听了你们的豪迈誓言，我格外振奋，也格外欣慰。眼前既浮现出我们这一代人当年意气风发、投身祖国建设时的火热情景，又仿佛看到你们将来在祖国各条战线上大显身手、创造辉煌业绩的生动画面。我和你们的父母与老师一样，都为有你们这一代接班人而自豪，期盼你们茁壮成长，早日成为社会的栋梁；也期盼你们从现在起就做好准备，满怀信心地去面对未来的风雨，热情拥抱灿烂的阳光。

在这里，我想再给你们提几点希望：

希望你们坚持远大志向，把祖国的富强和民族的复兴作为人生奋斗的崇高目标。

希望你们坚持发奋学习，早日成为国家的栋梁之才。

希望你们坚持社会实践，做一名有益于社会和人民的建设者。

同学们、青少年朋友们，你们正值人生的黄金阶段，生命火焰最炽烈，创造活力最旺盛。相信你们在党的关心和全社会的关爱下，一定会珍惜伟大时代，不负青春年华，成为国家和民族的骄傲。

大家努力吧！

★★★

## 范例 3：县委书记在"一二·九"运动××周年文艺汇演上致辞

【致辞人】某县县委书记

【场　景】纪念"一二·九"运动××周年文艺汇演

【时　机】在文艺汇演开始时致辞

【风　格】热情洋溢

【关键词】问候　关心　支持　帮助　感谢　历史使命　感染

【妙　语】宏扬革命传统、激发爱国热情、凝聚青年人心、展现青春风采的有益活动；抗日图存、挽中华民族于危亡；奋发图强，锐意进取，为建设文明、富裕、秀美的新××而努力奋斗。

各位领导、各位来宾，老师们、同学们：

大家下午好！

今天，由共青团××委员会主办，××房地产有限公司、××通信有限公司、××有限公司等有关单位共同协办的纪念"一二·九"运动××周年文艺演出即将开始。这是我县贯彻落实《中共中央国务院关于进一步加强和改进未成年人思想道德建设的若干意见》重要文件精神的具体体现；是宏扬革命传统、激发爱国热情、凝聚青年人心、展现青春风采的有益活动。在此，我代表县委、县人大、县政府、县政协对这次活动的组织者、参与者和支持者表示亲切的问候！对长期以来关心、支持和帮助青年人健康成长的各级各部门和社会各界人士表示衷心的感谢！

再过4天，就是伟大的“一二·九”青年爱国学生运动××周年。××年前的1935年12月9日，是个特殊的日子，是一个永远不能忘却的日子。××年前的那一天，面对日本帝国主义的侵略和国民党政府的不抵抗政策，在中华民族生死存亡的紧要关头，北平的青年学生们，走上街头，举行了声势浩大的示威游行，喊出了“停止内战，一致对外”、“打倒日本帝国主义”的口号，勇敢地肩负起了“抗日图存、挽中华民族于危亡”的历史使命，掀起了全国人民爱国运动的新高潮，推动了抗日民族统一战线的建立。这是中国的青年学生在共产党的领导下，为中国革命做出的又一历史性贡献，是爱国学生用生命和鲜血谱写的又一曲爱国主义的青春战歌。我们纪念“一二·九”运动，就是要发扬“天下兴亡，匹夫有责”的爱国主义精神，勇敢地肩负起振兴中华民族的历史使命。

为准备好这场盛大的文艺演出，全县部分乡镇、机关、学校、各有关单位的同志们尤其是青年朋友们付出了艰苦的努力。这场演出，既是一场隆重的纪念活动，又是一次青春风采的大展示。希望参与演出的所有人员都发挥出最高的水平；希望参加文艺活动的所有同志都受到激情的感染！

同志们，我们正处在一个有着无限光明前景的新时代，中华民族伟大复兴的梦想正在实现。让我们共同行动起来，紧密团结在以胡锦涛同志为总书记的党中央周围，紧乘十六届四中全会的东风，奋发图强，锐意进取，为建设文明、富裕、秀美的新××而努力奋斗！

最后，预祝这次演出取得圆满成功！谢谢大家！

★★★

## 范例4：镇长在纪念五四运动××周年庆典上致辞

【致辞人】某镇镇长

【场　景】五四运动周年庆典

【时　机】在纪念活动开始时致辞

【风　格】气势磅礴

【关键词】青年节　问候　快速增长　动力之源　由衷感谢

【妙　语】为我镇的繁荣而奋力拼搏着，张扬着青年人应有的个性；认清形势，把握机遇，要勤于学习、勇于创新、乐于奉献；为把我镇建设成为要素型、功能型、现代化、人民安居乐业、城郊一流的充满生机和活力的小城镇做出贡献。

青年朋友们：

大家下午好！

值此五四青年节来临之际，我们在这里举行纪念活动，共同庆祝我们自己的节日——五四青年节。我谨代表镇委、镇政府祝在座的每一位青年朋友节日快乐！并通过你们向全镇青年致以亲切的问候！

刚刚过去的一年是不平凡的一年，全镇的经济发展继续保持快速增长，城市化建设和管理力度不断加强，社会稳定工作取得了新进展，各项事业和精神文明建设取得了新的成绩。××××年全镇实现社会总产值××亿元，比上年增长××%；国内生产总值实现××亿元，比上年增长××%；人均国内生产总值突破××万美元。党建工作和精神文明建设取得丰硕成果，我镇被评为××市文明镇、市五好党委。今年是我镇三年行动计划争取两年实现的关键之年。今年1—3月份共完成社会总产值××亿元，完成年计划的××%，比去年同期增长××%；其中工业产值完成××亿元，完成年计划的××%，比去年同期增长××%；工业利润完成××亿元，完成年计划的××%，比去年同期增长××%。这些成绩的取得都与广大青年、团员参与我镇的建设，做出贡献分不开。

青年是推动社会发展的动力之源，青年是推进我镇城市化进程的主力军，是我镇的希望和未来。在经济建设的每一个平台上，在社会事业发展的每一个行业中，到处都可以看到青年投身我镇大改革、大发展的身影，到处都留下我镇青年成长的坚实脚印和丰硕成果，到处都可以感受到青年人对我镇的满腔热爱。我镇青年人用他们特有的方式为我镇的发展、为我镇的繁荣而奋力拼搏着，张扬着青年人应有的个性。我们都是×镇人，作为一名×镇人，我感到骄傲；作为一名我镇青年人，我感到无比自豪。同时，在青年成长过程中，也时刻得到了各级党组织的重视、指导和关心，把培养、教育、引导青年作为党的建设的一项重要任务。我代表镇委、镇政府向一贯关注、支持团工作的各级领导、社会各界表示衷心感谢！

青年朋友们，随着城市化建设的不断推进，市区9号轻轨线交通设施的完善又一次给发展楼宁经济带来了机会。至今年×月××日止镇保工作已结束，全镇农民变为了居民，今年又是我镇三年行动计划争取两年实现的关键年，今年我镇又要创建国家级卫生城镇。青年团员们都要认清形势，把握机遇，要勤于学习、勇于创新、乐于奉献，以百倍的热情去爱我们的家乡，以高昂的姿态投身到我镇的改革发展之中。

我镇正向着农村城市化、农民市民化、居住市区化方向大步迈进，正在全面推进社会主义现代化建设。我们相信，全镇各界青年团员，在镇委、镇政府领导下，一定会努力实践“三个代表”重要思想，适应社会发展要求，与时俱进、奋发有为，为把我镇建设成为要素型、功能型、现代化、人民安居乐业、城郊一流的充满生机和活力的小城镇做出贡献。

★★★

## 范例5：房产局局长在纪念建党××周年庆典活动上致辞

【致辞人】房产局局长

【场　景】纪念建党××周年庆典活动

【时　机】在庆典活动开始时致辞

【风　格】条分缕析

【关键词】欢聚一堂　问候　共同心声　信心百倍　伟大事业　敬意　美好未来

【妙　语】回首党的光辉历程，我们信心百倍；展望党的伟大事业，我们豪情满怀；激发热情、共叙友谊、促进发展，充分展示房产人风采，共创房产事业美好未来。

尊敬的各位领导、各位来宾，同志们、朋友们：

大家下午好！

××年峥嵘岁月，××载春华秋实。今天，我们怀着无比喜悦的心情，欢聚一堂，共同庆祝中国共产党××华诞，热情讴歌党的光辉业绩，表达我们对党的无限热爱。在此，我谨代表局党委、局行政向莅临今天庆祝活动的朋友们表示热烈的欢迎！向关心、支持我市房产事业发展的各界人士表示衷心的感谢！向长期以来战斗在房产战线上的广大共产党员、房产工作者和各位老同志致以节日的问候！××年来，伟大的中国共产党由小到大，由弱变强，领导全国各族人民，冲破重重难关，夺取了一个又一个革命斗争和社会主义建设的新胜利，实现了经济社会的快速发展，人民社会地位、物质生活水平和文化教育水平不断提高，取得了举世瞩目的伟大成就。“没有共产党就没有新中国”成为全国上下的共同心声。

回首党的光辉历程，我们信心百倍；展望党的伟大事业，我们豪情满怀。近年来，在市委、市政府的正确领导下，我市房地产业实现了历史性的跨越，城市面貌日新月异，住房品质大幅提高，居住环境大为改善，住房保障日益健全，为实现“安居乐业”的美好目标奠定了良好的基础。××××年，面对严峻的经济形势和宏观环境，我们坚定信心、埋头苦干，抢抓发展机遇，全力攻坚克难，以项目带动、投资拉动、服务推动，成功实现了我市房地产市场的平稳较快发展。这些成绩的取得，得益于市委、政府的正确领导，得益于社会各界的鼎力支持，更是得益于在座各位的共同努力。在此，我代表局领导班子向各级领导、各界朋友和同志们致以诚挚的谢意和崇高的敬意！

今天的活动，既有对优秀共产党员的表彰，更有丰富多彩的文艺节目，目的在于激发热情、共叙友谊、促进发展，充分展示房产人风采，共创房产事业美好未来。

历经××年的征程，我们党进入一个更加辉煌的历史发展时期，我们房地产业也站在一个新的发展起点。今天，让我们共同祝愿伟大的中国共产党永葆生机，青春常在！让我们坚持在市委、市政府的正确领导下，精诚团结，真抓实干，以饱满的热情和崭新的姿态，为××××房地产业的发展做出更大的贡献，在推动××建设的征程上谱写灿烂辉煌的新篇章！

最后，预祝联欢活动圆满成功！

祝朋友们、同志们身体健康、合家安康、吉祥如意！

谢谢大家！

★★★

## 范例6：校团委书记在抗日战争胜利××周年签名活动上致辞

【致辞人】校团委书记

【场　景】抗日战争胜利××周年纪念活动

【时　机】在签名活动开始时致辞

【风　格】慷慨激昂

【关键词】盛会　发奋有为　重大意义　强大动力　奋发图强　时代先锋

【妙　语】用抗战精神鼓舞自己，发奋有为；在各种风险与挑战面前，始终立于不败之地；以铜为镜，可以正衣冠；以人为镜，可以知荣辱；以史为镜，可以知兴衰。

各位领导，老师们、同学们：

大家上午好！

秋风送爽，在中国人民抗日战争胜利××周年之际，我校团委特此举办此次签名活动。这次活动，既是一次学习抗战精神的盛会，也是一次接受抗战精神教育的盛会。此次活动，得到了校党支部和领导班子的大力支持，学校领导高度重视，对纪念活动做出了全面部署。经过各有关部门通力协作，此次签名纪念活动得以顺利开展。希望各位老师、各位同学积极参与，用抗战精神鼓舞自己，发奋有为。下面，我讲几点意见：

一、充分认识此次签名纪念活动的重大意义

中国人民抗日战争，是中国人民为了挽救民族危亡，争取民族独立和解放，与日本帝国主义展开的一场殊死搏斗，是近代以来中华民族反抗外敌入侵第一次取得完全胜利的民族解放战争，是世界反法西斯战争的重要组成部分。在这场斗争中，中华民族表现出巨大的民族觉醒、空前的民族团结、坚强的民族意志，同仇敌忾、前赴后继的大无畏精神。中国人民在抗日战争中积累的宝贵历史经验和精神财富，是激励一代又一代人战胜困难、奋发进取，不断走向胜利的强大动力。

此次签名活动，使我们重温历史、重新感受抗日战争的硝烟。学习抗战精神，对于我们勇敢面对生活的挑战、自然灾害的侵袭具有十分重要的现实意义。特别是为我们学习历史、了解历史，继承和发扬革命传统，提供了丰富的精神食粮。此次签名活动对于深入领会社会主义核心价值体系，大力弘扬爱国主义精神，增强民族自尊心、自信心、自豪感，牢固树立在中国共产党的领导下、走中国特色社会主义道路、实现中华民族伟大复兴的共同理想，积极促进世界和平与发展，具有重要而深远的意义。

二、进一步增强忧患意识，奋发图强

这段历史告诉我们：落后就要挨打，发展才能自强。我们要把中国人民抗日战争的奋斗历史，同当前的学习、生活联系起来，进一步增强忧患意识，奋发图强；不断提高自身的技能，丰富自己的精神世界，锻炼自己的体魄，增强自身的实力，提高自身的综合素质，在各种风险与挑战面前，始终立于不败之地。

三、增强政治意识和大局意识

在这次活动中，我们既要大力弘扬在抗日战争中得到丰富发展的爱国主义精神，同时又要防止狭隘民族主义情绪的滋生。既要坚决揭露日本军国主义的滔天罪行，又要强调广大日本人民也是战争的受害者，坚持以史为鉴，面向未来，促进中日睦邻友好关系的发展，努力实现两国人民世代友好的重要目标。老师们、同学们，中国人民抗日战争是一场规模浩大的民族解放战争，蕴藏着极其丰富的内涵，我们应不断加强学习。以铜为镜，可以正衣冠；以人为镜，可以知荣辱；以史为镜，可以知兴衰。让我们以古鉴今，以史为镜，进一步提高对抗日战争的理性认识，增强责任感、使命感，固爱国情、立报国志，热爱生活、珍惜时光、勤奋努力、勇挑重担，争做时代先锋。

最后，预祝此次签名纪念活动取得圆满成功！谢谢大家！

## 第三节　纪念日致辞

纪念日主要是指对某一特定日期的纪念，纪念日从定义上来讲具有普遍性和确定性，而对于不同事件和人物来讲，纪念日又具有相对性的特征。

在进行纪念日致辞时应当注意以下三个方面的问题：

1. 纪念日致辞要以对纪念日的介绍和阐述为主，不可空谈他物；

2. 纪念日致辞要突出表现对纪念日代表的人或事的歌颂和崇敬之情；

3. 在致辞结束时，要烘托出纪念日对于与会观众的重大意义，并对与会人员进行激励和鼓舞。

★★★

### 范例1：河务局局长在河务局成立××周年纪念大会上致辞

【致辞人】河务局局长

【场　景】河务局成立××周年纪念大会

【时　机】在纪念大会开始时致辞

【风　格】气势磅礴

【关键词】关心呵护　感谢　辉煌历程　新局面　新理念

【妙　语】在这金秋送爽，丹桂飘香的收获季节；风雨兼程，一路走来，历经整整××个春秋；回顾过去，我们感到自豪；展望未来，我们充满希望。

尊敬的××副局长，尊敬的各位领导、各位来宾，同志们：

大家早上好！

在这金秋送爽，丹桂飘香的收获季节，我们怀着无比激动和喜悦的心情，迎来了××河务局建局××周年。首先，我代表××局党组向关心和呵护我局成长和发展的省局领导，向曾经在××河务局工作过的各位来宾表示热烈的欢迎和衷心的感谢。

我局的前身是××××年成立的××市黄河河务局，随着××省行政区划的调整，××××年更名为××地区黄河河务局，并将原属于××市黄河河务局的××市黄河河务局成建制划归××地局；按照上级统一部署，××××年又更名为××黄河河务局。

风雨兼程，一路走来，历经整整××个春秋，××年来，我局以“与时俱进，开拓创新”精神为指导，突出时代特色，注重树立现代治黄新理念，紧紧围绕黄河防汛这个重心，不断加强水政水资源管理和防洪工程管理，大力发展经济，积极推进精神文明建设，陈列在档案里的××项荣誉见证了××河务局××年来的辉煌历程。××河务局的成长和发展倾注了上级领导、历届领导班子及全体干部职工的心血。在这里，请允许我代表局党组向省局各位领导、向曾经在××河务局工作过的历届领导班子成员、向全体职工表达最诚挚的谢意。

××年来，防汛工作做得扎实有效。……

××年来，水政水资源工作成绩显著。……

××年来，工程管理水平稳步提高。……

××年来，经济发展步伐不断加快。……

××年来，精神文明建设不断丰富。……

××年来，治黄科技发展日新月异。……

××年来，职工队伍建设硕果累累。……

同志们，回顾过去，我们感到自豪，我们再一次感谢关心、帮助××河务局成长的各位领导，感谢为××河务局做出贡献的各位来宾和同志们；展望未来，我们充满希望，衷心希望各位领导和来宾一如既往地呵护和帮助××河务局。我们将以本次庆典活动为新的起点，认真总结经验、发扬传统，高举邓小平理论伟大旗帜，深入贯彻“三个代表”重要思想，继续解放思想，深化改革，在“1493”理论框架的指引下，认真践行治黄新理念，把维持黄河健康作为义不容辞的神圣使命，不断开创××和谐治黄新局面。

## 范例2：县长在中学建校××周年庆典活动上致辞

【致辞人】县长
【场　景】中学建校××周年庆典活动
【时　机】在庆典活动开始时致辞
【风　格】激情四射
【关键词】隆重集会　盛事　敬意　光彩　荣誉　贡献
【妙　语】群贤毕至，胜友满园；清芳挺秀，华夏增辉；百年大计，教育为本；十年树木，百年树人；与时俱进、开拓创新。

各位领导、老师，同学们：

大家好！

群贤毕至，胜友满园。今天我们在此隆重集会，热烈庆祝××一中建校××周年。这不仅是××一中的大喜事，也是我县教育发展史上的一件盛事。在此，我谨代表××县人民政府向××一中致以热烈的祝贺！向出席今天庆典的各位领导、各位嘉宾、各位校友表示热烈的欢迎！向辛勤耕耘、无私奉献的××一中全体教职员工致以亲切的慰问和崇高的敬意！向关心、支持、厚爱××教育，关注××一中茁壮成长的各级领导、各界朋友和全县人民表示衷心的感谢！

清芳挺秀，华夏增辉。××年来，××一中广大师生耕耘求索、播种希望，一代又一代一中师生与时俱进、继往开来，取得了累累硕果。为××的经济发展和社会进步提供了有力的人才保证和智力支持。分布在世界各地、各个领域的一中学子，以他们的辛勤奉献和卓越成绩为一中赢得了荣誉，为××增添了光彩。

百年大计，教育为本。近年来，我县牢固树立“科教兴县”的战略思想，始终坚持重教为先，兴教为本。在不断推进各级各类学校均衡发展的同时，成功创建了××一中省示范高中，创办了十二年一贯制的民办××外国语学校，打造了一个集初中义务教育、职业教育和青少年校外活动中心为一体的教育园区，××教育正以崭新的面貌呈现世人面前。今后，我们将继续认真贯彻落实党的十七大精神，把教育摆在优先发展的位置，继续为××一中的跨越发展创造条件，加快××一中教育改革和创新步伐，不断提高教育教学质量，努力把××一中打造成全省一流的现代化高水平学校。

十年树木，百年树人。有着××年建校历史的××一中承载着全县××万人民的重托，肩负着各级领导和广大校友的厚望，衷心希望××一中以此次校庆活动为契机，秉承优良的教风和学风，学习借鉴兄弟学校的先进经验，与时俱进、开拓创新。我们将按照科学发展观的要求，不断加强教师队伍建设，努力培养学生的创新精神，不断增强学生的实践能力，把××一中建设成为一个素质教育的楷模、人才辈出的摇篮、崇尚创新的典范，为建设全省生态经济强县做出更大贡献！

最后，祝各位领导、各位嘉宾、各位校友及××一中全体师生员工身体健康、工作顺利、生活愉快！祝××一中明天更加美好！

★★★

## 范例3：市长在中学校庆活动上致辞

【致辞人】市长

【场　景】某中学建校××周年庆典活动

【时　机】在庆典活动开始时致辞

【风　格】慷慨激昂

【关键词】欢聚一堂　欢迎　骄傲　美好时光　奋斗目标　贡献

【妙　语】以德治校，育人为本；我们欢聚一堂，畅述友情，共同回忆学生时代的美好时光，备感亲切；为了××更加美好的明天，为振兴教育、振兴××、振兴中华，做出新的贡献。

各位领导、各位来宾，老师们、同学们、朋友们：

在这金秋时节，我们共聚一堂，一同庆祝××一中××年校庆。

首先，我代表××市委、××市政府，并以我个人作为××一中校友的名义，向××一中全体师生员工和海内外校友，表示热烈的祝贺！向参加庆典的领导和嘉宾，表示诚挚的欢迎！

××一中建校××年来，随着时代的步伐前进，坚持“以德治校，育人为本”的办学宗旨，为××、为国家培育和输送了一批又一批人才。××一中的广大师生，爱祖国、爱家乡，为国家和××的经济和社会事业发展做出了重要贡献。××一中广布海内外的校友，在各条战线上顽强拼搏、艰苦奋斗，为祖国和人民建功立业，为祖国和家乡赢得了荣誉，他们是××一中的光荣，也是××人民的骄傲。

今天，我们欢聚一堂，畅述友情，共同回忆学生时代的美好时光，备感亲切。多年来，××一中的校友们为家乡的经济和社会发展出力献策、增光添彩，做出了很大成绩，这一切，家乡的父老乡亲都是不会忘记的。

近年来，××市委、市政府把教育现代化作为经济和社会发展的首要任务，加大了教育改革力度，把提高教育质量作为提高人才素质和竞争力，保持和创造××在国际国内竞争中优势地位的关键来抓。在巩固“普九”成果的基础上，去年在全省率先基本普及了学前三年和高中段教育。××学院经省政府批准，成为全日制普通高等院校。××被列为全国教育现代化实验区，××市教育工作示范市。教育事业的发展，为全市经济和社会的发展增添了巨大的动力，××已连续×年跻身全国综合实力百强城市，××××年被国家命名为“中国蔬菜之乡”，××××年被××省确定为农业现代化试点市。去年以来，××加快了由传统农业向现代农业跨越，由传统工业向现代工业跨越，由普通县级城市向现代化中等城市跨越的“三大跨越”步伐。今年市委十届七次全委扩大会议提出了全面加快××国际化进程的奋斗目标。

老师们、同学们、校友们，让我们并肩携手、与时俱进，以新的作为、新的风貌，为了××更加美好的明天，为振兴教育、振兴××、振兴中华，做出新的贡献。

祝××一中的未来更加美好！

祝××一中校友全家幸福、事业有成！

祝××一中全体师生身体健康、生活愉快！

谢谢大家！

★★★

## 范例4：市委书记在特区成立30周年庆典上致辞

【致辞人】深圳市委书记

【场　景】深圳特区成立30周年庆典活动

【时　机】在庆典开始时致辞

【风　格】慷慨激昂

【关键词】关怀 鼓舞 感谢 悉心指导 举世瞩目 创新发展 贡献

【妙　语】锐意创新、开拓进取、奋发图强、不辱使命；着力保障和改善民生，推进社会管理创新；努力成为构建和谐社会的新兴区。

尊敬的胡锦涛总书记，各位领导、各位来宾，同志们、朋友们：

今天我们怀着无比喜悦的心情在这里隆重庆祝深圳经济特区建立30周年，胡锦涛总书记和各位领导、各位嘉宾出席今天的大会，这是对我们巨大的关怀、鼓舞和鞭策，首先我代表深圳市委、市政府和全市人民对胡锦涛总书记和各位领导、各位嘉宾的光临表示热烈的欢迎和衷心的感谢。

1980年深圳等经济特区在全国兴起的改革开放大潮中应运而生，30年来，深圳经济特区建立和建设的每一步都倾注着党中央的殷切关怀和悉心指导。……

30年来，深圳历代建设者，忠实贯彻中央创办经济特区的战略意图，锐意创新、开拓进取、奋发图强、不辱使命，使特区建设取得了举世瞩目的成就。……

深圳30年改革开放和经济社会发展的巨大成就，充分证明党中央创办经济特区的决策是英明正确的。充分证明经济特区一直以来所执行的党的路线、方针、政策是完全正确的。……

在新的历史起点上，深圳经济特区将始终牢记使命，在改革开放和科学发展中，进一步肩负起先行先试的责任，以当年杀出一条血路的勇气，在新形势下，走出一条新路，努力当好推动科学发展、促进社会和谐的排头兵，加快建设现代化、国际化先进城市。

我们将坚持改革开放，勇当探路先锋，敢闯、敢试、先行先试，力争在重点领域和关键环节上，率先突破，进一步发挥好窗口试验田的作用。我们将坚持科学发展，以更大力度加快转变经济发展方式，全面推动国家创新型城市建设，力争成为自主创新的国家队，打造具有国际竞争力的现代产业体系，提升参与国际竞争的能力和实力，努力实现创新发展、转型发展、低碳发展。

我们坚持以人为本，着力保障和改善民生，推进社会管理创新，向国际先进城市学习，加强民族法制建设，保障人民群众享有更多、更切实的民主权利，让全体市民共建幸福城市家园、共享改革发展成果，努力成为构建和谐社会的新兴区。

让我们更加紧密地团结在以胡锦涛同志为总书记的党中央周围，高举中国特色社会主义伟大旗帜，以邓小平理论和“三个代表”重要思想为指导，深入贯彻落实科学发展观，努力把深圳经济特区的宏伟事业继续推向前，为我国全面建成小康社会，实现中华民族伟大复兴做出新的、更大的贡献！

谢谢！

★★★

## 范例5：卫生厅厅长在卫校成立××周年纪念活动上致辞

【致辞人】卫生厅厅长

【场　景】卫校成立××周年纪念活动

【时　机】在纪念活动开始时致辞

【风　格】殷切期望

【关键词】协调发展　祝贺　积极贡献　可贵经验　再立新功

【妙　语】七秩春秋勤耕耘，教书育人写华章；形成了“授业求精，质量第一”和“以人为本，育德育能”的办学特色；把学校建设得更加灿烂辉煌。

……………………………………………………

各位领导、各位来宾，老师们、同学们：

大家好！

正当举国上下学习、宣传、贯彻党的十六届四中全会精神，××大地奏响建设对外开放、协调发展、全面繁荣的海峡西岸经济区的历史时刻，具有悠久办学历史的卫生学校迎来了建校××周年华诞。

这是我省中等医学教育领域的一件喜事，在这共庆华诞盛举之际，我怀着无比高兴的心情，代表××省卫生厅党组、厅机关，向卫校建校××周年庆典表示热烈祝贺，向长期奋战在中等医学教育第一线的卫校离退休领导、老同志和全体师生员工致以节日的问候！

七秩春秋勤耕耘，教书育人写华章。

卫校在长期的办学过程中，认真贯彻落实党的教育方针和卫生工作方针，加强教育设施建设，努力优化办学条件，积极深化教育改革，不断创新办学机制，大力推进素质教育，着力强化质量建设，培养了数以万计高素质的技能型卫生人才。

卫校为促进我省中等医学教育和卫生事业的发展，为推进××经济建设和社会发展付出了艰辛的努力，做出了积极贡献，取得了办学成果和精神文明建设的双丰收，形成了“授业求精，质量第一”和“以人为本，育德育能”的办学特色。卫校严谨的校风、严明的校纪和严格的管理为我省中等医学教育事业提供了可贵经验。

喜看今日奋发图强跻身“国重”行列，展望未来与时俱进再创名校新业。

我深信，卫校在市委、市政府的领导下，在社会各界的关心支持下，以校庆活动为新的起点，不断总结办学经验，积极探索办学新路子，进一步深化教育教学改革，努力创新办学机制；坚持科学的发展观和人才观，创新人才培养模式，加强师资队伍建设；坚持面向市场，紧贴医疗卫生改革实际，加强学科专业建设，全面提升办学水平，为实现“人人享有卫生保健”的奋斗目标，为我省全面实现建成小康社会的宏伟目标培养更多的高素质的中等卫生人才再立新功。

我深信卫校在“建名校、创新业”的新一轮创业中，一定能够把学校建设得更加灿烂辉煌。

★★★

## 范例6：医院院长在医院启用×周年纪念庆典上致辞

【致辞人】某区中心医院院长

【场　景】医院启用×周年纪念活动

【时　机】在纪念活动开始时致辞

【风　格】激情四射

【关键词】硕果累累　感谢　敬意　铭记　无私奉献　病有良医

【妙　语】光阴荏苒，回眸一瞬；主动承担社会责任，大力发展社区卫生服务，继续开展健康教育活动；忆往昔，人民医院是一种骄傲；看今朝，中心医院是一种喜悦。

各位领导、各位来宾：

大家好！在这硕果累累的季节里，我们怀着欢愉的心情迎来了中心医院启用一周年的日子。在此允许我代表中心医院，对一直以来关心、支持医院发展的省、市、区各级党政部门和各兄弟医院表示由衷的感谢，对多年来为我院发展建设做出杰出奉献的广大医护工作者表示最崇高的敬意！

××××年××月××日，是值得我们铭记的日子。这一天，人民医院安全、顺利、平稳地搬迁到中心医院；这一天，完成了人民医院到中心医院的历史性跨越；这一天，开始了××人新的征程。光阴荏苒，回眸一瞬，中心医院落成启用已×周年了。×年来，××发生了翻天覆地的变化，天更蓝、路更宽、房更亮、城更美，伴随着这些变化，中心医院也发生了翻天覆地的变化。在这片充满希望的土地上，在区卫生局二十字工作思路的指导下，我们创造了一个又一个的奇迹，公益医院的性质更加凸显。我们秉承“医者精神，服务社群”的宗旨，主动承担社会责任，大力发展社区卫生服务，继续开展健康教育活动，时刻关注社会弱势群众，持续改进就医流程，努力缓解群众“看病难，看病贵”问题。

忆往昔，人民医院是一种骄傲，××年的艰苦创业，镌刻着曲折前进的深深足迹；看今朝，中心医院是一种喜悦，×年来的层层突破，见证了拼博奋进的累累硕果。我们深深感到，医院走过的每一段历程，取得的每一点成绩都离不开党和政府的正确领导；离不开社会各界的大力支持；离不开兄弟单位的热情帮助；更离不开全院员工的开拓进取和无私奉献。

在中心医院启用×周年之际，谨向各级领导、同人、社会各界人士、全院员工致以衷心的感谢！我们深信，有党政领导的支持与关怀，有社会各界的厚爱和帮助，有全院员工的努力拼博，我们中心医院一定会建设成学习型、研究型、特色型的高级医院，一定会成为×区的医疗中心，早日实现区委、区政府给我们下达的“病有良医”的目标。

★★★

## 范例7：公司董事长在公司周年庆典上致辞

【致辞人】公司董事长

【场　景】公司周年庆典活动

【时　机】在庆典活动开始时致辞

【风　格】慷慨激昂

【关键词】感谢　兢兢业业　辛勤创业　崭新局面　添砖加瓦

【妙　语】回首过去的一年，我们感慨万千；面对当前的形势，我们喜忧参半；展望公司的未来，我们信心满怀。

尊敬的各位领导、各位来宾，同志们：

大家好！

在此，我谨代表公司董事会向一直给予我们亲切关怀和大力支持的各位领导和各界朋友，向兢兢业业、任劳任怨始终工作在一线的全体员工表示衷心的感谢！

回首过去的一年，我们感慨万千。一年来，我们公司全体员工精诚团结、辛勤创业，克服了经验缺乏、资金紧张、技术人才短缺、设备调试不顺、材料飞速涨价、销售市场难以打开等种种困难。企业经营实现了从不熟悉到熟悉、从不规范到规范、从初级到现代、从亏损到赢利的历史跨越，开创了市场高度认可、社会好评如潮、职工比较满意的崭新局面。

面对当前的形势，我们喜忧参半。目前，我们公司的产品由于符合国家产业政策，符合节能减排的发展方向，不在污染治理范围内，也因此得到了地方政府的大力支持，主要领导多次到公司视察，指导工作。有关部门也纷纷出台优惠政策，从项目管理、信贷资金、土地使用、人员招聘等方面大开绿灯，及时提供服务，给予大力支持。有这些良好外部条件的支持和我们内部自身的努力，公司管理开始规范，每月产量稳步上升，产品质量越来越好，业务品种越来越多，合作客户越来越广，市场份额越来越大，社会声誉也越来越好。

展望公司的未来，我们信心满怀。虽然我们取得了一些成绩，也面临很多挑战，但是作为公司管理团队，头脑是清醒的、态度是坚决的、信心是坚定的。我们从没有对过去的成绩沾沾自喜，骄傲自满，始终心存忧患意识，始终在反省不足。我们对服从管理，敬业爱岗的人给予充分信任，给予绝对支持。也对那些玩忽职守，调皮捣乱的人决不客气，坚决处理。我们对企业的发展前景毫不怀疑，对我们的选择也从不犹豫。我们有信心、有决心、有能力带领大家应对一切挑战，走向胜利。在此，我也希望在座的各位，进一步振奋精神、进一步昂扬斗志、进一步精诚团结，为把公司建成一流企业，为公司产值过亿献计出力，添砖加瓦。只有企业发展了，我们的岗位才有保障、收入才会提高、生活才会更加美好。

最后，预祝公司周年庆典取得圆满成功！

谢谢大家！

## 范例8：总经理在公司成立×周年纪念活动上致辞

【致辞人】总经理
【场　景】公司成立×周年纪念活动
【时　机】在纪念活动开始时致辞
【风　格】气势磅礴 措辞严谨
【关键词】诞生 经营 优秀人才 充满信心 共同期待
【妙　语】第一个×年的成绩让我们充满喜悦，第二个×年的目标则让我们更加向往；以敬业、务实、执着、协作的态度，以职业的方法、以进取的心态、客观求实的原则、包容理解的胸怀作为解决问题的准则。

各位领导、各位来宾：

大家好！

×年前的今天，一个普通而又注定不平凡的日子，一家普通得再普通不过的企业诞生了，它的名字叫××。说它普通，是因为它成立时在城里无一间办公用房，在城外亦无一栋厂房，而银行账号上仅有的一百万元中的大部分也是借来的。虽然悄然诞生，但它却有自己的明确目标——致力于创建中国中央空调知名品牌。这样的目标，终将让这一天因我们而有所不同！

×年努力，××积累了充分的工业基础：厂房、机械设备、实验室、工艺工装，齐全的产品类型、布局合理的市场网络成为用户与××的有效联系渠道。

×年探索，××认识到这样一个企业发展规律：质量门槛决定着企业的生与死，效率门槛决定着企业过得好与坏，品牌门槛决定着企业寿命长与短。

×年经营，××深切体会到：追求产值、效率、员工收入、客户满意度和内部环境满意度的协调提高是企业运营的理想状态。这些都是××过去×年积累的宝贵财富，但××最宝贵的财富是我们拥有一批有追求、有素质的优秀人才，这将是我们进入第二个×年时更加充满信心的原因。

第一个×年的成绩让我们充满喜悦，第二个×年的目标则让我们更加向往：××将从今天的亿元级企业成长为十亿元级企业，××产品性能和质量将由今天行业先进水平成为行业领先水平，××的人均产值在××××年基础上增长××%，达到行业领先水平，××人均工资达到行业领先水平。让××员工上班时努力工作，下班后快乐享受生活。××将由今天的“小有名声”变为“大名鼎鼎”，成为被用户认可的知名品牌。

朋友们，这一天的到来尽管不会一帆风顺，注定会有挫折，但我们相信，当我们以敬业、务实、执着、协作的态度，以职业的方法、以进取的心态、客观求实的原则、包容理解的胸怀作为解决问题的准则，这个目标就一定会来到我们面前，让我们共同期待和努力吧！

★★★

## 范例9：大学校长在出席其他学校成立×××周年纪念活动上致辞

【致辞人】某大学校长
【场　景】××大学成立×××周年纪念活动
【时　机】在纪念活动开始时致辞
【风　格】逻辑清晰　措辞严谨
【关键词】继承传统　深感钦佩　源远流长　美好愿望　再铸辉煌
【妙　语】齐鲁大地，人杰地灵；金秋十月，秋高气爽；兴教图强，往昔××大学曾开神州高等教育之先河；明德日新，明日××大学定创世界一流大学之伟业。

尊敬的×××书记、×××校长，尊敬的各位领导、各位嘉宾，老师们、同学们、朋友们：

齐鲁大地，人杰地灵；金秋十月，秋高气爽。我非常高兴代表××大学应邀出席这样隆重而盛大的庆典，分享你们的成就和喜悦。在这激动人心的时刻，我谨代表××大学以及全国兄弟院校向××大学全体师生员工和广大校友，表示诚挚的问候、热烈的祝贺和美好的祝福！

××大学是中国近代高等教育的起源性大学。自建校伊始，××大学即秉持“为天下储人才，为国家图富强”的办学宗旨，自强不息，奋发有为，形成了优良的办学传统和校风学风。进入21世纪，××大学在继承传统的基础上，百尺竿头，更进一步，实现了跨越式发展，办学实力、社会影响力和国际竞争力大为增强，形成了鲜明的办学特色，屹立于全国著名高校之林。近几年来，××大学创新推行的“三跨四经历”人才培养模式、打造“最有德性”和“中国传统文化传承与创新最具代表性大学”的举措，以及构建××大学系统等许多崭新探索，都令人深感钦佩！

××大学与××大学都是历史悠久、学科齐全、实力雄厚的综合性大学，两校交流与合作素来密切，特别是××××年××月两校签署《全面合作框架协议》和《关于本科生合作培养的协议书》以来，本着“优势互补、资源共享、互惠互利、共同发展”的原则，两校在学生访学、高层学术访问、教师资源共享、科研合作、图书资源共享等方面，交流与合作日益频繁、密切和深入。珞珈山与千佛山、长江与黄河交相辉映，××大学与××大学的友谊必将地久天长！

当前，我国的高等教育发展迎来了新的春天，党中央、国务院召开了新世纪第一次全国教育工作会议，颁布了国家中长期教育改革和发展规划纲要，对全面推动教育事业科学发展进行了总动员、总部署，高等教育面临着前所未有的机遇和挑战。高瞻远瞩，审时度势，××大学提出了“在建校×××周年时初步建成世界一流大学”的宏伟目标，衷心希望××大学师生紧抓机遇，团结进取，早日实现这一美好愿望！

在未来的征程上，兄弟高校愿与××大学精诚合作、携手并进，为中国教育、科学、文化事业的发展，为实现社会主义现代化和中华民族的伟大复兴做出新的、更大的贡献！

兴教图强，往昔××大学曾开神州高等教育之先河；明德日新，明日××大学定创世界一流大学之伟业。祝××大学繁荣昌盛、再铸辉煌！

谢谢大家！

## 范例10：大学校长在建校××周年纪念活动上致辞

【致辞人】大学校长

【场　景】大学建校××周年纪念活动

【时　机】在纪念活动开始时致辞

【风　格】气势磅礴

【关键词】自豪　汇聚　感谢　革命工作　贡献　奔流不绝

【妙　语】××大学发展的每一个足迹上，都镌刻着前辈的心血；形成了奋发向上的良好氛围；天时地利人和，正处于蓬勃发展时期；迎来又一个鼎盛和辉煌。

各位领导、各位校友、各位朋友：

今天我们迎来了××大学××周年校庆，××大学四个校区都沉浸在无比的自豪和高兴中，五湖四海的校友都汇聚到这里，庆祝×××先生创办××大学××周年校庆，与××大学的师生一起分享这一重要的历史时刻。在这里请允许我代表××大学的师生员工，向长期以来支持××大学发展的各位领导，向远道而来的各位嘉宾以及海内外的校友们，表示热烈的欢迎和衷心的感谢。××年前，国家内忧外患，民族命运系于一旦，有识之士以图教育改变国家的局面。×××先生为救民于水火，视教育为神圣事业，人才为立国大本，将××几所高校合并，创办××大学，并制订了校训，勉励师生。××××年为纪念×××先生，改名为××大学。××大学医科大学的前身，××医学堂成立于××××年，是我国最早的西医学府，×××先生曾经在这里学医和从事革命工作。

作为一所伟人所创，肩负着使命，有着优秀历史的名校，作为一所深受××人民厚爱，在中国南方有重要影响力的一所综合性大学，××大学理应为民族的兴旺、为××省的发展做出贡献。

各位领导、各位嘉宾、各位校友，老师们、同学们，朋友们，××年弹指一挥间，××大学的××年是培育英才的××年，是探索真理追求光明的××年，是发展科学、弘扬文明的××年，是创新学术的××年，××大学发展的每一个足迹上，都镌刻着前辈的心血。今天我们在这座纪念×××先生的著名建筑里，庆祝××大学建校××年，我们可以告慰先生，由他亲手创办的这所大学，在××年积淀下正进行着天下为公的事业，我们没有辜负×××先生的期望，我们向着更美好的明天进发。回首过去××年，我们要衷心感谢一直关心××大学的各界朋友，感谢海内外的校友们，感谢曾经并正在为××大学建设做贡献的师生员工。中国的高等教育已经进入了良性快速发展的轨道，××大学得到了国家和××省的强有力支持，全校师生员工人同心协力，形成了奋发向上的良好氛围。天时地利人和，正处于蓬勃发展时期的××大学，必将为××省率先基本实现现代化做出新的、更大贡献。

大学泱泱，山高水长，让我们祝福××大学的事业如滔滔珠江水奔流不绝。让我们祝福××大学终将迎来又一个鼎盛和辉煌。谢谢大家！

★★★

## 范例11：校长在建校××周年庆典上致辞

【致辞人】校长
【场　景】建校××周年纪念大会
【时　机】在纪念活动开始时致辞
【风　格】气势恢宏
【关键词】欢聚　感谢　喜悦　发展　共同分享　发展前景
【妙　语】百年大计，教育为本；××载风风雨雨，××载沧桑巨变，××年春华秋实，××年硕果累累；在新世纪里迎来更加光辉灿烂的发展前景。

各位领导、来宾，老师们、同学们：

大家好！

今天，我们欢聚在这里，热烈庆祝××市××中学建校××周年。首先，请允许我代表全校师生员工，对你们的光临表示热烈的欢迎！对你们过去、现在以及今后，对××中学的关心和支持，表示衷心的感谢！对发来贺电、贺信的社会各界朋友和校友，表示深深的谢意！你们的到来，为××中学建校××周年的庆典活动增添了隆重和喜悦。

百年大计，教育为本。教育关系着民族的盛衰，国家的兴亡。办好教育已成为民族复兴的头等大事。为了这个梦想，××××年×月一批有志之士齐聚××市东郊××，创办了××市××中学，××××年学校迁来现址，××××年被××区政府确定为区重点中学，××××年×月被评为××省一级学校，××××年被××市政府确定为首批申报国家级示范性普通高中。弹指一挥间，光辉××年，××中学走过了一段艰难创业、策马扬蹄和快速发展的历程，由建校当初的简陋校舍发展到今天××市一流的现代化校舍，由一间默默无闻的郊区普通中学发展到今天昂首迈向国家示范高中的窗口学校，××中学实现了超常规、跨越式的发展。××载风风雨雨，××载沧桑巨变，××年春华秋实，××年硕果累累。

回顾××中学××年创业、生辉的历程，我们心潮澎湃，尤其要感谢在座的各位领导、老师、校友。过去，你们与××中学甘苦与共、休戚相关，为学校的建设添砖加瓦，现在你们又和我们同舟共济，共商学校发展大计，为学校的发展出谋划策，你们为学校奉献了青春年华和毕生精力，你们是××中学××年建设与发展的积极参与者、支持者，是××中学××年辉煌历史的创造者和见证人。今天，××中学把你我的命运连结在一起，历史使命把我们与学校的命运连接在一起，××中学××年建设发展的辉煌成就有我们大家的辛劳和汗水，××中学××年建设、发展的丰硕成果应当由我们大家共同分享！各位领导、老师、校友，回顾过去，我们豪情满怀；展望未来，我们信心百倍。

孔子说：“四十而不惑”，我们衷心祝愿，步入不惑之年的××中学在迈向国家级示范性普通高中、加快现代化建设的进程中焕发新的青春活力，创造出无愧于时代、无愧于××人民的业绩。我们坚信，有各位领导、来宾、校友和老师的大力关心和支持，××中学明天会更好，××中学一定会在新世纪里迎来更加光辉灿烂的发展前景。

最后，在××××年新年即将来临之际，祝尊敬的各位领导、各位来宾，亲爱的各位校友、老师、同学，工作顺利、家庭幸福！

# 第6章 答谢辞

答谢辞，是指在特定的公共场合，主人致欢迎辞或欢送辞后，客人所发表的对主人的热情接待和关照表示谢意的讲话。答谢辞也指客人在举行必要的答谢活动中所发表的感谢主人的盛情款待的讲话。自古以来，人们就提倡“礼尚往来”、“知恩报德”、“来而不往非礼也”，于是在人际交往中便有了“谢”的言行。或作揖，或鞠躬，或以言辞道谢，或以纸笔作书(写成谢函、谢帖、感谢信等)，倘若在庄重的礼仪场合，那便要温文尔雅地致答谢辞了。在答谢辞写作过程中应注意的事项有：

1. 内容与结构要合乎规范

在写作中，一不可混淆，二不可随心所欲地“独创”，要尽可能地符合写作规范，否则将会不伦不类。

2. 感情要真挚、坦诚而热烈

既然要答谢，就应该动真情、吐真言，这就是所谓的真挚、坦诚；虚情假意、言不由衷或矫揉造作，只能引起对方的反感。况且，答谢的本身就是一种“言情”方式，既然要“言情”，就应热烈奔放、热情洋溢，给人以如坐春风的舒适感；而那种冷冰冰、干巴巴、硬邦邦的致辞是很难获得对方认可的。

3. 评价要适度，要恰如其分

答谢主要分为“谢遇型”和“谢恩型”，一般说来，“谢遇型”主要是针对答谢对象的行为方面；“谢恩型”主要针对答谢对象的精神、品质方面。对于对方的行为，“谢遇型”致辞不宜于妄加评论，要着重对答谢对象的行为加以褒义的品评。而“谢恩型”致辞则可着重就其精神或风格做出评价，但要适度，要恰如其分，不可故意拔高、无限升华，以免造成虚情假意之嫌。

4. 篇幅要简短，语言要精练

答谢仪式毕竟不是开大会，致辞应尽量简短些，不可像某些领导的会议报告那么冗长。作为答谢辞，千字文即可，连战先生的答谢辞写得很美，不过，其篇幅稍长了些，但是倒也适合当时的情境。一般答谢辞是无需这么长的。

要想篇幅简短，语言必须精练，应尽可能地将可有可无的字、句、段删掉，努力做到“辞约而旨丰”，言简意赅。

答谢辞的正文一般由开头、中段和结尾三部分组成。

（一）开头

答谢辞的开头首先要对本次答谢的原因和对象进行说明，并对答谢对象进行感谢。如：“亲爱的朋友们：我们对贵国的访问即将结束。首先，请允许我代表我们旅游观光团一行××人对贵国政府对我们的盛情款待表示由衷的感谢。”

（二）中段

答谢辞的中段是整个答谢辞的主体部分。在答谢东道主的致辞中，首先要对东道主的款待表示感谢，并对东道主进行礼节性的邀请；在答谢客户或员工时，要将取得的成绩与客户的支持和员工的努力联系在一起，并对未来发展提出展望。

（三）结尾

答谢辞的结尾一般比较简短，通常是对被答谢者再次表达谢意，并寄予美好的祝愿。

# 第一节　答谢东道主

答谢东道主，顾名思义，就是客人对于主人的款待的答谢，此类答谢辞是在答谢致辞中应用频率较高的答谢形式。在进行这类答谢致辞时，应当注意以下几个方面的内容：

首先，要表达对东道主接待的谢意，并表明此行收获巨大等等。例如：“晚上好！此次中国××有限公司赴法国考察代表团一行×人来到贵公司进行业务考察和商洽合作事宜，受到贵公司的热情接待和友好款待，我谨代表中方代表团向董事长××先生及夫人，以及有关接待人员表示衷心的感谢。”

在表达此行收获与东道主的关系之外还要着重表达对东道主热情接待的谢意。例如：“通过这次参观考察和业务洽谈，我们对法国同行的一流的生产技术、先进的工艺设备和管理水平感到由衷的敬佩，特别是对贵公司开诚布公、真诚协商、友好合作的谈判态度和工作作风留下了深刻印象，使我们最终确立了合作的初步意向。我们回去后，将进一步认真研究合作方案，尽快与贵公司达成合作协议，实现双方的友好合作。”

此外，还要对与东道主的未来进行展望，表明合作意向，并对东道主提出邀请，望其回访。例如：“科学是不分国界的，科学使我们走到一起。我希望今后几天的接触交流能够使我们大家感到满意。看到这样盛大的国际聚会，我感到愉快，我向今天参加会议的所有人员表示祝贺。我相信他们的研究工作达到了本领域的最高水平。”

在结尾处，应该再次对主人的悉心接待和照料表示感谢。例如：“借此机会请允许我再一次向大家表示衷心的感谢！祝愿我们两国人民世代友好！”

### 范例 1：访问团团长在欢送仪式上致答谢辞

【致辞人】访问团团长

【场　景】外国旅游观光团欢送仪式

【时　机】在欢送仪式东道主讲话完毕后致辞

【风　格】深表感谢

【关键词】访问　结束　印象　鼓舞　友谊　地久天长

【妙　语】与各界人士进行了饶有兴趣的谈话，这些都给我们留下了很深的印象；我们用文字和照片记录下了这次访问中一幕幕的动人景象。

亲爱的朋友们：

我们对贵国的访问即将结束。首先，请允许我代表我们旅游观光团一行××人对贵国政府对我们的盛情款待表示由衷的感谢。

访问期间，我们十分有幸地结识了许多知名人士，参观了城镇、乡村、工厂、学校和文艺团体，与各界人士进行了饶有兴趣的谈话，这些都给我们留下了很深的印象。

我相信，我们这次参观访问将有利于促进两国人民之间的友谊。我们用文字和照片记录下了这次访问中一幕幕的动人景象，回国后，我们将与我国人民分享这一切。我深信，这将给他们以巨大的鼓舞。

借此机会，再次衷心地感谢大家！

祝中国人民更加幸福！

祝两国人民之间的友谊地久天长！

再见了，亲爱的朋友们！

★★★

### 范例 2：考察团团长在欢送仪式上致答谢辞

【致辞人】考察团团长

【场　景】中国某公司赴法国考察欢送仪式

【时 机】在欢送仪式开始时致辞

【风 格】激情四射

【关键词】热情接待 感谢 友好合作 启程回国

【妙 语】对贵公司开诚布公、真诚协商、友好合作的谈判态度和工作作风留下了深刻印象；将进一步认真研究合作方案，尽快与贵公司达成合作协议，实现双方的友好合作。

尊敬的董事长××先生及夫人，女士们、先生们：

晚上好！此次中国××有限公司赴法国考察代表团一行×人来到贵公司进行业务考察和商洽合作事宜，受到贵公司的热情接待和友好款待，我谨代表中方代表团向董事长××先生及夫人，以及有关接待人员表示衷心的感谢。

通过这次参观考察和业务洽谈，我们对法国同行一流的生产技术、先进的工艺设备和管理水平感到由衷的敬佩，特别是对贵公司开诚布公、真诚协商、友好合作的谈判态度和工作作风留下了深刻印象，使我们最终确立了合作的初步意向。我们回去后，将进一步认真研究合作方案，尽快与贵公司达成合作协议，实现双方的友好合作。

明天，我们即将结束此次考察行程，启程回国，在此，我谨代表我的同事，并以我个人的名义，对贵公司在我们访问期间所给予的热情款待再次表示感谢。

最后，祝董事长××先生与夫人，以及在座各位朋友身体健康！

祝贵公司兴旺发达！

祝中国××有限公司与法国××有限公司合作成功！

祝中法两国人同的友谊地久天长！

★★★

## 范例3：代表团团长在招待会上致答谢辞

【致辞人】国外代表团团长

【场 景】中国招待会

【时　机】在欢迎辞结束后致辞

【风　格】感激万分

【关键词】盛情邀请 畅谈 互访 卓有成效 热情接待 终生难忘

【妙　语】多年来，我一直盼望着能有机会来中国，现在终于圆了中国之行的梦；我们彼此之间的深厚友谊令我终生难忘。

……………………………………………………………………

女士们、先生们：

首先请允许我感谢你们的盛情邀请及款待，今天能够出席你们的招待会，我感到十分荣幸；能够有机会与在场的中国朋友畅谈，我感到非常高兴。

随着中国改革开放进程的不断深入，我们两国之间的交往越来越频繁，许多政府官员、科学家、艺术家、体育代表团和商人的互访，更加深了我们的友谊。多年来，我一直盼望着能有机会来中国，现在终于圆了中国之行的梦。

这次在中国一年时间的访问学习是卓有成效的，我能够有机会见到许多知名人士，聆听许多专家、学者的教诲，我们之间互相探讨、学习，收获很大。

我的到访，得到了热情好客的中国朋友的热情接待，我深深感觉到了勤劳、善良的中国人民的热情、友好，我们彼此之间的深厚友谊，令我终生难忘！

借此机会请允许我再一次向大家表示衷心的感谢！

祝愿我们两国人民世代友好！

★★★

## 范例4：外国专家代表在国际会议上致答谢辞

……………………………………………………………………

【致辞人】外国专家代表

【场　景】国际会议

【时　机】在欢迎辞结束后致辞

【风　格】热情洋溢

【关键词】荣幸　国际会议　学术会议　盛情款待　愉快　祝贺

【妙　语】科学是不分国界的，科学使我们走到一起；我希望今后几天的接触交流能够使大家都感到满意。

女士们、先生们：

我非常荣幸地代表来自世界各地××个不同国家的科学家，在这里致答谢辞。

我感到特别荣幸的是我能代表所有参加此次国际会议的外宾讲话，因为这是我们第一次有幸在中国参加这一学术会议。

我感谢大会组织委员会对我们的邀请，感谢他们为这次会议的准备工作所付出的辛勤劳动和心血。我们刚到××不久，但大会的计划组织工作已给我们留下了深刻的印象。同时我们也感谢中国主办方对我们的盛情款待。

科学是不分国界的，科学使我们走到一起。我希望今后几天的接触交流能够使大家都感到满意。参加这样盛大的国际聚会，我感到愉快，我向今天参加会议的所有人员表示祝贺。我相信他们的研究工作达到了本领域的最高水平。

×市长，谢谢你热情的欢迎辞，此外，我们还要感谢××市政府和××市人民，因为他们为了使我们能够在这里过得愉快并留下深刻的印象做了大量的准备工作。

谢谢！

★★★

## 范例5：公司代表在接待会上致答谢辞

【致辞人】公司代表

【场　景】公司接待会

【时　机】在接待会开始时致辞

【风　格】真挚感谢

【关键词】技术合作 感谢 收获颇多 蒸蒸日上 共创明天

【妙　语】电子业是新兴的产业，蒸蒸日上，有着广阔的发展前景；祝贵公司迅猛发展、再创奇迹；更希望彼此继续加强合作、共创明天。

尊敬的××先生，尊敬的××集团公司的朋友们：

首先，请允许我代表××公司对××先生及××集团公司对我们的盛情接待表示衷心的感谢。

我们一行×人代表××公司首次来贵地访问，此次来访时间虽短，但收获颇多。仅×天时间，我们对贵地的电子业有了比较全面的了解，与贵公司建立了友好的技术合作关系，并成功地洽谈了××电子技术合作事宜。所有这一切，都得益于主人的真诚合作和大力支持。对此，我们表示衷心的感谢。

电子业是新兴的产业，蒸蒸日上，有着广阔的发展前景。贵公司拥有一支由网络专家组成的庞大队伍，技术力量相当雄厚，是网络工作站市场中的一枝独秀。我们有幸与贵公司建立友好的技术合作关系，为我地电子业的发展提供了新的契机，必将推动我地的电子业迈上一个新台阶。

最后我代表××公司再次向××集团公司表示感谢，并祝贵公司迅猛发展、再创奇迹。更希望彼此继续加强合作、共创明天。

最后，我提议：为我们之间正式建立友好合作关系，为今后我们之间的密切合作，干杯！

★★★

## 范例6：总经理在答谢宴会上致答谢辞

【致辞人】公司总经理

【场　景】合作伙伴答谢宴会

【时　机】在东道主致欢迎辞后致辞

【风　格】感情真挚

【关键词】欢聚一堂　支持　发展壮大　敬意　新契机

【妙　语】感恩知福，饮水思源；为我们的发展提供了新契机，推动我公司迈上一个新的台阶；诚信为本、用户至上的宗旨。

……………………………………………………

尊敬的各位领导、各位嘉宾：

大家下午好！

感恩知福，饮水思源。首先感谢广电一局创造这个机会，将大家聚集一堂进行沟通与交流，借此机会，我谨代表××，真诚地感谢广电一局，正是你们十年如一日的支持、关爱和鼓励，才使得我们××不断成长、发展壮大。在此请允许我代表××公司的全体员工和我个人向××省电力第一工程局表示最深的感谢和最崇高的敬意，感谢大家！

一局拥有一支由电力专家组成的庞大队伍，技术力量相当雄厚，是电厂建设市场中的一枝独秀。我公司有幸与一局建立友好的合作关系，为我们的发展提供了新契机，推动我公司迈上一个新的台阶。

回想起我们××的发展过程，至今历历在目。××××年，××厂成立；××××年，××厂改制组建为××公司，当时注册资金不过××万、人员不到××人。在各位及各级领导的大力支持和帮助下，本着诚信为本、用户至上的宗旨，时至今日，××施工资质上升为防腐保温专业承包二级，注册资本变成了××万元。××次被省工商行政管理局评为“重合同守信用企业”，被国家电力行业、国家石油和化学工业局定为“保温材料推荐供应厂”，同时获取了一大批忠实的、长期的战略合作伙伴。正是由于你们不离不弃的信赖与支持，才使得我们××得以成长、壮大，谢谢你们！

成绩只属于过去，××××年，是我们××人承前启后，向新的目标迈进之年。下一步，我公司预备升级为防腐保温专业承包一级资质，将××升级为中国××，然后预备上市。

我们××人将继续本着诚信为本、用户至上的宗旨；以诚信为人、踏实做事、广交朋友、共创双赢为目标，把××材料有限公司带上新的台阶，决不辜负各位领导、嘉宾的关怀和厚望！

最后，我代表××再次向广电一局表示感谢，希望我们都能迅猛发展、再创辉煌。

谢谢大家！

★★★

## 范例7：祭祖团团长在欢迎会上致答谢辞

【致辞人】西南蒙古族祭祖团团长

【场　景】在欢迎会上

【时　机】在欢迎会开始时致辞

【风　格】逻辑清晰 结构严密

【关键词】灿烂文化 光辉体现 传统美德 生活习惯 祖先

【妙　语】热爱民族、怀念故土和自尊、自强、自爱，团结互助、共同进退的传统美德；来到美丽的大草原，来到圣祖居住的地方。

尊敬的各位领导、各位来宾，朋友们：

大家好！

在盛夏水草丰盛的七月，我们欢聚在美丽富饶的鄂尔多斯草原，缅怀蒙古民族的光辉历史和灿烂文化，共同祭祀祖先成吉思汗。这是伟大的中国共产党的民族平等、团结、互助进步和共同繁荣政策的光辉体现，也充分显示了血管里浓缩着成吉思汗家族血液的蒙古民族各大支系子孙尊重祖先、热爱民族、怀念故土和自尊、自强、自爱，团结互助、共同进退的传统美德。

因为历史的原因，使我们南北分离长达×××年之久，但我们的心是相通的，是永远连在一起的。我们是草原的孩子，这辽阔的内蒙古高原，曾经是我们父辈的草原，母亲的河。

现在我们虽然生活在不同的地域，特别是我们西南蒙古族，生活在众多民族杂处的民族走廊中，在语言、生活习俗诸方面都受到了不同民族的不同程度的影响。但我们始终信守着圣祖的遗训和家风，曾将元朝在西南地区的治理历史向后又延续了三十六年。自洪武二十五年与北元政权失去联系后，西南地区的蒙古族仍然在几个蒙古王后裔土司的统领下，顽强地保留着中世纪的蒙古族语言特征、风俗习惯和生活习惯。

这次按西南蒙古族所保留的中世纪的传统祭祀方式组织的祭祖活动，是我们离开圣祖和草原×××年的成吉思汗家族，以及梁王甘麻剌、梁王孛罗、云南王阿鲁、建昌王月鲁帖木儿、青海王固始汗和拉藏汗、诸王卜都和按都、南平王铁改余支系和罗罗斯宣慰司孛罗帖木儿等八大支系子孙组成的首次活动，希望这次抛砖引玉的探亲祭祖活动，今后能使更多的蒙古族后裔来到美丽的大草原，来到圣祖居住的地方缅怀我们的祖先！

在这里，我谨代表西南蒙古族同胞，以及由八大支系后裔组成的祭祖观光旅游团的全体同胞，向关心支持这次活动的国家民委八协办、×××自治区党委、政府和民委表示感谢！向热情欢迎我们北归故里祭祖的××××党委、政府和××管理委员会表示万分的感谢！向至始至终都全力关注、支持这次活动的×××电视台、日报社等新闻媒体的领导和同志们表示真诚的谢意！对为这次行程做出精心安排服务的××旅游公司表示衷心的谢意！就因为有了各级各部门的亲切关怀和全力支持，我们才有幸回到了久别的故乡，祭奠自己的祖先和探亲访友，才将×××年的历史和几千里的距离拉近，我们真诚地感谢你们！因为我们是远离故乡的蒙古族人！

## 第二节　答谢客户或员工

答谢客户或员工的答谢辞的撰写，应当注意以下几个方面的内容：

1. 在正文部分，要对公司本年度取得的成绩进行着重阐述，使其与客户或员工的努力工作和积极配合结合起来，并突出客户或员工在企业发展过程中的重要作用。

2. 在一般情况下，此类答谢辞的使用一般与年会同时进行，因此，在喜庆祥和的日子里，这种答谢辞应当充满节日气氛。

3. 对客户或员工的答谢辞，情感表达应尽量丰富，风格可以适当活泼。

4. 答谢辞篇幅应短小精悍、生动、得体。

★★★

### 范例1：行长在客户答谢会上致辞

【致辞人】行长

【场　景】客户答谢晚会

【时　机】在答谢会开始时致辞

【风　格】热情洋溢

【关键词】锐意创新　实事求是　爱心义举

【妙　语】不断解放思想、实事求是、开拓进取、锐意创新；从优秀到卓越，始终与我国改革开放的伟大事业共进步；诚实守信、尽职尽责、改革创新、以人为本。

尊敬的各位嘉宾、各位朋友：

大家好！

今天我们非常有幸地邀请到了多年来一直关心、关注我行的新老客户和朋友莅临今天的客户答谢会。

首先，请允许我代表××银行××支行的全体员工，对各位嘉宾的光临表示最热烈的欢迎和最衷心的感谢！

成立于××××年的××银行，曾是我国唯一的外汇外贸专业银行。数十年来，××银行始终立于改革开放的最前沿，不断解放思想、实事求是、开拓进取、锐意创新，努力建设国际一流银行，从优秀到卓越，始终与我国改革开放的伟大事业共进步。

××××年××月××日、××月××日，××银行先后在香港和上海证券交易所成功挂牌上市，成为首家上市的国有商业银行。

如今，××银行事业已发展成为国内同行业中唯一拥有商业银行、投资银行、保险、直接投资、资产管理、基金管理及租赁等多个业务领域的金融集团。

××××年末，××银行资产总额达到××亿元，比××××年末增长××%，连续××年入选美国《财富》杂志“世界五百强”企业，先后×次被《欧洲货币》评选为“中国最佳银行”和“中国最佳国内银行”。所有者权益达到××亿元，市值达到××亿美元，列全球上市银行第×位。资产收益率（ROA）和股本回报率（ROE）分别达到××%和××%，基本达到国际先进银行平均水平。

作为2008年北京奥运会唯一银行合作伙伴，我们坚持“追求卓越、客户至上、精细管理、团结协作”的宗旨，以良好的服务质量获得中外客户一致好评。创下了客户零投诉、服务零差错的佳绩，展现了中国金融企业的良好形象。

面对突如其来的汶川地震，××银行充分体现了企业的爱心和社会的责任。捐款捐物、交纳“特殊党费”等累计捐赠超过××亿元。

在××，我们以“追求卓越”作为全行的核心价值观，务实地在“诚信、绩效、责任、创新、和谐”基础上，大力营造“诚实守信、尽职尽责、改革创新、以人为本”的工作氛围，为构建“活力××、开放××、和谐××”做出了应有的服务与贡献！

我们深知，××银行之所以能够取得如此的成就，能够拥有如此的爱心义举，离不开社会各界的关注与信赖，离不开在座各位嘉宾朋友的支持与厚爱。

为此，我提议让我们再次以最热烈的掌声向到会的嘉宾和朋友，表示最热烈的欢迎和衷心的感谢！

今天，为答谢在座的各位嘉宾朋友长期以来对××银行的信任和关注，我们特意邀请到资深金融理财专家为您提供积极有效的投资理财知识及资讯，愿在座的各位嘉宾喜欢！

昨天，我们相识、相知；今天，我们相逢、相遇。这既是一种缘分，又是一种契机，还是一种福气。

最后衷心祝福各位嘉宾、各位朋友，家庭幸福、事业成功、安享一生！

谢谢大家！

## 范例2：公司领导在客户答谢活动上致辞

【致辞人】公司领导
【场　景】客户答谢活动
【时　机】在答谢会开始时致辞
【风　格】言语恳切
【关键词】感谢　成长壮大　经风历雨
【妙　语】在市场的起伏中和诸位一同经历风雨、一起成长壮大；希望继续得到诸位成功人士的经验、支持和关照；在这个晚上能够快乐、放松地结交朋友、沟通经验、共同享受繁忙中这片刻的闲暇时光。

亲爱的各位领导、各位来宾：

你们好！

很高兴诸位接受××××的邀请，在百忙之中光临我们的答谢会。这是你们对××××的认可和支持，我在此表示真挚的感谢！

同时感谢诸位在××年的时间里，对××××给予的支持和厚爱，使××××得以在市场的起伏中和诸位一同经历风雨、一起成长壮大。

我们目前有着××人的队伍，有着每日××万的独立购车访问人群。我们明年的计划是将人数发展到××人左右，这××人不是简单的人员组合，而是一个有战斗力的队伍，能够担当起为各位服务并有助于各位事业成长责任的队伍。

请允许我介绍我们中层队伍成员，他们是××××中层队伍的一部分。

诸位可以在各个方面与他们发展业务关系，我们希望继续得到诸位成功人士的经验、支持和关照。××××的发展离不开诸位的支持和厚爱。

最后，祝大家××××年事业顺利！在这个晚上能够快乐、放松地结交朋友、沟通经验、共同享受繁忙中这片刻的闲暇时光！

## 范例3：信用联社领导在新春客户答谢会上致答谢辞

【致辞人】信用联社领导

【场　景】新春客户答谢会

【时　机】在答谢会开始时致辞

【风　格】热情洋溢

【关键词】美好时刻　诚挚　饮水思源　不断奋进

【妙　语】以加快业务发展为动力、以加快改革为抓手；一年多的求索，见证了一段改革的历程，也奠定了走向未来的坚实基础；一年多的拼搏，实现了一个艰难的嬗变，也开启了××城区联社跨越发展的大门。

各位领导、各位来宾：

在农历新年即将来临、举国欢庆的美好时刻，我们在此隆重举行××××年新春客户答谢会，与各位领导、各位朋友欢聚一堂，共述情谊。首先，我代表××市城区农村信用合作联社全体员工，向长期以来关心支持我社改革发展的各位领导、各位朋友，致以诚挚的感谢！

××××年是××城区联社深化改革、加快发展的关键之年。一年来，国家经济形势复杂多变、通胀压力加大，各金融机构面临前所未有调控压力等，××城区联社在市委、市政府、人行、银监局、上级联社和社会各界的鼎力支持和殷切关爱下，以加快业务发展为动力、以加快改革为抓手，实现了改革与发展齐头并进的良好局面。

到××××年底，××城区联社改革组建农村商业银行的各项指标已全部达标，并通过了省银监局验收，即将上报中国银行业监督管理委员会审批。业务经营上，各项存款达××亿元，比年初净增近××亿元，增幅××%；各项贷款达××亿元，比年初净增近××亿元，增幅××%；不良贷款降幅达××%，不良率为××%；实现利润××亿元，比上年净增××万元，增幅××%；缴纳各项税收××万元，比上年净增××万元，增幅××%；支持对口帮扶等社会公益事业××余万元。

饮水思源，我们深知，这些成绩的取得，离不开在座各位朋友的信赖与支持。你们的理解和信任是我们前进的强大动力，你们的关心和支持是我们成长的不竭源泉，你们的每一次参与、每一个建议，都促使着我们不断奋进。

一年多的求索，见证了一段改革的历程，也奠定了走向未来的坚实基础；一年多的拼搏，实现了一个艰难的嬗变，也开启了××城区联社跨越发展的大门。××××年的脚步已悄然走来，××城区联社将倍加珍惜良好的发展态势，纵深推进产权制度改革，始终以回报社会、回报股东、回报客户为己任。以实施业务经营精细化管理和效益提升工程、产权制度改革与经营机制完善工程、营业设施高起点标准化建设工程、风险防范和内部管理规范化推进工程、企业文化和人才战略建设工程等“五大工程”为重点，以百倍的信心和努力、高度的责任感和使命感，谱写新的篇章。到××××年底，力争存款突破××亿元，贷款超过××亿元，实现账面利润××亿元，上缴各项税收超过××万元，对股东的回报率不低于××%，努力把××城区联社打造成××城区存贷款规模最大、发展前景最好、支持和服务客户最佳、受人尊敬和信赖的金融机构。

艰辛成伟业，奋斗铸辉煌。在前行的号角吹响之际，我们热切地希望能与在座的朋友携手并进、精诚合作，用满腔的真诚和百倍的努力，共同谱写××城区信合事业新的灿烂与辉煌！

最后，衷心祝愿大家新年快乐、身体健康、合家欢乐、万事如意！

谢谢大家！

★★★

## 范例4：公司经理在客户答谢会上致答谢辞

【致辞人】公司经理

【场　景】客户答谢会

【时　机】在答谢仪式开始时致辞

【风　格】条分缕析

【关键词】万象更新　感谢　实践洗礼　理解　信任

【妙　语】新年来到，万象更新；因为只有你们的发展，才有我们的进步；只有你们的富裕，才有××××乃至全县人民的幸福；与各位企业家心心相印、共谋发展。

尊敬的企业家朋友们：

大家好！

今天是××××年×月××日，新年来到，万象更新。大家喜气洋洋地相聚我们公司，参加一个全新的客户答谢会。请允许我代表××保险公司××支公司经理室及全体员工，向各位尊贵的来宾和朋友，表示最热烈的欢迎和衷心的感谢！

在××和保监会的直接领导下，经过中国保险业的实践洗礼，××××用自己丰硕的经营成果，雄踞世界五百强，领先中国保险业，有我国寿险业“航空母舰”的美誉。随着我国改革开放的不断深入，××××创新拼搏，稳健经营，××××年又被评为世界品牌价值五百强，至今一直是我国唯一一家世界双五百强企业。它以××年的悠久历史，第一位的金融实力，最强的营销队伍，最齐全的营销网络以及全优的服务品牌，无可质疑地成为举国公认的最优秀的寿险公司。

自××××年以来，我们××××支公司在上级公司和县政府的领导下，致力于打造服务品牌，创建文明行业，抓行风建设，抓服务质量，赢得了全县各级干部群众的理解和信任。客户的风险意识、理财观念明显改观，投保欲望增强，各项寿险业务得到全面的发展。公司业绩连续×年位居全市同级部门第一位，××××年实现保费××亿余元，成为××市第一个实现保费过亿元的保险公司。××××年保费总量再创新高，达到××亿，稳居全市第一名，进入全省前十名。事实证明，我们××支公司已经步入健康快速的发展轨道。

各位朋友们，去年下半年由美国引发的金融海啸，已经导致了全球性的经济危机。中国自然也难以独善其身，这次金融危机对我国的影响是严重的。但是，改革开放××年的中国，有雄厚的物质基础、有潜力巨大的内需市场、有千载难逢的发展机遇，我们有能力战胜经济危机，建设和谐强大的社会主义国家。国家出台的进一步扩大内需、加大基础设施建设、改善民生、促进消费等系列政策，也为我们保险业的快速发展提供了难得的机遇。

金融危机可能让我们的企业受到影响，也让企业家感到投资的风险。如何寻找稳健的投资渠道，已经是许多企业家正在思考的重要问题。

新的一年刚开始，我们向全县广大的优秀企业家，隆重推出“抵御金融危机保险套餐”。它具有投资期限短，收益时间长，集投资、理财、保障为一体，是××××总公司专门为企业家设计的投资理财产品。也是我们战胜金融危机的有力武器。

朋友们，我们××××尤其盼望您的企业长盛不衰，兴旺发达。因为只有你们的发展，才有我们的进步；只有你们的富裕，才有××××乃至全县人民的幸福。我们××××将秉承“成己为人，成人达己”的核心理念，与各位企业家心心相印、共谋发展。

今天，为了让大家更好地了解目前的经济形势，认识最前沿的理财知识，让您的投资更加合理稳健，我们特别邀请北京大学客座教授×××先生和省公司讲师团的优秀讲师×××老师给大家讲解理财知识。听完之后，希望能对大家有所帮助。

大家都知道，牛年的春天来了。借此机会，我代表××支公司全体员工祝各位身体健康，合家幸福；祝您的企业兴旺发达，财源滚滚；愿我们携手互助，成为永远的朋友！

谢谢大家!

★★★

## 范例5：院长在新春答谢晚会上致辞

【致辞人】公路勘察规划设计院院长

【场　景】新春答谢晚会

【时　机】在答谢晚会开始时致辞

【风　格】热情洋溢

【关键词】同聚一堂 共述友谊 共同努力 崭新局面 感谢

【妙 语】提升战略、夯实文化、创新技术，增强执行力；齐心协力、坚持不懈，争取为我们的合作提供更为广阔的舞台。

尊敬的各位来宾、各位同人：

冬去犹留诗意在，春来身入画图中。在满怀豪情迎接新的一年到来之际，我们在此隆重举行“迎新春答谢合作方酒会”，与各位同人、朋友同聚一堂，共叙友谊。

首先，请允许我代表××省公路勘察规划设计院全体员工，对各位的到来表示热烈的欢迎！近几年来，在省交通集团的正确领导下，通过院领导班子以及全体员工的共同努力，设计院的内部管理水平不断提高，产品质量不断提升，品牌优势日益凸显，各项事业均呈现出了生机勃勃的崭新局面。这些成绩的取得与在座各位的大力支持与鼎力相助是分不开的，军功章有你们的一半，设计院的发展历史也必将为你们记下浓墨重彩的一笔，在此向你们表示衷心的感谢！

回顾过去的几年，我们本着诚信、共赢的原则，在设计、勘察、测量、交通工程、水土保持等各个领域开展了广泛的合作，取得了非常好的成绩。通过合作，我们一方面增进了彼此之间的了解和友谊，加强了技术交流和合作；更为重要的是通过合作，我院综合实力得到了增强，各合作单位的人才队伍也得以迅速成长，同时，经济效益也得到了相应提高，完全达到了互利共赢的合作目的。

展望即将到来的××××年，我院将继续遵循“提升战略、夯实文化、创新技术，增强执行力”的战略步骤，齐心协力、不懈努力，争取为我们的合作提供更为广阔的舞台，我坚信我们在今后的合作道路上必将取得新的、更大的成绩！

在新春佳节到来之际，我谨代表设计院全体员工并以我个人的名义给在座各位拜个早年，预祝大家：身体健康、合家欢乐；工作顺利、事业有成！最后，我提议大家共同举杯，为我们的友谊、为我们的合作、为我们的成功、为我们的建康、为我们美好的未来，干杯！

★★★

## 范例6：银行领导在客户答谢晚会上致辞

【致辞人】银行领导

【场　景】银行客户答谢晚会致辞

【时　机】在答谢晚会开始时致辞

【风　格】满怀激情

【关键词】高端客户　答谢会　感谢　贡献　发展道路　务实

【妙　语】优质诚信的服务已经深入人心；充分地依托和发挥网络优势，完善城乡金融服务功能。

尊敬的各位嘉宾、各位朋友：

大家好！

今天我们非常有幸地邀请到了多年来一直关心、关注、我行的新老客户和朋友，莅临今天的高端客户答谢会。

首先，请允许我代表××银行××分行的全体员工，对各位嘉宾的光临，表示最热烈的欢迎和最衷心的感谢！

作为连接城乡的纽带，××银行长期以来扎根城乡，优质诚信的服务已经深入人心。经过多年的建设与积累，××银行的营业网点遍布城乡、网络覆盖面广、网络功能齐全，完全可以为客户提供方便、快捷的电子金融服务。同时，我们拥有一支特别能吃苦、特别能战斗、特别能奉献的干部职工队伍。

多年来，我们始终不渝地秉承着“人民邮政为人民”的宗旨，充分依托和发挥网络优势，完善城乡金融服务，为城市社区和广大农村地区居民提供储蓄、汇兑、异地结算、商易通、代理保险、代售国债、小额信贷等诸多方面服务，为构建和谐社会和支持社会主义新农村建设做出了积极的贡献！

如今，党的十七大指引了又好又快的发展道路，并要求我们服务“三农”、造福大众。我们在这里举行的答谢及回馈众客户和传播新的投资理财理念等活动，从某种意义上讲，就是一次最好的实践。

今天，为答谢在座的各位嘉宾朋友，长期以来对××银行的信任和关注，我们特意邀请到资深金融理财人士为大家提供积极有效的投资理财知识及资讯，愿在座的各位嘉宾喜欢！

最后衷心祝福各位嘉宾、各位朋友：家庭幸福！事业成功！安享一生！

谢谢大家！

★★★

## 范例7：公司领导在员工答谢大会上致辞

【致辞人】公司领导

【场　景】员工答谢大会

【时　机】在答谢大会上致辞

【风　格】热情洋溢

【关键词】欢聚一堂　无比兴奋　难以忘怀

【妙　语】我们对公司蓬勃发展充满信心，对公司腾飞无比自信；展望新的一年，我们深感任重而道远；打工奋斗的理想场所、学习进步的课堂、努力成才的摇篮、成就个人事业的平台。

尊敬的各位来宾、公司的全体干部员工：

晚上好！

即将告别精彩而难忘的××××年，今天我公司全体干部员工又欢聚一堂，以无比兴奋的心情，在这喜庆祥和的气氛中举行新年晚会，让我们满怀着希望共同迎接更加美好的××××年的到来。

值此新年到来之际，我首先代表公司向莅临今天晚会的各位来宾和全体干部员工致以新年祝福！恭祝各位身体健康，万事如意，祝公司宏图大展兴旺发达！并请允许我以公司和我本人的名义，向全体干部员工致以崇高的敬意！感谢大家一直以来为公司付出的辛勤劳动和做出的卓越贡献，更加感谢你们的父母，辛苦将你们抚养成人，送到公司来和我们一起工作、一起生活，公司的发展也有他们的功劳。

在这欢庆的时刻，我们不禁回想起令每个人都难以忘怀的××××年，公司从××××年××月导入精益生产以来，在我们不断地努力奋斗下进步成长，终于在××××年发生了天翻地覆的变化。车间从机群式生产向U型式生产改变，将××平方米的××车间和××平方米的××车间，整合缩减××平方米的××车间；将××万元的总库存降到现在的××万元；将生产线上的手动装夹升级为气夹，有效地提高了我们的工作效率；抛光、清洗线内化等等，所有的改善都体现了我们公司干部员工的智慧。在这一年里，我们接待了许许多多外来企业的参观，也充分说明了我们的成绩，我们对公司蓬勃发展充满信心，对公司腾飞无比自信！另外，这一年又是制造行业经历急风暴雨洗礼的一年，市场竞争迫使生产制造型行业进入优胜劣汰的整合，××××年的下半年我们公司又经受了前所未有的国际经济危机的冲击。经过这一连串大浪淘沙式的筛选，许多生产企业纷纷被淘汰，而我们公司在全体干部员工的共同努力下，克服了重重困难，我们走过来了！我们用事实证明了我们公司是优秀的；我们公司每一位员工都是优秀的。在此，我再次以公司的名义向和公司一起走过不平凡的××××年的全体员工表示感谢！

今天我们满怀信心迎接充满挑战与机遇的××××年，展望新的一年，我们深感任重而道远，面对这更广阔的发展空间和更加激烈的竞争环境，在这困难与机遇同在的新形势下，我们企业要取得更大的成就，必须全方位提升我们公司的产品品质和管理水平，创造出更好的效益继而提高广大员工的福利待遇。在新的一年里让我们全体干部员工团结一心，克服一切困难，为把公司打造成一个“打工奋斗的理想场所、学习进步的课堂、努力成才的摇篮、成就个人事业的平台”而努力奋斗！

祝大家今晚开心愉快！谢谢大家！

## 范例8：房地产公司总经理在客户答谢大会上致辞

【致辞人】公司总经理
【场　景】客户答谢大会
【时　机】在答谢大会上致辞
【风　格】气势磅礴
【关键词】欢迎　拭目以待　战略部署　安居乐业
【妙　语】只有建立一个和谐的社区环境，我们才能更好地生活，实现安居乐业的目标；预祝在今后的日子里，我们能像今天活动的主题所说的一样，“让我们走的更近”！

尊敬的各位业主，女士们、先生们：

大家晚上好。

首先，我代表××房地产开发有限公司对大家的到来表示热烈的欢迎和衷心的感谢。

××项目自今年××月××日动工建设到××月××日开盘，至今已销售××套，换句话说也就是有××户家庭已经成为了××的业主，今天我们在这里举办这次客户答谢会，一是为了感谢各位一直以来对××以及我们企业的关注，你们的支持才使我们的销售业绩在××名列前茅，我在这里负责任地讲，我们一定会用最好的产品质量来回报各位业主的厚爱，请大家拭目以待。

其次，有必要对××集团和××项目做一个简单的介绍。我们××集团创建于××××年，总部位于××省××市，注册资本为××亿元人民币，现有职工××余名，总资产规模达××余亿元、年销售额超过××亿元，是中国民营企业500强之一、××省重点企业。

××项目是××集团的子公司××公司立足于××房地产开发的第一个项目，公司总部对××项目给予了从人力到财力的支持，在今年的一月份，公司就对××项目提出了“两高”的战略部署，即高质量完成项目工程建设，给各位业主一个高品质的家。

第三，我们想借此机会加强我们企业与业主之间、业主与业主之间的沟通与交流，增进我们彼此之间的了解和信任。在座的各位以后将共同生活在××，成为邻居成为朋友，只有建立一个和谐的社区环境，我们才能更好地生活，实现安居乐业的目标。

第四，我代表公司在此向各位业主宣布，××俱乐部正式成立，我们将进一步完善这个属于我们自己的活动组织，为各位提供更加完善的服务。这次活动只是一个开始，以后会有更多更精彩的活动在等着大家，欢迎大家加入。

最后，预祝今晚的活动圆满成功，预祝大家度过一个美好而愉快的周末！也预祝在今后的日子里，我们能像今天活动的主题所说的一样，“让我们走得更近”！

谢谢各位！

★★★

## 范例9：报社领导在客户答谢会上致辞

【致辞人】报社领导
【场　景】客户答谢会
【时　机】在答谢会上致辞
【风　格】热情洋溢
【关键词】欣喜　荣幸　欢迎　素未谋面　神交已久
【妙　语】一起见证了《××报》的诞生、成长和发展壮大，虽然还谈不上强大，但我们坚信曙光就在前头。

各位来宾，朋友们、同志们：

今天，非常欣喜也非常荣幸，能把大家请到这里来，用武汉话说，就是大家讲味口，给足了我们××集团和《××报》的面子。热烈欢迎大家的光临！

在座的各位都是我们的老朋友，虽然有许多人素未谋面，但神交已久。在过去三年多的时光里，我们风雨相随，一起经历了××这座特大城市的大变革和大发展。更一起见证了《××报》的诞生、成长和发展壮大。各位企业家的形象以及你们企业的形象和产品，已经深深根植在我们报社每个人的心中，更通过我们的报纸传播到了千千万万读者的心中。三年前，《××报》像一株幼苗在××破土而出，终于在大家的精心呵护和深切关爱中长出了可以经风历雨的健壮枝干，虽然还谈不上强大，但我们坚信曙光就在前头。终于确立了《××报》的领先地位的此时此刻，我们真诚地、由衷地、发自内心地感谢各位，感谢各位的协作和支持！在这里我代表××集团和《××报》向各位深深地鞠躬！

恐怕世界上少有人不知道世界第一高峰是珠穆朗玛峰,但却少有人知道世界第二高峰。其实，世界第二高峰乔戈里峰海拔 8611 米，只比第一高峰矮区区 200 多米，但这就是第一和第二的区别。因此，《××报》始终立志成为××第一、华中第一、乃至中国第一的报纸。因此，各位企业家选择第一就是选择最佳，就是选择成功。现在越来越多的企业家开始意识到对各个阶层读者的各个生活层面的影响和渗透的作用。这种影响是潜移默化的，是那种“随风潜入夜，润物细无声”的渗透。所以，我们希望各位一如既往地信任和支持《××报》，期待我们今后更加紧密、更加友好、更加持久地合作。为了《××报》和你们的企业长远地可持续地共同发展，我们愿为大家奉献我们全部的智慧和精力！

再次感谢大家，大家的支持和帮助，我们无以回报。唯有努力做好我们的报纸！

春节快到了，向各位企业家和你们蒸蒸日上的企业表达我们最真诚的祝福和深深的敬意。同时借此机会向大家拜年，祝大家生意兴隆，财源广进，幸福安康，合家欢乐！

谢谢！

★★★

## 范例 10：信用社领导在客户新春答谢会上致辞

【致辞人】信用社领导

【场　景】客户新春答谢会

【时　机】在答谢会上致辞

【风　格】层次清楚

【关键词】新春快乐 源泉 龙腾盛世 财富机会

【妙　语】广大客户的真诚与信任，永远是我们信心的源泉；广大客户的关注与厚爱，始终是我们前行的动力；更加细致的服务能为大家带来新的财富机会，希望我们能够共同赢在××××！

尊敬的各位来宾，女士们、先生们：

下午好！

非常感谢各位在百忙之中抽出时间前来参加我们的高端客户新春答谢会，借此机会，我代表××市农村信用社××名员工向各位拜个晚年，祝大家新春快乐，龙年大吉！

客户一直是我们信用社赖以生存、发展、壮大的根基。在刚刚过去的××××年，我们以客户为中心，与包括在座的各位在内的广大客户风雨同舟、携手共进、改革发展取得了骄人的业绩。截至××××年末，各项存款余额××亿元，较年初净增××亿元，增长××%，存款总量占全市金融机构的××%，居第××位；各项贷款余额××亿元，较年初增加××亿元，增长××%，贷款总量占全市金融机构的××%，居第××位；实现经营利润××亿元；农村商业银行筹建工作正式启动等。能取得以上这些成绩，离不开新老客户的信任与支持。可以说，广大客户的真诚与信任，永远是我们信心的源泉；广大客户的关注与厚爱，始终是我们前行的动力。在此，我代表信用社党委向长期以来关心、支持××市农信事业发展的新老客户表示衷心的感谢！

龙腾盛世，新的一年，新的起点。××××年是实施“十二五”规划承上启下的重要一年，更加复杂的市场环境、更趋激烈的市场竞争，对我们的服务提出了更高的要求。新的一年，我们将不断进行产品创新、管理创新和服务创新，全力打造客户最信赖、服务质量最优的银行，希望我们更加专业、更加细致的服务能为大家带来新的财富机会，希望我们能够共同赢在××××！

当前，××市农村信用社组建农村商业银行已进入关键阶段，我们坚信，有广大黄金客户的支持，新组建的××农村商业银行必将会被打造成为产权清晰、治理完善、内控严密、效益良好、具有较强竞争力的一流现代金融企业，成为××市的新名片！

最后，再次向各位尊敬的客户送上我们最诚挚的新春问候，恭祝大家身体健康、事业兴旺、合家幸福、万事胜意！

谢谢大家！

★★★

## 范例11：公司经理在客户答谢酒会上致辞

【致辞人】公司经理

【场　景】客户答谢酒会

【时　机】在答谢酒会上致辞

【风　格】热情洋溢

【关键词】满怀豪情　谢意　提高　微薄之力　双赢

【妙　语】金猿腾空昔年去，雄鸡唱晓新春来，回首过去峥嵘岁月欣慰神驰，展望未来锦绣前程壮怀激越。

尊敬的各位来宾，女士们、先生们：

在新的一年即将到来之际，我们以最真诚的感谢、最真挚的祝福在这里举办迎新春客户答谢酒会。首先我代表××大厦向一直给予我们支持和厚爱的新老客户朋友们表达谢意，并祝你们在新的一年里身体健康、工作顺利、生意兴隆、万事如意！

过去的一年是××大厦快速发展的一年，我们在集团公司的领导下、在各位客户的支持下，经过我们全体员工的共同努力取得了一定的成绩：顺利通过国家建设部关于国家级示范大厦的复检，保持着物业管理的最高荣誉；全面启动了ISO9001质量管理体系试运行，全面强化了基础管理工作；荣获了××市物业管理先进单位和××市公安局经保系统先进单位等光荣称号。这一年客户对××大厦各项服务满意率又有上升，各项服务水平又有新的提高。

金猿腾空昔年去，雄鸡唱晓新春来，回首过去峥嵘岁月欣慰神驰，展望未来锦绣前程壮怀激越。

在新的一年里我们将继续努力，不断取得新的突破，来回报广大客户的厚爱。为您事业的成功尽我们微薄之力。我们将以百倍的努力、良好的服务以及崭新的精神风貌服务于您，我相信经过我们相互支持、友好合作，一定能实现双赢的目标。让我们携手奔向美好的明天！

再次祝福××大厦全体客户及各公司员工新年快乐、万事如意，祝各位事业辉煌、如日中天！祝各单位百业俱兴、宏图大展、前程无限！

★★★

## 范例12：总经理在新春答谢晚宴上致辞

【致辞人】总经理

【场　景】新春答谢晚宴

【时　机】在答谢晚宴上致辞

【风　格】喜庆祥和

【关键词】共叙友谊　敬意　辛勤汗水　铸就辉煌　再谱新篇章

【妙　语】回首过去，汗水孕育硕果，展望未来，拼搏铸就辉煌；心往一处想，劲向一处使，继续发扬特别能吃苦、特别能战斗、特别能奉献的精神。

各位来宾，同志们、朋友们：

一元复始，万象更新，在××××年新春佳节即将来临之际，我们满怀收获的喜悦欢聚一堂，共进晚宴，共叙友谊。

首先，我代表××发电厂对出席今天宴会的各位来宾表示热烈的欢迎！向在座的各参建单位项目部的领导，并通过你们向为××发电工程付出辛勤汗水的全体参建人员及其家属致以崇高的敬意！真诚地向大家道一声：辛苦了！

刚刚过去的××××年，对××发电厂来讲，是极不平凡的一年。这一年，经过我们的不懈努力，在极其严峻的形势下，我们的项目获得核准。各参战单位顾全大局、奋力拼搏、团结协作、克服困难，终于实现了烟囱到顶、主厂房封闭、#1锅炉大件基本吊装完成、空冷岛立柱施工完成、汽包安装就位等重要工程的节点目标。在工程进度取得较大进展的同时，确保了工程的安全、质量。

在此，我向大家致以深深的谢意！同志们，朋友们！回首过去，汗水孕育硕果，展望未来，拼搏铸就辉煌。

崭新的××××年，是“十一五”规划的开局之年，也是××发电工程机组投产的决战决胜年。衷心希望各参建单位及全体参建人员在新的一年里携起手来，心往一处想，劲向一处使，继续发扬特别能吃苦、特别能战斗、特别能奉献的精神，积极配合、努力工作，振奋精神、再接再厉，为××发电工程的建设再谱新篇章！

下面，我提议，为了××发电工程年底机组发电，实现双赢的目标，为了各位来宾，同志们、朋友们的合家幸福、身体健康、工作顺利，干杯！

★★★

## 范例13：公司领导在大厦开盘答谢酒会上致辞

【致辞人】公司领导

【场　景】大厦开盘答谢酒会

【时　机】在答谢酒会上致辞

【风　格】慷慨激昂

【关键词】精心筹备　感动　承诺　感谢

【妙　语】今天我和在场的每一位来宾一起见证这个难忘的日子；共同祝愿××大厦的辉煌未来；精益求精、打造精品建筑的动力。

尊敬的各位来宾，女士们、先生们：

大家晚上好！

今晚我代表××大厦项目的全体团队成员站在这里，想说的只有三点：

第一是感动。今天我和在场的每一位来宾一起见证这个难忘的日子：在××大厦经过8个月精心筹备之后，终于正式和大家见面了。这8个月对于我们来说是具有非凡意义的8个月。在这8个月里面，××大厦在全体员工的共同努力下，在各位朋友的支持和关注下从诞生到成熟，从默默无闻到发展成为备受多方关注的商业地产项目。今天，莅临酒会的各位朋友和我在这里一起共同分享××大厦成长的快乐，共同祝愿××大厦的辉煌未来。

第二是承诺。××大厦承诺以保障每位客户的利益做为我们考虑问题的根本出发点。对于每一位投资××大厦的客户，我们都会充分的为您考虑可能面对的所有风险和问题，并且我们会从操作模式上来充分保障您的收益。我们项目经营模式的不断完善以及运营管理质量的不断提高都是为这一目标服务的。

第三是感谢。感谢大家在百忙之中抽出时间和我们在这里共同分享××大厦开盘的欢乐，更要感谢大家一直以来对××大厦的关注和厚爱。没有你们的支持，就不会有××大厦的今天。你们的信赖始终是我们战胜困难、精益求精、打造精品建筑的动力。

最后，再次感谢大家光临××大厦开盘答谢酒会，在不久的将来，我们会以项目的成功运作与良好回报对每一个投资××大厦的客户做出回答。

朋友们，让我们共同举杯祝愿××大厦美好的未来，让我们共同举杯祝愿光临本次庆祝酒会的各位朋友身体健康、生意兴隆、万事顺利！

谢谢大家！

★★★

## 范例14：公司领导在春节答谢会上致辞

【致辞人】公司领导

【场　景】春节答谢会

【时　机】在答谢会上致辞

【风　格】慷慨激昂

【关键词】欢聚一堂 美好的祝愿 高尚情操

【妙　语】充分展现出××员工的优秀品质和良好作风；公司全体干部员工同舟共济，团结奋斗，赢得了更加广阔的生存和发展空间，树立了良好的企业形象；公司的每一次进步都是大家共同努力的结果，公司的每一份成绩都是大家智慧的结晶！

公司干部员工们：

很高兴今天我们欢聚一堂，恭贺新的一年的到来，值此新春佳节来临之际，我谨代表公司向辛勤工作在一线的全体干部员工致以节日的祝福和亲切的慰问！通过你们向你们的家属致以亲切的问候和美好的祝愿！

春节是中华民族的传统节日，是合家团圆的好日子。广大干部员工为了搞好公司生产经营，仍然坚守岗位，顶风雪、战严寒、无怨无悔地工作着。大家这种“舍小家，为大家”的高尚情操，充分展现出××员工的优秀品质和良好作风。

回首即将过去的××××年，公司全体干部员工同舟共济，团结奋斗，赢得了更加广阔的生存和发展空间，树立了良好的企业形象，各项工作都取得了非常可喜的成绩，为公司运作打下了坚实的基础。这些成绩的取得离不开兄弟姐妹们的心血和汗水，公司的每一次进步都是大家共同努力的结果，公司的每一份成绩都是大家智慧的结晶！在新年来临之际，我代表公司向全体干部员工表示最崇高的敬意和最诚挚的问候！

干部员工朋友们，过去已成为历史，未来的路任重道远。在成绩面前，我们应清醒地看到我们的不足和差距。希望大家保持高度的责任感和紧迫感，发扬吃苦耐劳、爱岗敬业的奉献精神，立足本职，锐意进取，以确保公司持续、健康、稳定、快速发展。

宝剑锋从磨砺出，梅花香自苦寒来。展望××××年，号角催人奋进，机遇与挑战并存，困难与希望同在。新的一年，让我们携起手来，以崭新的姿态、饱满的热情，投入到公司迅速发展的潮流中，为公司和我们美好的明天努力奋斗！共创辉煌！

最后，衷心祝愿全体干部员工及家属：新年愉快、工作顺利、身体健康、万事如意！

★★★

## 范例15：公司领导在年终员工答谢会上致辞

【致辞人】公司领导

【场　景】年终员工答谢会

【时　机】在答谢会上致辞

【风　格】慷慨激昂

【关键词】欢聚一堂　辛勤汗水　谢意　梦想成真

【妙　语】一元复始，万象更新；欢聚一堂，共进晚宴，共叙友谊；诚信缔造伟业；××有限公司的战略是清晰的、定位是准确的、决策是正确的、品牌是强硬的。

各位领导、各位来宾：

一元复始，万象更新，在××××年新春佳节即将来临之际，我们满怀收获的喜悦欢聚一堂，共进晚宴，共叙友谊。首先，我代表××有限公司对出席今天宴会的各位来宾和所有同事表示热烈的欢迎！向在座的各部门的领导并通过你们向为××有限公司付出辛勤汗水的全体员工及员工家属表示最大的谢意！

即将过去的××××年，对××有限公司来讲，是极不平凡的一年。公司全体员工在各自岗位上兢兢业业，辛勤耕耘，使公司的各项工作得以顺利完成。特别是奋战在一线的员工，他们在工期紧、任务重的情况下，面对种种考验，发扬特别能吃苦、特别能奋斗的精神，知难而上，顽强拼搏，表现出了高昂的斗志和极大的工作热情，体现出了良好的企业精神风貌，为公司各项任务的圆满完成做出了重要贡献，为公司知名度的提升做了可贵的努力。

在此，我向在座的大家道一声：你们辛苦了！同时，对一贯顾全大局、无私奉献的员工家属表示钦佩和衷心的感谢！

诚信缔造伟业。虽然现在我们离梦想还有一段距离，仍需继续努力，但我们坚信只要坚持去实践，梦想成真并不遥远。我看到，各部门负责人在全力以赴，组织身边的同事，发挥集体的智慧，以严谨互信的态度，推进新一年的工作，共创佳绩，分享成果。在各级经营团队和全体员工的共同努力下，××××年××有限公司取得了成功进军二级市场的振奋人心的重大突破；全国各地特许加盟店增至××家；年中新厂区建成并投产；顺利举行“导购精英评选”的活动；各项经济指标比往年有了较大增长。这些令人欣喜和振奋的成绩证明，××有限公司的战略是清晰的、定位是准确的、决策是正确的、品牌是强硬的，通过这些成绩，我们看到了一个充满生机和活力的××有限公司。在此，感谢所有支持××有限公司的朋友们！感谢一年来××有限公司所有人的共同努力！

★★★

## 范例16：总经理在新春员工家属答谢会上致辞

【致辞人】公司总经理
【场　景】新春员工家属答谢会
【时　机】在答谢会上致辞
【风　格】信心百倍
【关键词】艰辛　激励奋斗　祝愿　心想事成　辉煌业绩
【妙　语】喜悦掺着汗水，成功伴着艰辛，遗憾激励奋斗；市场营销立体推进，技术创新突飞猛进，企业管理科学严谨，体制改革循序渐进。

各位同人、各位家属朋友：

大家晚上好！

喜悦掺着汗水，成功伴着艰辛，遗憾激励奋斗，我们走进了××××年。今晚我们欢聚在一起，在××公司成立××周年之际举行我们的销售部员工家属答谢会，我和大家的心情一样，非常激动。

在新年来临之际，首先我谨代表公司企管委和销售部全体员工向长期关心和支持公司事业发展的各位家属朋友致以节日的问候和诚挚的祝愿！

向我们的家人和朋友拜年！我们的点滴成绩都是在你们的帮助关怀下取得的，祝大家在新的一年里身体健康、心想事成！

同时我作为销售部领导向辛苦了一年的全体同人拜年！感谢大家在××××年的付出。许多销售一线的同事心系大局，放弃节假日，夜以继日地奋战在工作岗位上，用辛勤的汗水浇铸了××公司在业内连续排名前三的不倒丰碑。在此，我向奋战在销售战线上的业务精英和售后服务人员表示亲切的慰问和由衷的感谢。

展望××××年，公司站到了一个更高的平台上，新的一年，公司将继续遵循“市场营销立体推进，技术创新突飞猛进，企业管理科学严谨，体制改革循序渐进”的方针，并在××××年的基础上继续深化，目的只有一个，全面提升公司的核心竞争能力。我相信××××年是五谷丰登的一年，××公司一定会更强盛，员工的收入水平一定会上一个台阶！让每位家属觉得我的家人在××公司工作是幸运的！

雄关漫道真如铁，而今迈步从头越。让我们以自强不息的精神、团结拼搏的斗志去创造新的辉煌业绩！新的一年，我们信心百倍，激情满怀，让我们携起手来，去创造更加美好的未来！

再次感谢各位家属朋友！

谢谢大家！

★★★

## 范例17：总经理在公司客户答谢宴上致辞

【致辞人】总经理

【场　景】公司客户答谢宴

【时　机】在答谢宴上致辞

【风　格】慷慨激昂

【关键词】深感荣幸　问候　发展历程　关心　一如既往

【妙　语】在新的一年里将不断推出高品质、高市场占有率的服装，在企业做大做强的同时，让在座的各位也都红红火火、生意兴隆！

……………………………………………………

各位来宾，广大经销商朋友们：

大家晚上好！

在一年一度的新春佳节来临之际，各位能在百忙之中来到××，共聚于我们××服装有限公司客户答谢宴，我们深感荣幸！值此良辰美景，请允许我代表××服装有限公司全体员工，向出席今晚宴会的各位来宾、各位朋友致以最热烈的欢迎和最诚挚的问候！祝大家身体健康、家庭幸福、万事如意！

××服装有限公司自××××年创立以来，走过了××年不寻常的发展历程。××年来，我们与社会各界朋友尤其是与在座的各位嘉宾建立了深厚的友谊，在大家的关心和支持下，我们的工作日新月异。在即将过去的××××年里，××服装有限公司先后荣获了第××届中国深圳国际品牌服装服饰交易会“深圳十佳女装奖”、“特殊贡献奖”、第××届“茗牌”中国国际女装设计大赛“特殊贡献奖”等荣誉称号，这些成绩的取得，离不开在座的各位的支持和厚爱，在此，我先敬各位嘉宾一杯酒，感谢大家多年来对××服装有限公司一如既往地关爱！谢谢大家！

展望××××年，××服装有限公司将秉承“专注女裤，做大做强品牌”的经营宗旨，在新的一年里不断推出高品质、高市场占有率的服装，在企业做大做强的同时，让在座的各位也都红红火火、生意兴隆！我坚信，携手××服装有限公司，我们将共同见证中国第一女裤品牌的成长，让我们举杯共祝：新的一年有新的飞跃，新的耕耘带给我们新的辉煌！

最后，提前祝福大家春节愉快、身体健康、合家欢乐！

# 第 7 章
# 公务礼仪活动致辞

公务，即社会组织或团体因公所进行的一切工作和交际行为。公务礼仪是指从事公务活动的人员在一切公务活动中，应当遵循的约定俗成、合乎规范的礼仪程序和惯例规则。与一般礼仪原则相比，公务礼仪存在着自身的特殊性，把握公务活动过程中特殊的礼仪规范，可以提高公务活动的效率和成功率。

随着现代社会的发展，公务礼仪活动已愈益显示出了其重要作用。在各种礼仪活动形式中，公务礼仪活动有其独特的性质及内容范围。公务礼仪活动致辞通常包括当面接待礼仪活动致辞、电话接待礼仪活动致辞、引见礼仪活动致辞、递物与接物礼仪活动致辞、会议礼仪活动致辞等。

公务礼仪活动致辞的作用：

1. 公务礼仪活动致辞有助于规范公务活动。
2. 公务礼仪活动致辞能够有效地促进沟通与交往。
3. 公务礼仪活动致辞有利于塑造个人形象。
4. 公务礼仪活动致辞有利于提升组织形象。

公务礼仪活动致辞包括称谓和主体两个部分。

（一）称谓

称谓就是在公务礼仪活动致辞中对参加活动者的称呼。称呼要有礼貌，要根据参加者身份地位的不同区分称呼类别，必要时还要加上职位称呼。例如：“尊敬的主席、副主席、各位委员”；“尊敬的××副市长、各位来宾”等等。

（二）主体

主体首先要阐述公务礼仪活动的目的和意义，例如：一年一度新春佳节即将到来的美好时刻，我们在此举办××工程项目开工奠基仪式。首先，请允许我向参加此次开工奠基仪式的各级领导、所有来宾和全体朋友们表示热烈的欢迎和衷心的感谢！

其次要介绍公务礼仪活动的相关进程和主要内容，例如：为弘扬中华民族的传统文化，促进海内外文化交流，中国××李氏文化研究总会决定在李姓发祥地、老子故里、国家级重点文物保护单位——××省××县××规划区内兴建中华李氏大宗祠。宗祠占地面积××平方米，建筑面积××平方米。奉中华第一大姓得姓始祖李利贞和先祖老子李耳及历代李氏精英，供海内外友人参谒及李氏宗亲寻根祭祖人。老子的《道德经》是中国历史上首部完整的哲学著作，是世界文化瑰宝，所以老子被尊为道教鼻祖。目前李氏子孙的足迹已遍布世界各国，特兴建宗祠，以纪念祖先、弘扬李氏文化和老子思想，进一步推进改革开放，推动老子故里旅游开发，创建历史文化名城，促进我县经济发展。

最后要以给与会者送去祝福的话作为结尾，还要提出希望和发展趋势等。例如：最后，祝××公园项目开工顺利，早日竣工，祝××房地产开发公司事业兴旺，再创辉煌，祝各位来宾、各位领导身体健康，工作顺利！

## 第一节　奠基、落成典礼致辞

奠基、落成典礼是公务礼仪活动的重要组成部分，通常是一些重要的建筑物，比如大厦、场馆、亭台、楼阁、园林、纪念碑等等，在动工修建之初或修建完毕时正式举行的庆贺性活动。奠基、落成典礼致辞是在某工程、项目开工或完成典礼上的致辞，对工程项目的开始或圆满完成表示祝贺，主要包括对奠基或落成的原因、经过和结果的描述，以及对所做工作的陈述，最后用一句祝愿的话结尾，例如："预祝工程项目圆满完工。"

对于奠基典礼现场的选择与布置，有一些独特的规矩。奠基典礼举行的地点，一般应选择在动工修筑建筑物的施工现场。而奠基的具体地点，按常规均应选择在建筑物正门的右侧。在一般情况下，用以奠基的奠基石应为一块完整无损、外观精美的长方形石料。在奠基石上，文字通常应竖向。在其右上方，应刻有建筑物的正式名称。在其正中央，应刻有"奠基"两个大字。在其左下方，则应刻有奠基单位的全称以及举行奠基仪式的具体年月日。奠基石上的字体，大都以楷体字刻写，并且最好是白底金字或黑字。在奠基石的下方或一侧，还应安放一只密闭完好的铁盒，内装该建筑物的各项资料以及奠基人的姓名。届时，它将同奠基石一道被奠基人等培土掩埋于地下，以志纪念。通常，在奠基仪式的举行现场应设立彩棚，安放该建筑物的模型或设计图、效果图，并使各种建筑机械就位待命。

★★★

### 范例1：区长在公园项目奠基仪式上致辞

【致辞人】区长
【场　景】公园项目奠基仪式
【时　机】在奠基仪式开始时致辞
【风　格】热情洋溢

【关键词】隆重奠基 祝贺 商机无限 发展环境 早日竣工

【妙　语】在这春暖花开、春意盎然的季节里；搞好服务，多方帮助，保驾护航。

各位领导、各位来宾，同志们、朋友们：

在这春暖花开、春意盎然的季节里，今天，××公园项目隆重奠基了。在此，我代表区委、区政府向本项目的开工奠基表示热烈的祝贺。

××公园的开发建设，是我区城市建设的又一处亮点工程，它的建设必将进一步改善城区面貌，促进我区房地产业的健康快速发展。房地产业是我区区域经济的支柱产业，随着××区建设步伐的加快，××区房地产开发潜力增加，商机无限。

我们诚挚欢迎××房地产公司等一批有远见的开发商到××区投资兴业。作为××区区长，我将一如既往地为投资商搞好服务，多方帮助，保驾护航，营造亲商、重商、安商、富商的氛围，为投资商创造最优良的发展环境。

最后，祝××公园项目开工顺利，早日竣工，祝××房地产开发公司事业兴旺，再创辉煌，祝各位来宾、各位领导身体健康，工作顺利！

谢谢大家！

★★★

## 范例2：县长在山庄开工奠基仪式上致辞

【致辞人】县长

【场　景】山庄开工奠基仪式

【时　机】在奠基仪式上致辞

【风　格】慷慨激昂

【关键词】奠基仪式 喜事 感谢 慰问 经济发展 良好气氛 早日建成

【妙　语】在这春光明媚、生机盎然的美好季节里，在这千帆竞发、百舸争流的关键时刻；增强大局意识、责任意识、服务意识。

……………………………………………………

尊敬的各位领导、各位来宾，同志们：

在这春光明媚、生机盎然的美好季节里，在这千帆竞发、百舸争流的关键时刻，我们在这里隆重举行××山庄开工奠基仪式，这是我县经济建设和社会事业发展中的一件大事，也是旅游产业发展中的一件喜事。首先，我代表县委、县政府向莅临奠基仪式现场的各位领导、各位来宾表示热烈的欢迎！向长期以来关心支持××县旅游产业发展，关注××山庄建设的各界人士表示衷心的感谢！向项目建设单位××集团表示热烈的祝贺！向投身项目建设的施工人员表示亲切的慰问！

××山庄是近年来落户我县的最大招商引资、旅游配套服务项目，这个项目的建设，将有利于我县提升旅游服务的品位，丰富旅游产业内涵，打造旅游服务品牌；有利于地方政府和群众借势发展第三产业，提高当地群众生活水平，促进区域经济发展。××山庄的建设也为我县招商引资、发展旅游产业、实施项目带动战略，搭建了平台、奠定了基础、积累了经验。因此，县委、县政府对此高度重视，多次召开现场办公会议，解决了拆迁安置等一系列制约项目开工建设的具体困难，积极创造条件、营造环境，确保了项目如期开工建设。同时也希望各级各部门务必要高度重视，站在树立××县对外开放良好形象，打造最佳投资环境，促进××县全面发展的高度，进一步增强大局意识、责任意识、服务意识，一如既往地关心、支持××山庄建设，积极主动地为项目建设提供优质、高效、便捷的服务，协调解决项目建设中的具体困难，努力营造一种亲商、为商的良好氛围。同时，也希望××集团本着实施一个项目，打开一个市场，富裕一方群众，结交一方友谊，发展一项事业的目的，加强项目管理，打造精品工程，积极稳妥地处理好项目建设与环境保护、企业效益与地方利益的关系，加强与地方政府、与相关职能部门的沟通、联系，妥善化解项目建设中的各类矛盾，按照项目投资规划，加大项目投资力度，加快项目建设步伐，力争早日建成，早日发挥效益。

最后，再一次对各位领导、各位来宾，同志们出席奠基仪式表示衷心感谢！并诚挚欢迎各位企业老总常来××县观光旅游，置产兴业！祝各位领导、各位来宾、同志们健康、快乐、幸福、精彩、辉煌！

谢谢大家！

★★★

## 范例3：县领导在商务中心奠基仪式上致辞

【致辞人】县领导

【场　景】商务中心奠基仪式

【时　机】在奠基仪式上致辞

【风　格】层次清晰

【关键词】筹备 祝贺 感谢 精品工程 风景线

【妙　语】高标准、严要求，努力把××商务中心项目建设成为我县新城区的样板工程、精品工程，为我县新城区增添一道亮丽的风景线！

尊敬的各位领导、各位来宾，朋友们、同志们：

经过一番积极认真的筹备，××商务中心于今天隆重举行开工奠基仪式。这是我县城市建设方面的又一重大举措，是我县经济和社会生活中的又一件大喜事。在此，我代表县委、县政府向××商务中心的开工建设表示热烈的祝贺！向专程前来参加奠基仪式的各位嘉宾和社会各界人士表示热烈的欢迎！并借此机会，向多年来一直关心、支持××县发展的各位领导、各位来宾和各界朋友一并表示诚挚的感谢！

××商务中心项目由××有限公司投资××亿元兴建，由××建筑发展有限公司承建，由××工程建设监理公司负责监理，整个工期将历时××个月。作为整个新城区开发的龙头项目和标志性建筑，××商务中心在新城区开发进程中具有里程碑式的意义。项目的顺利开工建设，对于加快整个新城区开发步伐将起到有力的带动作用。××商务中心项目，备受全县上下关注。项目的顺利实施，离不开全县各级各部门的大力支持和配合。为此，县委、县政府要求，全县各级各部门尤其是各职能部门，一定要全力以赴地为项目搞好各项优质服务。同时，希望项目的投资者和承建方，一定要高标准、严要求，努力把××商务中心项目建设成为我县新城区的样板工程、精品工程，为我县新城区增添一道亮丽的风景线！

最后，预祝××商务中心早日竣工，早日启用！祝参加今天奠基仪式的各位嘉宾工作愉快、万事如意！

谢谢大家！

★★★

## 范例4：市长在食品公司奠基仪式上致辞

【致辞人】市长

【场　景】食品公司奠基仪式

【时　机】在奠基仪式上致辞

【风　格】慷慨激昂

【关键词】奠基仪式　祝贺　欢迎　满怀激情　良好势头　创业舞台

【妙　语】凝神聚力抓发展，满怀激情干事业，争创一流树形象，倾情尽力促和谐。

同志们：

今天，××市××个重点招商项目举行集中奠基仪式，这是我市招商引资工作中的一件大事。我们在分会场隆重举行××食品公司奠基仪式。借此机会，我代表中共××市委、××市人民政府，向××食品公司的开工建设表示热烈的祝贺！向支持××镇发展，投资××镇建设的各位客商表示热烈的欢迎！

今年以来，全市上下高扬超常发展、跨越前进的主基调，凝神聚力抓发展，满怀激情干事业，争创一流树形象，倾情尽力促和谐，经济社会呈现出迅猛发展的良好势头。为了促进经济社会更快发展，市委、市政府发出了强势推进招商引资工作的号召。××镇积极响应，全镇上下聚精会神抓招商，群策群力议招商，招商引资工作取得了显著效果。

今天××食品公司的开工建设，就是××镇狠抓招商引资工作的又一具体体现。以××食品公司的奠基为标志，新一轮招商引资工作的热潮必将在××镇迅速掀起，××镇的经济发展必将驶入健康发展的快车道。

××食品公司落户××镇，不仅是××镇的大事，也是全市招商引资工作的重要组成部分，市委、市政府将在以后的工作中，更加关注、支持项目的建设和发展。希望××食品公司要加快项目建设步伐，争取早日竣工投产。

××镇要进一步落实市委、市政府关于项目建设的各项承诺和帮扶措施，努力为项目建设提供优良的环境和优质的服务，为投资的客商朋友提供更大更好的创业舞台，争取把××食品公司建设成××镇招商引资工作的亮点和全市招商引资工作的亮点。

最后，祝××食品公司进展顺利！祝愿各位朋友身体健康、心情愉快、万事如意！

谢谢大家！

★★★

## 范例5：县长在公司奠基仪式上致辞

【致辞人】县长
【场　景】公司奠基仪式
【时　机】在奠基仪式上致辞
【风　格】气势磅礴
【关键词】丰硕成果　祝贺　感谢　大有可为　财源茂盛
【妙　语】值此麦浪滚滚、丰收在望的美好季节；想企业之所想，急企业之所急，帮企业之所需。

各位领导，各位来宾、同志们：

值此麦浪滚滚、丰收在望的美好季节，××有限公司××项目今天正式开工建设了，这是我县招商引资工作取得的又一丰硕成果，也是利用外资促进我县农业产业结构调整的又一成功运作。在此，我代表县委、县政府对××项目的正式开工建设表示热烈的祝贺，向前来参加奠基仪式的各位嘉宾和社会各界人士表示热烈的欢迎和衷心的感谢！

××有限公司是爱国台商××先生投资××万美元创建的。××先生祖籍××，虽久居宝岛台湾，但他时刻关心大陆的经济建设，他这种血浓于水、手足情深的高尚情怀非常令人钦佩。××公司作为我县新兴的一家外向型龙头企业，主要以经营××为主。××项目正式投产后，对于加快××镇乃至全县的林业产业化步伐，促进农业产业结构调整，增加财政收入和农民收入，扩大出口，都将是一个有力的促进。与××有限公司的成功合作告诉我们，我县丰富的农副产品资源招商潜力无穷，大有可为。

企业的发展壮大，离不开优越的发展环境。由于××公司刚刚起步，迫切需要全县各级各部门尤其是各职能部门的关心、支持和帮助。为此，县委、县政府要求，各职能部门要继续一如既往地搞好各项优质服务。要坚持一切从招商引资和全县经济发展的大局出发，想企业之所想，急企业之所急，帮企业之所需，努力为企业发展创造一个良好的外部环境，使投资者放心、安心、舒心。同时，希望××公司的经营者要志存高远，紧跟时代发展步伐，不断开拓创新，锐意进取，尽快把企业做大做强，为加快××镇经济发展做出自己的贡献！

最后，衷心祝愿××公司生意兴隆，财源茂盛！

★★★

## 范例6：县长在学校新教学楼奠基仪式上致辞

【致辞人】县长

【场　景】学校新教学楼奠基仪式

【时　机】在奠基仪式上致辞

【风　格】条分缕析

【关键词】鲜花盛开　科教兴县　祝贺　战略地位　发展

【妙　语】百年大计，教育为本；突飞猛进、蓬勃发展。

各位来宾，同志们：

在这鲜花盛开的五月，由××房地产开发公司投资建设的××外语实验学校新教学楼于今天正式开工了，这标志着我县实施“科教兴县”战略、大力发展民办教育的实力又迈上了一个新的台阶。在此，我代表县委、县政府，对××外语实验学校新教学楼的开工奠基表示热烈的祝贺！

百年大计，教育为本。抓好基础教育是实施科教兴国战略的重要任务，也是开发人力资源优势的重要途径，更是全面建设小康社会的基础工程。我县始终把教育摆在优先发展的战略地位，不断强化领导，加大投入，我们的办学条件和水平有了较大改善。特别是近年来，我县民办教育事业呈现出突飞猛进、蓬勃发展的势头，已成为全县教育事业的一支重要力量。它的成长壮大，对促进和发展我县的教育事业，惠及社会，造福子孙后代将起到不可估量的作用。希望各有关部门从大局出发，全力支持××房地产开发公司投资创办的××外语实验学校的发展。我相信，经过我们大家的共同努力，××外语实验学校的未来一定会更加美好！

最后，祝××外语实验学校新教学楼早日落成启用！

谢谢大家！

★★★

## 范例7：煤矿党委书记在搬迁新址奠基仪式上致辞

【致辞人】煤矿党委书记

【场　景】搬迁新址奠基仪式

【时　机】在奠基仪式上致辞

【风　格】言语恳切

【关键词】隆重集会　奠基仪式　敬意　搬迁协议　美好愿望　再创佳绩

【妙　语】在这阳光明媚、万物复苏的美好季节里；地企同心、共谋发展、建设新村、实现小康的美好愿望。

各位领导、各位来宾,同志们、朋友们：

在这阳光明媚、万物复苏的美好季节里，我们在这里隆重集会，举行××村搬迁新址奠基仪式。在此，我代表××煤矿矿党委、矿行政向××村搬迁新址奠基表示热烈的祝贺，向多年来关心支持煤矿发展的各位领导及社会各界朋友表示衷心的感谢和崇高的敬意！

××村的搬迁是经××文件批准的，是为充分开采国家煤炭资源，支持国家经济发展，加快××镇建设的一项利国、利民的好事，是国家经济发展政策和支持煤炭事业发展的具体体现。××村的搬迁在省、市、镇、村和集团公司领导的大力支持下，经过矿、村双方的积极协商，根据省政府的有关文件，在双方互利互让、力争双赢的基础上，达成了××村的搬迁协议。

××村新址位于××镇城镇规划区内，经××省人民政府批准，共占用××村土地××亩。××村新址南靠省道，北临铁路，交通方便，有利于村民生活环境的改善和村镇经济的发展腾飞。同时，××村的搬迁在一定程度上缓解了××煤矿采煤接续紧张的局面，有利于××煤矿持续稳定发展，有利于国家煤炭资源的充分开采，这充分体现了地企同心、共谋发展、建设新村、实现小康的美好愿望。

在今天的奠基仪式之前，各级政府领导都做了大量积极的工作，特别是××镇党委、政府，专门成立了搬迁领导小组，主要领导亲自抓，分管领导靠上抓，已经完成了新村“三通一平”的建设，为××村新村建设的全面开展打下了良好的基础，对××村搬迁工作做出了积极的贡献，在此再次表示衷心的感谢。我们××煤矿一定想搬迁之所想、急搬迁之所急，全力以赴帮助支持××村的搬迁工作。最后，愿××村新村建设顺利开展，把自己的家园建设成为建筑质量优良、配套设施完善、村民满意的小康新村，愿××镇党委、政府再创佳绩。

祝各位领导、来宾，朋友们工作顺利、家庭幸福、生活愉快、万事如意！

谢谢大家！

## 范例8：市长在公司奠基仪式上致辞

【致辞人】市长
【场　景】公司奠基仪式
【时　机】在奠基仪式上致辞
【风　格】条分缕析
【关键词】艳阳高照　祝贺　感谢　持续发展　创业福地　一如既往
【妙　语】呈现出了人心思上、人气兴旺、经济提速、城乡变样的喜人局面；兴旺发达、财源滚滚！

尊敬的各位领导、各位嘉宾，同志们、朋友们：

大家上午好！××月××日，艳阳高照，今天，××有限公司在此举行隆重的奠基仪式，揭开了两个世界500强企业联手在我市投资项目的建设序幕。在此，我谨代表中共××市委、××市人民政府对××有限公司的奠基表示热烈的祝贺！对光临奠基仪式的各位领导、各位嘉宾表示热烈的欢迎！对长期以来一直关心、支持、帮助××市发展的各位领导及各界朋友表示衷心的感谢！

近年来，××市着力实施大开放的主战略，紧紧抓住省委、省政府支持××市率先做强做大、强化××市作为全省发展核心的作用、构建以××市为核心的城市群的建设的难得机遇，在复杂的局面和众多的困难中开拓奋进，呈现出了人心思上、人气兴旺、经济提速、城乡变样的喜人局面，实现了经济社会快速、协调、持续发展。最近，又被评为最值得向世界推荐的中国名城，受到全球瞩目。××县是××市的首府首县。在全市建设现代制造业重要基地的号角声中，××县积极落实大开放的主战略，全力打造××经济开发区，加速推进工业化、城市化和农业产业化，全县经济社会尤其是开放型经济保持了快速发展的良好势头。××县已经成长为生机无限、商机无限、活力无限的投资热土、创业福地。××集团和××公司两家世界500强企业把握市场、洞察深远，联合在这里投资兴建一期投资××亿元以上，年产××万吨系列饮料产品的项目，真正把握了投资发展的机遇和市场发展的空间。作为地方政府，我们将进一步牢固树立企业是加快经济发展核心的理念，竭诚服务企业、主动服务企业、全程服务企业，以投资成本最低、回报最快、效率最高、信誉最好的实际行动，兑现我们做出的企业需求是工作责任、企业满意是工作标准、企业成功是工作价值的服务承诺。

市委、市政府将一如既往地支持××经济开发区加快发展，使××经济开发区成为一切有抱负、有胆识的企业家施展才华、创造辉煌业绩的沃土；将一如既往地全力支持与配合××有限公司的各项工作，促使项目尽快建成投产。最后，预祝××有限公司兴旺发达、财源滚滚！祝各位领导、各位嘉宾夏日快乐、工作顺利、身体健康、万事如意！

谢谢大家！

★★★

## 范例9：市委书记在工业园奠基庆典上致辞

【致辞人】市委书记

【场　景】工业园奠基庆典

【时　机】在奠基仪式上致辞

【风　格】慷慨激昂

【关键词】良机　日益提升　亮点　慧眼独具　喜人景象

【妙　语】金风送爽，硕果飘香；创新突破，和谐发展；协作现商机，盛世铸伟业；今日奠基，明朝辉煌。

尊敬的各位领导、各位来宾，同志们、朋友们：

金风送爽，硕果飘香。值此××工业园奠基庆典之际，我代表市委、市政府向全市人民，向××工业园的开工奠基，表示热烈的祝贺！向不辞劳苦莅临奠基庆典的各位领导和来宾，表示诚挚的欢迎！向关心支持××工业园开发、建设的有关方面、各界朋友，致以衷心的感谢！

××市作为东北地区重要的对外开放的“桥头堡”，近年来，抢抓国家振兴东北老工业基地、发达地区产业梯度转移等良机，创新突破，和谐发展，市域经济综合实力日益提升，逐步成为全省的特色发展区域和新兴增长亮点。这次，××公司慧眼独具，以雄厚的实力和超凡的胆识，战略携手，以“前店后厂”的模式辟建××工业园，对深化区域协作、助推经贸长远发展，有着重大的意义和深远的影响。协作现商机，盛世铸伟业。

××工业园的如期兴建和运营，将有效叠加南北优势，集成跨国要素，汇聚鸿商名企，成为中国商品挺进外埠市场的前沿平台。相信在不远的将来，这里将呈现出一片浙商云集、百业昌隆的喜人景象！

来宾们，朋友们，今日奠基，明朝辉煌。让我们携手并进，精诚合作，开创互惠共赢的美好前景！

最后，祝××工业园兴旺发达，祝各位来宾祺顺安康！

谢谢大家！

★★★

## 范例10：区长在养老院落成剪彩仪式上致辞

【致辞人】区长

【场　景】养老院落成剪彩仪式

【时　机】在剪彩仪式上致辞

【风　格】激情四射

【关键词】祝贺　欢迎　感谢　理解　关爱　阵地

【妙　语】老有所医、老有所乐；充分发扬中华民族尊老、敬老、爱老的传统美德；最美不过夕阳红，愿健康和欢乐与老人常伴，愿夕阳之花绽放出更加绚丽的光彩。

尊敬的各位领导、各位嘉宾，同志们、朋友们：

在这天高云淡、秋风送爽的美好季节，我们在这里隆重举行××区中心养老院落成剪彩仪式。首先，我代表区委、区政府向××区中心养老院的全体员工以及入住养老院的老人们表示热烈的祝贺！向专程前来参加剪彩仪式的省市各级领导和各界嘉宾表示热烈的欢迎！向给予该项目大力支持和无私帮助的省市各级民政部门表示衷心的感谢！

理解、关爱、扶助五保老人这一弱势群体，积极发展老年事业，为老年人创造健康和谐的生活环境，是党和政府义不容辞的责任。为此，我区从践行“三个代表”重要思想的高度出发，把改善五保老人生活状况、提高供养水平作为发展老年事业的实际步骤，纳入区委、区政府的重要议事日程，××××年初就将××区中心养老院建设确定为××××年全区大事大项之一。通过对全区××处农村养老院的资源整合，并在省民政厅、市民政局的鼎力支持下，投资××万元，建成了今天这座建筑面积××平方米，集生活、健身、娱乐、医疗于一体的高标准公寓式养老院，彻底改变了原有农村养老院基础设施差、管理水平低的落后局面。不但做到了老有所养，而且实现了老有所医、老有所乐，对于加快构建和谐社会步伐起到了极大的推动作用。

夕阳无限好，人间重晚情。希望××区中心养老院的全体员工和社会各界，充分发扬中华民族尊老、敬老、爱老的传统美德，奉献爱心，奉献真情，真正把××区中心养老院建设成为老人理想的生活乐园，建设成为弘扬社会公德、展示精神风貌的窗口，建设成为青少年思想道德教育的阵地。

最美不过夕阳红，愿健康和欢乐与老人常伴，愿夕阳之花绽放出更加绚丽的光彩，愿所有的老人健康长寿，晚年快乐！

谢谢大家！

★★★

## 范例11：副县长在卫生院门诊楼落成典礼上致辞

【致辞人】副县长

【场　景】卫生院门诊楼落成典礼

【时　机】在落成典礼上致辞

【风　格】气势恢宏

【关键词】祝贺　感谢　善于思考　勇气　魄力　积极贡献

蒸蒸日上

【妙 语】改善基础条件、增强服务功能、拓展服务领域；

一流环境、一流设备、一流人才、一流技术、一流服务。

各位领导、各位来宾，同志们：

正值举国上下欢庆建国××周年的大喜日子，我们在这里隆重举行××卫生院门诊楼落成典礼，这是我县卫生事业发展中的一件盛事。首先，我谨代表中共××县委、县人民政府对××卫生院门诊楼的落成表示热烈的祝贺！向参加今天落成典礼的各级领导、各界朋友致以热烈的欢迎！并借此机会，向多年来关心、支持、参与我县卫生事业发展的社会各界人士表示衷心的感谢！

××卫生院一直着眼于改善基础条件、增强服务功能、拓展服务领域，今天落成使用的××卫生院门诊楼是由××卫生院自筹××万元建设的又一综合性卫生服务机构，这充分体现了基层卫生院所在新的形势下善于思考、敢于突破的勇气和魄力，也充分表明了乡镇卫生院不等不靠、发展自我的信心和决心。我们相信，××卫生院门诊楼的建成和投入使用，必将对改善周边群众就医条件、拓展卫生院服务范围起到积极的推动作用，也必将有力地带动和促进全县乡镇医疗卫生事业跨上一个新的台阶，有效提升全县医疗卫生工作水平。

借此机会，我就卫生院的建设和管理提几点希望和要求：一是新的门诊楼投入使用后，××卫生院要进一步强化管理，根据实际尽快制定行之有效、操作性强的规章制度，保证工作紧密过渡，业务衔接不间断，确保正常的医疗工作秩序。二是要全面提高医务人员的业务素质和医疗服务水平，优化医疗服务环境，争取将卫生院建成拥有一流环境、一流设备、一流人才、一流技术、一流服务的先进卫生院，为提高人民群众的健康水平做出积极贡献。三是镇政府及县卫生部门要进一步强化卫生意识，切实在卫生院建设和管理上发挥指导和服务作用，特别是要围绕推进乡镇卫生院一体化建设，全面推进人事制度改革，在体制和机制上进行转换革新，力争把××卫生院建成全县卫生体制改革的典范和样板。

最后，真诚祝愿各位领导、各位来宾国庆愉快，身体健康！祝愿××卫生院事业蒸蒸日上！

谢谢大家！

★★★

## 范例12：县长在景区落成典礼上致辞

【致辞人】县长

【场　景】景区落成典礼

【时　机】在落成典礼上致辞

【风　格】气势昂扬

【关键词】关键时刻　黄金季节　祝贺　慰问　实现突破

【妙　语】在这春光明媚、生机盎然的美好日子，在这千帆竞发、百舸争流的关键时刻。

尊敬的各位领导、各位来宾，同志们：

在这春光明媚、生机盎然的美好日子，在这千帆竞发、百舸争流的关键时刻，在这旅游观光、休闲度假的黄金季节，我们在这里隆重举行××风景名胜区落成典礼，这既是我县旅游产业发展中的一件喜事，又是我县经济建设和社会事业发展中的一件大事，更是××溶洞旅游区建设中的一件盛事。首先，我代表中共××县委、××县人民政府向莅临典礼现场的各位领导、各位来宾，同志们表示热烈的欢迎！向长期以来关心支持××县旅游产业发展、关注××风景名胜区建设的各界人士表示衷心的感谢！向××旅游开发有限公司表示热烈的祝贺！向投身景区建设的施工人员表示亲切的慰问！

××风景名胜区是××旅游区的东游区，这个景区的建成，有利于提升我县旅游服务的品位，丰富旅游产业内涵，打造旅游服务品牌；有利于地方政府和群众借势发展第三产业，提高当地群众生活水平，促进县域经济发展。希望××旅游开发有限公司以本次庆典活动为契机，着力在四个方面实现突破。一是进一步完善基础和配套设施建设，打造精品旅游线路，丰富旅游文化内涵，在加强景区管理和“游、购、娱、吃、住、行”旅游六要素全面发展上实现突破。二是加大对景区相关人员的培训力度，不断增强自身综合素质，在提高旅游接待服务水平上实现突破。三是重视挖掘和整合佛教文化、历史文化与民俗文化，在打造文化旅游上实现突破。四是进一步加大宣传力度，提高景区知名度，在创新旅游宣传促销、增加旅游市场份额和旅游收入上实现突破。

最后，再一次对各位领导、各位来宾，同志们出席典礼表示衷心感谢！并诚挚欢迎各位来宾常来××观光旅游，指导工作！祝各位领导、各位来宾，朋友们健康快乐、万事如意、心想事成！

谢谢大家！

★★★

## 范例13：公安局局长在派出所办公楼落成典礼上致辞

【致辞人】公安局局长

【场　景】派出所办公楼落成典礼

【时　机】在落成典礼上致辞

【风　格】逻辑清晰

【关键词】落成典礼　欢迎　工作热情　亮点　贡献

【妙　语】化解社会矛盾、创新社会管理、执法公正廉洁；发案少、秩序好、社会稳定、群众满意。

尊敬的各位领导、各位来宾，同志们：

今天，我们在这里隆重举行××市公安局××镇派出所办公楼落成典礼。首先，我代表市公安局党委和全体公安民警，向出席典礼的各位领导、各位来宾表示热烈的欢迎！

近年来，市公安局在市委、市政府的正确领导下，在各乡镇党委、政府的大力支持下，积极应对新形势、新挑战，紧紧围绕“化解社会矛盾、创新社会管理、执法公正廉洁”三项重点工作，扎实开展了“公安信息化、执法规范化、和谐警民关系、基层基础工作”四大建设，圆满完成了各项安全保卫任务，有力地维护了全市社会政治稳定和治安安定，全面提升了公安工作和队伍建设整体水平。××镇派出所迁址新建，是我市公安基层基础建设和规范化建设的又一重大成果，适应了上级关于办案场所四区分离的新要求，将极大地改善派出所的办公、办案和服务环境，进一步激发民警的工作热情。

××镇派出所办公楼建筑面积××平方米，投资××多万元，按照“高起点、高标准、高配置”的要求精心设计施工。新所落成，凝聚了镇党委、镇政府的心血。同时，新所落成也是××镇社会各界、广大群众大力支持的结果。在此，我代表市公安局党委向中共××镇委、××镇人民政府各位领导，向为派出所建设做出贡献的各界群众，表示衷心的感谢！

今年以来，××镇结合辖区实际，创造性地提出了“三级联调”的工作思路，做到了小事不出村、大事不出镇、矛盾不上交、纠纷不激化，夯实了稳定的第一道做防线，××镇派出所的各项工作也取得了新的突破。希望派出所全体民警戒骄戒躁，自我加压，以“发案少、秩序好、社会稳定、群众满意”为目标，以新办公楼投入使用为新起点，进一步把硬件做强，软件做硬，努力打造我市公安机关的新亮点。

各位领导、各位来宾，同志们，市公安局将在市委、市政府的坚强领导下，在各乡镇街道的大力支持下，进一步加强派出所基层基础建设，秉承“履职尽责、务实攻坚、创新有为、超越领先”的××公安精神，全面提升各项公安工作水平，为全市创造更加安定、和谐、有序的社会治安环境，为我市经济社会又好又快发展做出新的更大的贡献。

★★★

## 范例14：县领导在镇文化中心落成典礼上致辞

【致辞人】县领导

【场　景】镇文化中心落成典礼

【时　机】在落成典礼上致辞

【风　格】条分缕析

【关键词】落成典礼 问候 感谢 鼎力发展 市场化

【妙 语】值此草长莺飞、春意盎然的时节；物华天宝，人杰地灵；这颗东海明珠一定将更加熠熠闪光，璀璨夺目。

各位来宾，同志们：

值此草长莺飞、春意盎然的时节，我们迎来了××镇文化中心的落成典礼。耗资××多万、设施先进、功能齐备的××镇文化中心竣工并投入使用，这是××镇文化事业发展中一个重要里程碑，也是我县文化战线的一件盛事、喜事。在此，我代表县委、县政府，向××镇文化中心的落成表示热烈祝贺！向关心和支持我县经济、社会发展，特别是“文化大县”建设的××镇广大干部群众表示亲切的问候和衷心的感谢！

我们××县自古以来，物华天宝，人杰地灵，是有悠久历史的文化古城，深厚的文化底蕴润泽着这片沃土。包括文化工作在内的精神文明建设历来就是党和政府的工作重点。近年来，全县人民在县委、县政府领导下，以“三个代表”重要思想为指导，认准中国先进文化的前进方向，大力繁荣文化事业，致力新建文化设施，努力开展群众性文化活动，鼎力发展教育事业。

××县的“文化大县”建设工作，取得的令人瞩目的成就，为我县经济社会的全面发展撑起了一片蓝天。××镇是××省第一镇，在经济发展上是全县的一面旗帜，但是××镇人民并未满足于经济发展中取得的骄人成绩，在精神文明建设上也同样敢为人先。依托经济强镇的物质基础，敢投入、重实效，将“文化大县”建设落到实处。××镇文化中心的落成，赋予“××第一镇”新的内涵，体现了××镇“两个文明”建设的丰硕成果，经济强镇从这里走向文化强镇。当然，文化事业是一项系统工程，硬件设施的建设是其中不可或缺的一个环节。如何充分利用现有的硬件优势，使其更好地为文化事业服务，更好地提升××镇的民众素质，是值得我们认真思考、探索和实践的。借此机会，提三点希望与大家共勉：

……

我们鼓励多样化的运作模式，欢迎有志于文化事业的社会力量参与××镇文化中心的经营管理，使××镇文化中心的运作取得经济效益与社会效益的双赢。同时，这也将为新时期大型文化基础设施的运行管理摸索出了一条市场化的新道路。

同志们，让我身后这座崭新的××镇文化中心来见证××镇文化事业的蓬勃发展，见证经济社会的繁荣稳定。我们有理由相信，××镇这颗东海明珠一定将更加熠熠闪光，璀璨夺目。

★★★

## 范例15：乡领导在革命烈士纪念馆落成典礼上致辞

【致辞人】乡领导

【场　景】革命烈士纪念馆落成典礼

【时　机】在落成典礼上致辞

【风　格】逻辑严谨 文采奕奕

【关键词】落成典礼 敬意 山灵水秀 英勇就义 壮丽诗篇

【妙　语】追忆历史是为了借古鉴今，开辟未来；缅怀先烈是为了汲取力量，激励后人；追思先烈，心潮激荡；放眼发展，意气风发。

各位父老乡亲，同志们：

今天，是一个喜上加喜的好日子，在这普天同庆的国庆佳节里，我们又迎来了××革命烈士纪念馆的落成典礼。在这里，首先请允许我代表乡委、乡政府向××革命烈士纪念馆的落成表示热烈的祝贺，同时向为××革命烈士纪念馆的建成付出辛勤劳动的父老乡亲表示崇高的敬意。

我们××乡山灵水秀，在早期的革命斗争和解放战争中，这块革命热土孕育了众多英雄儿女。为革命事业英勇就义的××、在泸定桥战役中壮烈牺牲的××等革命烈士，他们用鲜血和生命铸就了中国革命的光荣历史，谱写了可歌可泣的壮丽诗篇。他们的功勋与日月同辉、英名与天地长存。他们坚定的革命信念、坚强的革命意志、坚贞的革命气节，永世传颂。

追忆历史是为了借古鉴今，开辟未来；缅怀先烈是为了汲取力量，激励后人。××革命烈士纪念馆是我们不忘历史、饮水思源的重要场所，更是我们继承遗志、教育后人的爱国主义教育基地。我们要把革命烈士留下的革命传统资源，作为常学常新的生动课堂和崇德崇智的不竭源泉，一代又一代地传承和发扬下去。

××革命烈士纪念馆在建设过程中，得到了社会各界和父老乡亲们的大力支持。有为纪念馆建设解囊相助的××、××等等热心人士，有为纪念馆建设出谋划策、尽心尽力的筹建小组成员，还有在座的各位乡亲的热情相助，可以说，××革命烈士纪念馆的落成，凝聚了你们的心血和智慧，借此机会向你们说一声“辛苦了”！

乡亲们，同志们，追思先烈，心潮激荡；放眼发展，意气风发。继承先烈遗志，首先是要建设好生我们养我们的家乡，当前我们正站在全面建设小康社会的新起点，只要大家把思想统一到发展上来，把心思集中到发展上来，把力量凝聚到发展上来，团结一致，坚定信心、开拓进取，艰苦奋斗，相信在科学发展观的引领下，在党委政府的领导下，在各位乡亲的支持下，××乡的明天一定更美好！

谢谢大家！

★★★

## 范例16：公司经理在公司奠基开工典礼上致辞

【致辞人】公司经理

【场　景】奠基开工典礼

【时　机】在奠基典礼上致辞

【风　格】慷慨激昂

【关键词】生机盎然　奠基典礼　欢迎　出口创汇　基础　早日竣工

【妙　语】这是我公司加快发展步伐的一件盛事，更是××开发区加快企业建设的又一喜讯；抓住这千载难逢的机遇，全力以赴，通力配合，扎扎实实地做好各项协调工作。

各位领导、各位来宾：

在这个生机盎然的季节，我们相聚在此，隆重举行××有限公司开工奠基典礼。这是我公司加快发展步伐的一件盛事，更是××开发区加快企业建设的又一喜讯！在此，我代表××有限公司全体员工向在百忙中不辞辛苦前来参加奠基典礼的各位领导、各位来宾表示热烈的欢迎！

××有限公司是由××有限公司与××有限公司中外合资建设的生产项目，项目占地××平方米，总投资××亿元，注册资本××万元人民币。建成后主要以生产××为主，满足国内外市场需求，实现产品出口创汇。

该生产项目基础扎实，实力雄厚，××有限公司作为该项目的主要投资方，始建于××××年××月，凭着精明的市场营销策略，形成了以大型企业为主，中小企业为辅的销售网络，产品行销全国××个省市、自治区，××家大中型企业，年销售额达到××吨。为××有限公司的投产、运营奠定了坚实的基础。

今天，在开发区领导的高度关注和支持下，经过全面的准备，中外合资的××生产项目工程正式破土动工了。

在××有限公司的前期筹建过程中，我们得到了开发区政府以及各有关部门和社会各界朋友的大力支持和帮助，为项目开工建设提供了强有力的组织保证。在此，我们向所有关注××生产项目建设的各位领导、各位朋友表示衷心的感谢，并希望你们能够一如既往地支持项目工程建设，能够一如既往地关心××有限公司的全面发展。同时，我们决心抓住这千载难逢的机遇，全力以赴，通力配合，扎扎实实地做好各项协调工作，最后，衷心祝愿××有限公司的××生产项目工程早日竣工！

谢谢大家！

★★★

## 范例17：总经理在项目奠基仪式上致辞

【致辞人】总经理

【场　景】项目奠基仪式

【时　机】在奠基仪式上致辞

【风　格】条分缕析

【关键词】奠基仪式 感谢 顽强拼搏 心血 努力 圆满成功

【妙　语】决心抓住这千载难逢的机遇，全力以赴，通力配合，扎扎实实地做好各项协调工作，尽心竭力提供各种优质服务。

尊敬的各位领导、各位来宾，女士们、先生们：

大家上午好！

一年一度新春佳节即将到来的美好时刻，我们在此举办××工程项目开工奠基仪式。首先，请允许我向参加此次开工奠基仪式的各级领导、所有来宾和全体朋友们表示热烈的欢迎和衷心的感谢！

××是我区最后一处危陋平房难点大片，原住居民××余户，公建单位××家。多年来，这些居民和单位一直生活在低洼潮湿的危陋平房里，雨季积水漫过床，冬季四壁透风黄土扬。××的拆迁改造，是政府为老百姓改善生活居住条件的一件大好事，符合实际，顺乎民心。为区域经济发展提供了更大空间，进一步增强了我公司的经济实力和发展后劲，经过我们艰苦奋斗，顽强拼搏，终于迎来了××工程项目开工的大喜日子。

××工程项目规划建筑面积××平方米，该工程项目的建设是我区巩固创建市级城市卫生区和构建和谐××的重要组成部分，是保持我区财政收入持续快速发展的重要一笔，也是促进××拆迁，加快城市建设步伐的有力保障。为此，我们决心抓住这千载难逢的机遇，全力以赴，通力配合，扎扎实实地做好各项协调工作，尽心竭力提供各种优质服务。努力为××工程项目营造一个宽松的施工建设环境，力争将这一工程项目建设成为我区的形象工程和地标性建筑。

在此，我们衷心感谢市、区各位领导，各有关部门为××工程项目的顺利开工提供的全方位的服务和支持，为××工程项目的早日竣工所付出的心血和努力。

最后预祝××工程项目建设取得圆满成功。

谢谢大家！

★★★

## 范例18：公司总经理在机关办公中心大楼奠基仪式上致辞

【致辞人】公司总经理

【场　景】机关办公中心大楼奠基仪式

【时　机】在奠基仪式上致辞

【风　格】豪情万丈

【关键词】祝贺　谢意　感谢　合同约定　贡献

【妙　语】鲜花盛开，绿柳衔地；没有各级领导的诚心诚意，没有各部门的优质服务，就不会有我公司这次难得的创业机遇。

尊敬的各位领导、各位嘉宾、各位朋友：

大家好！

鲜花盛开，绿柳衔地。在这充满希望的季节里，我们高兴地迎来了××县党政机关办公中心大楼奠基仪式。在此，我代表××建筑工程公司的全体员工对办公中心大楼的奠基表示热烈的祝贺！向关心和支持我公司发展的××县各界朋友致以诚挚的谢意！

我们××建筑工程公司是一家以房地产开发为主的企业。今年在××县宽松的发展环境和优惠的发展政策吸引下，我们决定与××县政府合作，以资产置换的方式建设××县党政机关办公中心大楼。可以说，这次合作得到了县委、县政府的高度重视，主要领导和主管领导多次帮助解决实际困难，有关部门也在各方面给予了积极的帮助。没有县委、县政府把握市场规律、创新工作思维的战略决策，没有各级领导的诚心诚意，没有各部门的优质服务，就不会有我公司这次难得的创业机遇。对此，让我再次向各位领导、各位嘉宾、各位朋友表示崇高的敬意和衷心的感谢！

县委、县政府能够把这样重要的工程交给我们，作为承建方来说，我们深感责任重大，我们有能力、有信心，安排一流施工队伍，坚持标准，开足马力，按照合同约定，把××县党政机关办公中心大楼建设成××县的标志性工程，让县委、县政府和全县人民满意、称赞，确保××月前圆满竣工，并交付使用。同时，我们还要按照××县城市建设的总体规划设计，把××区域开发建设成一个比较超前的，集商贸、住宅于一体的现代化住宅小区，为改善××县城市面貌，改善居民的居住条件做出应有贡献。

各位领导、各位嘉宾、各位朋友，今天的成功合作预示着美好未来的开始。在今后的工作中，我们还要多方寻求与××县政府的合作，积极参与××县的建设，与××县人民一起共同创造更加美好的未来！

最后，祝各位领导、各位嘉宾、各位朋友身体健康，万事如意！

谢谢大家！

★★★

## 范例19：文化研究总会会长在李氏宗祠奠基仪式上致辞

【致辞人】文化研究总会会长

【场　景】李氏宗祠奠基仪式

【时　机】在奠基仪式上致辞

【风　格】条理清晰

【关键词】欢迎　寻根祭祖　旅游开发　经济发展　流芳千古

【妙　语】特兴建宗祠，以纪念祖先、弘扬李氏文化和老子思想，进一步推进改革开放，推动老子故里旅游开发，创建历史文化名城，促进我县经济发展。

女士们、先生们，朋友们：

首先我代表中国××李氏文化研究总会向参加首届中国姓氏文化节和中华李氏宗祠奠基仪式的各位来宾表示热烈欢迎。

为弘扬中华民族的传统文化，促进海内外文化交流，中国××李氏文化研究总会决定在李姓发祥地、老子故里、国家级重点文物保护单位——××省××县××规划区内兴建中华李氏宗祠。宗祠占地面积××平方米，建筑面积××平方米。奉中华第一大姓得姓始祖李利贞和先祖老子李耳及历代李氏精英，供海内外友人参谒及李氏宗亲寻根祭祖。老子的《道德经》是中国历史首部完整哲学著作，是世界文化瑰宝，所以老子被尊为道教鼻祖。目前李氏子孙的足迹已遍布世界各国，特兴建宗祠，以纪念祖先、弘扬李氏文化和老子思想，进一步推进改革开放，推动老子故里旅游开发，创建历史文化名城，促进我县经济发展。

此项工程宏伟，投资甚巨，需海内外各界人士、李氏宗亲慷慨解囊，共同捐建，对于捐款建祠者将刻碑留念，流芳千古。

我们相信，在海内外友人和宗亲的大力支持、积极赞助下，中华李氏宗祠不久将会屹立于李姓发祥地——××省××县××规划区。

祝各位来宾身体健康、精神愉快、万事如意。

谢谢!

## 第二节　公益活动致辞

公益从字面的意思来看是为了公众的利益，它的实质应该说是社会财富的再次分配。公益活动是指一定的组织或个人从长远着手，出人、出物或出钱赞助和支持某项社会公益事业的公共活动。公益活动是目前社会组织特别是一些经济效益比较好的企业，用来扩大影响，提高美誉度的重要手段。公益活动的内容包括社区服务、环境保护、知识传播、公共福利、帮助他人、社会援助、社会治安、紧急援助、青年服务、慈善、社团活动、专业服务、文化艺术活动、国际合作，等等。

公益活动致辞主要包括捐款、助学、爱心工程活动仪式上的致辞。主要由称谓、正文和结语三部分构成。称谓要体现捐助的对象，正文中说明捐款的原因、数量、活动的意义、今后努力的方向等。最后在结语中提出祝愿和希望。

## 范例1：县长在捐助仪式上致辞

【致辞人】县长
【场　景】捐助仪式
【时　机】在捐助仪式上致辞
【风　格】满怀谢意
【关键词】捐助活动 关爱 执政理念 高度重视 狠抓落实
【妙　语】大力弘扬中华民族扶贫济困、团结友爱、一方有难、八方支援的传统美德；为困难群众送一份温暖、解一份忧愁、办一些实事，为建设和谐××贡献出自己的力量！

同志们：

今天，县委、县政府在这里举行向全县受灾群众“送温暖、献爱心”捐助活动仪式。目的是号召全县各级党政机关、人民团体、企事业单位和各界人士，大力弘扬中华民族扶贫济困、团结友爱、一方有难、八方支援的传统美德，伸出援助之手，关爱弱势群体，以我们的热情和爱心，切实帮助受灾群众渡过难关，努力改善他们的生产生活条件。

今年，我县先后发生洪涝、干旱等自然灾害，给受灾群众的生产生活带来较大影响。严冬将至，受灾群众的生活口粮，全倒户住房重建、取暖和衣被等物资供给还存在许多困难。根据省、市党委、政府下达的《关于深入开展向受灾群众“送温暖献爱心”捐助活动的通知》精神，县委、县政府决定，在全县范围内开展一次“送温暖献爱心”捐助活动，号召全县广大干部职工和社会各界人士慷慨解囊，踊跃加入到向受灾群众捐款的活动中来。这一活动，是县委、县政府坚持“以人为本”的执政理念，努力践行“十七大”精神的具体表现，是充分反映社会主义制度优越性，体现党和政府对困难群体关怀和温暖的具体行动，同时，也是对各级党政组织和广大干部职工是否真正做到“体察民情、为民办事”的现实考验。全县各部门（单位）一定要对这项工作高度重视，广泛发动，精心组织，狠抓落实。下面，我就这次捐款活动讲几点意见：

一、认清形势，提高认识，把这项活动作为一项当前重点工作抓在手上。……

二、加强领导，精心组织，充分发挥领导干部和广大党员的示范带动作用。……

三、积极宣传，广泛发动，努力营造“送温暖献爱心”的社会氛围。……

四、严肃纪律，取信于民，确保把捐助资金真正用到救助受灾群众上。……

同志们，关心和救助受灾群众，是我们党和政府义不容辞、责无旁贷的职责，也是我们每一位干部职工和社会各界人士应尽的责任和义务，希望各部门（单位）和广大干部职工以及社会各界人士，伸出援助之手，献上自己的一份爱心，为困难群众送一份温暖、解一份忧愁、办一些实事，为建设和谐××贡献出自己的力量！

谢谢大家！

★★★

## 范例2：党委书记在困难退休职工捐助仪式上致辞

【致辞人】党委书记

【场　景】困难退休职工捐助仪式

【时　机】在捐助仪式上致辞

【风　格】无限谢意

【关键词】爱心资助　心意　试点企业　新天地

【妙　语】振奋精神、树立信心、自力更生、奋斗不息、走出困境，用自己的双手开创一片新天地。

各位嘉宾、各位同志：

今天，我们来到这里，对××县××公司部分困难退休职工进行爱心资助，这是我们××公司和××公司全体职工的一点心意。

我们××公司是从事××设备研发、生产、销售和技术服务的生产制造型专业公司。公司生产的产品主要有××等，主要应用于××。××公司是××省和××市科技创新型试点企业。××××年，公司实现产值××亿元，今年将完成产值××亿元。

多年来，我们××公司一直热心公益事业，着力打造和谐企业，增强员工的责任感，先后捐资助学、资助“春蕾女童”和向灾区捐款等累计达××万元。今天，我们又向××公司部分困难退休职工进行资助，这是我们企业的社会责任，是“小企业”回报“大社会”的具体体现。同时，这也是为了感谢××公司对××公司的支持的具体行动，资金虽少，只能用于解决部分困难职工的燃眉之急，但这是我们员工的一片心意。

同志们！随着改革进一步深化，由于种种原因，一部分职工的生活陷入了困境。但是，你们的困难是暂时的，党和政府没有忘记你们，社会没有忘记你们，企业也没有忘记你们。希望生活暂时困难的职工，要振奋精神、树立信心、自力更生、奋斗不息、走出困境，用自己的双手开创一片新天地。

最后，衷心祝愿各位嘉宾和职工同志身体健康、合家幸福、万事如意！

谢谢！

★★★

## 范例3：副市长在助学金集中发放仪式上致辞

【致辞人】副市长

【场　景】助学金集中发放仪式

【时　机】在发放仪式上致辞

【风　格】逻辑清晰

【关键词】爱心助学　奉献爱心　良好风尚　圆满成功　品牌工程

【妙　语】爱心助学活动正逐渐成为党政关注、群众关心、各界热心的共青团品牌工程；希望受助学生发奋学习，努力成才。

同志们、同学们：

在“两节”来临之际，团市委、市红十会、市商务局、市商业协会在这里举行××市爱心助学金集中发放仪式，资助贫困中小学生。这项活动对于进一步倡导社会各界积极关注和热情帮助社会弱势群体，大力弘扬扶贫济困、助人为乐、奉献爱心、捐资助教的良好风尚，必将起到积极的推动作用。在此，我代表中共××市委、××市人民政府，向对此项工作给予大力支持的××市××商会、××市××有限公司、市直各爱心助学找零捐赠箱放置单位，以及一直以来关心支持我市青少年事业的单位和个人表示衷心的感谢，并预祝本次活动取得圆满成功！

爱心助学活动是一项以动员全社会力量资助贫困地区学子完成学业，促进贫困地区教育事业发展为宗旨的社会公益事业。近年来，在全市各级团组织积极争取和社会各界人士的大力支持下，我市爱心助学工作得到了长足发展，有效地保障了贫困学生的受教育权，唤起了全社会对青少年成长成才的重视和关心，援建希望小学的项目改善了我市贫困地区的办学条件。爱心助学活动正逐渐成为党政关注、群众关心、各界热心的共青团品牌工程。

近年来，我市纵深推进“三大战略”，经济总量和财政收入不断增加，人民生活富足，社会和谐安定。但由于经济发展不平衡，社会保障体系尚未完善，部分家庭存在因灾因病致贫困情况，特别是今年我市部分地区遭受了前所未有的冰雪和洪水等自然灾害，致使少数青少年就学困难。针对这一困难，团市委、市红十字会在社会各界的大力支持下，开展了一系列卓有成效的活动，为贫困家庭青少年解决了切实困难，为构建和谐××做出了重要贡献。借此机会，我提几点希望：

一、希望受助学生发奋学习，努力成才。……

二、希望团组织创新思路，大有作为。……

三、希望社会各界共同努力，广施爱心。……

最后，祝愿同志们新年快乐，同学们学习进步，工作顺利，身体健康！

谢谢大家！

## 范例4：县委副书记在助学金发放仪式上致辞

【致辞人】县委副书记

【场　景】助学金发放仪式

【时　机】在发放仪式上致辞

【风　格】条理清晰

【关键词】资助活动　立志成才　绚丽夺目　时代风貌

【妙　语】顽强拼搏、自强不息、立志成才；自强不息，坚定求学之路；知识改变命运，学习成就未来。

各位来宾、各位家长、各位同学：

今天，我们在这里隆重举行××××年××县“××基金会”助学金发放仪式，对今年考上大学的××名贫困学生进行资助，这是××教育基金会继××××年和××××年两年来资助××名贫困大学生后，又一次大规模的资助活动。在此，我谨代表县委、县政府对支持我县教育事业的××教育基金会表示衷心的感谢，对在逆境中顽强拼搏、自强不息、立志成才并考取大学的受助贫困学生表示热烈的祝贺！

同学们，今天你们即将受到资助，这充分体现了县委、县政府和爱心企业对你们的关爱，希望你们能珍惜这来之不易的学习机会。借此机会，我对你们提出几点希望：

一是要自强不息，坚定求学之路。贫困是暂时的，经济问题绝不能成为同学们求学之路的绊脚石，生活赐给我们最大的财富，是教会我们如何在逆境中成长。你们一定要树立起自强不息的信念，不断锤炼自己的意志，以积极、乐观的态度去面对人生，以勤奋和智慧去采撷成功的果实。把党和政府和社会的关爱化作前进的动力，使自己的生命绽放绚丽夺目的光辉。

二是要刻苦学习，完善自我。知识改变命运，学习成就未来。青年一代是祖国的未来，民族的希望。全面建设小康社会，实现中华民族的伟大复兴，你们重任在肩，义不容辞。大学是学习的关键时期，也是成才的最佳时期。在社会各界的关心支持下，你们得以圆梦大学，成就理想。大学期间，你们要坚定信念，志存高远，在与祖国共奋进、与时代同发展、与人民齐奋斗的历史征程上展示当代大学生崭新的时代风貌。

三是要知恩图报，奉献社会。××县这块热土哺育了你们，希望你们把追求人生理想与服务祖国、建设家乡紧密结合起来，你们要有一颗感恩的心，牢固树立成才报国、回报家乡的信念，要有艰苦奋斗的精神和自强自立的决心。你们要不畏困难，拼搏进取，不断提高自身的思想道德修养和科学文化素质，为将来报效祖国、服务社会打下坚实的基础，为构建社会主义和谐社会贡献自己的力量，在回报祖国、建设××县的过程中成就光辉的人生。

最后，祝大家工作顺利，万事如意！祝各位同学学业有成，早日成才！

谢谢大家！

★★★

## 范例5：县委书记在贫困学生爱心捐款发放仪式上致辞

【致辞人】县委书记

【场　景】贫困学生爱心捐款发放仪式

【时　机】在发放仪式上致辞

【风　格】热情洋溢

【关键词】隆重举行 祝贺 希望 奋发图强 里程碑 前程似锦

【妙　语】向不畏生活艰辛、在逆境中奋斗，在奋斗中成才的莘莘学子表示热烈的祝贺、勤奋学习、艰苦奋斗、勇于创新、立志成才，为××辉煌的明天贡献自己的青春、智慧和力量。

各位领导，同志们，各位家长，同学们：

今天，我们在这里隆重举行“圆梦大学，爱心牵手”贫困学生爱心捐款发放仪式，帮助全县××名贫困大学新生解决燃眉之急。此次捐款活动的全部款项来自于××医院的爱心捐助，在此我代表县委、县政府向无私捐助的××医院表示衷心的感谢，向不畏生活艰辛、在逆境中奋斗，在奋斗中成才的莘莘学子表示热烈的祝贺。借此机会，我提三点希望：

一、希望你们努力学习，奋发图强。通过勤奋学习，你们以优异的成绩考上了大学，这在人生历程中是值得回味、值得铭记的里程碑。你们要继续发扬不怕苦、不怕累的学习精神，努力完成自己的学业。要不负众望，牢记××父老乡亲对你们的关爱，牢记自己的神圣使命。要以只争朝夕的精神，顽强拼搏，掌握本领。为将来步入社会，成为有用之材打下坚实的基础。

二、希望你们立志成才，报效家乡。你们都生在农村，长在农村，家庭条件差，生活环境苦。但贫困并不可怕，也不丢人！我想告诉大家，贫困不是你们的错！你们一定要甩掉这个包袱，不要自卑、负疚，也不要失望。要自信、自强，更要自立，要健康、快乐！期盼你们尽快、尽早成才，为××的发展和家乡的建设贡献自己的力量和才华。不管明天你们身在何方，××永远是你们的家，永远祝福你们。

三、希望你们严于律己，传承美德。有才固然重要，有德才可安身。当你们有困难的时候，社会帮助了你们，许多素不相识的人们用爱心扶持了你们，你们应当为社会做点什么呢？我要说的不是要你去感谢某一个人，而是要做爱心的传递着，要用实际行动来回报社会。希望每一个同学都是一名爱心使者，将爱心传递下去。有了爱心，就学会了尊重，尊重生命、尊重他人、尊重自己。那么，我们的社会就会更加文明、更加和谐、更加美好！

各位领导，同志们，各位家长，同学们，扶危济困是社会传统美德，也是文明社会的应有之义。既是党和政府的职责，也是全社会的共同责任。困难是不幸的，但幸运的是，当你们有困难的时候，党和政府没有忘记你们，社会各界没有忘记你们。我相信，你们一定会不辱历史赋予的使命，不负××人民的期望，勤奋学习、艰苦奋斗、勇于创新、立志成才，为××辉煌的明天贡献自己的青春、智慧和力量。

最后，祝各位领导身体健康、万事如意！祝××医院事业发达、心想事成！祝各位同学学业有成、前程似锦！

谢谢大家！

## 范例6：街道领导在奖教奖学金发放大会上致辞

【致辞人】街道领导
【场　景】奖教奖学金发放大会
【时　机】在大会上致辞
【风　格】气势磅礴
【关键词】祝贺 问候 感谢 努力学习 赤子之心 厚望
【妙　语】学子们的进步，教育事业的发展，××的平安繁荣，是我们共同的愿望。

尊敬的各位领导、各位来宾，同学们、老师们、家长们，

大家好！

在秋意浓浓的收获季节里，我们在这里隆重举行××中学第××届××奖教奖学金发放大会。首先，请允许我代表××街道党工委、办事处对荣获××奖教奖学金的老师们和同学们表示热烈的祝贺！对××奖教奖学金领导小组和辛勤工作的全体教师员工表示由衷的问候，对一直以来关心、支持××中学发展的××先生及其家人表示崇高的敬意和忠心的感谢！

××奖教奖学金设立××年来，作为精神和物质的双重奖励，激励着教职工全心投入家乡教育事业，激励着莘莘学子更加努力学习。

这些成绩的取得离不开在座的各位的努力，更离不开××先生的无私奉献。××先生作为一个知名企业家，热衷于公益事业，他创建的××集团××年来已向社会捐赠××余万元。××先生虽然人在××，但时刻心系家乡的教育事业，自××××年设立本项奖教奖学金以来，每年出资××万元用于资助优秀的师生，去年更是将奖金金额提高至××万元。每一次颁奖，都凝聚着××先生心系家乡发展、支持家乡建设的赤子之心，也激励着全校师生不断奋发向上、争取更好成绩的进取之心。让我们再次以热烈的掌声向××先生表示衷心的感谢！

学子们的进步，××教育事业的发展，××的平安繁荣，是我们共同

的愿望，也是对××奖教奖学金设立者们最好的回报。所以借此机会，我希望获得本次××奖教奖学金的老师们和同学们要戒骄戒躁、再接再厉，用实际行动来不断激励自己、完善自己；希望广大教育工作者继续辛勤耕耘、诲人不倦，用全新的知识和科学发展观武装广大青少年，以饱满的工作热情、良好的教学风范和高尚的道德情操教育和影响学生，让××中学的教育水平再上一个台阶。也希望全校学生以获奖同学为榜样，发奋读书，立志成才，为将来报效祖国、建设家乡打下坚实的基础，实现××先生以及××人民寄予你们的厚望！

最后，祝××先生及其家人、各位领导、各位来宾身体健康！工作顺利！万事如意！

★★★

## 范例7：捐助方领导在奖学金发放仪式上致辞

【致辞人】捐助方领导
【场　景】奖学金发放仪式
【时　机】在发放仪式上致辞
【风　格】逻辑清晰
【关键词】品学兼优　真正意义　道理　希望　基础　全面发展　回报社会
【妙　语】逆境有时是一所最好的大学，它能磨砺人的意志，锻炼人的能力；努力成为一个品学兼优，全面发展的人。

同学们：

很高兴能参加今天这个奖学金颁发仪式。在座的各位都是各校品学兼优的学生，能够得到××奖学金的资助，是你们的幸运，同时也是你们努力学习的结果。

各位同学应该十分了解××奖学金发放的真正意义。这项奖学金是由中国青少年基金会和××私人信托公司合作管理的全国性奖学金，是在资助家庭困难学生方面，规模和力度最大的一个资助项目。其中的“××”

二字的意义就是学习不但使人获得知识和能力，更重要的是懂得做人的道理。其实逆境有时是一所最好的大学，它能磨砺人的意志，锻炼人的能力。

在这里我对在座的同学提三点希望：

第一，希望你们树立远大理想。志存高远，珍惜今天这来之不易的上学机会，发奋读书，刻苦学习各门功课，学好基础知识，掌握过硬本领。还要积极参加形式多样的课外校外活动，接触自然、了解社会、开阔眼界、增长见识，不断提高实践能力，为将来走向社会打好坚实的基础。

第二，希望你们从小养成优良品德。这是一个人做人做事的根本，要继承和发扬中华民族的传统美德，从一点一滴、一言一行做起，逐步养成文明礼貌、团结互助、诚实守信、遵纪守法、勤俭节约、热爱劳动的好品行，努力成为一个品学兼优，全面发展的人。

第三，希望同学们要学会珍惜、学会感激。用积极的心态去面对困难，面对挑战，学有所成，将来以最好的精神面貌回报社会。

最后，在春节即将到来之际向大家拜个早年，祝各位同学新的一年学习进步、万事如意！

谢谢！

## 第三节　签约仪式致辞

签约仪式是商业交易的公证方式，是商业活动不可缺少的一部分，签约双方形成事实上的约束关系，签约仪式致辞主要是对所签合作、协议进行肯定，并对合作前景进行展望。例如：

今天我们欢聚于此，举行国务院台湾事务办公室和××银行《××协议》的签字仪式，我感到非常高兴，此次合作，双方旨在服务台资企业发展，促进两岸经济交流。在此我谨代表××银行，衷心地感谢国务院台湾事务办公室对××银行的信任和支持，并对今天光临签约仪式的各位来宾和新闻界的朋友们表示诚挚的欢迎和感谢！

××银行承诺在××年内意向性为台资企业提供总额为××亿元的融资支持，并在操作和审批程序上优先办理。××银行为支持台资企业发展，特根据台资企业的特点，量身设计了××、××、××、××四个金融服务产品，积极为台资企业提供全面、快捷、优质的金融服务。希望通过与台资企业的具体合作，实现多方共赢的目标。

最后，预祝我们的合作圆满成功！祝各位领导，各位来宾工作顺利，万事如意！

★★★

## 范例1：副省长在项目签约仪式上致辞

【致辞人】副省长

【场　景】项目签约仪式

【时　机】在签约仪式上致辞

【风　格】气势昂扬

【关键词】签约　祝贺　欢迎　感谢　战略意义　经济结构

【妙　语】双方审时度势，准确把握国家产业政策，发挥各自优势，精诚合作的结晶；抓住机遇，乘势而上。

各位来宾，同志们、朋友们：

在这辞旧迎新的日子里，××市与××集团投资××亿元的××项目正式签约了。首先，请允许我代表省委、省政府向项目的正式签约表示热烈的祝贺！同时，向应邀参加签约仪式的各界朋友、各位来宾表示热烈的欢迎！

××市地处中原，是中华民族的主要发祥地之一，有着悠久的历史和灿烂的文化，自然条件优越，区位优势显著，交通通讯发达，物产资源丰富。××集团能够看好××市、投资××市，充分说明××集团的决策者们具有远大的战略眼光和宏大的气魄。××项目的签约，是我省招商引资工作的一件大事，在此，我谨代表省委、省政府向促成本项目正式签约的××集团的各位领导、各界朋友、各位来宾表示衷心的感谢！

我国是能源消费大国，国家大力提倡和鼓励××技术的开发和利用。××市是国家能源重化工业基地，有较好的工业基础，这次××市整合资源优势，和××集团成功合作，投资××亿元建××工项目，是双方审时度势，准确把握国家产业政策，发挥各自优势，精诚合作的结晶。××项目有着广阔的发展前景，我相信，项目的建设，不仅对××集团的长远发展具有重要的战略意义，而且对拉长我省××产业链条，改善我省能源结构，推动相关行业发展，乃至优化调整全省工业经济结构都具有重要的意义。

各位来宾，同志们，今后几年，××行业将是我省发展的重点之一，××市在这方面先行一步，开了一个好头。希望市委、市政府要抓住机遇，乘势而上，不断将这一行业做大做强。希望各相关部门要站在全省工作大局的高度，通力合作，全力以赴，在资金、土地、环境等各方面都要给予帮助、支持，确保项目尽快投产见效，为××省的经济发展做出更大贡献。也希望××集团能够以这个投资项目为起点，进一步发展在××市的事业，尽快把这个产业做精、做强、做大，与××市人民携手开创更加美好的未来。

最后，祝愿项目合作取得圆满成功。

谢谢大家！

★★★

## 范例2：银行行长在签约仪式上致辞

【致辞人】银行行长

【场　景】签约仪式

【时　机】在签约仪式上致辞

【风　格】慷慨激昂

【关键词】感谢　信任　支持　欢迎　合作目标　兴旺发达

【妙　语】台资企业在大陆得到了蓬勃发展，分享了大陆这一全球最大的市场资源；祝我们的合作取得更大的成功，祝在大陆的台资企业兴旺发达。

尊敬的××主任、国台办各位领导、各位来宾，女士们、先生们：

大家下午好！

今天我们欢聚于此，举行国务院台湾事务办公室和××银行《××协议》的签字仪式，我感到非常高兴，此次合作，双方旨在服务台资企业发展，促进两岸经济交流。在此我谨代表××银行，衷心地感谢国务院台湾事务办公室对××银行的信任和支持，并对今天光临签约仪式的各位来宾和新闻界的朋友们表示诚挚的欢迎和感谢！

国务院台湾事务办公室长期以来一直为台资企业在大陆的发展创造良好的投资环境，帮助台资企业得到全方位的金融服务。从为台资企业安排专项配套资金，到大陆A股市场向台资企业开放，再到两岸经贸论坛形成的共同建议，这些实质性的措施，无疑对台资企业的发展起到了极大的推动作用。在国务院台湾事务办公室的推动协调下，在相关部门和各单位的大力配合下，台资企业在大陆得到了蓬勃发展，分享了大陆这一全球最大的市场资源。台资企业在大陆的投资布局已经从××世纪××年代的劳动密集型加工贸易、××世纪××年代的重化工业，发展到××××年以来的信息制造业和金融服务业。

台资企业在大陆投资的项目质量和规模都在不断提高和扩大。××银行是一家全国性股份制商业银行，××××年××月成为国内第××家上市银行，目前已在全国××个城市设立了分支机构，营业网点达到××家，立足经济发达城市、辐射全国的结构布局已经形成。此外，××银行还与境外××家银行建立了代理业务关系，建成了覆盖全球主要贸易区的结算网络。截至××××年末，××银行总资产超过××亿元，营业利润达××亿元，不良资产率仅××%。去年××银行又成功吸引××银行作为战略投资者，为提高经营管理能力和国际化水平带来了新的契机。在业务发展的同时，××银行还实施了国际化改造工程。为了提升我行科技信息水平和风险控制能力，聘请了多家国际知名咨询公司对我行的业务和管理流程实施再造。

在××××年××银行被评为中国上市公司金融地产行业10家最具竞争力企业之一，跻身于全球银行500强之列；××××年荣获中国最具有影响力财富企业称号，评为××××年大智慧杯投资者心目中最亲切的上市公司。近年来，两岸经济合作发展迅速，台商来大陆投资踊跃，××银行一直关注两岸的经贸交流和台资企业在大陆的发展。此次，××银行与国务院台湾事务办公室的合作基于国务院台湾事务办公室作为对台工作的主管部门所具有的组织、指导、管理、协调职能和××银行作为股份制商业银行具有的灵活、便捷的融资优势，为台资企业搭建一个良好的融资平台，共同实现支持台资企业发展的合作目标。

××银行承诺在××年内意向性为台资企业提供总额为××亿元的融资支持，并在操作和审批程序上优先办理。××银行为支持台资企业发展，特根据台资企业的特点，量身设计了××、××、××、××四个金融服务产品，积极为台资企业提供全面、快捷、优质的金融服务。希望通过与台资企业的具体合作，实现多方共赢的目标。

最后，再次感谢国务院台湾事务办公室对××银行的信任和支持。祝我们的合作取得更大的成功，祝在大陆的台资企业兴旺发达。

谢谢大家！

★★★

## 范例3：市委书记在项目签约仪式上致辞

【致辞人】市委书记

【场　景】项目签约仪式

【时　机】在签约仪式上致辞

【风　格】气势磅礴

【关键词】实力雄厚 技术先进 创业精神 投资兴业 建成投产

【妙　语】领域越来越广，项目越来越多，规模越来越大，质量越来越高；政府就是服务、领导就是服务、权力就是服务。

各位领导、各位来宾，朋友们、同志们：

大家好！

××集团是中国民营企业500强之一，不仅实力雄厚，技术先进，还具有强烈的创业精神和发展潜力，先后创造了饲料规模全国第××位、农药规模全国第××位、兽药规模全国第××位的辉煌业绩。这次，××集团高层以敏锐的眼光和卓越的胆识，经过充分的市场调研和周密的分析论证，决定在××建设总投资××亿元××项目，形成年产××万吨醋酸、××万吨甲醇、××万吨二甲醚、××万吨双氧水、××兆瓦发电机组的生产规模，这无疑是××集团发展史上的一个新的里程碑。××项目的建设，对于发挥我市资源优势，壮大××产业，推进新型工业化进程，具有十分重大的意义。

××市是××省重要的旅游观光地区，总面积××平方千米，人口××万，境内交通便利，自然资源丰富，属国家能源重化工业基地和××平原农业综合开发区，已形成以煤炭、电力、建材、冶金、电子、轻纺、化工、医药等为支柱的工业体系，并正在努力成为花园城市和区域性中心城市。今年以来，我市以"在全省率先实现小康、率先实现工业化"为目标，围绕食品加工业基地建设、先进制造业基地建设、基础能源基地建设，举全市之力招商引资，借助外力加快发展，全市招商引资的领域越来越广，项目越来越多，规模越来越大，质量越来越高。全年到位市外直接投资达××亿元，其中落地超千万元项目××个，超亿元的项目有××个，总投资规模××亿元，事实证明，××市正在成为各路客商投资兴业的热土。

××项目的落户无疑是我市招商引资的又一重大成果，市委、市政府将把这个项目作为全市工作的一个重点，坚决树立政府就是服务、领导就是服务、权力就是服务的思想，千方百计为项目单位服务，全力支持项目的建设与发展，确保项目早日建成投产。

各位来宾，同志们，让我们共同祝愿××市的明天更美好！

## 范例4：市长在签约仪式上致辞

【致辞人】市长
【场　景】签约仪式
【时　机】在签约仪式上致辞
【风　格】气势昂扬
【关键词】感谢 问候 时代风采 敬意 先进模范 积极贡献
【妙　语】军民携手共建新农村；同呼吸、共命运、心连心；为××的率先崛起，做出积极贡献。

尊敬的各位部队首长、各位领导、各位来宾，同志们：

大家好！

在全党全军认真学习贯彻胡锦涛总书记在纪念建党××周年庆祝大会上的重要讲话和中国人民解放军建军××周年即将来临之际，我们在这里隆重举行以“军民携手共建新农村”为主题的军民共建社会主义新农村结对签约仪式。刚才，××政委宣读了《关于开展××军民共建社会主义新农村活动的意见》；××与军地代表签订了共建项目协议；签订双方代表、省民政厅、省军区、××部队领导讲了话，对这项工作给予了充分肯定、高度评价。在此，我代表中共××市委、市人民政府向出席签约仪式的部队首长、各位领导和各位来宾表示衷心的感谢！向××部队、武警部队的全体官兵致以的节日问候！

长期以来，××部队时刻牢记全心全意为人民服务的宗旨，始终视驻地为故乡，视人民如父母，与××人民团结一致，在经济建设和国防建设中相互支持，在精神文明建设中密切配合，为××市的改革、发展、稳定做出了巨大的贡献，充分体现了××部队高度的政治责任感和拥政爱民意识，体现了人民军队与人民群众同呼吸、共命运、心连心的时代风采。借此机会，我向××部队的广大官兵致以崇高的敬意。

××县××区的有关部门要积极支持这项工作，在经费和后勤保障等方面积极创造条件，努力搞好服务。在此，我也希望各新闻单位要把这项活动作为我市新农村实验示范区的一项重要内容来宣传，有关部门要在实践中及时发现、总结、推广这项活动中涌现出来的先进模范、好人好事、好的做法和成功有效的经验。不断把这项工作推向深入，取得实效。

最后，衷心祝愿此次军民共建活动取得丰硕成果，为我市社会主义新农村建设走在前列而努力，为××的率先崛起，做出积极贡献。

★★★

## 范例5：县长在项目签字仪式上致辞

【致辞人】县长

【场　景】项目签字仪式

【时　机】在签字仪式上致辞

【风　格】慷慨激昂

【关键词】祝贺　欢迎　商机　高瞻远瞩　互利双赢　成就事业

【妙　语】襟三江而带五湖，控蛮荆而引瓯越；蕴藏着希望，奔涌着商机，流淌着财富；百尺竿头，更进一步，取得更大、更好的成绩！

各位来宾：

大家好！

首先，我代表中共××县委、××县人民政府，对××项目的签约表示最热烈的祝贺！对各位领导、各位来宾的到来表示最热烈的欢迎！××县素称××市首府首县，三面环抱××市区，襟三江而带五湖，控蛮荆而引瓯越，是唯一毗邻珠三角、长三角和闽东南的内陆省会近郊县。独特的区位优势，便捷的交通网络，充裕的资源要素，使这方热土处处蕴藏着希望，奔涌着商机，流淌着财富。

近年来，在省委、省政府和市委、市政府的正确领导下，我县坚持大开放主战略，坚定不移地推进新型工业化、新型城镇化和农业农村现代化，县域经济呈现又好又快的发展势头，被评为“全国最具投资潜力50强县市”。今年，全县财政总收入完成××亿元，其中地方财政一般预算收入××亿元，同比分别增长××%和××%。尤其是在推动新型工业化方面，我们围绕打造“××现代制造业重要基地之一”和“外商来××投资首选之地”的目标，举全县之力实施“××经济开发区五年新跨越工程”，培育了汽车汽配、医药医器、电机电器、轻纺服装和食品饮料等五大支柱产业。××区连续三年被评为全省工业崛起专项奖六大指标综合先进单位，昔日荒山荒漠建立起工业新城。选择××县，说明你们企业决策层慧眼识金；投资××县，表明你们企业决策层高瞻远瞩。

签约是银，履约是金，成功是本。今天的签约只是合作的起点。我们将以最大的诚意，尽最大的努力，始终秉承“为投资者着想，帮投资者盈利，促投资者成功”的宗旨，一切为开发区让路，一切为重大项目让路，提供“零距离”贴身服务、“零缺陷”个性服务、“零干扰”优质服务，帮助企业早注册、早开工、早投产、早见效，真正做到成本最低、效率最高、回报最快、信誉最好，实现互利双赢。在此，我们诚邀海内外客商来××县投资兴业，真心希望海内外客商在××县创造辉煌。同时，也希望在座的各位企业家、海内外朋友，通过各种方式宣传××县、推介××县、帮助××县，让更多的海内外朋友和客商，聚集××县施展才华，成就事业。

我们坚信，××县的经济和社会发展，必将在各位友人的关心、支持和帮助下，百尺竿头，更进一步，取得更大、更好的成绩！

最后，预祝我们的合作圆满成功！祝各位领导、各位来宾，工作顺利、万事如意！

谢谢大家！

★★★

## 范例6：处长在医院签约授牌仪式上致辞

【致辞人】处长

【场　景】医院签约授牌仪式

【时　机】在签约授牌仪式上致辞

【风　格】逻辑严谨

【关键词】祝贺 成效 社会职责 尝试 战略选择 努力奋斗

【妙　语】提高医疗服务效率，优化服务流程，增加便民措施；保基本、强基础、建机制。

……………………………………………………………

各位领导、各位来宾：

大家好！

很高兴参加××市××医院托管××县××医院的签约授牌仪式！在此，我代表××省卫生厅对××市××医院托管××县××医院表示热烈祝贺！

中共××市委、××市人民政府认真贯彻科学发展观，把公立医院改革作为强化政府公共服务职能的重要方面，作为重大民生工程，高度重视，按照“内增活力、外加推力”的原则，切实加强领导，积极探索公立医院改革，通过改革挖潜，在提高医疗服务效率，优化服务流程，增加便民措施，对口帮扶和医疗质量管理等方面取得了积极的成效。

××市××医院是一所集医疗、科研、教学、预防、保健、康复为一体的市属重点三级甲等综合医院，在诊疗技术、科研、教学方面具有较强的实力，长期以来坚持把社会效益放在第一位，严格履行公立医院的社会职责，全心全意为广大病患服务。

中共××县委、××县人民政府按照医改“保基本、强基础、建机制”的精神，为持续发展当地医疗卫生事业，与××市××医院开展紧密的全方位合作，通过实施管理移植、技术渗透、人才交流，实现医技质量和服务水平的全面提升，缩小城乡居民医疗卫生服务水平差距，使区域内人民群众可享受到优质、廉价、方便的医疗服务，为切实解决医疗卫生体制改革中人民群众反映的看病难、看病贵等突出问题做出积极的尝试。

××市××医院对××县××医院实施整体托管是以科学发展观为指导，进一步深化××市医药卫生体制改革，加快医药卫生事业发展，适应人民群众日益增长的医药卫生需求，实施上下联动、将三级甲等综合医院优质医疗资源向基层医院纵向流动，提高医疗资源配置效率的积极探索和创新。是推进××全域实施城乡统筹，延伸服务，主动输出先进技术、专业团队、管理模式和服务品牌，拓展医疗市场，让××县人民在当地能享受到三甲医院优质资源和服务，是深入推进公立医院改革的战略选择。

我们要拿出百倍的勇气和智慧，全面推进和落实各项医药卫生工作任务，为建设健康××和西部卫生强省而努力奋斗！

最后，感谢各级政府对医改工作的高度重视和全力支持！祝愿××市××医院和××县××医院的合作取得丰硕成果！在新春佳节即将来临之际，我代表省卫生厅向××市、××县卫生系统的干部职工、医务人员，并通过你们向你们的家属致以节日的问候。祝大家新春快乐、身体健康、合家幸福！

★★★

## 范例7：总经理在签约仪式上致辞

【致辞人】总经理
【场　景】签约仪式
【时　机】在签约仪式上致辞
【风　格】层次清晰
【关键词】欢迎　感谢　迅速发展　气魄　现实
【妙　语】我们的发展，缘于县委、县政府的关心和爱护，缘于各部门、各乡镇的支持与服务；认准的事情就要干，而且干就要干好。

尊敬的各位领导、各位朋友、各位来宾：

大家好！

今天是值得我们××公司永远纪念的日子。继在××县组建××米业公司之后，我们与××县政府又一合作项目——××项目，今天正式签约了。这标志着我们企业的经营领域又扩大了一步，多元发展战略已成为现实。首先，我代表××公司的全体员工，向参加今天签约仪式的各位来宾表示热烈的欢迎！向所有关心和支持这个项目的各级领导、有关部门致以衷心的感谢！

我们××公司入驻××县较早，我们落户××县之时，正值新老班子交替之际。可以说，××年来，我们见证了××县的巨变。随着××县招商引资和项目建设成果的扩大、城乡经济的复苏，以及各项社会事业的迅猛发展，我们投资建设的××米业公司，也从小到大，迅速发展。应该说，××米业公司的发展是所有入驻××县的企业的一个缩影。我们的发展，缘于县委、县政府的关心和爱护，缘于各部门、各乡镇的支持与服务，一句话，缘于××县的班子好、政策好、环境好。既入××门，就是××人。自踏入这片土地的第一天起，我就把这里当成了自己的第二故乡，特别是县政府又授予我“××县荣誉公民”这样高的荣誉，更激起了我多为××县发展做贡献，多为××县百姓干实事的强烈愿望。看到城镇居民饮用超标水，枯水期生产生活用水紧张等实际情况时，我就下决心，要为解决这些问题尽一点绵薄之力。经过调查研究、请教专家，特别是县委、县政府高效快捷的作风和宽容大度的气魄，更使我下定决心投资××项目。认准的事情就要干，而且干就要干好。

我代表××公司向各位承诺，我们一定会保证投资额度，加快建设进度，确保工程质量，如期让城镇居民吃上放心水，满足企业生产的需要。当然，××项目涉及面广、工程量大，运作起来会有一定的难度，但是我始终坚信，县委、县政府和各部门、乡镇及社区，会一如既往地支持我、帮助我，有了你们的关心与支持，我什么困难都不怕，我的承诺一定会变为现实。

最后，祝愿××县社会更和谐！人民生活更富庶！××县明天更加美好！

谢谢大家！

## 第四节　会见致辞

凡身份高的人士会见身份低的，或是主人会见客人，这种会见一般称为接见或召见。凡身份低的人士会见身份高的人士，或是客人会见主人，这种会见一般称为拜见。一般统称会见。就其内容而言，会见有礼节性的、政治性和事务性的，或兼而有之。

接见致辞主要是为了表述东道主对来宾的欢迎以及对来宾进行介绍和称赞，接见致辞要彰显东道主热情，语言应热情洋溢，激扬澎湃。

拜见致辞是下级单位拜会上级单位或者客人拜会主人时东道主发表的致辞，主要表示友好和友谊，要简短、亲切。

会见致辞要根据会见的对象、所在的场合不同、所涉及的事件不同采用不同的语气、表达不同的问候和友好态度。针对会见对象的不同，把握住致辞的基本风格和特点，使自己的致辞具有强烈的文体感，起到以文辅政和增进友谊的作用。

★★★

### 范例1：市领导在接见驻外使节时致辞

【致辞人】市领导

【场　景】在文化节接见驻外使节

【时　机】在接见时致辞

【风　格】热情洋溢

【关键词】缘分　旅游发展　观光考察　投资兴业

【妙　语】普陀山，山在水之中，水在山之围，以山之秀，水之灵而鹤立群山；仁者乐山，智者乐水。

尊敬的各位使节及夫人、尊敬的××秘书长、各位来宾，女士们、先生们：

下午好！

今天，我们相聚在美丽的海天佛国、渔都港城，用佛家的话说，这是一种缘分。我有幸向在座的各位使节、各位朋友，介绍××市及普陀山，这是结缘。××市地处中国东部沿海，是中国第一大群岛，是我国唯一以群岛设立的地级市。

××市是一座有着深厚文化底蕴的历史文化名城，悠久的历史和奇特的人文景观孕育了××市既灵气又大气的城市文化。

近年来，我市依托区位优势、海洋资源优势，抓住大好的发展时机，以绿色生态、佛教文化和海岛特色旅游为重点，全力打造的“海天佛国、渔都港城”海洋旅游形象在国内外日益鲜明，佛教文化、海洋休闲、海鲜美食三大旅游品牌已在长三角地区唱响。普陀山作为联合国评定的全球优秀生态旅游景区、首批国家重点风景名胜区和浙江省唯一的ISO14000国家示范景区，是汉传佛教的发祥地，是观世音菩萨弘法道场，也是××文化、旅游发展的窗口。

众所周知，中国的风景名胜多为名山大川，而规模宏大、历史悠久、声名远播的寺院，多数都建在名山大川，所谓天下名山僧占多。但唯有五台山、普陀山、峨嵋山、九华山为佛教四大菩萨弘法道场，真可谓“佛选名山”，可见佛教四大名山在华夏风景名胜中的突出地位。佛教四大名山，或群山环抱似五台；或山峦巍峨似峨嵋；或莲台簇拥似九华，各以山之伟、山之雄、山之峻见长，唯有普陀山，山在水之中，水在山之围，以山之秀，水之灵而鹤立群山，傲视诸峰。古人曰：“仁者乐山，智者乐水”。佛教四大名山中，唯有普陀山能满足智者见智，仁者见仁，见仁见智各得其所。正如一诗人所言：“以山而兼湖之胜，当推西湖；以山而兼海之胜，当推普陀。”大家可以想象一下，“海上有仙山，山在虚无缥缈间”。这是一种什么境界，这就是人间仙境，这就是普陀山。此外，普陀山也是休闲、观光、体验、科学考察的理想旅游目的地。我说了这么多，还是挂一漏万，普陀山的神奇、神秘、神圣说不完，稍候请大家一起去亲身体验，你一定会得到你所想得到的。特别是明天即将开幕的第××届南海普陀山观音文化节，更是普陀山观音文化的充分展示，是观音道场千载难逢的一大盛事。借此机会，我们热诚欢迎更多的海内外朋友到普陀山、到××观光考察，投资兴业。

最后，祝在座的各位身体健康、家庭幸福、万事如意！

谢谢大家！

★★★

## 范例2：县长在会见党政代表团时致辞

【致辞人】县长

【场　景】会见党政代表团

【时　机】在活动开始时致辞

【风　格】喜气洋洋

【关键词】无比诚挚　血脉相连　心忧天下　永远铭记　一如既往

【妙　语】朗水扬波传喜讯，绥山点头迎嘉宾；提供更加有力的保障，以更加优质的服务，实现双赢互利，共写跨越篇章！

尊敬的××市党政代表团的各位领导、各位朋友：

朗水扬波传喜讯，绥山点头迎嘉宾。在这秋阳含笑，丹桂飘香的时节，你们披一身风尘，怀满腔情义，给××人民带来了莫大的欣喜和极大的鼓舞。我们以无比诚挚的心情道一声："你们好，你们辛苦了！"

××和××远隔千山万水，是对口帮扶使我们血脉相连。过去几年，你们助教兴学、兴水解困、建桥修路、扶危济困，你们用真情和爱心为××人民唱响了一曲奉献歌。七年来，你们不仅给××人民送来了大量的资金、物资、技术和人才，而且送来了敢为人先的思想观念、求真务实的工作作风、心忧天下的博大情怀。这是一笔最为宝贵的精神财富，××人民永远感激你们！

对口帮扶绘就了一幅××人民奋进图。××县人民承关怀而奋起，化帮扶为力量，迎难而上，奋力拼搏，××目标如期实现，社会经济快速发展。对口帮扶的几年，成为××县历史上发展最快最好的时期，××人民永远铭记你们！

对口帮扶筑成了××和××人民一条合作路。一批干部投身××，智力扶贫卓有成效；一批企业落户××，形成燎原之势；一批项目顺利实施，结出丰硕成果。合作领域不断拓展，合作实效不断增强，实现了优势互补，呈现出蓬勃生机，××人民永远欢迎你们！

对口帮扶任重道远，经济合作前景无限。××人民诚请××人民一如既往，真情帮扶；诚请××领导常来××视察指导，传经送宝；诚请××企业家来××投资办厂，经商置业。我们将以更加优惠的政策，更加宽松的环境，提供更加有力的保障，以更加优质的服务，实现双赢互利，共写跨越篇章！

我们心仪已久，我们一见如故。我们热忱渴望你们的光临，我们竭诚欢迎你们传经送宝。

祝身体健康、工作顺利、万事如意！

★★★

## 范例3：校长在会见专家组欢迎晚会上致辞

【致辞人】校长
【场　景】会见专家组欢迎晚会
【时　机】在欢迎晚会上致辞
【风　格】热情洋溢
【关键词】尊贵　欢迎　残垣断壁　关怀　指导
【妙　语】金秋送爽，桂花飘香；残垣断壁、黄卷清灯逐步被幢幢高楼、窗明几净所取代。

各位专家、领导，老师们、同学们：

晚上好！

金秋送爽，桂花飘香。在这丰收的季节，在这风和日丽的日子里，××中学迎来了成长史上的百年盛事——创州级示范学校的评估验收，同时也迎来了最尊贵的客人——州级示范学校评估验收专家组。在这里，我代表××中学的××名学生，××名教职工，向不畏山遥路远、不怕旅途劳顿的远道而来的各位专家和领导表示最热烈的欢迎！

回顾××中学成长的历史，所有××中学师生无不饱含热泪，残垣断壁、黄卷清灯逐步被幢幢高楼、窗明几净所取代；高考上本科线人数从无到××人，甚至踢开一流大学的校门；学生人数由××人到现在的××人；教学质量的综合评价由全州的第××位到现在的第××位。这其中的每一点进步，无不包含全体××中学人的热情、辛劳与汗水。为了××中学有新一轮的大发展，全体××中学人众志成城、群策群力，全心全意投入到创建活动中去，从××××年××月到现在，先后举办了××次校长办公会、××次行政办公会、××次教职工大会、××次学生集会，安排了大小上千个创建环节，××名多师生对其中的每一点都做得很仔细！

同时上级领导对我校的创建工作业绩给予了极大的关怀，县教育局领导先后多次来校指导；县政府教育督导室来校检查；更令人感动的是，××月××日，州教育局××局长、州教育督导室××主任、××主任也先后来我校对创建工作进行指导。

在众人的呵护下，今天的××中学，校园已成了××山区一道靓丽的风景；悄然崛起的师资，也成了××大地的一支教坛劲旅，我们整装待发，静候专家和领导的检阅！

最后，再一次祝各位专家、领导在我校的检查评估工作中心情愉快！

我校学生为了表达对创建验收的期盼和对各位专家、领导的敬意，自编、自导了一台还很稚嫩的晚会，献给在座的专家、领导。预祝晚会圆满成功！

谢谢大家！

# 第8章
# 工作会议致辞

工作会议是人们为了解决某个共同的问题或出于某个共同的目的聚集在一起进行讨论、交流的活动，它往往伴随着一定规模的人员流动和消费。作为会展业的重要组成部分，大型会议特别是国际性会议在提升城市形象、促进市政建设、创造经济效益等方面具有特殊的作用。工作会议在我国政治活动中发挥着十分重要的作用，一年一度的中央经济会议、全国两会等等都是重要工作会议的代表。

工作会议致辞就是各级党政机关和单位领导人对有关工作的总结或在某些会议上的发言。工作会议致辞能够在很大程度上展现领导者的个人能力、魅力、风采。特别是在一些重要的工作会议上，成功的致辞显得尤为重要。

一般来说，工作会议致辞主要由标题、题下表示和正文这几部分构成。

（一）标题及题下表示

标题主要包括致辞者姓名、会议名称以及文种类别构成，也可以只写会议名称和文种类别，而将致辞者、日期在标题下标明，例如：“《××省经济工作会议座谈会》”。个别情况下可用正、副双标题，例如：“《××高端论坛——××区域经济发展论坛》”。

简而言之，标题部分可分为简式标题和复式标题两类：简式标题一般由主致辞人的姓名、职务、事由和文种类别构成；复式标题由一个主标题和一个副标题组成，主标题一般用来概括致辞的主旨或主要内容，副标题则与简式标题的构成形式相同。

（二）正文

工作会议致辞作为领导人代表集体在公共场合发表观点和意见的底本，写作的具体要求须依发表的内容而定。从普遍意义上讲，要准确反应党和政府的政策，表现出较高的政治水平，语言方面要浅显易懂、流畅生动。

致辞的正文包括开头、主体和结尾三部分。

1. 开头

首先根据与会人员的情况和会议性质来确定适当的称谓，要求庄重、严肃、得体；然后用极简洁的文字把要讲的内容概述一下、说明致辞的缘由、或者所要讲的内容重点。例如：今天，我们在这里召开“职工之家”表彰、经验交流座谈会，有这么三层含义：一是为迎接建国××周年，庆祝祖国的生日；二是为全国总工会、省总工会表彰的先进集体授牌；三是听取大家在建设职工之家以及工会工作上的经验介绍。

2. 主体

根据会议内容和发表致辞的目的，可以重点阐述如何领会文件、指示和会议精神；可以通过分析形势和明确任务，提出搞好工作的几点意见；可以结合本单位情况，提出贯彻上级指示的意见；可以对前面其他领导人的致辞做补充；也可以围绕会议的中心议题，结合自己分管的工作，谈几点看法等等。例如：我想借此机会给大家提出三点意见：

一、进一步提高对新形势下开展建设“职工之家”活动重要性的认识……

二、求真务实，不断深化建设“职工之家”工作……

三、各级党委要加强和改善对工会工作的领导……

3. 结尾

结尾用以总结全篇，照应开头，发出号召，或者征询对致辞的内容的意见或建议等等。例如：总之，希望通过今天的会议，我们的“职工之家”的建设能有一个新的发展，希望××工厂工会工作在新的形势下能为全市的三大文明建设做出更大的贡献，同时希望××工厂的明天更加辉煌。

## 第一节　表彰会、庆功会致辞

表彰会和庆功会是一个部队、团体、单位、组织、政府、部门等为了总结前一段时间工作经验和成绩，寻找不足，表彰、鼓励先进，更好地展开下一步全面工作而进行的一项活动。

表彰会致辞，首先要表达致辞人的心情，向先进的个人或者集体表示祝贺，肯定其先进事迹、功绩、贡献等；其次要号召与会乃至更大范围的同志向先进学习，提出学习先进的内容；最后要对受表彰的先进个人或者先进集体提出进一步的评价，要做到恰当、适中、实事求是，对于先进经验的总结，要全面、客观、公正。

庆功会致辞与表彰会致辞类似。需要注意的是，在致辞过程中，除先进的事迹之外，对于具体奖励、授予称号等要做简要介绍；同时，对其取得成绩的原因等，要进行总结分析。致辞篇幅不宜过长，要求语言生动，有感染力，感情真挚，热情洋溢，催人奋进，富有激励作用。

★★★

### 范例1：工会主席在表彰大会上致辞

【致辞人】工会主席

【场　景】表彰大会

【时　机】在表彰大会上致辞

【风　格】逻辑清晰

【关键词】表彰 经验介绍 启发 生机 活力 辉煌

【妙　语】工会围绕工作中心开展活动，发挥作用，对单位的其他工作是个很大的促进；在新的形势下能为全市的三大文明建设做出更大的贡献。

……………………………………………………………

同志们：

今天，我们在这里召开“职工之家”表彰、经验交流座谈会，有这么三层含义：一是为迎接建国××周年，庆祝祖国的生日；二是为全国总工会、省总工会表彰的先进集体授牌；三是听取大家在建设“职工之家”以及工会工作上的经验介绍。

刚才，××工厂工会、××医院工会、××公司工会、××区工会做了发言，谈得都很好，让人很受启发。工会围绕工作中心，开展活动，发挥作用，对单位的其他工作是个很大的促进。我们在××召开这个会议，具有现场会议的性质。一方面是对××工厂工会在建设“职工之家”和工会工作中取得的成绩的肯定，学习他们的经验；另一方面，也说明××工厂党政班子非常重视工会工作，注意调动广大职工的积极性，使××工厂呈现出了生机和活力。

我想借此机会给大家提出三点意见：

一、进一步提高对新形势下开展建设“职工之家”这一活动重要性的认识……

二、求真务实，不断深化建设“职工之家”工作……

三、各级党委要加强和改善对工会工作的领导……

总之，希望通过今天的会议，我们“职工之家”的建设能有一个新的发展，希望××工厂工会工作在新的形势下能为全市的三大文明建设做出更大的贡献，同时希望××工厂的明天更加辉煌。

## 范例2：区委书记在武警表彰大会上致辞

【致辞人】区委书记

【场　景】武警表彰大会

【时　机】在表彰大会上致辞

【风　格】慷慨激昂

【关键词】荣幸 祝贺 呕心沥血 经济建设 巨大贡献

【妙　语】保卫国家安全、维护社会稳定、保障人民生命财产安全；听党指挥、服务人民、英勇善战；做出新的、更大的贡献，续写双拥共建的新篇章。

尊敬的各位领导，同志们：

今天，武警总队在这里隆重召开庆功大会，表彰××支队在全面建设中取得的突出成绩。我们作为××支队的共建单位出席这次大会，感到非常荣幸。在此，我代表区委、区政府对××支队被评为“基层建设标兵支队”表示最热烈的祝贺！

近年来，××支队始终围绕“保卫国家安全、维护社会稳定、保障人民生命财产安全”的神圣职责，不断加强自身建设，大力弘扬军队“听党指挥、服务人民、英勇善战”的优良传统，不断加强团队精神建设，圆满完成了上级交给的各项任务，部队全面建设取得了长足的发展和骄人的成绩。今天，能够在这里隆重地为××支队召开庆功表彰大会，是××支队一代又一代官兵呕心沥血、辛勤奋斗的结果，也是武警总队党委正确领导的结果。

长期以来，××支队广大官兵大力支持××区的经济建设，积极主动参与处置急难险重任务；协助公安机关构建完善了“警警联勤、警地联网、上下联动”的治安防控网络体系；深入群众中开展法制宣传、国防教育和便民服务；照顾敬老院的孤寡老人，积极开展帮助贫困学生等一系列的共建活动，在促进××区的经济发展和社会政治稳定上做出了巨大贡献。当前，××区社会治安和社会风气不断好转，人民群众遵纪守法意识明显增强，社会主义新风尚深入人心，社会文明程度不断提高，这是我区警民不懈努力的结果，凝聚着××支队广大官兵的心血和汗水。在此，我谨代表区委、区政府和全区人民，向为我区建设做出突出贡献的××支队全体官兵表示最衷心的感谢和崇高的敬意！

今天，××支队建设取得了可喜的成绩，这不仅是你们的光荣，同时也是我们的骄傲，希望××支队的官兵继续保持优势，争取更大的荣誉。作为××支队的共建单位，我们要认真学习这种持之以恒抓建设，拼搏进取谋发展的优良作风，从而推动全区经济建设、政治建设和社会建设的全面进步。

我们有理由相信在未来的日子里，××区和××支队的双拥共建工作会更加扎实，成效会更加明显。在双方的共同努力下，一定会实现共同发展，一定会为创建和谐××、平安××做出新的、更大的贡献，续写双拥共建的新篇章。

★★★

## 范例3：市长在纪委表彰座谈会上致辞

【致辞人】市长
【场　景】纪委表彰座谈会
【时　机】在纪委表彰会上致辞
【风　格】气势磅礴
【关键词】廉洁勤政　厚礼　敬意　反腐倡廉　开拓创新
【妙　语】廉者，民之表也；珍惜荣誉、发扬成绩、再接再厉、再立新功；宜居宜业宜游、富庶文明和谐。

同志们：

在中国共产党××周年华诞之际，我们在这里召开全市“廉洁勤政先进个人”表彰座谈会，对××等11名“廉洁勤政先进个人”进行表彰和嘉奖，以此来纪念建党××周年，这是向党的生日献上的一份厚礼。

这次评选“廉洁勤政先进个人”的活动，得到了全市各级党组织和广大党员干部的大力支持和积极参与，评选结果具有广泛的代表性，11名“廉洁勤政先进个人”是全市广大党员干部的优秀代表，是践行“三个代表”重要思想、贯彻落实科学发展观、在工作岗位上做出突出贡献、廉洁勤政的先进典型。我们为你们的高尚境界而钦佩，为你们的先进事迹而感动，为你们的公仆情怀而自豪。在此，我谨代表市纪委向受到表彰的先进个人表示热烈的祝贺并致以崇高的敬意！

学习先进，重在学精神、学品质、学境界。总结这11名“廉洁勤政先进个人”的事迹，主要体现在四个方面：一是政治信仰坚定；二是工作业绩突出；三是廉洁自律过硬；四是密切联系群众。

刚才，宣读了表彰通报、颁发了荣誉证书、观看了11名同志的先进事迹短片，几位同志做了很好的发言。目前，市级新闻媒体已经陆续刊播他们的先进事迹，下一步还要在全市范围内进一步开展学习宣传活动。下面，我就学习先进典型的活动讲几点意见：

一、充分认识学习“廉洁勤政先进个人”的重要意义。……

二、认真开展学习先进活动，在全社会营造崇廉敬业的氛围。……

三、以学习先进活动为重要契机，进一步加强对党员干部的反腐倡廉教育。……

同志们，古人讲：“廉者，民之表也”，廉洁的干部，是人民的表率。今天我们表彰的11名“廉洁勤政先进个人”，就是我市党员干部队伍中“廉者”的典型代表。作为“廉者”，他们的廉政勤政业绩为我市干部队伍建设和经济社会发展做出了突出的贡献，为广大党员干部和人民群众所称颂。希望受到表彰的先进个人珍惜荣誉、发扬成绩、再接再厉、再立新功。希望全市广大党员干部以“廉洁勤政先进个人”为榜样，与时俱进，开拓创新，以优异成绩迎接建党××周年，为建设“宜居宜业宜游、富庶文明和谐”的××市做出更大的贡献。

## 范例4：卫生局局长在医院年底表彰大会上致辞

【致辞人】卫生局局长

【场　景】医院年底表彰大会

【时　机】在表彰大会上致辞

【风　格】条分缕析

【关键词】表彰奖励　全面总结　共同努力　落实　贡献

【妙　语】集思广益，科学决策，加强内部管理，挖掘内部潜力，实现了社会效益和经济效益的同步增长；千方百计谋发展的强大合力，为加快全市卫生事业发展做出新的更大的贡献。

各位领导、各位来宾：

大家好！

一元复始、万象更新、在这举国欢度春节的喜庆日子里，我们在××医院召开年底工作总结表彰会议，总结××××年工作情况，表彰奖励在工作中涌现出的先进科室和先进个人，安排部署××××年的工作任务。刚才，院长对××××年医院的工作进行了全面总结；对××××年的工作做了具体安排；对在××××年工作中涌现出的先进科室和先进个人进行了表彰。借此机会，我代表市卫生局党委向受到表彰的先进科室和先进个人表示祝贺，向全院干部职工致以衷心的感谢！

××××年的卫生工作在市委、市政府的领导下，医院领导班子带领全院干部职工，坚持以邓小平理论和“三个代表”重要思想为指导，认真贯彻党的××全会精神，围绕全市卫生工作制订各项任务目标，集思广益，科学决策，加强内部管理，挖掘内部潜力，实现了社会效益和经济效益的同步增长，也使××医院的综合实力、竞争能力又向前迈出了重大一步。这些成绩的取得，离不开市委、市政府的重视支持；离不开医院领导班子的团结协作、真抓实干；离不开全院干部职工的共同努力。局党委对××医院××××年的工作是非常满意的。

××××年，卫生工作既面临难得的发展机遇，也面临诸多挑战，我们要认真分析当前开展工作的机遇和有利条件。××××年以来，公共卫生体系建设、新型农村合作医疗、城市卫生机构支援农村卫生工作、镇街卫生院上划等政策措施的相继出台，特别是总书记关于发展卫生事业的讲话，为今后卫生事业的发展指明了方向。只要我们抓住机遇，充分利用好这些有利条件，调动一切积极因素，振奋精神，坚定信心，齐心协力，埋头苦干，就一定能够克服困难，摆脱困境，实现医院的更大发展。希望广大干部职工，在医院领导班子的带领下，解放思想，锐意进取，紧紧围绕医院发展这一中心，加大工作力度，全面抓好各项工作的落实。

同志们，今年卫生工作的任务艰巨而繁重，希望全院上下发扬团结拼搏的精神，增强领导班子的凝聚力和战斗力，形成一心一意抓工作，聚精会神干事业，千方百计谋发展的强大合力，为加快全市卫生事业发展做出新的更大的贡献。

★★★

## 范例5：市长在篮球比赛庆功会上致辞

【致辞人】市长

【场　景】篮球比赛庆功会

【时　机】在庆功会上致辞

【风　格】热情洋溢

【关键词】庆祝 远道而来 深刻印象 学业有成

【妙　语】为今天的球场增添了美丽的色彩，是本次赛事最亮丽的一道风景线；达到了以球会友，强健体魄的目的。

同志们：

今天，我们在这里庆祝××市第××届××杯篮球比赛圆满结束，我有三个感谢要说：

一是感谢××队的带队领导和球员。你们不辞辛苦地远道而来，为今天的球场增添了美丽的色彩，是本次赛事最亮丽的一道风景线，球场上，你们精湛的球技，良好的体育道德风尚，让观众欢呼、激动、沸腾，给我们运动员，给××市市民留下了深刻印象。

二是感谢××铁业。××铁业是年产值超亿元的地区知名骨干企业，它不仅为××地区的经济和公益事业做出了突出贡献，还热心参与××地区的文化体育生活，把省级球队介绍到××市来，给××市人以美的享受，充分体现了对市委、市政府工作的大力支持，表现出企业家关注企业文化的战略眼光和风范。在此，深表谢意。

三是感谢参加本次赛事的全体运动员、裁判员和工作人员。赛场上，运动员们个个精神饱满、奋力争先，表现出良好的竞技体育状态，达到了以球会友，强健体魄的目的；裁判员一丝不苟、公正执罚；工作人员不怕辛劳、服务超前、细致入微，出色完成了后勤保障工作，在你们的努力下，本次赛事取得了圆满成功。我要说一声，辛苦了。

总之，本次赛事取得圆满成功离不开在座的每一位的努力。现在我提议，让我们共同举杯，为大家身体健康、工作顺利、事业发达、学业有成干杯！

★★★

## 范例6：厂领导在选矿厂获得自治区文明单位称号庆功会上致辞

【致辞人】厂领导

【场　景】获得自治区文明单位称号庆功会

【时　机】在庆功会时致辞

【风　格】逻辑清晰 层次清楚

【关键词】隆重集会 众志成城 丰硕成果 成绩

【妙　语】创建工作是一项长期而艰巨的工作。文明无句号，创建无止境；一座生产健康发展、厂区环境优美、人际融洽和谐的现代化花园式的新型选矿厂。

各位领导、同志们：

今天，我们怀着无比喜悦的心情，在这里隆重集会，热烈庆祝我厂申报自治区文明单位取得圆满成功。自××××年以来，我厂在集团公司的正确领导下，全体干部职工团结一心，众志成城，把创建工作当作压倒一切的头等大事来抓，把创建工作当作一场硬仗来打。在这其中，许多同志以无私的奉献精神和忘我的工作热情，为这一天的到来做出了巨大努力。在这里，我谨代表厂委向在创建工作中做出贡献的单位和个人致以最诚挚的感谢和最亲切的慰问！向出席会议的各位领导、嘉宾表示最热烈的欢迎！

××选矿厂始建于××世纪××年代中期，××××年正式投产，现有职工××多人，各类专业人才××多人。由于历史的原因，直至××世纪××年代中期，选矿能力一直在××万吨以下，生产经营亏损××万元。

在短短的几年里，我厂在不扩建厂房、不增加装机容量和劳动力的情况下，不断开展科技攻关和技术改造，使原矿年处理量从××万吨提高到××万吨，从××××年至××××年，创造内部净利润××亿元，累计上交国家税费××亿元。先后荣获国家科技进步一、二等奖各××项，省部级科技进步奖近××项，地市级科技进步奖数××项，今年被××科技厅认定为××锡石多金属矿物加工工程技术研究中心。这些成绩的取得，是我厂多年来坚持以创建自治区文明单位为目标，开展各项创建工作的丰硕成果。

各位领导、同志们，在创建文明单位过程中取得显著的成绩的同时也让我们深深感到，任何成绩的取得，都离不开上级部门的领导，离不开广大职工的勤奋努力，更是市、县两级文明委的关心、支持、监督帮助的结果。几年来，市、县两级文明委对我们多方指导，严格要求，并多次来到我厂检查工作。我们取得的成绩里，有他们一份辛劳，我们在此对他们表示衷心感谢。

创建工作是一项长期而艰巨的工作。文明无句号，创建无止境，在今后的工作中，我们将继续保持创建自治区文明单位期间好的经验，好的作风，好的制度，并针对新形势下出现的新问题，研究对策、采取措施、进一步查漏补缺，从严、从细、从实地抓好创建工作，使创建意识深深扎根在每个干部职工的思想上，落实在行动上，并树立全国文明单位为未来几年的奋斗目标，努力将××选矿厂建设成为一座生产健康发展、厂区环境优美、人际融洽和谐的现代化花园式的新型选矿厂。

★★★

## 范例7：校长在全县教育表彰大会上致辞

【致辞人】校长

【场　景】全县教育表彰大会

【时　机】在表彰大会上致辞

【风　格】热情洋溢

【关键词】执着　坚定　迅速增强　篇章　豪情　动力

【妙　语】以质量求生存，以特色求发展；乐于负重，敢于负重，追求卓越，无私奉献；去创造××中学的辉煌业绩和美好的未来！去谱写××中学更加壮美的篇章。

尊敬的各位领导、各位同人：

你们好！

带着创造的执着，带着求索的坚定，我们送走了硕果累累的××××学年，又迎来了充满怀希望的××××学年。今天，我们怀着成功的喜悦欢聚在此，共同庆贺××中学再创辉煌！作为××中学的校长，我为此感到无比骄傲，感到无比自豪！

岁月不居，天道酬勤。在过去的一年里，在上级主管部门的正确领导下，在社会各界的关心和支持下，秉承着“走特色之路，施素质教育，立成人成材之道”的办学理念，坚持“学成都七中，走精品之路”的办学思想，紧紧围绕“三风建设抓规范，××升学谱新篇”的目标，大力实施科研兴校、人才兴校和可持续发展三大战略，围绕教育教学这个中心，以质量求生存，以特色求发展，在激烈的竞争中，全校上下齐心协力，共同奋进，教育教学质量进一步提高，综合实力迅速增强。可以说，××中学××年级的全体教师经过三年的艰苦奋斗，没有辜负各级领导的关怀与期望，没有辜负社会各界的关心与支持，没有辜负××父老乡亲的信任和厚爱，刷新了××中学中考的历史，书写了××中学浓墨重彩的篇章！

在此，我代表××中学××年级的全体教师诚挚地感谢上级党政、教育主管部门的关心和支持，感谢县教研室的领导和专家们的指导和帮助，感谢社会各界对我们的理解和信任！

回首过去，充满了跋涉的艰辛和奋斗的坎坷，但更满载着胜利的喜悦和拼搏的豪情。

我认为，成绩的取得，是对我校“走特色之路、施素质教育，立成人成材之道”的办学理念的一种肯定，同时也彰显了××中学学子积极向上、奋发进取的精神风貌，展示了××中学全体师生乐于负重，敢于负重，追求卓越，无私奉献的可贵品质；更是对我们未来工作的鞭策和强劲的动力！

各位领导、各位同人，回首昨天，我们无怨无悔，战果辉煌；展望明天，我们信心百倍，斗志昂扬，让我们以自强不息的精神，团结拼博的斗志迈步越过真如铁的雄关漫道，向着更高、更强的目标迈进，去创造××中学的辉煌业绩和美好的未来！去谱写××中学更加壮美的篇章！

谢谢大家！

★★★

## 范例8：校长在运动会庆功会上致辞

【致辞人】校长
【场　景】运动会庆功会
【时　机】在庆功会上致辞
【风　格】条分缕析
【关键词】隆重举行　感谢　祝贺　汗流浃背　争创佳绩
【妙　语】不畏强手、不断突破、不断进取、顽强拼搏、团结一致、争创佳绩的奋斗精神；运动会已经过去，凯旋的歌声优美动人。

各位老师、各位同学：

今天，我们在这里隆重举行××区第××届运动会中小学部田径运动会的总结会暨庆功会。

首先，我谨代表学校向带领运动员艰苦训练的四位教练员××老师、××老师、××老师、××老师表示最衷心的感谢，向在运动会上取得优异成绩的同学们表示最热烈的祝贺！

在此次运动会上，我们学校有××位小运动员奋力拼搏，取得了总分××分的好成绩，在××区所有参赛的××所小学中，名列第××名，达成了挺进前××名的赛前目标。

同学们，你们知道吗？为了取得优异的成绩，这××位同学在体育老师的精心指导下，暑假里就开始了训练。当你们躲在空调房里看电视、吃冰棍儿的时候，他们顶着炎炎烈日在学校的操场上刻苦练习体能和技巧，累得汗流浃背，身上脸上都被晒得黑黝黝的。

我们每一位同学要向他们学习，学习他们不怕吃苦、不畏强手、不断突破、不断进取、顽强拼搏、团结一致、争创佳绩的奋斗精神，也希望同学们把这种精神带到今后的学习和生活中去。

同学们，运动会已经过去，凯旋的歌声优美动人。然而成功和胜利只能说明过去，我们在收获胜利和喜悦的同时，要清醒地认识到自己与别人仍有差距，我们的任务将更加繁重，任重道远。我们要将此次的胜利和成功作为新的起点，接下来，我们要迎接的是两年一届的艺术节、科技节、体育节。在艺术节里，同学们可以参加大合唱比赛、舞蹈比赛，参加国画、儿童画、书法、摄影、手工制作等比赛；在科技节里，同学们可以参加科技知识竞赛、航模比赛、电脑技能竞赛；在体育节里，同学们可以参加篮球、排球、乒乓球、羽毛球、棒球等各种球类比赛，可以参加象棋、围棋、国际象棋等棋类比赛，当然也可以参加下一次田径运动会。也就是说，每个同学都有发挥自己特长的机会，希望同学们抓住机会到老师那里报名，勇敢地展示自我，像这××位运动健儿一样以优异的成绩为班级争光，为学校添彩。我始终认为××小学的学生是最棒的，今天同学们以学校为骄傲，明天学校为你们而自豪！

同学们，你们能做到吗？让我们一起高声宣告：我能！我能！我能！

## 第二节　动员会致辞

当某组织或个人需要完成某些重大活动时，动员可以说是十分有效途径和方法，优秀的动员会致辞具有极大的调动性，能够将事件的重要性恰当地表现出来，让人全身心投入，达到动员的效果。

动员会致辞，开头首先要简要介绍要动员活动的背景。例如：争创全国文明城市是市委、市人民政府做出的重大决策，更是××市人民的热切期待。我们已经为此做出了××年的努力，付出了××年的心血，进行了××年的追求。刚刚，同志们发出的“××因我而美丽，××文明我奉献”的呼声，代表了人民的心声，表达了我们的信心和决心。开展全国文明城市创建，对于巩固我市精神文明建设成果、提升全市文明程度、推动经济社会又好又快发展、构建和谐社会，具有十分重要的意义。这已经被实践证明，更是我们长期以来的追求。在对活动进行简要介绍之后，要对当下的形势作出正反等方面的分析，从而引出动员会的主题。接着，就是动员会致辞的重点，要详细、具体地交代布置任务。例如：在肯定成绩的同时，我们也要看到经济工作和征迁拆迁工作中存在的一些问题，一是在后劲儿方面，全区固定资产投资增速趋缓，在手和储备的大项目不多，特别是有影响力、牵动性强的大项目不多，经济转型的压力较大。二是征迁进度还是没有达到理想的状态。征迁工作虽然完成了大部分的工作任务，但还不够理想，还有部分项目因为一些硬骨头没啃下来而影响了进度。对这些问题，我们还要高度重视，在今年的工作中加以解决。最后，要用富有鼓动性的语言调动起与会者的激情。例如：同志们，争创全国文明城市的目标已经明确，号角已经吹响。从现在开始，全市上下要立即进入战斗状态，鼓足干劲，以昂扬的斗志、饱满的热情、科学的态度、务实的作风，扎实工作。我们坚信，有全市广大干部群众的共同努力，有社会各界的大力支持，我市争创全国文明城市的目标一定能够实现！

动员会致辞应入情入理，使听众产生共鸣，从内心深处认同。要以理服人，突出问题的意义和要求，用事实增强与会者的责任感和紧迫感。用词要把握分寸，既不能过分拔高，给人虚假的感觉，同时又要有鼓动性。

★★★

## 范例1：市长在争创文明城市再动员大会上致辞

【致辞人】市长

【场　景】争创文明城市再动员大会

【时　机】在再动员大会上致辞

【风　格】热情洋溢

【关键词】重大决策　热切期待　追求　表彰　贡献

【妙　语】坚定信心、再接再厉、顽强拼搏、背水一战；更加饱满的热情、更加昂扬的斗志、更加扎实的举措；昂扬的斗志、饱满的热情、科学的态度、务实的作风扎实工作。

同志们：

争创全国文明城市是市委、市政府做出的重大决策，更是××市人民的热切期待。我们已经为此做出了××年的努力，付出了××年的心血，进行了××年的追求。刚刚，同志们发出的“××因我而美丽，××文明我奉献”的呼声，代表了人民的心声，表达了我们的信心和决心。开展全国文明城市创建，对于巩固我市精神文明建设成果、提升全市文明程度、推动经济社会又好又快发展、构建和谐社会，具有十分重要的意义。这已经被实践证明，更是我们长期以来的追求。

今天，我们在这里召开争创全国文明城市再动员大会，目的就是要在以往工作的基础上，进一步动员全市人民坚定信心、再接再厉、顽强拼搏、背水一战，以更加饱满的热情、更加昂扬的斗志、更加扎实的举措，奋力推进争创全国文明城市各项工作，力争在今年取得全国文明城市称号。刚才，××同志宣读了市委、市政府的表彰决定，对过去几年在我市争创全国文明城市工作中表现突出的先进集体、先进个人进行了表彰。

最近，市委常委会通过了对争创全国文明城市再动员再部署的方案，刚才，××同志对下阶段的创建工作进行了具体部署。行政执法管理和公安部门也在会上进行了誓师，对全市人民做出了庄严承诺，表达了为争创全国文明城市做贡献的决心。自治区文明办活动创建处××处长也在会上对创建工作做了指导。同志们一定要贯彻好自治区文明委、文明办的指示精神，认真落实市委、市人民政府的决策部署，践行我们的誓言，向先进学习，做好各项工作，奋力夺取全国文明城市的称号。下面，我提出三点意见：

……

同志们，争创全国文明城市的目标已经明确，号角已经吹响。从现在开始，全市上下要立即进入战斗状态，鼓足干劲，以昂扬的斗志、饱满的热情、科学的态度、务实的作风扎实工作。我们坚信，有全市广大干部群众的共同努力，有社会各界的大力支持，我市争创全国文明城市的目标一定能够实现！

★★★

## 范例2：县长在征迁拆迁动员大会上致辞

【致辞人】县长

【场　景】征迁拆迁动员大会

【时　机】在动员大会上致辞

【风　格】慷慨激昂

【关键词】工作报告　形势逼人　奋力拼搏

【妙　语】一年之计在于春，任何事情赶早不赶晚；以先进和模范为榜样，奋勇拼搏、争先创优、大干快上的热情；新的目标孕育着新的希望，新的任务带来了新的挑战，新的挑战激活发展潜力。

同志们：

新年伊始，我们在这里召开高规格、大规模的经济工作会议暨征迁拆迁动员大会，表明区委、区政府对经济工作和征迁拆迁工作的高度重视，表明区委、区政府抢抓机遇，加快发展的决心、信心。一年之计在于春，任何事情赶早不赶晚。刚才，××同志做的经济工作报告，全面总结了去年的经济工作情况，部署了今年经济工作的主要任务。会议还对年度经济工作和征迁拆迁工作中表现突出的集体和个人进行了表彰，这必将进一步激发全区上下以先进和模范为榜样，奋勇拼搏、争先创优、大干快上的热情。下面，按照会议安排，我就做好今年经济工作和征迁拆迁工作讲几点意见：

一、充分肯定成绩，切实增强发展的信心

……

在肯定成绩的同时，我们也要看到经济工作和征迁拆迁工作中存在的一些问题，一是在后劲儿方面，全区固定资产投资增速趋缓，在手和储备的大项目不多，特别是有影响力、牵动性强的大项目不多，经济转型的压力较大。二是征迁进度还是没有达到理想的状态。征迁工作虽然完成了大部分的工作任务，但还不够理想，还有部分项目因为一些硬骨头没啃下来而影响了进度。对这些问题，我们还要高度重视，在今年的工作中加以解决。

二、正确把握形势，明确今年工作的总体要求

中央对当前国内外经济形势做出了一系列重要判断，全省经济工作会议也分析了今年经济发展面临的新挑战和新机遇，并且提出了今年工作的总体要求，我们要深刻领会、准确把握。

（一）认清形势强信心。

（二）把握基调明方向。

（三）找准重点促发展。

三、坚决狠抓落实，确保目标任务全面完成

今年经济工作和征迁拆迁的目标任务已经确定，要完成各项目标，形势逼人，任务催人，必须明确责任，强化措施，转变作风，真抓实干，确保目标任务的实现。

（一）标杆要拉高。

（二）精神要昂扬。

（三）服务要到位。

（四）工作要细致。

（五）效率要提高。

同志们，××××年是需要我们百倍努力，抢抓机遇，加快发展的一年。新的目标孕育着新的希望，新的任务带来了新的挑战，新的挑战激活发展潜力。机遇永远留给有准备的人，我们要按照市委、市政府的统一部署，按照区委、区政府的要求和安排，扎实工作，奋发有为，为实现“十二五”规划的发展目标打牢基础，为加快达成“现代新城区、幸福×××”的目标而奋力拼搏！

★★★

## 范例3：省导在危房改造试点工作动员大会上致辞

【致辞人】省领导
【场　景】危房改造试点工作动员大会
【时　机】在动员大会上致辞
【风　格】层次清楚
【关键词】重要会议　目标　部署　任务艰巨
【妙　语】以对人民、对历史、对国家高度负责的态度，踏踏实实把工作做好，兢兢业业把事儿办好，让中央满意，让百姓满意；思想再统一、认识再提高、措施再加大。

各位领导、各位来宾：

大家好！

这次会议是省政府决定召开的一次重要会议。会议的主要任务是贯彻全国农村危房改造试点工作会议精神，安排部署我省农村危房改造试点工作，促进实现保增长、保民生、保稳定的各项目标。会前，省政府主要领导同志专门听取了全省农村危房改造试点工作有关问题的汇报，要求以对人民、对历史、对国家高度负责的态度，踏踏实实把工作做好，兢兢业业把事儿办好，让中央满意，让百姓满意。一会儿，××同志还要对全省农村危房改造试点工作进行具体部署。相信经过大家的共同努力，一定会把全省农村危房改造试点工作抓好。下面，我讲三点意见：

一、充分认识实施农村危房改造试点工作的重要意义

（一）实施农村危房改造试点工作，是加快推进改造农村泥草房保民生的重要途径。

（二）实施农村危房改造试点工作，是扩大内需保增长的重要举措。

（三）实施农村危房改造试点工作，是缩小城乡差距统筹城乡发展的重要载体。

二、牢牢把握实施农村危房改造试点工作的内在要求

（一）牢牢把握实施农村危房改造试点工作的系统性。

（二）牢牢把握实施农村危房改造试点工作的科学性。

（三）牢牢把握实施农村危房改造试点工作的原则性。

三、扎实推进农村危房改造试点工作

（一）进一步明确责任。

（二）进一步加大帮扶力度。

（三）进一步搞好宣传发动。

同志们，实施农村危房改造工作意义重大，任务艰巨。我们一定要在重视程度、认识高度、工作力度上做到思想再统一、认识再提高、措施再加大。求真务实，开拓创新，切实把这件暖民心、惠民生、保增长、促发展的大事抓紧抓好，向党中央、国务院和人民群众交上一份满意答卷。

★★★

## 范例4：市领导在民政局学习实践活动转段动员大会上致辞

【致辞人】市领导

【场　景】民政局学习实践活动转段动员大会

【时　机】在动员大会上致辞

【风　格】结构清晰

【关键词】整改　深化学习　分析检查　实践特色　新贡献

【妙　语】提高认识、归纳意见、分析问题、查找原因、梳理思路，明确方向的目标；为我市民政事业的科学发展做出新贡献，以实际行动迎接建国××周年！

同志们：

按照市委统一部署和局学习实践活动的工作安排，我局在分析检查阶段工作中，通过进一步抓好强化学习、广泛征求意见建议、召开班子专题民主生活会、形成班子分析检查报告、组织群众评议等环节的工作，达到了进一步提高认识、归纳意见、分析问题、查找原因、梳理思路，明确方向的目标，顺利完成了学习实践活动第二阶段的各项工作。经市委××检查组同意，我局学习实践活动将转入第三阶段即整改落实阶段。

今天，我们召开市民政局学习实践活动转段动员大会，主要目的是认真总结分析检查阶段的工作，对整改落实阶段的工作进行安排部署。等一会儿，市委××检查组××组长将对我局开展整改落实阶段工作提出重要指导意见。下面，我代表局党委，先就学习实践活动的第二阶段进行总结，并对第三阶段的整改落实工作提出安排意见。

一、各项工作扎实推进，分析检查阶段成效明显

（一）是继续深化学习，筑牢分析检查工作的思想认识基础。

（二）是努力形成共识，切实理清影响科学发展的突出问题。

（三）是认真分析检查，努力形成高质量的局领导班子分析检查报告。

（四）是着眼解决问题，建立民政工作科学发展的体制机制。

二、认真把握阶段特点，确保学习实践活动顺利开展

（一）注重实践特色，促进工作落实。

（二）注重查找问题，汇集民智民意。

（三）注重报告质量，突出领导参与。

（四）注重群众评议，充分发扬民主。

三、明确整改落实任务，扎实开展第三阶段工作

（一）精心制定工作方案，明确整改落实的目标任务。

（二）切实体现实践特色，努力解决突出问题。

（三）努力创新体制机制，为科学发展提供保障。

（四）紧紧依靠干部职工，做好全面总结和测评工作。

四、加强组织领导，确保学习实践活动取得成效

（一）切实加强组织领导。

（二）继续深化思想认识。

（三）进一步抓住重点环节。

同志们，学习实践活动越到后期，要求越高，责任也越大。大家一定要坚持高标准、严要求，防止松懈情绪，继续发挥好领导干部的表率作用，以高度的责任感和扎实有效的工作，把党员干部受教育、民政发展上水平、服务对象得实惠的要求落到实处，为我市民政事业的科学发展做出新贡献，以实际行动迎接建国××周年！

★★★

## 范例5：县领导在招商引资动员大会上致辞

【致辞人】县领导

【场　景】招商动员大会上致辞

【时　机】在动员大会上致辞

【风　格】条分缕析

【关键词】顺利召开　重大意义　发展氛围　保障措施　机遇意识

【妙　语】加快发展是第一要务，招商引资是第一手段，重大重点项目推进是第一载体；作为一项永无止境的活力工程、全民工程、系统工程、智慧工程来抓。

同志们：

在省党代会顺利召开之际，我们在这里隆重举行全县招商引资暨重大重点项目推进动员会，目的就是动员全县上下进一步认清形势、坚定信心、统一思想，以超常规的举措、超常规的力度，迅速掀起招商引资和项目推进新高潮，以招商引资和项目推进的大突破推动经济大发展。刚才××同志宣读了招商引资相关活动方案和管理办法；××同志宣读了重大重点项目推进相关工作意见；县商务局、××经开区、××镇等几个乡镇（开发区）和部门、单位作了很好的表态发言，希望大家认真落实好、贯彻好、执行好。下面，我再提出三点意见：

一、凝聚发展共识，深刻认识招商引资和重大重点项目推进的重大意义加快发展是第一要务，招商引资是第一手段，重大重点项目推进是第一载体。全县各级组织和广大干部群众要深刻认识招商引资和重大重点项目推进的重要性和紧迫性，全力打好招商引资和重大重点项目建设攻坚战。组织招商引资和推进重大重点项目，主要是基于以下三个方面的考虑：

1. 顺应发展大势的需要。

2. 增强发展动力的需要。

3. 营造发展氛围的需要。

二、聚焦发展重点，奋力推动招商引资和重大重点项目推进的强势突破

招商引资和重大重点项目推进是一项系统工程，涉及面广，要做的事情多，在抓好常规性工作的同时，我们更要有所聚焦，把握工作目标、工作原则和工作方法，奋力推动招商引资和重大重点项目推进的强势突破。

1. 工作目标。

2. 工作原则。

3. 工作方法。

三、形成发展合力，不断夯实招商引资和重大重点项目推进的保障措施

招商引资和重大重点项目推进能否取得实效，关键取决于我们的领导水平和组织能力，取决于我们抓落实的决心和力度。要充分调动各方面的积极性，凝聚各方面的力量，形成发展合力，强化招商引资和重大重点项目推进工作的各项保障举措。

1. 强化工作责任。

2. 强化要素保障。

3. 强化宣传发动。

4. 强化督查考核。

同志们，今天的项目决定明天的产业，今天的投资决定未来的发展。各级各部门一定要树立强烈的机遇意识，把招商引资和重大重点项目推进作为超常发展、跨越发展的头等大事，作为一项永无止境的活力工程、全民工程、系统工程、智慧工程来抓，不断开创招商引资和重大重点项目建设工作的新局面，为“拼争全国五十强县市、建设现代化综合新城”目标的实现做出新的更大的贡献。

## 范例6：县领导在文体活动动员大会上致辞

【致辞人】县领导
【场　景】文体活动动员大会
【时　机】在动员大会上致辞
【风　格】结构清晰
【关键词】全民健身　跃升　精神风貌　指导思想　新局面
【妙　语】充分展示全县广大干部职工奋发有为、争创一流、健康向上的精神风貌；再接再厉，继往开来，明确新任务，确立新目标。

同志们：

在五一国际劳动节即将来临之际，县委、县政府决定召开这次全县“迎‘五一’全民健身”系列文体活动安排动员会议，主要目的和意义是，在全县经济发展大幅度跃升，社会各项事业稳步协调健康发展的大好形势下，通过组织开展丰富多彩的群众性系列文化体育活动，充分展示全县广大干部职工奋发有为、争创一流、健康向上的精神风貌，进一步凝聚人心、鼓舞士气、激发干劲，举全县之力，努力营造与建设小康社会相适应的社会环境和人文环境，为实现“十五”规划的四大目标、早日建成小康社会奠定坚实的基础。下面，根据总体安排，我讲两个方面的意见：

一、关于全县“迎‘五一’全民健身”系列文体活动的具体内容和相关要求

这次全县“迎‘五一’全民健身”系列文体活动，是全县××××年群众性大型文体活动的一个重要组成部分，为了确保这次活动能够如期、隆重、圆满、顺利地进行，达到预期的效果，县委、县政府对此项活动高度重视，以文件形式下发了××县“迎‘五一’全民健身”系列文体活动实施方案，就系列活动的指导思想、内容要求、氛围营造和宣传报道等方面提出了具体明确的要求。这里，我再简单强调一下每个单项活动的安排。

……

二、落实措施，积极筹备，确保系列文体活动如期顺利进行

……

同志们，体育健身是社会主义现代化建设事业的重要组成部分，它与经济的发展和社会的进步有着极其密切的内在联系，是强国强民的大事，是提高劳动者素质的有效手段，让我们以这次全县“迎‘五一’全民健身”系列文体活动为契机，再接再厉，继往开来，明确新任务，确立新目标，激发广大干部群众参加体育活动的积极性和热情，不断扩大全民健身计划实施工作成果，进一步开创全县文体工作的新局面。

谢谢大家！

★★★

## 范例7：棉纺公司领导在消防演练动员会上致辞

【致辞人】棉纺公司领导

【场　景】消防演练动员会

【时　机】在动员会上致辞

【风　格】慷慨激昂

【关键词】感谢　消防演习　重要环节　尤为重要　火灾事故　消防知识

【妙　语】做好消防工作是促进企业健康、稳定发展的关键，是保障生命与财产安全的重要环节；预防为主，防消结合。

尊敬的各位领导，同志们：

下午好！

今天，我们××棉纺织有限公司在这里隆重召开第××届消防技能培训暨消防演习动员会。在此请允许我代表公司全体员工向百忙之中抽出时间来参加演习的镇、村安管部门的各位领导表示热烈的欢迎和衷心的感谢，并祝愿这次消防演习圆满成功。

做好消防工作是促进企业健康、稳定发展的关键，是保障生命与财产安全的重要环节，俗话说，水火无情，××月××日××的一场大火给我们留下了最深刻、最沉痛的教训。我们公司的产品大多数属于棉纺织类，我们使用的原料都是极易燃烧的，所以消防工作在我们企业的工作中就显得尤为重要，我厂在安全保卫工作中也一直在强调消防工作，并尽最大努力提高员工的防火意识，在硬件措施上我们在每个工段都配置了足量的消防器材，并指定专门的管理员来管理消防器材，实行责任承包，确保器材不被损坏、丢失和转移，并能够及时补充，在一些重点防火部位我们还专门设置了防火栓。我们的消防宗旨就是时时处处警惕，人人有责任，物物有保障。但在这里我要强调的是由于种种原因我们许多员工不知道灭火器如何使用，不懂得如何处理突发性事件。为了更好地解决这个问题，有效提高我们全体员工的消防技能，公司在上级部门的指导下，决定组织这次消防演习。近几年，我们每年都在开展类似的活动，根本目的就是通过实地演习增强员工的动手能力，让大家懂得如何处理突发性火灾事故。

大多数员工可能都没经历过火灾事故，我们也都不希望有这样的经历。但要想在我们的记忆中完全没有这样的经历，我们就应该懂得消防的相关知识，能够采取有效措施杜绝一切火灾事故的发生。我们国家消防工作的方针是“预防为主，防消结合”。而防火工作的最重要的措施就是预防，只有做好预防工作，防消一起抓，才能根本解决火灾事故的发生。

我希望参加演习的全体员工，在即将举行的消防演习中，能够以饱满的精神，有条不紊的姿态投入演习。也希望我们参加演习的员工发挥好义务消防员、义务宣传员的作用，在遇到险情时能冲锋在前，带领同班的其他人员共同把事故扼制在摇篮之中，在演习结束后希望大家把今天学到的知识传授给身边更多的人，使更多的人懂得消防知识，懂得如何处理突发险情。

最后，再一次祝愿这次消防演习圆满成功！

谢谢大家！

## 第三节　总结性会议致辞

总结是机关团体，企事业单位对自身某一阶段或某一项工作进行总的回顾，意在找出内在规律，以指导未来实践而使用的公文。

总结的目的，是通过对自身工作中的优点与缺点的回顾分析，吸取经验教训，并把感性认识上升到理论认识的高度，以便做好今后的工作。因此，总结在整个工作流程中具有承上启下的作用。个人对自己的工作、思想、学习和生活情况进行回顾而写成的总结，不是公文，属于一般应用文。

总结性会议致辞应遵循以下准则：

1. 依据事实，准确可靠。以往发生的事件是总结的唯一依据。总结必须把过去一段时间之内所做工作的材料全面地搜集起来，包括面上的材料与点上的材料、正面的材料与反面的材料、事件材料与数字材料以及背景资料等。事件材料必须真实可信；数字要准确可靠；背景材料要有辅助性，能与事实形成鲜明的对比或者烘托。切忌闭门造车，随意编造事实或数据，欺上瞒下，或者走过场。

2. 分析事实，找出规律。经验与教训是一篇总结的重点。要从自己掌握的事实与材料中提炼出规律性的理论认识，这样的总结才有意义。

3. 点面结合，重点突出。总结致辞容易犯大而空的错误。应当认真总结工作特点，抓精华，找典型，这样的总结才不会千篇一律，才具有指导意义。

★★★

### 范例1：集团领导年度会议总结致辞

【致辞人】集团领导
【场　景】年度会议
【时　机】在会议上做总结致辞
【风　格】慷慨激昂
【关键词】热烈讨论　实事求是　贯彻落实　统筹兼顾

【妙　语】节奏紧凑、气氛热烈而有实效，圆满完成了预定任务，达到了预期目的；努力完成各项工作任务，实现集团公司的良好开端，共同来寻求××民航机场事业的新突破、新发展。

……………………………………………………

同志们：

今天上午，××总结了集团公司年度工作，安排部署了明年各项工作的任务。下午，大家围绕明年的工作任务，结合各自的实际情况开展了热烈讨论。大家普遍认为，××的讲话实事求是地总结了集团公司去年的工作，提出了工作中存在的问题、分析了当前我们面临的形势、明确了任务，既鼓舞了士气，又增加了大家的紧迫感。在讨论中，大家提出了很多好的意见和建议，会后，我们将根据大家的意见和建议进一步修改工作报告后印发。这次会议虽然时间短，但节奏紧凑、气氛热烈而有实效，圆满完成了预定任务，达到了预期目的。希望大家认真学习领会会议精神，结合实际抓好贯彻落实。

这里，我结合大家的讨论和建议，再讲几点意见：

一、认清形势，统一思想。

二、立足全局，统筹兼顾。立足全局，就是要站在全局的高度观察问题、思考问题、处理问题。要统筹兼顾，防止顾此失彼。

三、严字当头，强化管理。

四、强化服务意识，提高服务质量。

五、加强领导，务求落实。抓好落实，领导干部带头至关重要。领导干部抓各项工作，不能满足于一般性号召，停留在以会议贯彻会议、以文件落实文件上，必须结合本单位的实际，有针对性、创造性地开展工作。要大力加强调查研究，找准本单位工作中存在的主要矛盾和突出问题，理出工作思路，明确工作重点，确定目标任务，制定具体措施，并一项一项去落实。要深入实际，深入基层，加强具体指导，着力解决实际问题。要发扬民主，依靠群众，充分调动和发挥广大干部职工的积极性、主动性和创造性，增强紧迫感、使命感和责任感，群策群力，为确保××民航机场第××个航空运输安全年，完成集团公司今年的各项任务指标而团结奋斗。

同志们，今年是××民航机场属地化管理的第××年，也是集团公司的开局年，也是我们转换管理模式、转变经营机制的关键一年。上半年，集团公司的发展势头不错，尤其是近来运输生产形势较好，因此，我们全体干部职工一定要以“三个代表”重要思想为指导，认真贯彻全国民航系统电视电话会议精神，落实省委、省政府对各项工作的具体要求，按照省国资委制定的考核目标和集团公司年初制定的总体目标，努力完成各项工作任务，实现集团公司的良好开端，共同来寻求××民航机场事业的新突破、新发展。

★★★

## 范例2：矿区领导在治安保卫工作总结大会上致辞

【致辞人】矿区领导
【场　景】治安保卫工作总结大会
【时　机】在会议上的总结致辞
【风　格】条分缕析
【关键词】治安保卫 切身利益 重要指标 重任
【妙　语】共同维护企业安全和广大职工群众的切身利益；预防为主、单位负责、突出重点、保障安全；为构建安定有序和谐温馨的新矿区而努力奋斗。

同志们：

今天我们在这里隆重召开××矿治安保卫工作会议，总结分析××矿当前综合治理工作中存在的各种突出问题，明确下一阶段治安保卫工作目标任务，进一步动员广大干部职工万众一心，众志成城，继续推进矿区“人防、技防、物防”三位一体防控体系建设，严厉打击各种违法犯罪活动，共同维护企业安全和广大职工群众的切身利益。刚才，××同志通报了××××年以来××矿的治安情况，××工区等××家基层单位做了表态发言，集团公司保卫处××处长对××矿治安保卫工作做了重要指示。

下面，我就进一步加强矿区治安保卫工作，再强调四点意见：

一、增强正确认识形势洞察力，筑牢稳定和谐思想基础。

二、增强三方齐抓共管领导力，筑牢矿区治安防范基础。

三、增强开展平安矿区创建力，筑牢矿区治安防控基础。

四、增强保卫人员整体战斗力，筑牢综合治理队伍基础。

当前，××矿治安保卫工作中存在的一个突出问题就是说的多、做的少、措施不落实。今天会议之后，各单位必须认真贯彻内部治安保卫工作“预防为主、单位负责、突出重点、保障安全”的方针，明确党政一把手对治安保卫工作负总责的政策，出现问题负全责，支持保卫部门工作，听取保卫部门的意见，及时解决内部防范上的问题，确保治安保卫工作到点、到位、到面。对因检查不细、整改不力，治安保卫措施不落实，人、财、物不到位，而发生的重大刑事、治安事件、事故，致使企业利益和职工生命财产遭受重大损失的责任人将依法移交公安机关处理。

同志们，让我们共同担负起加强社会治安综合治理、深入开展平安创建活动的重任，携手推进矿区“人防、技防、物防”三位一体防控体系建设，严厉打击各种违法犯罪活动，共同维护企业安全和广大职工群众的切身利益，为构建安定有序和谐温馨的新矿区而努力奋斗。

谢谢大家！

★★★

## 范例3：领导在旅游质监工作会议上总结致辞

【致辞人】领导

【场　景】旅游质监工作会议

【时　机】在大会上做总结致辞

【风　格】条理清晰

【关键词】协调发展　衷心感谢　物华天宝　人杰地灵

【妙　语】以更加昂扬的状态、更加有力的措施、更加扎实的工作，着力把旅游业发展成为带动经济发展的支柱产业、促进社会和谐的生态产业、扩大对外开放的形象产业。

各位来宾、各位专家，女士们、先生们，朋友们：

在举国上下深入学习和贯彻落实党的××精神的喜庆日子里，全国的旅游质监管理专家齐聚于××省××市，共同交流研讨在新的历史时期，进一步以科学发展观来指导旅游事业持续、健康、协调发展。

在此，谨向莅临会议的国家旅游局各位领导和全国各省市自治区的各位专家、各位嘉宾，表示热烈的欢迎！向长期以来关心和支持××市发展的各位朋友，表示衷心感谢！××市沿江通海，居中靠东，物华天宝，人杰地灵。××三大水系以及××等诸多著名山岳，构成了××市精彩的山水版图，徽文化、宗教文化、桐城派文化等丰厚历史遗存，融合成独特的皖风徽韵。

省委、省政府高度重视旅游产业的培育和发展，××××年××月召开了全省旅游发展大会，形成了政府主导旅游的大格局。××××年××月省委、省政府又出台了《关于推进旅游产业大省建设的意见》，做出了"建设旅游产业大省并向旅游经济强省推进"的战略决策！旅游质监工作直接关系到老百姓切身利益，是体现以人为本、和谐旅游的重要内容。此次全国旅游质监工作会议必将大大促进旅游质监工作向规范化、制度化发展。

新的历史时期，我们将以党的××精神为指引，全面落实科学发展观，以更加昂扬的状态、更加有力的措施、更加扎实的工作，着力把旅游业发展成为带动经济发展的支柱产业、促进社会和谐的生态产业、扩大对外开放的形象产业，建设旅游产业大省并向旅游经济强省推进，努力把××建成全国重要的旅游目的地。从而为构建和谐××、加快实现崛起不断做出新的贡献。各位来宾、各位专家，衷心希望大家与会期间在××市多走走、多看看，尽情领略××市的人文山水，尽情感受江淮风土人情，同时也请大家为我省旅游发展问诊把脉，传经送宝；为推介××省旅游、壮大××省旅游多支招献智，多提宝贵意见。

预祝本次全国旅游质监工作会议取得圆满成功！祝各位来宾、各位专家在××期间生活愉快！谢谢大家！

第 9 章

# 通过媒体致辞

所谓媒体，是指交流、传播信息的工作，通俗的说能为信息的传播提供平台的就可以被称为媒体了，至于媒体传播的内容，应该根据国家现行的有关政策，结合市场的实际需求不断更新，确保其可行性、适宜性和有效性。

近年来，随着我国媒体的不断发展，上到国家级大规模会议，下到县区级小规模会议，都会出现通过媒体致辞的情况。目前，对于一般领导来说，接触的较多的媒体为电视、广播和报刊。出于传播手段生动性、时效性等因素的考虑，通过报刊呈现出来的致辞，一般为会议、电视、广播致辞等的文字稿件，或是评论等理论学习的文章，故本章不做特别论述，本章主要对电视、广播致辞进行阐述。

媒体致辞的正文一般由开头、主体和结尾三部分构成。

（一）开头

开头部分一般可包括标题、称谓以及简要介绍致辞发生的背景。例如：今天是第××个“全国助残日”，在此，我代表区委、区政府向奋斗在全区各条战线上的残疾人朋友及其家属表示亲切的问候和良好的祝愿！向所有为残疾人工作付出心血的社会各界人士表示衷心的感谢！

（二）主体

主体部分应是致辞的主要组成部分，这一部分内容的表达，要求领导干部不仅需要转变观念、调整对媒体的态度，还需要学习与媒体沟通的能力和方法。在致辞的过程中，要学会最有效的传播方法，使自己的表达简洁、务实、通俗易懂、生动有效，给听众留下深刻的印象，从而达到传播的最佳效果。例如：打造绿色××、建设生态家园”是一项整体工程，旨在大幅度提高绿化覆盖率，使全市广大干部群众体会到路连林隔，林水一体，林在城中，城在林中，村在绿中，人在景中，亲近自然，亲近绿色的感觉。创造人、资源、生态和谐发展的生存环境和创业环境。“打造绿色××、建设生态家园”是为群众办实事、办好事的一个重要标志，是一件功在当代、利在千秋、惠及子孙的大事儿。实现这一宏伟目标，必须紧紧依靠全市人民广泛参与，持之以恒。正如邓小平同志提出的那样，植树造林，绿化祖国，是建设社会主义、造福子孙后代的伟大事业，要坚持二十年，坚持一百年，坚持一千年，要一代一代干下去。

（三）结尾

结尾部分应结合致辞的全文，起到首尾呼应的效果。或发出倡议、或表达祝愿、或显示决心、或强烈谴责，等等。例如：同志们，让我们发扬“人道、廉洁、服务、奉献”精神，始终保持共产党员先进性、全心全意为残疾人服务，把全区的残疾人事业推向新的阶段。

## 第一节　电视致辞

电视指利用电子技术及设备传送活动的图像画面和音频信号的装置，即电视接收机，是重要的广播和视频通信工具。自电视技术产生以来，其影响力不断扩大，其用途也更加广泛，通过电视发表致辞的现象也随之产生。

通过电视发表致辞是电视普及以来，不少领导同志经常采用的一种致辞方式，主要是为纪念和庆祝某个节日。有时也由领导同志搞电视讲座，讲授某一方面的知识和理论。

电视致辞的特点较为突出，因为电视致辞是领导人通过摄影机，将自身的讲话画面传递给电视观众的一个过程。此类致辞，由于受众不仅仅局限于会场，受众的范围扩展到了更广泛的空间，其要求也相对较多。此外，由于现今电视的普及率极高，通过电视致辞也能够达到使会议或致辞精神传达到千家万户的目的。

★★★

## 范例1：省长征兵宣传电视致辞

【致辞人】省长

【场　景】征兵宣传

【时　机】征兵宣传电视致辞

【风　格】鼓舞士气

【关键词】征兵任务 贡献 后顾之忧 工作重点 神圣职责

【妙　语】希望广大适龄青年踊跃报名应征，积极投身部队做贡献；转变工作思路，突出工作重点，采取有力措施；为国防和军队建设施展你们的才华，做出积极的贡献。

同志们：

根据国务院、中央军委下达的征兵命令，我省××××年度冬季征兵工作即将全面展开。做好征兵工作是各级政府的重要职责，依法服兵役是广大适龄青年应尽的法律义务。我代表省政府和省军区，号召各级政府、兵役机关和相关职能部门，以及全省各族适龄青年积极行动起来，努力完成我省今冬征兵任务。希望广大适龄青年踊跃报名应征，积极投身部队做贡献。

各级政府要积极发挥主导作用，在组织领导、经费保障、制度建设等方面对征兵工作给予大力支持。公安、教育、卫生、纪律监察等部门要各司其职、各尽其责、严格标准，努力把好兵员质量关。财政部门要按国家有关规定及时足额划拨征兵工作经费。宣传部门要加强宣传，努力营造全社会关心支持征兵工作的良好氛围。铁路、交通等部门要认真制定新兵运输计划，确保新兵运输安全有序。民政部门要落实相关优抚安置政策，解决入伍青年的后顾之忧。

今年征兵工作的征集对象主体为各级各类院校应届毕业生。各级要积极适应征集对象主体的调整变化，转变工作思路，突出工作重点，采取有力措施，最大限度的鼓励应届毕业生投身部队。要落实各项优先政策，在体检、政审双合格的条件下，优先征集高学历青年入伍，优先征集应届毕业生入伍。为高学历人才参军报国开辟绿色通道，提供便利条件。

同志们，青年是国家的未来，民族的希望。征集优秀青年入伍，既是向部队输送新鲜血液，推进军队现代化建设的需要，也是提高青年综合素质的重要途径。《中华人民共和国宪法》规定：“保卫祖国、抵抗侵略是中华人民共和国每一个公民的神圣职责。依照法律服兵役和参加民兵组织是中华人民共和国公民的光荣义务。”希望全省广大适龄青年踊跃报名应征，接受祖国的挑选，为国防和军队建设施展你们的才华，做出积极的贡献。

★★★

## 范例 2：市长植树节宣传电视致辞

【致辞人】市长

【场　景】植树节宣传

【时　机】植树节宣传电视致辞

【风　格】慷慨激昂

【关键词】植树节　生产力　重要标志　精心组织　贡献

【妙　语】春意盎然、万象更新；功在当代、利在千秋、惠及子孙的大事儿，植树造林，绿化祖国，是建设社会主义、造福子孙后代的伟大事业。

全市广大干部群众，同志们：

在此春意盎然、万象更新之际，我们迎来了第××个全民义务植树节，让我们迅速行动起来，积极投身到全民义务植树活动中来，用我们的双手“打造绿色××、建设生态家园”。当今世界，环境是生产力。一个地区的环境和面貌，已成为一个地区综合竞争力的重要组成部分，成为一个地区文明程度的重要标志。

“打造绿色××、建设生态家园”是一项整体工程，旨在大幅度提高绿化覆盖率，使全市广大干部群众体会到路连林隔，林水一体，林在城中，城在林中，村在绿中，人在景中，亲近自然，亲近绿色的感觉。创造人、资源、生态和谐发展的生存环境和创业环境。“打造绿色××、建设生态家园”是为群众办实事、办好事的一个重要标志，是一件功在当代、利在千秋、惠及子孙的大事儿。实现这一宏伟目标，必须紧紧依靠全市人民广泛参与，持之以恒。正如邓小平同志提出的那样，“植树造林，绿化祖国，是建设社会主义、造福子孙后代的伟大事业，要坚持二十年，坚持一百年，坚持一千年，要一代一代干下去”。

义务植树是每个适龄公民的法定义务。在当前植树造林的有利时机，希望广大干部群众以主人翁的姿态，认真履行自己的职责和义务，关心支持并积极参与当前的植树造林活动，形成“全党动员、全民动手”的良好局面。各级、各部门要以对人民切身利益高度负责的态度，深入持久地开展全民义务植树活动。要结合重点绿化工程建设，规划、建设各类义务植树基地，积极组织机关干部和职工群众开展植树劳动或绿化养护管理，使全民义务植树活动向基地化、规模化方向发展。要大力倡导种植“希望林”、“青年林”、“民兵林”等纪念林，满足不同年龄阶段公民和不同社会群体参加义务植树劳动的需求。要积极探索义务植树活动的有效实现方式，通过认建认养，共建捐建等多种形式，广泛开展植树造林活动。各地要把组织专业队伍植树和发动全民参与植树结合起来，把义务植树活动和建设生态风景林、绿化城乡道路、工业园区等结合起来，精心组织，提高质量，做到种植一片、成活一片、美化一片。

广大干部群众，同志们，打造绿色××、建设生态家园，加强生态建设、维护生态安全、创建生态文明是为了我们自己和子孙后代共同的利益，是我们光荣而艰巨的任务。“地更绿、花更多、景更美”是我们共同追求的目标，伸出我们的双手，履行我们的义务，贡献我们的力量，××的绿色未来由我们携手共创。我坚信，只要我们人人动手、年年植树、坚持不懈，我们将共同拥有绿色的××！

在此，市政府号召全市各机关学校、人民团体、企事业单位和广大干部群众积极行动起来，广泛深入开展义务植树活动，为“打造绿色××、建设生态家园”做出我们应有的贡献！

谢谢大家！

★★★

## 范例3：县长世界地球日宣传电视致辞

【致辞人】县长

【场　景】世界地球日宣传

【时　机】世界地球日宣传电视致辞

【风　格】气势磅礴

【关键词】自然资源　生产能力　挑战　严重制约　生态环境

【妙　语】人类发展史，就是人类与自然界的共同演化史；资源浪费、水土流失、生态失衡、灾害频发，使得人类的生存环境面临着巨大的挑战；为我们自己和子孙后代创造美好的生存与发展空间。

全县居民朋友们：

今天是第××个“世界地球日”，今年的主题是……地球是太阳系中唯一适合人类生存和发展的星球，是我们共同的家园。人类发展史，就是人类与自然界的共同演化史。人们在不断开发利用自然资源，增强自身生产能力，提高生活水平的同时，也在不同程度地破坏和污染周围的环境，导致地球上资源浪费、水土流失、生态失衡、灾害频发，使得人类的生存环境面临着巨大的挑战。因此，善待地球，保护家园，实现可持续发展，是一项长期而艰巨的任务，也是关系改革开放和现代化建设事业成败的重大问题。资源和环境是国民经济和社会发展的基础。

然而，我县相对缺乏的各种资源已日渐成为经济快速发展的严重制约。为此，县委、县政府对资源环境保护予以高度重视，积极探索适合××县实际的可持续发展模式，努力打造国家级生态示范区，建设十项重点工程，××××年被批准为国家级生态示范区建设试点地区，通过××年的奋斗，生态示范区建设取得了突破性进展，××××年经省检预验收，我县生态区建设达到国家级二类地区标准。

今年，我县将接受国家验收，这是全县人民的一件大事，是××县经济社会的可持续发展、落实科学发展观、构建和谐社会及建设社会主义新农村的主要载体。创建国家级生态示范区就要大力转变增长方式，提高生存质量，以最少的资源消耗和环境代价，实现最高的生产效率和经济效益，努力走出一条科技含量高、经济效益好、资源消耗低、环境污染少、人力资源优势得到充分发挥的新型经济发展道路，实现全面协调可持续发展。

今年是实施环保“十一五”规划的第××年，我县在今后一个时期要认真做好以下工作：重点实施城乡环境综合整治工程、城镇污水处理工程、城镇集中供热工程、循环经济及清洁生产示范工程、重点工业污染源治理工程、生态环境保护与建设工程、农村小康环保行动工程以及环境保护建设工程。同时，还要大力推进一批节能、节水、节材项目的建设，降低能源、资源消耗，减少污染物排放，实施天然林保护、水土保持、黑土地保护，草原“三化”治理和城镇生活垃圾处理等项目，不断改善全县生态环境。

二十一世纪是生态经济的世纪，生态保护建设与可持续发展是人类永恒的主题。善待地球就是善待自己，善待子孙。让我们积极行动起来，从我做起，从现在做起，从点滴小事做起，努力促进经济、社会、生态协调健康发展，推动生态经济文明城市目标的早日实现，为我们自己和子孙后代创造美好的生存与发展空间。

## 范例4：县长在欢送新兵仪式上做电视致辞

【致辞人】县长

【场　景】欢送新兵仪式

【时　机】欢送新兵仪式开始时电视致辞

【风　格】殷切希望

【关键词】共同努力 祝贺 敬意 慰问 霸权主义 骄傲 合格人才

【妙　语】国家政治稳定，经济稳步发展，人民安居乐业；一人参军，全家光荣；尽快适应部队生活并茁壮成长，为××培养更多的合格人才。

同志们：

遵照国务院、中央军委××××年度冬季征兵命令，在全县各级各部门的共同努力下，经过严格的体格检查和政治审查，我县共有××名青年被批准入伍，即将成为一名光荣的中国人民解放军。在此，我代表县委、县政府向全体应征青年表示热烈的祝贺！向关心支持国防事业的应征青年的家长表示崇高的敬意！向前来××县接新兵的部队领导及全体征兵工作人员表示亲切的慰问！

同志们，和平与发展是当今时代的主题，但世界并不太平，强权政治和霸权主义依然存在，没有一支强大的军队就不可能有国家的统一，没有坚强的国防，中国就不可能永远屹立于世界的东方。当前全党、全军和全国各族人民在以胡锦涛同志为总书记的党中央的领导下，高举邓小平理论伟大旗帜，全面贯彻“三个代表”重要思想，认真贯彻党的××全会精神，向全面建设小康社会的目标迈进。

当前，国家政治稳定，经济稳步发展，人民安居乐业，良好的局面来之不易，这些离不开党的正确领导，离不开全国各族人民的共同努力，更离不开稳固的国防和强大的军队的安全保障。中国人民解放军是一支有着光荣传统的队伍，部队是所大学校、大熔炉，是培养人才造就人才的好地方，在那里不仅能学政治、学军事、学文化，而且能培养良好的身体和心理素质，养成吃苦耐劳、不畏艰难的坚毅品格，人生有过当兵的经历将会受益终身。即将入伍的应征青年，你们就要告别家乡，踏上从军之路，履行保家卫国的神圣职责。一人参军，全家光荣，你们的家人也会为你们感到骄傲和自豪，同时请你们放心，政府会关心好、照顾好你们的父母和亲人。

希望你们到部队后不要辜负家乡人民对你们的厚望，把满腔的热情转化为报国之志，要努力学习政治、军事和现代科技知识；要尊重领导、团结战友、刻苦训练、遵章守纪；要努力成一名政治思想好、军事技术精、作风纪律严、完成任务好的优秀士兵；要干一行、爱一行、专一行，在艰苦的环境中磨炼自己，在平凡的工作岗位上建功立业，为家乡人民争光。在这里我也请部队领导从政治、军事、纪律等方面对我们××籍的战士严格要求，在学习、生活等方面多关心帮助，使他们尽快适应部队生活并茁壮成长，为××培养更多的合格人才。最后，祝愿接兵部队领导同志和入伍新兵一路平安，工作顺利。

★★★

## 范例5：县长庆祝六一儿童节电视致辞

【致辞人】县长

【场　景】庆祝六一儿童节

【时　机】庆祝六一儿童节电视致辞

【风　格】和蔼可亲

【关键词】祝贺　敬意　建设者　共同职责　茁壮成长　家庭氛围　贡献力量

【妙　语】关心保护少年儿童的意识明显增强，少年儿童健康成长的良好环境日臻完善；树立正确的儿童观、亲子观和人才观；时刻准备着为祖国的美好明天贡献力量！

亲爱的小朋友们、尊敬的少年儿童工作者和家长同志们：

六一国际儿童节到了，这是孩子们的节日。首先，我代表县政府、县妇女儿童工作委员会向全县小朋友们表示节日的祝贺！向为少年儿童健康成长付出辛勤劳动的少年儿童工作者、家长及所有关心支持少年儿童事业的社会各界人士表示亲切的问候和崇高的敬意！

少年儿童是祖国未来的建设者，是中国特色社会主义事业的接班人，关心少年儿童成长是全社会的共同职责。近年来，我县少年儿童事业在县委、县政府的正确领导下，在全县上下的共同努力下，取得了十分显著的成绩。少年儿童优先的社会发展理念初步形成，关心保护少年儿童的意识明显增强，少年儿童健康成长的良好环境日臻完善。我县少年儿童正在全社会的共同关爱下，茁壮成长。

坚持以人为本，以进行理想信念教育为核心，以树立正确的世界观、人生观、价值观为重点，以养成高尚的思想品质和良好的道德情操为基础，努力培育面向现代化、面向世界、面向未来，有理想、有道德、有纪律，德、智、体、美全面发展的可靠接班人，这是建设中国特色社会主义事业的重要战略任务。

希望少年儿童工作者，热爱自己的工作和事业，加强自身修养，以科学的理论武装孩子，以正确的舆论引导孩子，以高尚的情操陶冶孩子，以优秀的作品鼓舞孩子，教育少年儿童热爱祖国、尊敬父母、诚实守信、热爱劳动、团结互助、遵纪守法、勤奋自立，为促进少年儿童茁壮成长创造一个良好的育人环境。希望家长们树立正确的儿童观、亲子观和人才观，用科学的方法和自己的言行让孩子从小形成良好的道德品质和文明行为习惯，为孩子营造和睦、温馨、文明、进步的家庭氛围。

亲爱的小朋友们，你们是祖国的希望，是含苞待放的花朵，是展翅待飞的雄鹰。党和人民对你们寄托着无限的厚望，老师和家长期望你们健康成长。希望你们从小树立远大理想，坚定爱国信念，学习科技知识，掌握报国本领，培养优良品德，锻炼强健体魄，不断提高思想道德素质、科学文化素质和身体健康素质，成为全面发展的社会主义事业的合格建设者和接班人，时刻准备着为祖国的美好明天贡献力量！

最后，祝小朋友们节日快乐，身体健康、学习进步！祝少年儿童工作者和家长同志们工作顺利，家庭幸福！

## 范例6：县长安全生产月宣传电视致辞

【致辞人】县长
【场　景】生产安全月宣传
【时　机】安全生产月宣传电视致辞
【风　格】逻辑严谨
【关键词】深化改革 感谢 问候 代价 帷幕 努力奋斗
【妙　语】坚持节约发展、清洁发展、安全发展，实现可持续发展；做好安全生产工作，任务艰巨、责任重大、使命光荣。

同志们、父老乡亲们：

正值全县人民深入贯彻落实党的××全会精神，紧紧围绕“十一五”规划的宏伟目标，不断深化改革、加快发展、锐意改革的新时期，我们迎来了全国“安全生产月”。借此机会，我代表中共××自治县委、××县人民政府，向长期以来关心、支持我县安全生产的社会各界人士表示衷心的感谢！向长期辛勤工作在安全生产监管战线上的同志表示崇高的敬意和亲切的问候！

党的××全会提出了坚持节约发展、清洁发展、安全发展，实现可持续发展的要求。我们的发展不能以牺牲精神文明为代价，不能以牺牲生态环境为代价，更不能以牺牲人的生命为代价。

为期一个月的全国“安全生产月”已经拉开帷幕。按照国家、省、市关于开展好“安全生产月”活动的精神，面对全县安全生产的严峻形势，各乡镇和各有关部门必须站在“三个代表”重要思想的高度，以对人民群众生命财产安全高度负责的态度，切实抓好以下工作：

一、各乡镇、各部门要把安全生产作为关乎改革、发展与稳定的大事来抓。定期研究，及时解决安全生产中存在的突出问题，加强对安全生产的检查，确保安全生产各项措施的落实。

二、要健全和落实安全生产责任制。各乡镇、各部门、各企业主要负责人，是本辖区安全生产工作第一责任人，必须亲自抓、负总责，把安全生产的责任落实到每个环节、每个岗位、每个人。

三、要切实加大执法力度。加强对道路交通、煤矿、非煤矿山、危险化学品、易燃易爆物品以及公共聚集场所消防安全等方面存在的安全隐患进行专项整治，及时排除安全隐患。

四、要严格执行安全生产市场准入制度。切实抓好安全现状评估、评价工作，督促企业加大安全投入，及时整改事故隐患，所有高危行业都必须依法取得安全生产许可证，才能进行生产经营活动。

五、加强培训，提高技能。要依法进行全员安全培训，规范高危行业招工、用工和劳动管理。企业法人必须经过培训取得安全生产资格证书，特殊工种必须持证上岗，新招工人必须经过安全培训才能上岗。

同志们、父老乡亲们，做好安全生产工作，任务艰巨、责任重大、使命光荣。县委、县政府近期将在全县范围内组织开展安全生产知识竞赛、有奖征文、上街宣传等一系列宣传活动，希望广大人民群众积极参与、支持，营造一个人人关心安全、自觉维护安全的社会环境，共同为创建富裕、民主、开放、和谐的新××而努力奋斗。

最后，祝全县各族人民合家欢乐，幸福平安！

★★★

## 范例7：区党委副书记助残日宣传电视致辞

【致辞人】区党委副书记

【场　景】助残日宣传

【时　机】助残日宣传电视致辞

【风　格】条分缕析

【关键词】祝愿 感谢 重要标志 就业机会 集中就业 服务

【妙　语】就业形势多样化，规模不断扩大；就业体系日趋完善，服务内容逐步拓展；全心全意为残疾人服务，把全区的残疾人就业工作推向新的阶段。

同志们：

大家好！

今天是第××个全国助残日，在此，我代表区委、区政府向奋斗在全区各条战线上的残疾人朋友及其家属表示亲切的问候和良好的祝愿！向所有为残疾人工作付出心血的社会各界人士表示衷心的感谢！

今年全国助残日活动的主题是……主要目的是保障残疾人劳动权利，保护和促进残疾人就业，这既是《中华人民共和国残疾人保障法》的基本要求，也是我国社会主义制度优越性和社会文明进步的重要标志。

目前，全区残疾人职业技能水平和就业层次明显提高；就业形势多样化，规模不断扩大；就业体系日趋完善，服务内容逐步拓展，残疾人就业作为社会总体劳动就业的一部分，进入了一个全新的发展时期。但随着形势的不断变化，残疾人就业还面临着诸多困难和问题。残疾人就业与社会总体水平有较大差距，按比例就业政策在实施过程中仍存在阻力，残疾人就业在就业机会、收入和社会保障等方面还存在许多问题。

残疾人就业问题事关社会的稳定，事关全区经济和社会发展的大局，因此，各地区各部门要采取切实可行措施，着重解决实际问题。对此，我提出四点建议：

一是各单位各部门要围绕本次助残日主题，结合各自实际，研究解决残疾人就业问题，部署助残日活动。

二是为残疾人实现就业提供支持与保护，组织人员对本地区残疾人就业的基本状况进行一次全面调查，对残疾人就业工作中存在的问题和困难进行认真研究，提出解决的具体措施。

三是工商、税务、民政等部门要进一步加大对社会福利企业的扶持力度，落实好各项优惠政策，增加残疾人就业岗位，实现稳定集中就业。

四是各乡镇和各部门领导要以不同形式走访慰问福利企业、残疾人个体工商户以及残疾人集中的社区、福利院和残疾人家庭，勉励残疾人自强、自立，号召全社会爱心助残，切实帮助残疾人解决一些实际问题。

同志们，让我们发扬“人道、廉洁、服务、奉献”的精神，始终保持共产党员先进性、全心全意为残疾人服务，把全区的残疾人就业工作推向新的阶段。

## 范例8：副县长春运启动仪式电视致辞

【致辞人】副县长

【场　景】春运启动仪式

【时　机】春运启动仪式电视致辞

【风　格】信心百倍

【关键词】统一部署 安全环境 巡逻力度 违法行为

【妙　语】降事故、保安全、保畅通；创造安全、有序、畅通的道路交通安全环境。

各位交警、各位司机，同志们：

大家好！

今天是××××年春运启动日，我们在这里举行××××年春运启动仪式，就是要按照上级公安机关的统一部署，紧紧围绕“降事故、保安全、保畅通”这个目标，大力加强路面管控，全力维护道路交通秩序和治安秩序，预防和减少各类交通事故，降低或杜绝重特大事故的发生，坚持文明执勤，文明行车，努力为全县广大人民群众出行创造安全、有序、畅通的道路交通安全环境。

春运期间，交警部门一定要加大对重点路段的路面巡逻力度，严格查究客车超员、超速行驶、疲劳驾驶、酒后驾驶、无证驾驶等严重交通违法行为；要针对节日期间农村群众探亲访友活动集中、农村道路短途客运量集中的特点，加大对县乡道路交通秩序的整治；严肃处理三轮汽车、低速载货汽车和拖拉机违法载人等交通违法行为，有效杜绝交通事故隐患，为全县人民欢度新春佳节提供良好的道路通行环境。

我在这里特别嘱咐司机朋友，你们是春运的主力军，你们的一举一动关系到全县××万人民的安危，你们一定要坚持做到“五不”，也就是：车辆不合格不出站；乘客超员不出站；客货混装不出站；安全设施不落实不出站；有易燃易爆物品不出站，也请交警部门在路面执勤时，要帮助他们把好这个关。

最后，我宣布：××县××××年春运正式启动！

## 范例 9：副县长庆祝教师节电视致辞

【致辞人】副县长
【场　景】庆祝教师节
【时　机】庆祝教师节电视致辞
【风　格】热情洋溢
【关键词】鸿鹄之志　慰问　决策　贡献　教育事业
【妙　语】十年树木，百年树人，国运兴衰，系于教育；百年大计，教育为本，教育大计，教师为本。

尊敬的老师们，同志们：

值此千名学子满怀鸿鹄之志奔赴各高等学校深造、万名学生满怀喜悦进入校园开始新学期生活之际，我们迎来了第××个教师节。在此，请允许我代表县委、县政府及全县人民向辛勤工作在教育战线的全体教师及教育工作者，以及曾经为教育事业做出过贡献的离退休教师致以节日的祝贺和亲切的慰问！向你们问声好，道一声辛苦了！向关心支持教育工作的社会各界人士致以崇高的敬意！

十年树木，百年树人，国运兴衰，系于教育。把教育放在优先发展战略地位，实施科教兴县战略，是县委、县政府一贯坚持的重大决策。长期以来，在县委、县政府的领导下，在全县人民的支持下，广大教育工作者和教师群体团结拼博，敬业勤业，倾情奉献，谱写了一曲曲向教育现代化奋进的华彩乐章。你们在清贫的环境里、在清苦的岗位上，呕心沥血、教书育人，为提高国民素质，为推动社会的繁荣与进步，发光发热，做出了卓越的贡献。县委、县政府感谢你们，全县人民感谢你们！

百年大计，教育为本，教育大计，教师为本。教师的工作光荣、平凡、伟大、艰辛，承载着国家、民族的希望，也寄托着千家万户的希望。全社会都要尊师重教，努力营造尊重知识、尊重人才、尊重教师的良好风尚和关心教育、理解教育、支持教育的社会氛围，各级各部门要从社会主义现代化事业兴旺发达和强县富民的大局出发，关心支持教育，努力为教育办实事、办好事。

师者，所以传道、授业、解惑也。今天，我们的老师传道，就是要传爱国主义、集体主义、社会主义之道；授业，就是要教授学生建设祖国的知识和技能；解惑，就是要引导学生去思考、创新，培养孩子们的创造性思维。衷心希望广大教师和教育工作者认真履行神圣职责，爱岗敬业，乐于奉献；加强学习，不断提高思想政治素质和业务素质，自觉适应全面推进素质教育的需要，自觉适应社会主义现代化建设的需要；勇做先进生产力的开拓者、先进文化的传播者，不断提高教育教学质量，以高尚的形象赢得全社会的尊敬，以无私的爱心培育好祖国的下一代，做人民满意的教师，用汗水和智慧办好让人民满意的教育事业！

最后，祝全县教师和教育工作者节日愉快，身体健康，工作进步，合家幸福！祝大家事业有成，万事如意！

★★★

## 范例10：县老龄委员会领导庆祝重阳节电视致辞

【致辞人】县老龄委员会领导

【场　景】庆祝重阳节

【时　机】重阳节电视致辞

【风　格】殷切祝福

【关键词】无私奉献　功勋　合法权益　老龄事业

【妙　语】岁岁重阳，今又重阳，不是春光，胜似春光；天高气爽，桂花飘香；老骥伏枥，志在千里；福如东海，寿比南山。

全县的老年同志们，朋友们：

你们好！

岁岁重阳，今又重阳，不是春光，胜似春光。在这天高气爽，桂花飘香的季节里，迎来了我们一年一度的重阳节。在此，我仅代表××县老龄工作委员会并受县委、县政府委托向全县的老年同志们致以亲切的慰问和节日的祝贺，祝你们身体健康、福寿双全、节日愉快！

老龄工作是一项政治性很强的工作，老年群体是一个特殊的群体，是社会的重要组成部分。你们曾经在中国革命和社会主义建设最艰苦的年代里浴血奋战，出生入死，忘我工作，无私奉献，建立了不朽的功勋，你们是共和国的功臣，应该得到党和政府更多的关怀，享受社会主义现代化建设的丰硕成果；你们在养育子女的漫长岁月中含辛茹苦，节衣缩食，你们是社会主义建设者的抚育人，应该得到社会更多的关心和尊重。为此，我们要认清形势，抓住机遇，克服困难，高度重视老龄工作，切实维护老年人合法权益，促进我县老龄事业的发展。下面，为进一步做好全县的老龄工作，我讲五点意见：

一、切实加强对老龄工作的领导，使老龄工作与经济发展和社会发展同步。

二、加强宣传教育，营造我县敬老、爱老新风尚。

三、切实维护老年人的合法权益。

四、切实开展敬老、爱老活动，确保老年人在生活、医疗等方面的基本需求。

五、重视和发挥老年人的作用。

老年同志们，朋友们！经过长期革命工作的锻炼和考验，你们政治成熟，学识渊博，经验丰富，德高望重，你们是党和国家的宝贵财富，是社会主义现代化建设的一支重要力量，你们虽然离开了原来的工作岗位，但老骥伏枥，志在千里，用积累起来的丰富知识和经验，通过各种方式继续为人民谋利益，你们为我县两个文明建设和社会全面进步做出了新的贡献，我们向你们表示衷心的感谢和崇高的敬意！

鹤发童颜高歌盛世辉煌，欢声笑语齐颂晚霞灿烂！老年同志们，朋友们，在党和政府的高度重视下，在全社会的共同关心支持下，在广大老年同志们的积极参与配合下，我相信，我县的老龄事业和老龄工作的明天一定会更加美好。

最后，我再次祝愿全县老年同志们身体健康，生活愉快，福如东海，寿比南山，全家幸福！

## 第二节　广播致辞

广播是指通过无线电波或导线传送声音的传播工具。通过无线电波传送节目的称无线广播，通过导线传送节目的称有线广播。广播诞生于20世纪20年代。广播的优势是对象广泛，传播迅速，功能多样，感染力强。

广播致辞要注意一下方面的问题：

一、要充分考虑到受众的特点，避免生僻、生硬、枯燥的词句出现。

二、要充分考虑时限，篇幅不宜过长，应做到言简意赅。

三、由于广播致辞的受众只能听声音，看不到致辞者，因此，领导在进行广播致辞时，应尽量吐字清晰，使用普通话，语速应较其他类型的致辞缓慢，感情丰沛，将致辞所蕴含的情感充分体现出来。

在致辞的最后，应对致辞所针对的群体或广大群众致以问候和祝福。例如：反恐之战仍在继续，美国的决心仍在经受考验。我们在困难面前显示了骨气，在国家遭到攻击三年后，美国人民仍然坚强不屈，坚定不移，对正义的事业有耐心，对未来的胜利有信心。

谢谢收听。

★★★

### 范例1：小布什总统九一一事件三周年纪念活动广播致辞

【致辞人】小布什总统

【场　景】九一一事件三周年纪念活动

【时　机】九一一事件三周年纪念活动广播致辞

【风　格】言语恳切 结构清晰

【关键词】缅怀 勇气 生命 祈祷 同胞 骨气

【妙　语】我们没有忘记滥杀无辜、幸灾乐祸的凶残敌人；自由将带来大家都希望的和平与安全；坚强不屈，坚定不移，对正义的事业有耐心，对未来的胜利有信心。

早上好。今天是全国的缅怀日，我有幸邀请了在2001年9月11日发生的骇人听闻的事件中蒙受巨大损失的美国人来到白宫，他们自那时以来，每一天都承受着失去亲人的痛苦。

善与恶的交锋集中于三年前的那个早晨。在短短的 102 分钟内遇难的美国公民比在珍珠港事件中丧生的美国公民还多。时间流逝，但记忆犹新。我们都记得那熊熊的火光、那最后一次表达爱情的诀别通话、那些临危不惧的救援人员的勇气。

我们没有忘记滥杀无辜、幸灾乐祸的凶残敌人。我们缅怀那许许多多逝去的善良生命，任何人都没有权利夺去的生命。

我们的国家记得那些失去亲人、承受悲痛的家庭，他们表现出自己的勇气。在上帝的照拂下，在互相帮助下，恐怖事件遇害者的家属展现出一种能承受住一切打击的力量。他们每个人都在美国人民的思绪和祈祷中。

九一一事件是我国的一个转折点。我们认清了决意作对的敌人的企图：扩大屠杀的规模并迫使美国退出世界舞台。我国也肩负起一个新的使命：击败这些敌人。

美利坚合众国决心保护国土不再遭受袭击。正如九一一事件委员会得出的结论，我国现在比三年前安全，但我们仍不安全。

因此，每天都有成千上万名男女工作人员坚守岗位，有空中警员、机场安检员、货运检验员、边防官员和一线应急人员。就职于联邦调查局（FBI）和中央情报局（CIA）的美国人以他们的敬业精神忠于职守，与此同时，为应对新生威胁，我们正在对这两个机构进行改革。美国政府感谢每一位警惕防敌、响应警告和保卫国家的同胞。

美国决心保持攻势，将恐怖分子消灭在他们的训练营地、歇息之地和妄图扎根之处。我们已经展开行动，从阿富汗山区到中东腹地，从非洲之角到菲律宾诸岛，同时不放过隐藏在我国国内的恐怖分子团伙。

“基地”组织的主要成员及其同伙有四分之三以上已被抓获或击毙，但我们知道美国仍然面临威胁。因此，在阴谋杀害我国人民的所有恐怖分子被抓获并被惩治以前，我们绝不罢休。

美国也决心促进中东地区的民主，因为自由将带来大家都希望的和平与安全。中东地区人民一旦获得新的希望，过上有尊严的生活，他们就会放弃旧仇宿怨，恐怖主义分子招募的对象会越来越少。随着这个地区的政府加入反恐之战，而不是为恐怖主义分子提供庇护，美国和世界就会更加安全。我们目前在伊拉克和阿富汗展开的工作是艰巨的，但同时也是具有历史意义和必要的。我们今天做出的奉献和牺牲将有助于中东的转变，并使我们的子孙后代更安全。

自 2001 年 9 月 11 日以来，我们的军人及其亲人为反恐之战做出了最大的牺牲。我们对此时此刻正在为我们的安全而冒生命危险的英勇志士表示感谢。

美国将永远不会忘记那些以身殉职的男女将士，我们将永远铭记他们。

反恐之战仍在继续，美国的决心仍在经受考验。我们在困难面前显示了骨气，在国家遭到攻击三年后，美国人民仍然坚强不屈，坚定不移，对正义的事业有耐心，对未来的胜利有信心。

谢谢收听。

★★★

## 范例 2：区长新春广播致辞

【致辞人】区长
【场　景】新春广播
【时　机】新春广播致辞
【风　格】气势磅礴
【关键词】关心　祝愿　和谐稳定　良好局面　持续发展　艰苦奋斗
【妙　语】春盈××家家喜，喜至××处处春；喜事多多，凯歌阵阵；回首过去，我们豪情满怀；展望未来，我们信心百倍。

春盈××家家喜，喜至××处处春。值此新春佳节来临之际，我谨代表中共××区委、××区人民政府，通过广播向长期以来关心、支持××区建设和发展的社会各界人士和听众朋友，致以节日的问候和良好的祝愿！

回顾××××年，喜事多多，凯歌阵阵。我们在市委、市政府的正确领导下，深入贯彻落实科学发展观，紧紧围绕“三区合署”、“建设××区”、“双5000亿任务”的工作主线，圆满完成了全年各项目标任务，全区呈现出经济又好又快发展、各项事业全面进步、社会和谐稳定、人民安居乐业的良好局面。

展望××××年，充满希望，任重道远。我们将坚持以科学发展观为统领，按照“十二五”规划的总体要求，紧紧咬定建设新城区、发展新产业、打造新农村“三大任务”，以“迎全运”为核心，以“抓高新”为龙头，以“惠民生”为根本，以“新机制”为动力，全面完成“十二五”规划各项任务，推动××区好中更快、全面持续发展。

回首过去，我们豪情满怀；展望未来，我们信心百倍。我们坚信，有市委、市政府的坚强领导，有全区广大干部群众的艰苦奋斗，有社会各界人士和广大听众朋友的热情关注和大力支持，××区的明天一定会更加美好！最后，诚挚祝愿大家新春快乐，身体健康，合家幸福，万事如意！

# 第 10 章 慰问致辞

慰问从广义上讲是指对军属、烈属、劳模、优秀奖章获得者的慰问；对孤寡、残疾、特困户的慰问；对病人或因某些突发事件致伤致残者的慰问。慰问致辞的基本要求是看对象说话，做到热情诚恳，具体的慰问致辞要求如下：

第一，慰问致辞要针对性强。不论是以个人名以或是代表单位致辞一定要针对具体慰问对象说话、办事。

第二，慰问致辞的措辞一定要充满真情实感，切忌空虚浮夸，不能给被慰问对象敷衍、应付之感。

第三，要营造热烈的气氛，要给慰问对象以春风送暖的感觉，要热情、主动、和颜悦色，要将被慰问者当作亲人来看待，唯有如此，慰问致辞才能够感动慰问对象。

慰问致辞是人与人之间的感情传递，而不是形象工程；是美德，而不是形式。

从结构上看，慰问致辞主要分为以下几部分：

（一）标题

标题通常可由文种名称单独构成，或由慰问对象和文种名称组成，或由慰问双方和文种名称共同组成。例如："公安局长在春节民警家属慰问活动上致辞"。

（二）称谓

慰问致辞的称谓要顶格写上受文者的姓名或称呼。例如："全体干部职工、家属同志们"。

（三）正文

慰问致辞的正文一般由发文原因、慰问缘由、提出希望或要求等部分构成。发文原因要开宗明义，慰问缘由要对受文者表示肯定、鼓励或安慰，最后要提出希望或要求。例如：质监工作年年都有新变化，我们正在稳步前进。新的目标任务已经确定，又迎来了新的发展机遇。我们正向新目标昂首阔步，这需要家属同志们一如既往地对我们工作的理解和支持。家属同志们，让我们一道高举中国特色社会主义伟大旗帜，携手共创质监局光辉灿烂的明天。

（四）结尾

慰问致辞的结尾通常表示祝福，要充分表达对被慰问者的殷切祝愿。例如：最后，在××××年新春佳节即将来临之际，我代表××市质监局党组提前向全局干部职工及家属拜年，祝同志们春节愉快，身体健康，全家幸福平安。

## 第一节　慰问家属致辞

慰问家属致辞是慰问致辞的常见形式之一，所谓慰问家属致辞就是通过致辞对员工家属表达慰问、关切、问候之意，这种慰问致辞一般以节日为背景。

在进行慰问家属致辞时，写作态度要诚恳真挚，要充满真情实感。慰问家属致辞的根本目的在于安慰激励对方。而要安慰激励对方，就要充分肯定被慰问者在困难重重的环境下取得的好成绩，以增强被慰问者战胜困难的勇气，因此，在慰问致辞中，要重点评述、颂扬被慰问者所做出的巨大努力和取得的成绩，使其对未来的生活充满希望。

★★★

## 范例1：市长新春慰问机关退休干部职工及家属致辞

【致辞人】市长

【场　景】新春慰问机关退休干部职工及家属

【时　机】在慰问活动开始时致辞

【风　格】慷慨激昂

【关键词】慰问　崇敬　敬意　抢抓机遇　与时俱进

【妙　语】辞旧灵鸡歌日丽，迎新瑞犬报年丰；回顾成绩，令人振奋；展望未来，催人奋进；共同推进我市城市建设管理事业持续健康发展。

市建管委机关全体离退休干部及家属同志们：

你们好！

辞旧灵鸡歌日丽，迎新瑞犬报年丰。值此新春佳节来临之际，我们怀着崇敬的心情，向您们致以节日的祝贺和亲切的慰问！

回顾成绩，令人振奋。××××年，是我市城建工作“十五”规划的总结年，也是城市建设管理工作的丰收之年。××市再夺××省第××届“××杯”；省级卫生城市、文明城市顺利通过复查；“国家人居环境项目范例奖”预审通过，城市基础设施现代化水平不断提高，人居环境日益改善。市建管委圆满完成了市政府下达的目标任务，城市重点工程建设进展顺利，××工程建设有序推进，民生民本工程初显成效；城市建设管理机制实现创新，市容卫生明显改观，“双创”工作实现新突破；建筑行业监管日趋规范，完成建筑业总产值××亿元，增加××亿元；小城镇建设再创佳绩，××等一批城镇夺得省“××杯”；××镇获得省卫生镇称号，这些成绩的取得，是市委、市政府正确领导的结果，是全体城建人辛勤劳动的结果，是全体离退休干部及家属们关心支持的结果。在此，特向您们表示衷心的感谢，并致以崇高的敬意！

展望未来，催人奋进。××××年，市政府提出了城市建设与管理“三化两改一加快”的工作目标，要求我们突出城市绿化、道路黑化和市容洁化工作，实施旧城改造和污水改造工程，加快国家园林城市和卫生城市的创建步伐。前方扬征尘，奋斗无穷期。我们将继续发扬创新精神、改革精神、发展精神和服务精神，抢抓机遇，与时俱进，努力完成各项工作目标。但愿您们能一如既往地对我们的工作给予关注、理解和支持，并多提宝贵建议，共同推进我市城市建设管理事业持续健康发展。

祝大家新春愉快，身体健康，合家幸福！

★★★

## 范例 2：质监局领导春节慰问干部职工及家属致辞

【致辞人】质监局领导

【场　景】春节慰问干部职工及家属

【时　机】在慰问活动开始时致辞

【风　格】感情真挚

【关键词】问候　豪情满怀　全面发展　感谢

【妙　语】春回大地，万象更新；以全面提高产品质量、保障人民生命健康安全、促进经济发展为目标；让我们一道高举中国特色社会主义伟大旗帜，携手共创质监局光辉灿烂的明天。

全体干部职工们、家属同志们：

你们好！

春回大地，万象更新。值此岁序更换之际，我们真诚地向你们致以良好的祝愿和真挚的问候！

回首刚刚走过的路，我们豪情满怀！在过去的一年，我们局在市委、市政府和州局党组的正确领导下，紧紧围绕各项工作目标和重点工作，以服务经济和社会发展为己任，以提高服务本领为突破口，以全面提高产品质量、保障人民生命健康安全、促进经济发展为目标，进一步解放思想、真抓实干，实现了各项工作的全面发展。

一、强化监管，确保安全

我们强化安全管理体系，确保了特种设备安全和食品安全监管安全。一是质量管理工作稳步推进。二是大力开展市场专项整治活动。三是产品质量和食品安全专项整治工作扎实推进。

二、加强教育，提高素质

今年是省局确立开展“热爱质监、奉献质监和发展质监”的活动年，按照省局、州局的统一部署，我局成立了相应的领导小组，制定并下发了活动的实施方案，并以此项活动的开展为契机，全面提高全员的整体素质。在实际工作中，做到了两个强化，实现了两个提高。一是强化学习培训，队伍素质有了明显提高；二是强化勤政优政，行业形象有了明显提高。

军功章里有你的一半，也有我的一半。所有成绩的取得，都离不开各级领导的重视和全局干部职工的共同努力，离不开家属同志们对质监局的关心和信任，更离不开家属同志们对全局干部职工的支持和理解。我们深深地知道，没有家属同志们对家务的精心操持，就没有全局干部职工安心付出、努力工作、认认真真、兢兢业业；没有家属同志们的坚定支持，就没有全局干部职工志存高远、任劳任怨、勤勤恳恳、默默耕耘；没有家属同志们的无私爱心，就没有全局干部职工“质监是我家，发展靠大家”的高尚爱岗敬业精神。你们的支持和理解，是我局取得引人瞩目成绩的重要保证。在此表示衷心的感谢！

质监工作年年都有新变化，我们正在稳步前进。新的目标任务已经确定，又迎来了新的发展机遇。我们正向新目标昂首阔步，这需要家属同志们一如既往地对我们工作的理解和支持。家属同志们，让我们一道高举中国特色社会主义伟大旗帜，携手共创质监局光辉灿烂的明天。

最后，在××××年新春佳节即将来临之际，我代表××市质监局党组提前向全局干部职工及家属同志拜年，祝同志们春节愉快，身体健康，全家幸福平安！

## 范例3：公安局长春节民警家属慰问活动致辞

【致辞人】公安局长

【场　景】春节民警家属慰问活动

【时　机】在慰问活动开始时致辞

【风　格】殷切希望

【关键词】祝愿　问候　牢记使命　泪水　后顾之忧

【妙　语】坚持立警为公、执法为民、严格执法；问渠哪得清如水，唯有源头活水来；每一项成绩的背后都浸透了广大民警家属的心血、汗水，甚至是泪水。

全市公安民警家属：

你们好！

新年即将来临，××市公安局党委谨向全市公安民警家属致以新年的良好祝愿和诚挚的问候！祝全市民警家属新年快乐、工作顺利、身体健康、合家欢乐！

一年来，我市广大公安民警牢记使命，不负重托，始终把维护国家安全和社会稳定置于工作首位，坚持立警为公、执法为民、严格执法、热情服务，在打击犯罪、服务群众、服务社会等工作中，取得了显著成效，得到了党委政府、社会各界和人民群众的充分肯定，这充分说明了我市公安民警队伍是一支政治坚定、忠于职守、勇于奉献、有坚强战斗力的队伍。问渠哪得清如水，唯有源头活水来。成绩的取得，是广大民警团结协作，奋力拼搏的结果，但我们也不会忘记，每一项成绩的背后都浸透了广大民警家属的心血、汗水，甚至是泪水。

正是由于广大民警家属在家孝敬长辈，教育孩子，操持家务，任劳任怨，以宽大的胸怀和坚强的毅力独力承担家庭重担，消除民警的后顾之忧，成为全体民警的精神支柱和坚强后盾，才在民警心中撑起了一片蓝天！

××市公安局党委向全市民警家属致以最衷心的感谢和崇高的敬意！

## 范例4：农业局局长在干部职工家属春节慰问活动上致辞

【致辞人】农业局局长

【场　景】职工家属春节慰问活动

【时　机】在活动开始时致辞

【风　格】热情洋溢

【关键词】祝愿　问候　进展　现实意义　历史机遇　再创辉煌

【妙　语】春回大地千峰秀，日暖神州万象新；有了大家的全力支持和关心，我们一定能再创辉煌。

全市农业局干部职工家属同志们：

大家好！

新年的钟声已经敲响，在这里，我谨代表农业局党组并以我个人的名义向农业局的广大干部职工家属表示衷心的感谢和良好的祝愿！感谢大家过去一年来对农业局各项工作的配合、支持和关心！并致以节日的祝贺和亲切的问候，衷心祝愿你们新春快乐，身体健康，家庭幸福！

一年来，我局在县委、县政府的正确领导下，在市农业局的关心和指导下，紧紧围绕建立生态旅游大县、特色产业名县、农村经济强县的奋斗目标，统一思想、开拓创新、精诚团结、顽强拼搏，各项工作取得了新的突破和进展。完成招商引资金额达××万元，接受部、市级检查××次，在全市农业工作会上做经验交流发言××次。

春回大地千峰秀，日暖神州万象新。党的××全会提出了推进社会主义新农村建设的任务，具有重大的历史意义和现实意义。××××年是实施“十一五”规划的第××年，我们面临着难得的历史机遇，我们要在县委、县政府的正确领导下，坚持以邓小平理论和“三个代表”重要思想为指导，全面落实科学发展观，以对党和人民高度负责的精神，切实增强责任感和使命感，求真务实，开拓进取，扎实工作，推动农村经济社会全面发展，为建设社会主义新农村做出更大贡献。宏伟目标的实现，依然需要广大干部职工家属的理解、支持和奉献。我相信，有了大家的全力支持和关心，我们一定能再创辉煌！

最后，恭祝大家，身体健康、家庭美满、生活幸福、百事亨通、千事吉祥、万事如意！

★★★

### 范例5：邮政局领导在干部职工及家属春节慰问活动上致辞

【致辞人】邮政局领导

【场　景】邮政局干部职工及家属春节慰问活动

【时　机】在慰问活动开始时致辞

【风　格】层次清晰

【关键词】问候　里程碑　敬意　努力奋斗　合家幸福

【妙　语】日出江花红胜火，春来江水绿如蓝；让我们携起手来，开拓进取，同心同德，团结奋斗，共同开创××邮政事业美好的明天。

全省邮政干部职工、干部职工家属同志们：

值此新春佳节到来之际，省局和省邮政工会向你们致以亲切问候！

过去的一年，是我省邮政发展史上具有里程碑意义的一年。一年来，全省邮政局干部职工认真贯彻全省邮政工作会议精神，紧紧围绕扭亏这个中心，把握大局，树立信心，背水一战，终于夺取了“三年扭亏”决战的胜利。邮政业务收入达到××亿元；三年减亏××亿元，并实现扭亏为盈；劳动生产率由分营时××万元增加到××万元；企业负债率从××%降到××%；增加固定资产××亿元，实现国有资产保值增值；精神文明建设也取得丰硕成果。××的市县邮政局被所在地党委、政府评为文明单位；××的市县邮政局被评为省文明单位，各项工作都圆满完成了计划任务。这些成绩的取得都是在国家邮政局、省委、省政府和省邮政局党组的领导下，全省邮政干部职工团结一致，努力拼搏的结果，同时也离不开广大职工干部家属的关心支持。在此，我们表示衷心的感谢，并致以崇高的敬意！

××××年是××邮政巩固扭亏成果，为步入良性循环打基础的重要一年。我们虽然实现了扭亏，但这只是万里长征的第一步，巩固扭亏成果，步入良性循环的任务还很艰巨，我们面对着我国加入 WTO 后更加激烈的市场竞争的新形势下的新任务。今年全省邮政业务总量要完成××亿元，业务收入要完成××亿元，收支差要确保完成并争取超额完成国家邮政局下达的计划任务。因此，我们要认真贯彻全国、全省邮政工作会议精神，统一思想认识，认清形势，坚定信心，克服松懈思想，做到士气不能低落，干劲不能减弱，工作不能放松，发展不能停步。在国家邮政局和省委、省政府的领导下，按照省邮政局的工作部署，并结合本地的实际情况，大力开拓业务市场，努力挖掘自身潜力，不断推进企业改革，继续加快建设步伐，强化企业管理，积极推进精神文明建设步伐，为全面完成今年的各项工作任务，巩固和扩大扭亏成果，步入良性循环打基础而努力奋斗。

日出江花红胜火，春来江水绿如蓝。在新的一个春天到来的时候，让我们携起手来，开拓进取，同心同德，团结奋斗，共同开创××邮政事业美好的明天。

祝大家节日快乐、身体健康、万事顺意、合家幸福！

★★★

## 范例 6：地税稽查局领导新春慰问干部职工及家属致辞

【致辞人】地税稽查局领导

【场　景】新春慰问干部职工及家属

【时　机】在慰问活动开始时致辞

【风　格】情感真挚

【关键词】祝愿　问候　显著成绩　默默支持　佳绩　前景

【妙　语】星移斗转万象新，又是神州草木春；和衷共济、团结奋进、追求卓越、精益求精；昨天，我们风雨同舟，荣辱与共；今天，我们众志成城，坦诚相向；明天，让我们携手共进，再创辉煌。

全体干部职工们、家属同志们：

你们好！

星移斗转万象新，又是神州草木春。值此岁序更迭、万象更新之际，我们真诚地向你们致以良好的祝愿和真挚的问候！

过去的一年，我们在市局党组的正确领导下，以抓学习、强服务为基础，以两型三化为平台，以行业稽查为主线，以三级联动为载体，以打造地税稽查精品名牌为目标，不断强化措施，大力发扬“和衷共济、团结奋进、追求卓越、精益求精”的地税精神，锐意进取，开拓创新，各项工作取得了显著成绩。……这些成绩的背后，有干部职工们付出的辛勤汗水，更离不开家属同志们的无私奉献和默默支持，是家属同志们用稳固的后方，保障了前方的胜利。

盛夏三伏，当税务干部穿大街走小巷，顶一轮烈日洒一路汗水为国征税时，是家属同志们掬来夏日的一丝清凉；隆冬三九，当税务干部冒风雪顶严寒，披一身尘泥带一身倦怠为国征税时，也是家属同志们送上严冬的一缕阳光。就是这点点清凉和丝丝暖意，拂去了我们税务干部职工们一天的辛劳，一身的疲惫，为他们鼓起工作的热情和干劲，激励他们创下一个又一个佳绩。

地税稽查局的光荣簿里凝聚了家属同志们的辛勤汗水，稽查局的起跑线上更多了家属同志们的殷切期待。××××年，我们又站在了一个新的起点上，迎来的不仅是又一个春夏秋冬，更是稽查局充满机遇和挑战的岁月。作为工作在地税稽查一线的基层干部职工，我们在深感税收工作任重而道远的同时，也坚信，有了家属同志们的无私支持，税收战线就有了稳固的后方，有了家属同志们的巨大奉献，为国聚财的道路就有了更加广阔的前景。

风劲正是扬帆时。当我局站在改革的潮头浪尖，我们每个人面临的是巨大的荣誉和挑战。当我局在新的征程中破浪远航时，我们每个人扬起的是事业的风帆和希望。希望家属同志们一如既往地支持我们的税收事业，一如既往地支持我们的税务干部职工。

全体干部职工们、家属同志们，昨天，我们风雨同舟，荣辱与共；今天，我们众志成城，坦诚相向；明天，让我们携手共进，再创辉煌。让我们为地税稽查局的未来一起努力奋斗吧！衷心地祝在座的每一位新春快乐！健康安福！

★★★

## 范例7：县委办公室主任慰问干部职工家属致辞

【致辞人】县委办公室主任

【场　景】县委办公室全体干部职工家属慰问

【时　机】在慰问活动开始时致辞

【风　格】殷切祝愿

【关键词】问候 敬意 无私奉献 期待 破浪远航 努力奋斗

【妙　语】抓一流管理，建一流队伍，创一流业绩，树一流形象；斗转星移，光阴似箭；我们风雨同舟，荣辱与共；我们携手共进，再创辉煌。

各位家属同志：

你们好！

走过了极不平凡的××××年，我们迎来生机盎然的××××年。在这辞旧迎新的喜庆时刻，我谨代表中共××县委办公室全体干部职工向你们致以最诚挚的问候和敬意！

过去的一年，我办公室干部职工在领导的带领下，按照“抓一流管理，建一流队伍，创一流业绩，树一流形象”的要求，积极推进管理体制、服务方式和工作运行机制的创新，不断提高办公室“三服务”工作的质量和水平，以饱满的热情和冲天干劲，勤于工作，勇于奉献，敢于创新，全面完成了县委的工作任务。成绩的背后，有干部职工付出的辛勤汗水，更离不开家属们的无私奉献和默默支持。曾记否，当全体同志在办公室加班加点的时候，是你们在家里准备着饭菜；当别人一家人围着火炉看电视的时候，是你们站在窗口下等候着家人回来；当急促的电话铃响的时候，是你们无奈地说，又该到办公室去了。斗转星移，光阴似箭，就这样，你们熬过了多少个日日夜夜，转眼又到了年末岁初。在这新春佳节到来之际，祝你们身体健康、万事如意、全家幸福！××××年的光荣簿里凝聚了家属同志们的辛勤汗水，××××年的起跑线上更多了家属同志们的殷切期待。

××××年，我们站在一个新的起点上，告别的不仅是一个年头，而是办公室工作辉煌灿烂的历史，我们迎来的也不仅是又一个春夏秋冬，而是全体干部职工充满机遇和挑战的岁月。××××年我们的工作任务依然艰巨，但我们坚信，有了家属同志们的无私支持，办公室的战线就有了稳固的后方，有了家属同志们的巨大奉献，我们的道路就有了更加广阔的前景。

风劲正是扬帆时。当我办公室站在改革的潮头浪尖，我们每个人面临的是巨大的荣誉和挑战；当我办公室在新的征程中破浪远航时，我们每个人扬起的是事业的风帆和希望。希望家属同志们一如既往地支持我们的事业，一如既往地支持我们的干部职工。

昨天，我们风雨同舟，荣辱与共；

今天，我们众志成城，坦诚相向；

明天，我们携手共进，再创辉煌。

让我们为××的美好未来一起努力奋斗吧！

衷心地祝大家在新的一年里，合家欢乐、健康幸福！

## 第二节　慰问灾民致辞

慰问灾民致辞即向受灾群众及抢救人员等表示问候，表达同情，送去支持和勇气的致辞，要求感情真挚、问候亲切。在困难面前，被慰问者需要的不是高高在上的怜悯，而是感同身受的理解，是各方的有力支持。因此，在做慰问灾民致辞时，要表现出慰问者和被慰问者同心同德、同甘共苦的情感与意愿，使被慰问者感受到背后有强大的力量的支持，从而进一步增强必胜的信心，取得更大成绩的勇气。

一般来讲，慰问灾民致辞一般分为五个主要部分：

第一，了解，人员伤亡情况——伤亡人数、救援进程等。

第二，调查，受灾后的损失情况。

第三，安慰，困难只是暂时的，给灾区人们以生活的希望。

第四，表态，党和政府一定会帮助你们的。

第五，祝愿，风雨之后便是彩虹。

人非草木，孰能无情。把话说到人的心坎上，就能打动人，感化人。慰问灾民致辞只有表达出感同身受的理解和关怀，寄予深深的敬意和勉励，才能让被慰问的灾民感受到组织的温暖，同志的关心，亲人般的关爱，从而进一步树立克服困难的信心，发挥慰问灾民致辞强大的情感和精神的感召力。

★★★

## 范例1：学校领导六一儿童节地震灾区慰问活动致辞

【致辞人】学校领导

【场　景】六一儿童节地震灾区慰问活动

【时　机】在慰问活动开始时致辞

【风　格】感情真挚

【关键词】祝福　歉意　坚毅　顽强　多难兴邦　珍惜生命

【妙　语】在大自然的伟力面前，人类的渺小和卑微；风雨过后一定会有彩虹，地震过去了，它教会我们珍惜生命。

各位领导、老师、同学：

今天是六一国际儿童节，请原谅我们只能通过这样的方式给你们送来节日的祝福。这是一个特殊的儿童节，没有精彩的文艺演出，没有趣味横生的游园活动，没有精美的儿童节礼物，对这些，我们充满了深深的歉意。

可这又是一个意义非凡的儿童节，对于刚刚过去的5·12特大地震，烙印在我们每个人心里的，不仅仅是在大自然的伟力面前，人类的渺小和卑微，更多的，是它告诉了我们，无论面对什么困难，只要人不倒，那一切困难都是能被克服的。

在这场地震中，每一位同学的表现，都让老师感到惊讶，忘不了，你告诉其他同学要镇定时那坚毅的眸子；忘不了，高年级的你紧紧抓住低年级同学那有力的手；忘不了，在操场接水时你能帮你的老师递上一杯水；忘不了，你安慰哭泣的伙伴时那简单却朴实的话语。孩子们，老师很欣慰你们变得懂事和坚强，我们在你们的身上看到了希望。

可你们也知道，有更多的孩子在这次地震中，遭遇了比我们更多的不幸。他们失去了校园，失去了家园，有的甚至失去了亲人。但是他们都选择了勇敢和顽强。

孩子们，你们都知道温总理在北川中学用粉笔写了四个大字“多难兴邦”，这个词语的意思是国家多灾多难，可以激励人民奋发图强，战胜困难，使国家兴盛起来。这四个字不仅仅是写给北川中学的哥哥姐姐，也是写给我们每一个学生，每一个中国人。面对这样的困难，我们都应该坚强、勇敢，在人生的路上，这样的困难还有许许多多，我们都应该从现在开始，具备面对一切困难的勇气和力量。因为未来就靠我们的同学们，去挺起龙的脊梁。

地震已经过去很多天了，虽然这些日子以来余震不断，洪水的威胁也步步紧逼。可孩子们，知识才是战胜灾难的武器，在不上课的这段日子里，老师希望你们不仅学会了照顾自己，还学会了自己学习。这段特殊的日子，老师希望你们能做自己学习的主人。

孩子们，不知道你们现在在做什么，是依旧在惊恐中没走出来，还是已经进入了正常的学习和生活。请相信，风雨过后一定会有彩虹，地震过去了，它教会我们珍惜生命，珍惜一切，哪怕只是一缕阳光，它教会我们生命柔弱但顽强。老师一直和你们在一起，站在离你们不远的地方。

★★★

## 范例 2：县教育局领导慰问地震灾区学生座谈会致辞

【致辞人】县教育局领导

【场　景】慰问地震灾区学生座谈会

【时　机】在座谈会开始时致辞
【风　格】殷切希望
【关键词】历史罕见　巨大损失　极大破坏　问候　更大贡献
【妙　语】一方有难，八方支援；克服困难，战胜灾难，重建更加美好的家园；只要我们携手同心，迎难而上，坚强面对，再大的困难我们也一定能战胜。

各位领导、老师、同学：

2008年5月12日，是一个黑色的日子，四川省汶川县发生历史罕见的特大地震，给灾区人民造成巨大损失，人员大量伤亡，人民财产严重受损，人民的生产生活受到极大破坏，灾区大量学生学业被迫中断，对此，我们感到十分痛心。这场灾难，牵动着全国人民的心，也牵动着××县××万人民群众的心。一方有难，八方支援是中华民族的光荣传统。灾情发生后，县委、县政府积极组织全县人民捐款捐物，向灾区人民伸出了援助之手。同时，对灾区学生来××县就读做出了精心安排，提出了明确要求。在灾区学生来××县不久，县委××书记带领教育、民政、广电等部门专门看望慰问了你们。你们虽然痛失了家园、学校和亲人，但是你们并不孤单。××县的各级领导、社会各界以及学校的老师和同学们都时刻关注着你们、关心着你们。今天，县委、县政府又在这里举行灾区来××县学生座谈会，借此机会，我代表××县××名教育工作者和××名中小学生，对来自灾区的××名学生表示深切的问候和热烈的欢迎。

当前，在党中央、国务院的坚强领导下，各级党委和政府正全力以赴抗震救灾，抗震救灾工作已经取得阶段性胜利，我们相信，在全国人民的齐心协力下，我们一定能够克服困难，战胜灾难，重建更加美好的家园。

对于你们的苦难，我们感同身受。现在，你们来××县就读，××县就是你们的第二故乡，××县就是你们的家，××县的学生就是你们的兄弟姐妹，××县的师长就是你们的父母亲人。无论是学校，还是全体师生都会继续关注、关心你们，无论困难有多大，让我们一同面对。让你们感受到家的温暖，这既是你们的期盼，又是我们义不容辞的责任，我们一定尽最大努力，为你们创造一个良好的学习和生活环境，我们将进一步无条件做好地震灾区学生的来××县就读工作，妥善安置，精心抚慰，悉心呵护，努力让地震灾区来××县就读的每一个学生、每一名家长满意，为抗灾救灾工作做出更大贡献。

在这里，我向同学们提出几点希望，一是希望同学们能静下心来，尽快摆脱心灵上的阴影，尽快恢复正常的生活和学习，积极调节心态，重建心灵家园。二是希望同学们勇敢面对灾难，培育坚强品质。天灾无情人有情，只要我们携手同心，迎难而上，坚强面对，再大的困难我们也一定能战胜。三是希望同学们更加爱惜生命，刻苦学习，顽强拼搏，以优异的成绩报效祖国、回报社会、报答父母。

最后，衷心祝愿灾区学生们过一个愉快、舒心的儿童节，祝愿大家和××县的孩子们一样，在党和政府的阳光普照下健康成长、幸福生活！

★★★

## 范例3：校长地震慰问活动致辞

【致辞人】校长

【场　景】地震慰问

【时　机】在慰问活动开始时致辞

【风　格】祈福祝愿

【关键词】哀悼　慰问　地震灾害　炎黄子孙　美好家园

【妙　语】众志成城、万众一心、紧急行动、昼夜奋战；一方有难、八方支援，万众一心、共度时艰；帮助身边来自灾区的师生走出伤痛，走出困难，共同建设和谐温馨的美好家园。

各位领导、各位同学：

2008年5月12日14点28分，四川省汶川县突发里氏8.0级特大地震，同时影响到我国的十余个省市自治区。突如其来的地震灾害，给震中及周边地区的人民带来了巨大人员伤亡和财产损失。在此，学校党委、行政、工会、共青团组织，代表全校师生，对在灾害中逝去的生命表示最沉痛地哀悼！向我校来自灾区的师生，和你们远在灾区的亲人，表示最诚挚、最深切的慰问！

此次地震灾害，强度大、波及面广、伤亡人员多。在党中央、国务院的统一领导下，灾区人民、解放军武警官兵和全国各族人民，众志成城、万众一心、紧急行动、昼夜奋战，积极投身到救援工作中，尽最大努力把地震灾害造成的损失减少到最低限度。我们坚信，有党中央、国务院的坚强领导，有全国人民的鼎力支持，灾区人民一定能够迎难而上、百折不挠，战胜这场特别重大的地震灾害。

一方有难、八方支援，万众一心、共度时艰。灾情牵动着每一位炎黄子孙的心，××和四川虽远隔千里，但中华儿女血脉相连，我校全体师生心系灾区，与灾区人民同呼吸、共命运、心连心。校党政工团各级组织，倡议广大师生奉献爱心，援助灾区，让我们与灾区人民一起，用坚强擦拭泪水，用信念迎战不幸，用守望温暖悲情，用相助抚慰创伤。

大灾天不塌，人间有大爱。在此次地震灾害中，我校数百名来自灾区的师生，家庭和财产遭受到了不同程度的损害。地震灾害损毁了你们的房屋，学校是你们的温暖的家；地震灾害伤害了你们的亲人，××大学的全体师生是你们坚强的依靠，我们将采取切实有效的措施，和你们风雨同舟，与你们共渡难关！愿你们以最顽强的毅力和最坚定的信念勇敢面对和抗击这突如其来的地震灾害！

多难兴邦。没有哪一个民族的复兴之路是一帆风顺的。从灾难中走出来的中国，必将更加强大，更加成熟，发展的脚步必将更加稳健，决不停滞。让我们发扬中华民族团结互助的传统美德，携起手来，以实际行动，支持灾区人民抗震救灾，帮助身边来自灾区的师生走出伤痛，走出困难，共同建设和谐温馨的美好家园。

## 第三节　慰勉致辞

慰勉致辞是指在特定的时间和地点对特定的对象表示节日问候和鼓励，要重点体现鼓励的意向，整个致辞要充满真情实感，要最大程度地体现组织对受慰勉者的关心和问候，使受慰勉者在精神上得到尽可能多的鼓励，从而不断增强受慰勉者克服困难的勇气和决心，给受慰勉者继续生活的信心。这种慰勉致辞的抒情性较强，语言要亲切、生动。

慰勉致辞要有较强的抒情特征，语言要贴近生活，既要使受慰勉者感到亲切，同时还要不乏生动形象。

★★★

### 范例1：副区长教师节慰勉活动致辞

【致辞人】副区长

【场　景】教师节慰勉活动

【时　机】在慰勉活动开始时致辞

【风　格】感情真挚

【关键词】默默耕耘　卓越贡献　脱颖而出　日新月异　创新精神

【妙　语】教师是人类灵魂的工程师，是先进生产力、先进文化的传播者和推动者，是青少年健康成长的领路人；让尊师重教的优良传统得到进一步巩固和发扬。

各位领导、各位老师：

教师是人类灵魂的工程师，是先进生产力、先进文化的传播者和推动者，是青少年健康成长的领路人。过去一年以来，我区广大教师、教练员以“三个代表”重要思想为指导，辛勤工作、默默耕耘，为培养人才、推进我区体育事业蓬勃发展做出了卓越贡献。一批师德高尚、教艺精湛的优秀教师、教练员脱颖而出，一批训练设施完备、育人理念先进、教学质量优良的名校声誉更浓，为我区体育教育事业的可持续发展奠定了良好而扎实的基础。

当今是知识经济的时代，科学技术日新月异，富有创新精神和实践能力的高素质劳动者和建设者是国家兴旺发达的基础，也是我区实现跨越式发展的重要保障。希望我区广大教师、教练员继续以“三个代表”重要思想为指导，以与时俱进、开拓进取的精神，不断提高教学质量和训练水平，要真正肩负起历史赋予的崇高使命，不断加强自身修养，提高业务能力，以渊博的学识、高尚的品德影响学生、教育学生，培养出更多、更优秀、更能适应时代发展需要和体育发展需要的高素质人才，真正做到让学生成才、让家长放心、让社会满意，整体提升我区学校的体育教育和竞技体育水平。力争取得更多、更高规格和质量的奖牌，取得更大的成绩和收获。

区委、区人大常委会、区政府、区政协将一如既往地重视体育教育事业，满腔热情地关心和支持体育教育，积极地为广大教师、教练员多办事、办实事、办好事，让尊师重教的优良传统得到进一步巩固和发扬。

同志们，你们辛苦了，我再次向你们致以亲切的问候和衷心的感谢！为此，让我们共同举杯，祝你们工作顺利、身体健康、节日快乐！

谢谢大家！

★★★

## 范例2：林业局局长八一建军节部队慰勉活动致辞

【致辞人】林业局局长

【场　景】八一建军节部队慰勉活动

【时　机】在慰勉活动开始时致辞

【风　格】热情洋溢

【关键词】祝愿　中流砥柱　钢铁长城　感谢

【妙　语】汶川地震中人民子弟兵的壮举可歌可泣，实现百年夙愿的北京奥运为世人瞩目，国人同济；兵民是胜利之本。

各位首长，全体指战员、同志们：

在八一建军节即将到来之际，我们大家欢聚一堂，共叙军民鱼水深情，意义非常特殊而倍感亲切。在此，我谨代表林业局党政班子和全体员工向××部队各位首长、全体指战员致以节日的祝贺和良好的祝愿！祝大家节日快乐、身体健康、工作顺利！

××多年来，中国人民解放军不愧为伟大祖国的中流砥柱，民主专政的坚强柱石，保卫祖国的钢铁长城，经济建设的重要力量。长期以来，部队全体官兵始终以强烈的大局意识和忧患意识，全面贯彻落实政治合格、军事过硬、作风优良、纪律严明、保障有力的要求，大力加强部队建设，不断提高部队的战斗力，在圆满完成各项军事任务的同时，积极支持、参与林业局的生产建设，在森林管护、抗洪抢险和许多急难险重第一线，不辱使命，扎实工作，无私奉献，为××的经济发展和社会稳定做出了积极的贡献，充分展示了人民子弟兵的英雄本色和威武之师、文明之师的光辉形象，赢得了林区广大干部员工的爱戴和赞誉。在此，我代表局党政班子和广大员工群众向××部队全体官兵表示崇高的敬意和衷心的感谢！

广泛开展拥军优属、拥政爱民宣传，不断强化军企军民共建活动，是我们团结和谐的根基，是我们共谋发展的体现。汶川地震中人民子弟兵的壮举可歌可泣，实现百年夙愿的北京奥运为世人瞩目。当前，我们正处于和谐发展的重要战略机遇期，改革和发展的任务十分艰巨。我们要从维护国家安全和社会稳定，促进改革开放和经济发展，共建和谐社会的大局出发，进一步增强做好双拥工作的责任感和紧迫感，不断巩固和发展军企军民团结的大好局面，努力为发展社会生产力、提高部队战斗力和增强民族凝聚力，做出新的贡献。

同志们，兵民是胜利之本，在战争年代是这样，在和平时期亦如此。我们始终把支持部队建设作为自己的神圣职责，视子弟兵为亲人，让我们精诚团结，与时俱进，支持部队的各项建设，携手并肩，保持良好的军企关系，同呼吸，共命运，心连心，促进部队发展，共铸企业辉煌。

最后，衷心祝愿××部队各位首长、全体指战员以及家人节日愉快，合家幸福！祝大家身体健康、万事如意！

谢谢大家！

## 范例3：总经理慰勉驻外职工活动致辞

【致辞人】总经理

【场　景】慰勉驻外职工活动

【时　机】在活动开始时致辞

【风　格】感情真挚 殷切祝福

【关键词】问候 众所周知 考验 危难关头 机遇 繁荣

【妙　语】每逢佳节倍思亲；危难时刻，清浊自分；展望未来，任重道远。

公司各位驻外同事：

你们辛苦了！

每逢佳节倍思亲。值此中秋和国庆来临之际，我谨代表公司全体同事向你们致以节日的问候！过去一年中，由于众所周知的原因，我们经受了公司成立以来最严峻的考验。受累于去年以来公司内部各种纠纷和矛盾，加之日益激烈的市场竞争，内忧外患一度将公司推至危难关头。

幸运的是，在关键时刻公司采取了扭转局势的措施，消除了不和谐的因素，确立了再次腾飞的基础。危难时刻，清浊自分，在此我要对那些在公司紧急关头仍然坚守岗位、尽职敬业的同事们表示衷心的感谢，同时也要对个别利用机会损公肥私的员工提出告诫。

各位同事，放开眼界，我们正处于中国经济蓬勃发展的时代。发达国家的发展经验告诉我们，人们在物质生活水平得到大幅提高的同时，对医疗卫生条件必将提出更高的要求。换言之，医疗卫生事业将随着经济的增长而不断发展。毫无疑问，这将给我们医疗器械行业提供前所未有的机遇。

我们确信，只要我们齐心协力，抓住这一历史机遇，我们必将迎来公司发展史上的第二次繁荣。展望未来，任重道远。在维持现有市场份额的同时，公司将不断推出新产品，以开拓更为广阔的市场空间；此外，公司还要建立和完善一套公正合理的薪酬福利体系，使得每一位为公司发展做出贡献的员工，都能够随着公司的发展而获益。

最后，祝各位同事身心健康、工作顺利、家庭幸福、节日愉快！

# 第 11 章 悼念致辞

悼念致辞有两种，一种是在悼念烈士等活动中的致辞。悼词以叙述烈士的生平为主，适当加一些说明文字。主要情感表现为对烈士的哀悼、缅怀与敬意。另一种是在追悼会上致辞。

悼念致辞具有文字精练、概括，感情真挚、深沉、凝重，语气庄重、严肃等特点。

悼念致辞的正文起始要以沉痛的语气点明悼念者的心情，悼念什么人。然后简介逝者逝世前所担任的职务，以表示尊敬，并要注意这些称谓的先后排列顺序，说明由于何种原因，在何年何月何日，何时何分不幸逝世，以及终年岁数。接着按时间的先后顺序对逝者的籍贯、学历、经历以及生平等进行集中介绍，要注意详略得当，重点突出逝者对人民对社会的贡献。对逝者的一生做出全面的总结性的评价。最后表示生者对逝者的悼念，勉励到会者化悲痛为力量，以实际行动来悼念逝者。

悼念致辞通常以“××同志安息吧”或“××同志永垂不朽”等作为结束语。例如：“××烈士，我们永远怀念你!”

追悼会是悼念逝者，沉痛的心情自然可以理解，悼念致辞也必须注意到这一点，多赞颂逝者功德，力避提及过失。

## 第一节　悼念活动致辞

悼念活动致辞主要包括三方面的内容：烈士悼念活动致辞，悼念在地震、水灾、旱涝等自然灾害中逝去的人的活动致辞以及悼念名人活动的致辞。悼念名人活动致辞主要是指对历史上的杰出人物进行悼念活动，以表达对名人的思念之情。

烈士悼念活动致辞主要是在烈士悼念活动和悼念仪式中，缅怀烈士、激励后人的致辞，正文主要是简述烈士生平、事迹、贡献等。例如：××烈士，××××年出生，××省××县人，汉族，中专文化，××××年参加工作，××××年××月××日在围堵缉捕犯罪分子时光荣牺牲，年仅××岁。同年××月××日被省人民政府批准为革命烈士，××××年××月××日被省公安厅追记一等功。

××烈士短暂的一生，是革命和战斗的一生，他热爱党、热爱祖国、热爱公安事业，始终以乐观主义精神面对人生，以严肃认真的态度对待工作，他永远是我们打击犯罪、保护人民群众的不竭源泉和动力，他永远是我们公安队伍的骄傲和自豪。

最后用有力的语言，表达对烈士的怀念和对今人的激励，例如：作为××烈士的战友，我们要牢记××烈士的光辉业迹，学习××烈士的英勇事迹和优秀的思想品格，把有限的生命投入到无限的为人民服务中去，在各自的工作岗位上奋发努力，奋勇拼搏，为××的公安事业和经济建设做出更大的贡献。

在悼念地震、旱涝等自然灾害中逝去的人的活动上致辞，主要是简述灾害情况，对救灾过程中逝去勇士的怀念，对他们的英勇精神表示钦佩和感谢，并对今人进行鼓励。

## 范例1：市委领导在清明节烈士陵园祭扫活动上致辞

【致辞人】市委领导
【场　景】清明节烈士陵园祭扫活动
【时　机】在祭扫活动上致辞
【风　格】气势磅礴
【关键词】追念 敬慕 强盛 奋斗终身 心灵世界 报效祖国
【妙　语】时届清明，风暖草薰，万物生长，皆清洁而明净；况是清明好天气，不妨游衍莫忘归；纵有千古，横有八荒，前途似海，来日方长。

时届清明，风暖草薰。万物生长，皆清洁而明净，这正是郊游踏青的好时节，宋人有诗云："况是清明好天气，不妨游衍莫忘归。"清明，也是炎黄子孙追思先人的日子，一族之风俗，一年之盛仪，寄托着子孙对祖先的追念和敬慕。杜牧诗云："清明时节雨纷纷，路上行人欲断魂。"

今天我们站在这里，拿着我们亲手制作的白花、花环，纪念我们的革命先烈。我们的心中，是否还记得这样一群人，他们为了国家和民族的未来抛洒热血，以自己的一腔赤诚换来了后人的幸福和国家的强盛。

忘记过去就意味着背叛！

1927年12月11日，中国共产党在广州发动了广州起义，后失败，死难烈士多人，又有多人被逮捕后英勇就义，都埋葬于此，长眠在这里。几十年前，他们用自己的生命最直接、最激进也最令人感动地践行了为共产主义事业献身的誓言。在这里倒下的战士们中的大多数连名字都没有留下，当年轻的肩膀在枪林弹雨下撑起不倒的红旗的时候，当铁一般的脊梁架起前进的踏板的时候，我们不知道他们在最后关头的语言和思想，但这行动本身已经表达了那根本的信念：为了共产主义事业而奋斗终生！

马克思说："面对我们的骨灰，高尚的人将洒下热泪"，我们还记得我们的革命先烈吗？

几十个春秋过去了，新中国在经历过一次次的风雨洗礼后，一改往日的旧容，取而代之的是强大兴盛的新貌。确实，很多事情都已经改变，但是我们对烈士们的崇敬与怀念将永不改变。在我们沉湎于体育明星、娱乐明星、饮食服装的今天，我们的心灵世界中不应缺少他们的位置。

《伦语·八佾》中记载孔子说过这样一句话："祭如在，祭神如神在。"祭祀祖先就如同祖先真在那里，祭祀神就如同神真在那里。战争年代过去了，新时代不需要我们像革命先辈那样血洒疆场，我们有更多更新的任务。"洒泪祭雄杰，扬眉剑出鞘"，这"剑"不是手中之"剑"，而是精神之"剑"、意志之"剑"。

青山埋忠骨，史册载功勋。革命先烈，浩气长存，永垂不朽！

一百多年前，梁启超在他的文章《少年中国说》中寄予少年以巨大希望："少年智则国智，少年富则国富，少年强则国强，少年独立则国独立，少年自由则国自由，少年进步则国进步，少年胜于欧洲则国胜于欧洲，少年雄于地球则国雄于地球……纵有千古，横有八荒，前途似海，来日方长。"

俱往矣，风华少年，还看今朝！

缅怀烈士，继承遗志。努力学习，报效祖国！

★★★

## 范例2：政府领导在清明节悼念抗日战争烈士活动上致辞

【致辞人】政府领导
【场　景】清明节悼念抗日战争烈士活动
【时　机】在悼念活动上致辞
【风　格】条分缕析
【关键词】无比崇敬　烈士　光辉事迹　榜样
【妙　语】青山有幸埋忠骨；为祖国的繁荣富强贡献自己的每一分力量，共创美好的明天。

各位领导、各位同志：

大家上午好！今天我们怀着对革命烈士的无比崇敬之情来到××抗日

战争烈士纪念碑面前，瞻仰和缅怀××游击队的××等多位抗日战争时期英勇为国牺牲的烈士。

青山有幸埋忠骨，凝望面前高 14 米的抗日战争烈士纪念碑，我们仍然可以感受到烈士们的浩然正气。它仿佛在向我们倾诉着烈士们英勇战斗的光辉事迹。站在这高高的烈士纪念碑前，我们怎么能忘记在那腥风血雨的岁月里，烈士们为了掩护部队主要力量转移，避开日军的追击，在这里击退了日军的多次冲锋，最终壮烈牺牲。他们用鲜血完成了任务，为祖国保存了重要的有生力量，用生命去守护了××。

今天我们在这里悼念先烈，缅怀先烈。是因为我们知道先烈们用鲜血、用生命换取了抗战的胜利，换取了祖国的解放，换取了我们今天的幸福生活。虽然时间的车轮已经过去了六十多年，但他们的丰功伟绩是不朽的，他们的精神是长存的。他们是我们一代代中华儿女的骄傲，更是我们一代代××人的骄傲。他们值得我们一代代××人尊敬和爱戴！

我们敬慕烈士们，敬仰这些无私奉献的英雄！有了无数革命英雄的无私奉献和牺牲，才有了今天的和平环境，才有了祖国的繁荣昌盛，才有了我们今天的幸福生活。革命战争年代造就了烈士们的坚强与勇敢。今天和平美好的环境为我们提供了学知识、长才能、成栋梁的机会。我们有信心把握好这机会，因为我们有这些英雄做榜样。

同志们，我们是时代的幸运儿，我们应该懂得感恩，懂得今天的幸福生活来之不易，同时更应该知道我们肩负着维护祖国统一、实现祖国繁荣安稳的历史责任和历史使命。让我们继承先烈们的遗志，从我做起，从现在做起，紧紧团结在党中央的周围，踏着革命烈士们的足迹，为祖国的繁荣富强贡献自己的每一分力量，共创美好的明天。

★★★

## 范例 3：集团领导在清明节烈士悼念仪式上致辞

【致辞人】集团领导

【场　景】清明节烈士悼念仪式

【时　机】在悼念仪式上致辞

【风　格】逻辑清晰 层次清楚

【关键词】激动 崇敬 庄严肃穆 思绪万千 天翻地覆 贡献

【妙　语】心潮奔涌，思绪万千；不畏艰险、前仆后继、抛头颅、洒热血；青山肃立，绿水长歌，我们要永远铭记和颂扬革命先烈的事迹，继承先烈的遗志，为祖国的建设贡献自己的力量。

同志们：

早上好！

今天我们××集团全体党员、职工干部怀着无比激动和崇敬的心情，来到庄严肃穆的××烈士陵园，向烈士敬献鲜花，凭吊烈士的英魂，向长眠在这里的革命英烈，表达深沉的哀思和无尽的怀念。此时此刻，我们每一位同志无不心潮奔涌，思绪万千。

回顾历史，从南湖游船的灯光，到雪山草地的篝火；从南昌起义的枪声，到三大战役的号角；在中国共产党的领导下，无数的革命先烈，不畏艰险，前仆后继，抛头颅，洒热血，推翻三座大山，赶走日本帝国主义，建立社会主义新中国。几十年来，特别是改革开放以来，在党的领导下，我国综合国力显著增强，以经济为中心的社会主义现代化建设事业取得了举世瞩目的伟大成就，全国人民的生活发生了天翻地覆的变化。

抚今追昔，是党带领我们从一个胜利走向另一个胜利；饮水思源，是无数革命烈士用青春和热血为我们换来了今天的幸福生活。我们只有记住革命先烈，才能更深刻地认识到现在的生活来之不易，才能更强烈地感到中华民族的伟大复兴需要我们每一个后来者奋发图强，沿着英雄的足迹前进，再前进。

战争年代造就了烈士们的坚强与勇敢，和平年代的美好环境为我们提供了努力工作，奋发创业的机会。今天在庄严的烈士纪念碑下，我代表集团党委，向我们全体党员和干部职工提三点要求：

第一、要严格按照中央和集团党委的要求，全面贯彻落实“三个代表”

重要思想，树立科学发展观，努力践行社会主义荣辱观，学习、遵守、贯彻、维护党章，弘扬“自力更生、艰苦奋斗”的延安精神和“埋头苦干”的优良传统，坚定共产主义信念，树立远大理想。

第二、要立足岗位，做好本职工作，充分发挥共产党员先锋模范作用。要增加危机感和使命感，要紧密联系工作实际，大胆创新，把全部精力投入到各项工作中去。特别是我们的党员领导干部更要以身作则，率先垂范，发挥模范带头作用，时刻体现共产党员先进性。

第三、要加强学习，提高素质。要认真学习党的理论知识和业务知识，要将理论学习和实践结合起来，不断提高政治素质、专业水准和业务技能，随时迎接新的挑战，为集团公司做出自己的贡献。

青山肃立，绿水长歌，我们要永远铭记和颂扬革命先烈的事迹，继承先烈的遗志，为祖国的建设贡献自己的力量。

★★★

## 范例4：校长清明节在悼念革命烈士活动上致辞

【致辞人】校长

【场　景】清明节悼念革命烈士活动

【时　机】在悼念活动上致辞

【风　格】思绪万千

【关键词】无比崇敬　丰功伟绩　根本利益　青春　发展环境　繁荣昌盛　贡献

【妙　语】深切缅怀革命先烈，表达我们的思念之情，告慰他们的在天之灵；心潮起伏，思绪万千；昨天永远属于过去，今天就在脚下。

老师们、同学们：

今天我们××区××学校的全体师生怀着无比崇敬的心情，来到××区革命烈士陵园，深切缅怀革命先烈，表达我们的思念之情，告慰他们的在天之灵。

忆往昔，在血雨腥风的战争岁月里，××大地上有多少优秀儿女为了民族的解放事业，为了国家的解放，为了实现最广大人民群众的根本利益，不惜抛头颅，洒热血，赴汤蹈火，舍生取义，矢志不渝，用他们宝贵的青春和热血，谱写了一首首可歌可泣的壮丽诗篇，为我们创造了美好的生活和发展环境。

站在烈士墓前，我们心潮起伏，思绪万千。先烈们，是你们在中华民族面临生死存亡的危险时刻，用自己的血肉之躯筑起了钢铁长城，与日本帝国主义侵略者进行着殊死搏斗；先烈们，是你们把对国家、对劳苦大众的爱化作战斗中同敌人拼杀的精神力量，不怕牺牲，勇往直前，建立了人民当家做主的新中国；先烈们，在社会主义建设最需要的时刻，又是你们抛去了家庭和个人的一切，毫不犹豫，挺身而出，把宝贵的生命无私地献给了祖国和人民，把满腔热血洒遍祖国大地。

面对你们，我们怎么能不肃然起敬？你们的辉煌业绩，将彪炳史册，万古流芳！你们的英名将与日月同辉，与江河共存！我们敬慕你们，无私奉献的英雄！正是因为有了你们的崇高和无私才有了今天的和平环境，才有了祖国的繁荣昌盛。

老师们、同学们，当历史的车轮飞转到××××年，一个世纪前那战争的硝烟早已在中国的大地上消散。但是，历史将永远铭记。忘记历史，就等于背叛。作为伟大祖国新一代的接班人，我们没有任何理由忘记落后和贫穷带给我们的痛苦和伤痛，没有任何理由忘记我们的信仰。时代的进步、经济的发展给我们提供了前所未有的美好生活，在物质生活极大丰富的同时，我们更应当清醒地认识到精神文明建设的重要性。在新的历史时期，如何加强学校的思想道德建设，如何加强学生的思想品德教育，完善我们的德行，这些是各位教师和同学应当思考和要用全部力量进行的长期性工作。

我们热爱伟大的祖国、热爱可爱的家乡。我们更应当努力学习文化知识，掌握各种技能，健全我们的心灵，加强思想品德的修为，完善我们的人格，积极投身到经济建设之中，为我们祖国的富强和人民生活的幸福做出贡献。

昨天永远属于过去，今天就在脚下，让我们铭记英雄和先烈，发扬他们的精神，去开拓美好幸福的未来，使我们的家乡更加富饶，使我们的祖国更加繁荣富强。

革命先烈们永垂不朽！

★★★

## 范例5：校长在清明节革命烈士悼念大会上致辞

【致辞人】校长

【场　景】清明节革命烈士悼念大会

【时　机】在悼念大会上致辞

【风　格】无尽哀思

【关键词】深切缅怀　光荣传统　丰碑　新篇章　励精图治　优异成绩

【妙　语】谱写了一曲曲英雄赞歌，竖起了一座座不朽的丰碑，留下了一笔笔宝贵的精神财富；继承先烈遗志，发扬革命传统，创造美好生活；革命烈士永垂不朽！

同志们、同学们：

今天，我们怀着无比崇敬的心情，在这里深切悼念为实现民族解放、国家富强和人民幸福而壮烈牺牲的革命先烈，追忆他们的英雄事迹，缅怀他们的崇高精神，学习他们的坚定信仰，表达我们对先烈的深切缅怀和崇高敬意，动员全县人民继承先烈遗志，发扬革命传统，更加积极地投身到全面建设小康社会的伟大事业中来。

××县是具有光荣传统的英雄之地。在长期的革命战争和社会主义事业建设中，无数优秀的××儿女前仆后继，有××名被批准为革命烈士，他们抛头颅、洒热血，用宝贵的生命，谱写了一曲曲英雄赞歌，竖起了一座座不朽的丰碑，留下了一笔笔宝贵的精神财富。他们是时代的先锋、民族的脊梁、祖国的功臣！英雄虽逝，但他们的精神将万古流芳、永垂青史，他们的事迹将彪炳史册，永存人间，他们的英名将与日月同辉，与江河共存！今天我们在这里纪念、缅怀先烈，就是要以他们为榜样，学习他们坚忍不拔、英勇不屈的革命精神，学习他们前仆后继、舍生取义的进取精神，学习他们不求索取、一心为民的奉献精神，以饱满的热情、冲天的干劲、踏实的作风，在全面建设小康社会的伟大实践中，书写出无愧于先烈、无愧于时代的新篇章。

同志们、同学们，继承先烈遗志，发扬革命传统，创造美好生活，是时代赋予我们的光荣使命和神圣职责。全县共产党员一定要继承和发扬先烈们崇高的理想追求，忠于理想，坚定信念，永葆共产党员先进性；广大人民群众要大力弘扬爱国主义精神，激发创新创业的热情，热爱××，建设××，真正成为推进社会主义现代化建设的合格公民；青少年学生要牢固树立共产主义远大理想，心怀大志，刻苦学习，报效社会，真正成为有理想、有道德、有文化、有纪律的社会主义事业合格建设者和可靠接班人。

同志们、同学们，今年是中国共产党建党××周年，做好今年的各项工作，意义十分重大。让我们沿着革命先烈的足迹，在县委、县政府的正确领导下，励精图治，奋发图强，努力开创××县科学发展新局面，把革命先烈战斗过、生活过的××大地建设得更加富裕、更加文明、更加和谐，以各项事业的优异成绩，告慰革命先烈的在天之灵！

革命烈士永垂不朽！

★★★

## 范例6：校长在悼念汶川地震死难同胞活动上致辞

【致辞人】校长

【场　景】悼念汶川地震死难同胞活动

【时　机】在悼念活动上致辞

【风　格】满怀哀思

【关键词】集聚一堂　沉重　遇难同胞　冲锋号　坚强后盾　微笑

【妙　语】大地无情，万民罹难倾血泪；人间有爱，举国同心抗天灾；灾情就是命令，时间就是生命；生命可贵，逝者为尊。安息吧，亲爱的同胞，愿你们一路走好。

……………………………………………………

老师们、同学们：

大地无情，万民罹难倾血泪；人间有爱，举国同心抗天灾。今天我们在这里集聚一堂，怀着十分沉重的心情，共同悼念汶川特大地震遇难同胞。

天有不测风云，人有旦夕祸福。2008 年 5 月 12 日下午 2 点 28 分，四川省汶川县等地发生里氏 8.0 级特大地震灾难，顷刻间，城市、村庄夷为平地，美丽的家园毁于一旦，多少亲人，在地动山摇的瞬间骨肉分离，家毁人亡；多少孩子，从得救的那刻起变成了孤儿，失去爹娘；多少个鲜活的生命挣扎在废墟下，怀抱着最后一线的生还希望。

灾情就是命令，时间就是生命。中央政治局常委紧急召开两次常委会，国务院总理温家宝在第一时间奔赴灾区，中共中央总书记、国家主席、中央军委主席胡锦涛亲赴灾区指挥抗震救灾，党中央、国务院向全国人民发起抗震救灾的冲锋号。

一方有难，八方支援。这一刻，亲情的中国集结起所有的力量，进军巴蜀、进军汶川，进军所有受灾的地方。人民子弟兵、武警官兵、公安干警、医护人员在第一时间赶赴灾区，抢救出无数的生命。

地陷天不塌，大灾有大爱。全国各族人民、海外侨胞，不分种族、不分职业，在不同的地方，在不同的岗位，慷慨解囊，捐款捐物，献血相救，爱的潮流源源不断地涌向地震灾区，凝聚着宁危不惧、百折不挠、万众一心、团结战斗、夺取胜利的伟大民族精神。

国家兴亡，匹夫有责。我们永远也不会忘记“5·12”这个令人心碎的日子，痛惜无数生命的消逝。我们虽然不能赶赴灾区救灾，但是支持灾区人民就是支持我们自己，我们是灾区人民最近最亲的亲人，我们要擦干眼泪，挺起胸膛，用自己的实际行动为生还者祝福，为逝去者祈祷，我们永远与灾区人民心连心，做灾区人民的坚强后盾。

生命可贵，逝者为尊。安息吧，亲爱的同胞，愿你们一路走好，我们将用无尽的泪水为你们洗净尘埃，我们将点燃一根根蜡烛为你们驱散茫茫的黑夜。愿你们的灵魂，化作漫山遍野的鲜花，年年岁岁，在五月的阳光下，在五月的春风中，向我们微笑。

让我们大家一起为在这次特大地震中遇难的同胞默哀三分钟！

★★★

## 范例7：校长在汶川地震两周年悼念活动上致辞

【致辞人】校长

【场　景】汶川地震两周年悼念活动

【时　机】在悼念活动上致辞

【风　格】悲情满怀

【关键词】大地震　泪花　祝福　辛酸

【妙　语】苍生泣血，泪眼横陈，山河变色，草木同悲；死者长已矣，生者尚可兴，愿大家快乐生活每一天，愿汶川的明天越来越美丽。

亲爱的同学们：

大家记得今天是什么日子吗？没错！是5月12日——一个令人难忘的日子！就是在两年前的今天，祖国的大地上发生了一场里氏8.0级的特大地震。

苍生泣血，泪眼横陈，山河变色，草木同悲！从此，汶川这个地名便深深地植入我们每个人的心中！

两年过去了，不知大家是否还记得废墟里那一双双求助的眼睛；是否还记得解放军战士那一个个亲切可爱忙碌的背影；是否还记得春晚上那一滴滴真挚的唱着歌儿的泪花儿；是否还记得那在祖国大地上盛开着的名叫帐篷的花朵；是否还记得那铺天盖地一拥而至的救援物资；是否还记得那一支支漂在水面上充满祝福的蜡烛……

我们无法忘记，无法忘记那一片片的废墟，到处哭喊的声音；无法忘记救援队舍生忘死的身影；无法忘记遇难小孩儿胸前那鲜红的红领巾；无法忘记那个用身体保护婴儿的母亲；无法忘记那句："亲爱的宝贝，如果你能活着，一定要记得我爱你"；无法忘记温总理那慈祥的脸上深邃而坚定的眼神……

在那一年，感人的故事在祖国的大地上处处绽放，我们的心儿紧紧贴在了一起，手儿紧紧挽在了一起，只为那句发自内心的祝福“四川坚强，汶川别哭”！

在今天这个特殊的日子里，我们重拾起那段刻骨铭心的痛，无非是想让大家关心汶川，关心灾区，痛定思痛，完成死者未尽的人生，认认真真过好自己的每一天！

同学们，死者长已矣，生者尚可兴，愿大家快乐生活每一天，愿汶川的明天越来越美丽！

★★★

## 范例8：文联领导在鲁迅先生悼念大会上致辞

【致辞人】文联领导

【场　景】鲁迅先生悼念大会

【时　机】在悼念大会上致辞

【风　格】言辞恳切 层次清晰

【关键词】溘然长逝 纷纷不绝 民族魂 里程碑

【妙　语】七十年前的今天，中国伟大的革命家、思想家、文学家，民族巨星陨落；虽然先生的肉体逝去，但精神永远不会离开；哀其不幸，怒其不争。

亲爱的先生们、女士们：

七十年前的今天，中国伟大的革命家、思想家、文学家，民族巨星陨落。56岁的鲁迅先生在黑夜中溘然长逝，中国各界闻耗，电函、追悼词纷纷不绝。启灵时送殡队伍在上海的街道上足足有二里多长。伴随着救亡的歌声，抗日的口号，成为了革命群众的一次大示威。可见，虽然先生的肉体逝去，但精神永远不会离开。

鲁迅先生生活的56个年头里，经历了黑暗的统治和黎明前的曙光。五四时期，鲁迅先生举起了第一面救国的旗帜——白话文运动。一篇《狂人日记》惊呆了那些“文言雅士”，撼动了黑暗的统治者。鲁迅的一生其实很简单，他一生只做了两件事：一、作为一个“文学斗士”，经历了一场“战争”。一场正义的“战争”，一场以一敌众的“战争”，一场气壮山河的“战争”，一场永不妥协的“战争”。中国的文人从未有过如此彻底的革命，鲁迅先生却以他轻若微风但利如投枪、匕首的一支笔，向黑暗宣战，与无垠的黑暗势力肉搏。二、作为一个“医生”医治了一场“疾病”。作为少数的先觉者，先生又作为“医生”，虽感叹“哀其不幸，怒其不争”，却仍义无反顾。

鲁迅先生的一生是短促的，然而都是铿远的，有人说，鲁迅先生是中国的伏尔泰，中国的卢梭……其实，先生是整整一个时代的里程碑。

## 第二节 追悼会致辞

追悼会就是为悼念死者而召开的会议。有些在死者遗体所在地举行，有些在殡仪馆或火葬地举行。追悼会会场布置应当肃穆、庄严；追悼会开始后一般奏哀乐；治丧机构负责人或代表致悼词、来宾发言；遗体告别时，须绕死者遗体一周，并深鞠躬；来宾向死者家属表示安慰；重奏哀乐并将死者遗体送往火化或土葬，追悼会即告结束。在参加追悼会时，来宾应着素色服装，并送花圈和挽联。

追悼会致辞的正文可以分为五层意思写：

第一，写大家怀着悲痛的心情悼念逝者。

第二，介绍逝者身份、职务等，逝世的时间、原因，享年多少岁。

第三，介绍逝者的籍贯、出身，然后依时间顺序追述其生平简历。

第四，介绍逝者一生的主要贡献、功绩、荣誉，称颂其高贵品格，还可以一两个具体事例，增加文章的深度和感染力，然后给予适当评价。

第五，指出其逝世带来的损失、影响，表达对逝者的沉痛悼念，号召大家学习其高尚品德、精神，激励大家奋发向上，化悲痛为力量。

## 范例1：联合国秘书长潘基文在海地地震牺牲人员追悼仪式上致辞

【致辞人】联合国秘书长潘基文

【场　景】海地地震牺牲人员追悼仪式

【时　机】在追悼仪式上致辞

【风　格】感情真挚

【关键词】沉痛道别　心心相连　不畏艰难　贡献　自然力量　默哀

【妙　语】我心情沉重，几乎难以自拔；展现了毅力、韧劲和信念，这是人类精神信念，是今天在这的我们所有人心中燃烧的信念。

各位来宾，亲爱的同事们，亲爱的朋友们，最重要的是，我们沉痛道别的人员的亲属们：

首先，我们要感谢不辞辛劳前来参加追悼会的亲属们和朋友们，并对不能前来的亲属们和朋友们说，我们与你们心心相连。

联合国世界各工作地点的工作人员与我们一道参加今天的追悼会。其中包括联合国海地特派团的成员，他们强忍痛苦，不畏艰难，坚持在自己的岗位上。

今天，我们缅怀在联合国历史上最惨重损失中牺牲的人员，我们缅怀101个英烈。他们沿着101条不同的道路聚集到海地，谱写着联合国的辉煌篇章，可歌可敬。他们是我们的工作人员，是我们的家人。

他们从世界各个角落、各界各层来到海地。但他们却有一个共同的信念，这就是，坚信海地人民有更好的未来，而且怀着帮助海地人民建设这样一个未来的共同决心。现在，通过我们，也就是通过他们的家人和朋友、同事和亲近的人，这101人在这个大厅里最后相聚。

对于世界而言，他们是值得信赖的外交官，乐于奉献的人道主义工作者，有良知的专业人员。他们是医生和司机、警官和政策顾问、士兵和律师，每个人都以自己的方式为执行特派任务做贡献。

对我们而言，他们远远不只是这些。我们彼此相识相知。我们记得他们的音容笑貌，他们的歌声，他们的梦想。我们怎能忘记他们发出的最后的电邮，与他们的最后交谈，与他们的最后聚餐，与他们的最后道别。他们道别的话语仍然在耳边回响：“不要为我担忧，这正是我应去的地方。”

在联合国，我们共享的不仅是办公空间，我们还共享建设美好世界的热情。正因为如此，多年来，在这101人中，许多人的足迹遍布全球各地。在柬埔寨和刚果民主共和国，在厄立特里亚和东帝汶，在科索沃和塞拉利昂，处处可见他们的足迹。无论是来自其他国家，还是来自海地本土，他们都明白，即使在最黑暗的角落，也闪耀着希望。因此，他们奔着希望的火焰而去。他们走到哪里，就把希望的火炬带到那里。他们完成了在海地的任务，同时说明了一个深刻的道理：地震是一种自然力量，但推动世界的是人民。

今天，我心情沉重，几乎难以自拔。然而，我感触最深的是感激，这或许与你们的心情相同。

我们感激国际社会在此悲痛时刻自发地、由衷地和慷慨地给予支持。

我们感激各国救援队、救援人员和政府支持我们，他们决心帮助海地复原，并在今后“重建，并建设得更好”。

我们感激海地人民，他们展现了毅力、韧劲和信念，这是人类精神信念，是今天在这的我们所有人心中燃烧的信念。

这个大厅充满了感激之情。101位联合国英烈的人格魅力和崇高精神打动了世界，影响了我们的生活。我们深深感激他们。

女士们，先生们，与什么样的人为伍，是衡量我们人生的一大标杆。我们要对今天聚集在这里的各位说，他们就是标杆，就是我们与之为伍的榜样。我们要对牺牲的人员说，我们永远不会忘记你们，我们将继承你们的遗志。

接下来我们将宣读他们的名字，这是最高荣誉的点名仪式。请看看他们的遗照，请看看他们的眼神，请记住他们的笑貌和梦想。我们共同缅怀受难者，向难属表示最深刻的同情。

现在，我请大家起立，与我一道默哀一分钟。

## 范例 2：奥巴马总统在矿难遇难人员追悼会上致辞

【致辞人】奥巴马总统

【场　景】美国矿难遇难人员追悼会

【时　机】在悼念会上致辞

【风　格】言辞恳切 层次清晰

【关键词】悼词 创伤 光线 恐惧 艰辛 相扶相依 祈福祈祷

【妙　语】依靠彼此，守望彼此，爱护彼此，为彼此祈福祈祷；上帝保佑我们的矿工！上帝保佑他们的家人！上帝保佑西弗吉尼亚！上帝保佑美国！

我们在这里，悼念 29 位美国人：……

无论我、副总统、州长，或是今天致悼词的任何一个人，都不能说出任何足以安抚你们痛失亲人的心灵创伤的话语。

我们在哀悼这 29 条逝去的生命，同样我们也要纪念这 29 条曾活在世间的生命。

他们每天凌晨 4 点半起床，最迟凌晨 5 点，就开始一天的生活。他们在黑暗中开始工作，穿着工作服和硬头靴，头戴安全帽，开始一小时的征程，去到五英里远的矿井，唯一的灯光是从他们头戴的安全帽上发出的，或是进入矿山时沿途的光线。

日以继夜，他们挖掘煤炭，这照亮整个会议中心的电能；点亮我们教堂、家园、学校、办公室的灯光；让我们国家运转的能源；让世界维持的能源，这些都是他们劳动的果实，我们对此却不以为意。

这些人，这些丈夫、父亲、祖父、弟兄、儿子、叔父、侄子，他们从事这份工作时，并没有忽视其中的风险。他们中的一些已经负伤，一些人眼见朋友受伤。所以，他们知道有风险，他们的家人也知道。他们知道，自己在矿上工作时，孩子会在家祈祷；他们知道，自己在矿上工作时，妻子在焦急地等待自己的电话，通报今天任务完成，一切安好；他们知道，每当有紧急新闻播出，或是广播被突然切断，他们的父母就会感到莫大的恐惧。

这艰险的工作，其中巨大的艰辛，在地下度过的时光，为了在路上行进中的汽车，为了头顶上天花板的灯光；为了能给孩子一个好的未来，为了日后享受与伴侣的退休生活，期冀能有更好的生活。所以，这些矿工的生活就是在追寻美国梦，不幸的是，他们却因此丧命。

灾难发生的几分钟，几小时，几日之后，这个社区始终被外界关注。搜救者，冒着风险在充满沼气和一氧化碳的狭窄地道里搜寻，抱着一线希望去搜寻幸存者。朋友们打开门廊的灯守夜，悬挂自制的标语上写着“为我们的矿工和他们的家人祈祷”，邻居们彼此安慰，相扶相依。

我们不能让 29 条逝去的生命回来，他们此刻与主同在。我们在这里的任务，就是防止再有生命在这样的悲剧中逝去。做我们必须做的，无论个人或是集体，确保矿下的安全，像他们对待彼此那样，对待我们的矿工。因为我们是一家人，我们必须要依靠彼此，守望彼此，爱护彼此，为彼此祈福祈祷。

今天，我想起一首圣歌，在我们心痛时会想起这首歌。“我虽行过死荫的幽谷，但心无所惧，因你与我同在。你的杖，你的竿，都在安慰我。”

上帝保佑我们的矿工！上帝保佑他们的家人！上帝保佑西弗吉尼亚！上帝保佑美国！

★★★

## 范例 3：奥巴马总统在乔布斯追悼会上致辞

【致辞人】奥巴马总统

【场　景】乔布斯追悼会

【时　机】在追悼会上致辞

【风　格】深切惋惜

【关键词】备感悲痛　创新者　改变世界　壮举　思念

【妙　语】通过使电脑个人化，将互联网装进我们的口袋里；他过的每一天都像是最后一天；世界失去了一位有远见卓识的人。

惊闻史蒂夫·乔布斯去世的消息，米歇尔（奥巴马夫人）和我都备感悲痛。乔布斯是美国历史上最伟大的创新者之一，他勇于与众不同地思考问题，敢于相信自己可以改变世界，他的天赋和才华也使他做到了这些。

乔布斯在车库里建立了这个星球上最成功的公司之一，充分体现了美国人的创造力。通过使电脑个人化，将互联网装进我们的口袋里，他不但让人们可以享受到信息革命的成果，而且使这种革命变得直观和有趣，他为数以百万计的儿童和成年人都带来了快乐。乔布斯很喜欢说，他过的每一天都像是最后一天。正如他所做到的，他改变了我们的生活，重新定义了所有行业，并实现了人类历史上最罕见的壮举之一：他改变了我们每个人看世界的方式。

世界失去了一位有远见卓识的人。全世界很多人都知道乔布斯发明的产品，这足以说明他的成功。米歇尔和我要向史蒂夫的妻子劳伦、他的家人以及所有爱他的人，送去我们的思念和祈祷。

★★★

## 范例4：厂长在老书记追悼会上致辞

【致辞人】厂长

【场　景】老书记追悼会

【时　机】在追悼会上致辞

【风　格】深切惋惜

【关键词】理论指导　威信　旗帜鲜明　工艺改革　肯定　继续奋斗

【妙　语】严谨而富有魄力、敢说敢做、言出必行；您的匆匆离去给我们以深深的悲痛和遗憾；化悲痛为力量，以您为榜样，勤勉做事，宽厚为人。

各位亲友，各位来宾：

××同志生前系××印染厂原党委副书记兼纪委书记。他××××年××月××日出生，××××年毕业于××印染厂中等专业学校并参加工作，××××年加入中国共产党，××××年××月退休。

几十年来，他认真学习马克思列宁主义、毛泽东思想、邓小平建设有中国特色的社会主义理论，并注重运用理论指导工作实践。他坚持党性原则，在重大政治是非面前，旗帜鲜明地站在党中央一边，用实际行动维护党的威信。

××世纪××年代，他担任武装部长期间，带领广大民兵队伍积极投身国防建设和企业生产建设，出色完成了区武装部和厂部部署的各项工作，所在单位多次荣获区先进武装部称号，个人也多次被评为先进个人。

担任××厂××车间党总支书记后，紧密围绕生产经营实际、深入生产一线广泛开展思想政治工作，关心职工疾苦，走访困难职工家庭，并切实帮助他们解决困难。他以厂为家，配合领导进行工艺改革，不断提高生产效率，为高质量完成生产任务做出了重大贡献。所在党总支连续四年被局、厂党委评为先进党总支，个人也连年被局、厂党委评为优秀党务工作者和优秀共产党员。

××××年××同志接任××党委副书记、同时兼任纪委书记。工作中，他严谨而富有魄力、敢说敢做、言出必行。所分管的纪委、思想政治工作等方面均成绩显著。在新形势下，积极探索思想政治工作新路子，在方式方法上注重以人为本，融入人情化管理。对待生活困难职工他极尽同情和关爱，常常带领工会等部门深入职工家庭扶贫慰问，还经常拿出自己的衣物资金等接济特殊困难的工人。××印染厂工人××患有疾病，他经常与其谈心，交流思想，还经常书信往来，并送衣送物送钱给他。不仅帮助他理顺情绪，还把他当成自己的朋友对待，使他非常感动。去年，××岁的××因病去世，××书记得知后亲自为这位普通的患有疾病的职工送行。正是率先垂范的思想政治工作楷模，得到了广大职工的尊敬、爱戴和上级领导的肯定，××××年××同志被××工业厅评为优秀党务工作者。

××同志清正廉洁，不徇私情，公道正派，作风扎实，正直善良，为人真诚，无愧于优秀共产党员的光荣称号。

老书记走了，您的匆匆离去给我们以深深的悲痛和遗憾。我们一定化悲痛为力量，以您为榜样，勤勉做事，宽厚为人。用“三个代表”重要思想激励自己，做好工作，为企业的生存发展而继续奋斗。

尊敬的老书记××同志，您一路走好！您安息吧！

★★★

## 范例5：领导在职工追悼会上致辞

【致辞人】领导

【场　景】职工会

【时　机】在追悼会上致辞

【风　格】无尽哀思

【关键词】煎熬　考验　黑暗　欺凌　后人楷模　勤勤恳恳　任劳任怨　在天之灵

【妙　语】一心扑在工作和事业上，干一行，爱一行，精一行，敬业爱岗，默默奉献；我们要化悲痛为力量，努力学习和工作，再创佳绩。

各位亲友，各位来宾：

今天，我们怀着十分沉痛的心情送别离休干部××同志。

××同志因患肺心病医治无效，于××××年××月××日晚××时××分在市人民医院与世长辞，享年××岁。

××同志××××年××月生于××县××区，××××年××月参加革命工作。解放前夕在××参加全国解放运动。解放后，参加清匪反霸、土地改革、镇压反革命运动和整风整社等工作，后在××单位工作，××××年××月在××公司工作，××××年××月调××所工作，××××年××月离休。

少年时代的××同志和许许多多同龄人一样，饱经了旧社会苦难生活的煎熬和考验。他十来岁时受生存和生活所迫，弃书投工。在××等地工厂当童工，受尽了工厂资本家的剥削和欺凌，亲眼目睹和亲身体会了旧社会的黑暗，这使他幼小的心灵开始产生鲜明的爱憎分明的阶级立场，充满了对旧社会的无比痛恨和对新生活的无限向往。在此期间，他受进步思想影响，参加了长沙工人罢工等革命活动；解放前夕，他投身全国解放运动；解放后，参加乡农协会，积极投身土地改革。由于他表现出色，被组织上选派到××学校学习，安排到××工作，在党的培养教育下迅速成长起来。在以后的革命工作中，他热爱共产党，热爱新中国，热爱社会主义。坚贞无悔地坚持革命信念，高尚的品格堪为后人楷模。

××同志一生勤勤恳恳，任劳任怨。无论是在哪个工作岗位，他都是一心扑在工作和事业上，干一行，爱一行，精一行，敬业爱岗，默默奉献。

××同志为人忠厚、襟怀坦白；谦虚谨慎、平易近人；生活节俭、艰苦朴素；家庭和睦、邻里团结，他对子女从严管教，严格要求，子女个个遵纪守法，好学上进。

××同志的逝世，使我们失去了一位好同志。他虽离我们而去，但他那种勤勤恳恳、忘我工作的奉献精神；那种艰苦朴素、勤俭节约的优良作风；那种为人正派、忠厚老实的高尚品德，仍值得我们学习和记取。我们要化悲痛为力量，努力学习和工作，再创佳绩。以慰××同志在天之灵。

××同志安息吧！

★★★

## 范例6：领导在退休职工追悼会上致辞

【致辞人】领导

【场　景】退休职工追悼会

【时　机】在追悼会上致辞

【风　格】逻辑清晰

【关键词】十分沉痛　与世长辞　廉洁奉公　无私奉献　久经考验　成绩　在天之灵

【妙　语】勤勉敬业、无私奉献、廉洁自律、率先垂范；坚持原则的赤子之心；以身作则的工作作风；胸怀坦荡的高尚情操。

各位亲友、各位来宾，同志们：

今天，我们怀着十分沉痛的心情，送别××同志。××同志因病医治无效，于××××年××月××日××时分与世长辞，享年××岁。

××同志的一生，是光荣的一生，是廉洁奉公、无私奉献的一生，是兢兢业业为人民服务的一生。××同志××××年××月××日生于××县，××××年××月在××县××馆参加革命工作，××××年××月加入中国共产党，××××年××月光荣退休。

从部队到地方，在这几十年的革命生涯中，××同志始终忠诚于中国共产党，忠诚于党的事业。他热爱祖国，热爱人民，政治立场坚定，久经考验。

××同志具有强烈的事业心和责任感，无论在什么岗位工作，都勤勉敬业、无私奉献、廉洁自律、率先垂范。他身患重病期间，在以顽强的毅力与病魔斗争的同时，还一直在关心关注着他深爱的民政事业。

××同志坦诚正直、谦虚谨慎，生活节俭、作风质朴，关心同志、与人为善，家庭和睦、团结邻里。特别是对子女从严教育，严格要求，子女个个德才兼备，事业有成，在各自的工作岗位上取得了优异的成绩。

××同志的去世，使我们失去了一位好同志，更失去了一位好领导。他虽然离开了我们，但他对党忠诚、坚持原则的赤子之心；勤政务实、以身作则的工作作风；锐意进取、勇于开拓的创新意识；廉洁自律、无私奉献的优秀品质；为人正派、胸怀坦荡的高尚情操，永远值得我们学习和发扬。我们要化悲痛为力量，勤奋学习，努力工作，再创佳绩，以此告慰××同志的在天之灵。

我们怀着沉痛的心情，向××同志致以深切的哀悼，并向××同志的亲属致以亲切的慰问！

××同志安息吧！

## 范例7：领导在单位老领导追悼会上致辞

【致辞人】领导

【场　景】单位老领导追悼会

【时　机】在追悼会上致辞

【风　格】无限哀思

【关键词】哀思　缅怀　突出贡献　高贵品质　健康发展　榜样

【妙　语】丰富自我，完善自我；有口皆碑皆赞誉，无言凝志寄哀思；清清白白做官、踏踏实实做事、认认真真工作；让我们在悲痛之余，祝愿他一路走好！

尊敬的各位领导、各位来宾，亲友们：

今天，我们怀着无比崇敬和悲痛的心情，送别××同志，对他的去世表达无尽的哀思和缅怀。

××同志因突发疾病，经抢救无效，于××××年××月××日××时不幸逝世，终年××岁。××同志的去世，不但是亲人们的重大损失，更是××事业的一大损失。他的去世，使我们党失去了一位好党员、好干部，使××事业失去了一位老专家，一位为××事业做出了突出贡献的老领导。

××同志××××年××月××日出生于××。他××××年××月参加工作，历任××副书记等职，××××年××月光荣退休。

少年时代的××同志和许多同时代的人一样，饱经了旧社会苦难生活的煎熬和考验。他很小就为生活所迫弃书投工，在××当学徒，受尽了磨难和艰辛，也锻炼了他勤勉、务实、兢兢业业、不计得失的高贵品质。

参加工作后，××同志坚持学习、勤于学习，坚持做到了干一行、爱一行，精一行。××同志只受过私塾教育，但他在几十年的革命工作中，凭借着对党和人民的无比热爱、对工作极端负责的态度，孜孜不倦地学习，不断丰富自我，完善自我，在不同的工作岗位上都做出了让人瞩目的成绩，多次受到上级机关的嘉奖和记功奖励，特别难能可贵的是，××同志在××××年、××××年两次荣获××颁发的荣誉勋章。××同志退休不褪色，一直关心着××工作的健康发展，为我单位的工作提出了许多宝贵的意见和建议，为我市××事业的发展做出了长期不懈的努力。

在日常生活中，××同志爱好广泛，诗书棋画无所不精，尤以书法为甚。××同志练习书法六十多年，从无懈怠，作品多次获奖，是我市书法界的名人。××××年，××同志将自己获奖的书法作品以及回忆文章收录在《××》一书中，并公开出版，为我市书法界增添了一部宝贵著作，也为亲人们留下了难得的精神遗产。

有口皆碑皆赞誉，无言凝志寄哀思。××同志的一生是有价值的一生，是可圈可点的一生，是值得亲友、同事缅怀的一生！他的生命虽已终止，但留下的人生轨迹却是正直而清晰的，他对工作勤勤恳恳、兢兢业业、任劳任怨、默默奉献，丝毫不计较个人得失；对同事，他为人正直、真诚豪爽、公平公正；对自己，他严以律己、认真刻苦、不断进取；对家人，他又是真诚负责、值得信赖的家庭支柱。他的革命风范、敬业精神、道德风貌永远是我们做人的楷模、学习的榜样。

今天，我们在此隆重悼念××同志，就是要向他学习，学习他正正派派做人、清清白白做官、踏踏实实做事、认认真真工作，做一个平凡而高尚的人、一个有益于人民的人；学习他就是要像他那样，党叫干啥就干啥，不图名、不牟利，不讲索取只讲奉献的优良品德；学习他艰苦创业、求真务实、真抓实干的工作作风；学习他爱岗敬业，干一行、爱一行，在平凡的工作岗位上做出不平凡的业绩。

逝者已逝，生者何堪？××同志的辞世，让家人痛惜，让同事惋惜，让朋友叹惜。痛心伤永逝，挥泪忆深情。让我们在悲痛之余，祝愿他一路走好！

××同志安息吧！

## 范例 8：局长在老领导追悼会上致辞

【致辞人】局长
【场　景】老领导逝世追悼会
【时　机】在追悼会上致辞
【风　格】条分缕析
【关键词】沉通　哀悼　慰问　勤勤恳恳　榜样　发扬
【妙　语】为人正直、真诚豪爽、公平公正；事业已归前辈录，典范留与后人承。

××同志的各位亲友、参加追悼会的各位来宾，同志们：

今天，我们怀着极其沉痛的心情，送别××市的优秀干部××同志。

××同志因病，于××××年××月××日××时××分不幸去世，享年××岁。在此，我谨代表××市××局党委、××市××系统的全体干部职工，对××同志的不幸去世，表示沉痛的哀悼！并向其亲属表示深切的慰问！

……

××同志一生对工作勤勤恳恳、兢兢业业、任劳任怨、默默奉献，丝毫不计较个人得失；对同事，他为人正直、真诚豪爽、公平公正；对自己，他严以律己、认真刻苦，不断进取；对家人，他是真诚负责、值得信赖的家庭支柱。××同志为人忠厚、襟怀坦白；谦虚谨慎、平易近人；生活节俭、艰苦朴素；家庭和睦、邻里团结。他一生养育了××个子女，对子女从严管教、严格要求，其子女个个遵纪守法、勤劳朴实，在各自的工作岗位上辛勤地奉献着。××同志的求是态度、实干精神、敬业品格、道德风范永远是我们学习的榜样。

××同志的去世，使我们失去了一位好同志，更失去了一位好领导。他虽然离开了我们，但他对党忠诚，坚持原则的赤子之心；勤政务实，以身作则的工作作风；锐意进取，勇于开拓的创新意识；与人为善，严格自律的优秀品质；为人正派，襟怀坦荡的高尚情操，永远值得我们学习和发扬。

××同志的一生，是光荣的一生！是廉洁奉公、无私奉献的一生！是兢兢业业为人民服务的一生！

事业已归前辈录，典范留与后人承。我们要化悲痛为力量，勤奋学习，努力工作，再创佳绩，以告慰××同志的在天之灵。

××同志安息吧！

★★★

## 范例9：公安分局局长在民警追悼会上致辞

【致辞人】公安分局局长

【场　景】民警追悼会

【时　机】在追悼会上致辞

【风　格】满怀哀思

【关键词】无比沉痛　爱岗敬业　秉公执法　战绩彪炳　哀悼　永垂不朽

【妙　语】临危不惧，冲锋在前；爱岗敬业、恪尽职守、秉公执法、疾恶如仇、英勇善战、屡建奇功；切实履行职责，不辱使命，全力打造“安宁××”，完成英雄未竟的事业。

同志们：

今天，我们怀着无比沉痛的心情，在这里送别我们亲爱的战友、光荣牺牲的优秀共产党员××同志。

××同志是××公安基层战线的一名人民警察，××××年××月××日出生于××市××区××镇，××××年××月参加公安工作，××××年××月加入中国共产党。生前是××市公安局××区分局××街派出所民警，三级警督。××××年××月××日凌晨，××同志在执行处置群体性闹事事件任务中，面对躁动的人群，沉着应对，耐心教育；面对蓄意闹事的不法分子，临危不惧，冲锋在前，不幸遭到穷凶极恶的歹徒袭击，身受重伤，经全力抢救无效，光荣牺牲。

××同志自参加公安工作以来，爱岗敬业、恪尽职守、秉公执法、疾恶如仇、英勇善战、屡建奇功，参与打掉犯罪团伙近××个，破获刑事案件××多宗，抓获犯罪嫌疑人××多人，由于战绩彪炳，先后××次受到××市公安局嘉奖，××次被评为优秀共产党员，××××年被评为“××市公安局人民满意民警”、“××市人民满意政法干警”，××××年被评为××市公安局××区分局“十大破案能手”。

××同志牺牲后，省、市、区公安机关及各级党委、政府的有关领导和同志都高度赞扬他为打击违法犯罪活动，维护社会稳定所做出的突出贡献，对××同志的不幸牺牲表示深切的哀悼。

为了褒扬××同志的英勇事迹，中共××区委追授他“优秀共产党员”的光荣称号。××同志是××区公安系统中继××、××之后，又一位在执行任务中英勇献身的英雄，是在开展学习任长霞同志事迹活动中涌现的杰出代表，是新时期人民警察自觉实践“三个代表”重要思想的先进的典型。

××同志的牺牲，使我们警队失去了一位好同志、好战友。我们沉痛悼念××同志，要学习他对党对人民无限忠诚的高尚品质；学习他英勇善战、不怕牺牲的革命英雄主义气概；学习他忠于职守、爱岗敬业的优秀职业道德；学习他牢记宗旨、乐于奉献的从警为民之道；要以××同志为榜样，化悲痛为力量，振奋精神，继续严厉打击各类违法犯罪活动，全力维护社会治安稳定，切实履行职责，不辱使命，全力打造“安宁××”，完成英雄未竟的事业。

××同志永垂不朽！

★★★

## 范例10：校长在教师追悼会上致辞

【致辞人】校长

【场　景】教师追悼会

【时　机】在追悼会上致辞

【风　格】情绪深沉

【关键词】极其沉痛 勤勤恳恳 和蔼可亲 敬业精神 病魔无情 追忆

【妙　语】高尚的师德、渊博的学识，启迪了无数个幼小的心灵，培养了许许多多优秀的学生；离开了他时刻挂念的孩子们；倒在了他心爱的三尺讲台上。

……………………………………………………

各位亲属，朋友们：

今天，我们怀着极其沉痛的心情，送别认认真真教书，勤勤恳恳育人的××老师。

××老师生于××××年，××××年××月毕业于××大学，同年××月被分配到××小学任教。××××年调入××小学。这样一名对工作兢兢业业、深受人们尊重的的好教师，一位学生心目中和蔼可亲的长辈，却不幸因病于××××年××月××日晚上××点××分永远地离开了我们，享年××岁。

××老师在二十多年的工作生涯中，忠诚于党的教育事业，在人民教师这一神圣岗位上，呕心沥血培育祖国的花朵。××老师曾经担任过××教师、××教研组组长、××组组长、班主任、篮球裁判等职。曾设计、主持过在××学校举办的体育活动，参加过全县小学生运动会并担任裁判，无论在哪个岗位上，××老师工作一直勤勤恳恳，踏踏实实，得到同行的好评。他心地善良，爱校如家，为学校工作加班加点，以致深夜回家不幸被毒蛇咬伤，可伤刚一好转，他就立即回到他心爱的讲台上，他说他离不开他的讲台，离不开他的学生，他以高尚的师德、渊博的学识，启迪了无数个幼小的心灵，培养了许许多多优秀的学生；他团结同事，学校教师中谁有了困难，他第一个站出来帮忙，表现出了一位教师的良好的职业道德和崇高的敬业精神。

××老师于××××年××月被诊断为糖尿病，两年多的时间里，经历了常人难以忍受的截肢手术。即便如此，他始终关心着学校的建设和发展，尽最大可能不给学校增添负担，以他顽强的毅力和病魔做斗争，他的坚强令每一个接触过他的人为之动容。××老师病情稍微好转后，多次恳求回校工作，他想念他的三尺讲台。然而，病魔无情。××老师的心愿不能得以实现，他的不幸逝世，使我们失去了一位好同志，学生失去了一位好老师。

××老师离开了，离开了他时刻挂念的孩子们，××老师倒下了，倒在了他心爱的三尺讲台上，他虽然离我们而去，但他那种忘我工作的奉献精神；关心学生，真情呵护的优良师德；永不服输的拼搏精神，值得我们每一个人学习和追忆。

我们从心底里祝愿，××老师，您一路好走！

★★★

## 范例11：校长在退休教师追悼会上致辞

【致辞人】校长

【场　景】退休教师追悼会

【时　机】在追悼会上致辞

【风　格】殷切祝福

【关键词】告别仪式　模范　辛勤耕耘　心血　自强不息

【妙　语】为人正直、心胸宽阔、热爱生活、艰苦朴素；仙人已过蓬莱阁，德范犹香启后人。

各位领导、各位来宾：

今天我们怀着沉痛的心情，在这里举行告别仪式，送别教书育人的模范，辛勤耕耘的园丁，××小学校退休教师××同志。

逝者××，男，汉族。××县××乡人，生于××××年，因病医治无效，于××××年××月××日××时，不幸与世长辞，享年××岁。

××老师于××××年加入国民党部队，××××年在××随部队起义，××××年退伍，××××年在××乡任农会副主席，××××年参加教育工作，成为一名光荣的人民教师，××××年在××小学退休。

××老师热爱党、热爱人民、热爱祖国、热爱教育事业、热爱学生，他把炽热的爱和满腔的心血全部倾注在国家的教育事业上，以他一生的实践，谱写了一首忠诚于教育事业的壮丽诗篇。他在平凡的岗位上创造了不平凡的业绩，是教师的楷模。

××老师一生勤勤恳恳、工作兢兢业业、任劳任怨，多年来，他一心扑在工作上，为学校、为学生奉献了自己全部的热情和青春岁月，受到全校师生和家长的尊敬和爱戴，我们××小学的发展凝聚着他的一份心血。

××老师就像蜡烛一样，燃烧自己，照亮别人；他就像蜜蜂一样，对人无所求，给人的却是最美好的东西。

××老师永远地离开了我们。他的辞世使儿女们失去了一位可亲可敬的慈父，是××家族的重大损失，也使我校失去了一位好同志、一位良师益友，是我们××小学的一个重大损失。他的优秀品德和高贵情操，将会永远激励我们奋勇向前，自强不息。

××老师为人正直、心胸宽阔、热爱生活、艰苦朴素，他的人生始终恪守着“与人为善，以德为首”的行为准则。作为儿子，××老师孝顺父母，是一个好儿子；作为丈夫，他对妻子体贴入微，是个好丈夫；作为父亲，××老师教子有方，宽严适度，为子女的成长倾注了无尽的心血。

同志们，最初的哭声与最后的逝世都是生命的必然；最初的晨曦与最后的晚霞一样光照人间。××年前，××老师出生在××乡，今天他魂归故里，在家乡的土地上长眠安息。我们相信，他会把身体的每一粒飞尘都融入泥土当中，去报答葱茏的绿色，去回报栖身的土地！××老师千古！

我受××家族的委托向各位参加××老师追悼会的领导、生前友好、老同志、儿女的同学同事和朋友，以及××家族的亲朋挚友表示最衷心的感谢。

仙人已过蓬莱阁，德范犹香启后人。××老师，您放心地走吧！您安息吧！您将永远地活在我们心中！

## 范例12：学校书记在退休教师追悼会上致辞

【致辞人】学校书记

【场　景】退休教师追悼会

【时　机】在追悼会上致辞

【风　格】感情真挚

【关键词】沉痛　爱校如家　宽严适度　重任　遗愿　栋梁

【妙　语】勤勤恳恳，任劳任怨；披肝沥胆，呕心沥血；以真实诚信为本，平平淡淡做人；奉献聪明才智，在今后的人生道路上成为国家的栋梁。

各位同人、各位亲朋好友：

今天，我们怀着沉痛的心情，在此举行告别仪式，送别教书育人的模范，辛勤耕耘的园丁、××高级中学退休教师××同志。在此，我谨代表××高级中学全体师生，对××老师不幸逝世表示沉痛哀悼，并向其家属致以诚挚的问候。

××老师，××××年××月生于××……

××老师离我们远去了，但他生前的事迹却令我们追念不已。在他四十年的教育教学生涯中，他一直爱岗敬业，爱校如家，勤勤恳恳，任劳任怨，刻苦钻研每一章节的教学内容，精心设计每一个教案，认真上好每一堂课。为了学生，他披肝沥胆，呕心沥血；为了学生，他循循善诱，废寝忘食。他用亲切的话语温暖学生；他用严谨的行为感化学生；他用自己阳光雨露般的关爱照耀滋润了一批又一批学子。

××年来，××老师牺牲了无数个节假日，为渴望知识的学生送去了甘霖。真是片片丹心为学子，一心一意育英才。××老师就像蜡烛一样，燃烧自己，照亮别人，他就像蜜蜂一样，对人无所求，给人的却是最美好的东西。十年树木，百年树人。××老师用四十年的勤奋认真书写下桃李遍天下的辉煌，也为××教坛留下一座永远的丰碑。

××老师以真实诚信为本，平平淡淡做人。他的一生，为人堂堂正正、襟怀坦荡；不争名利、平易近人；乐善好施、与人为善；富有爱心、富有同情心。××老师的人生始终恪守着“与人为善，以德为首”的行为准则，对家庭，他是一位真正负责任的人，对父母，他忠孝双全，尽心尽孝；对子女，他教子有方，宽严适度，为儿女的成长倾注了无尽的心血。

想见风范空有影，欲闻教诲杳无声。××老师虽然离开了我们，但他的音容笑貌将永远铭记在我们的心中；他那种爱岗敬业、无私奉献的精神，脚踏实地、一丝不苟的作风，严于律已、为人师表的风范，将永远铭记在我们心中；他那语重心长、不知疲倦地教诲学生的师者风范依然浮现在我们的脑海里。××老师虽然走了，但更多的人已经接过他的重任，××老师虽然走了，但他含辛茹苦养大的几位儿女已完全继承父亲的遗愿，牢记父亲的教诲，相信他们会在不同的岗位上，奉献聪明才智，在今后的人生道路上成为国家的栋梁。

仙人已过蓬莱阁，德范犹香启后人。××老师，把殷殷的收获留给子孙，把光和热永远地留在了人间。

★★★

## 范例13：副校长在退休教师追悼会上致辞

【致辞人】副校长
【场　景】退休教师追悼会
【时　机】在追悼会上致辞
【风　格】言语恳切
【关键词】模范　园丁　献身教育　勤奋上进　聪明才智　博大胸怀
【妙　语】献身教育，师德永存；关爱后代，恩重如山；乐于助人，情深似海；精神永驻，师魂不朽。

各位领导、各位来宾、各位亲朋好友：

青山垂首，江水呜咽。

今天，我们怀着十分沉痛的心情，在这里举行追悼会，送别教书育人的模范，辛勤耕耘的园丁，××中学退休教师××同志。××同志于××××年××月××日出生在××，因病医治无效于××××年××月××日××时××分在家辞世，享年××岁。

献身教育，师德永存。

××同志的一生是献身教育的一生。他热爱党、热爱人民、热爱祖国、热爱教育事业、热爱学生，他把炽热的爱和满腔的心血全部倾注在教育事业上，以他一生的实践，谱写了一首忠诚于党的教育事业的诗篇。

××同志出生于一个普通的家庭，从小受到良好的家庭教育，自幼勤奋上进，品学兼优。他于××××年参加工作，成为一名光荣的人民教师，从参加工作到××××年退休曾先后在××小学、××小学、××小学、××中学、××中学、××中学任教。

在××年的工作生涯中，在人民教师这一神圣岗位上，他刻苦钻研业务、踏踏实实工作，以他高尚的师德、渊博的学识，启迪了无数幼小的心灵，培育了一批又一批品学兼优的学生，为祖国的建设输送了成千上万的栋梁之才。几十年来，××同志放弃无数个节假日，到学生家中家访、为学生补课；几十年来，他一片丹心为学子，勤勤恳恳育英才；几十年来，他耕耘在教学一线，教学成果突出。现在，他学生的足迹遍及全国各地，可谓桃李满天下。

他一生勤勤恳恳，工作兢兢业业，任劳任怨，一心扑在工作上，为学校、为学生奉献了自己全部的热情和青春岁月，在平凡的岗位上创造了不平凡的业绩，受到全校师生和家长的尊敬和爱戴。他就像蜡烛，燃烧了自己，照亮了别人；他就象蜜蜂，对人无所求，给人的却是世上最美好的东西。

关爱后代，恩重如山。

××同志的一生是为儿女们操劳的一生。他不仅是教育战线上的一位好老师，也是一位热爱生活、热爱家庭、关爱子女的好父亲。为了能让儿女们受到良好的教育，他吃苦耐劳、勤俭节约，一直过着非常俭朴的生活。为了能让儿女们健康快乐成长，他宽严适度，教子有方，对孩子他既是良师也是益友。几个儿女成家立业后，都在各自的岗位上为祖国奉献着自己的聪明才智。

谁言寸草心，报得三春晖，如山父爱，将永远铭记在儿女们的心中。

乐于助人，情深似海。

××同志的一生是以德为重、关爱他人的一生。他心胸宽广、为人正直、待人诚恳，以德为重。在同事面前，他是一位平易近人、和蔼可亲的好教师。在朋友面前，他是一位心胸开朗、乐于助人的好伙伴。

精神永驻，师魂不朽。

××年如一日，三尺讲台，春风化雨，迎来桃李满园。××年人生路，风雨兼程，顶天立地，换来彩霞满天。

××同志的逝世，使我们失去了一位好同志好朋友好伙伴，儿女们也失去了一位可亲可敬的严父。但他崇高的师德，谦和务实的人品，对事业的执著追求，对工作一丝不苟的精神以及严于律己、宽于待人的博大胸怀，永远是我们学习的榜样，永远激励着我们。

安息吧，××同志！

★★★

## 范例14：校长在原校长追悼会上致辞

【致辞人】校长

【场　景】原校长逝世追悼会

【时　机】在追悼会上致辞

【风　格】满怀哀思

【关键词】万分悲痛　辛勤耕耘　勤勤恳恳　夸赞　含笑九泉　悄然离去　长宁安息

【妙　语】寒风瑟瑟奏哀乐，江水凄凄唱挽歌；一片丹心为学子，勤勤恳恳育英才；与人为善，以德为首；仙人已过蓬莱阁，德范犹香启后人。

各位领导、各位来宾、各位亲朋好友：

寒风瑟瑟奏哀乐，江水凄凄唱挽歌。今天，我们怀着万分悲痛的心情，在这里举行告别仪式，送别教书育人的模范，辛勤耕耘的园丁，××

镇××小学原校长××同志。

……

××同志是一位深受学生尊敬和爱戴的老师，是一位深受家长拥护和称赞的校长，也是一位深受上级领导推崇和肯定的教育管理者。他在××年的教育教学生涯中，刻苦钻研业务，踏踏实实工作，以他高尚的师德、渊博的学识，启迪了无数个幼小的心灵，培育了多位品学兼优的学生。××同志就像蜡烛一样，燃烧了自己，照亮了别人，真是一片丹心为学子，勤勤恳恳育英才。他不愧为一名辛勤的园丁，不愧为人类灵魂的工程师。

××同志是一位深受父母疼爱和夸赞的好儿子；是一位深受妻子信赖和眷爱的好丈夫；也是一位深受儿女崇拜和孝敬的好父亲。××同志一生为人正直，心胸宽广，热爱生活，艰苦朴素，他的人生始终恪守着“与人为善，以德为首”的行为准则，作为一家之主，他是一位真正负责任的人，作为儿子，他忠孝双全，为父母养老送终；作为女婿，他对岳父岳母关心倍至，尽心尽孝；作为丈夫，他对妻子体贴入微；作为父亲，他教子有方，宽严适度，为儿女的成长倾注了无尽的心血。他的优秀的品德、高贵的情操和奋发向上的敬业精神永远是我们学习的典范。现在令我们心慰的是，他的儿女已经成家立业，我们相信，××同志定会含笑九泉。

忆往事，历历在目，悼故人，倍觉思念。我们相信，虽然××同志离开了，但他留下了一种不朽的精神。我们要学习他诚心待人、热情助人、乐观豁达的生活态度；学习他勤勤恳恳、兢兢业业、无私奉献的工作精神。

今天，您走了，带着亲人的悲痛，悄然离去；

今天，您走了，带着我和同志们的无限伤痛，悄然离去；

今天，您走了，带着对三尺讲台的深情厚谊，悄然离去；

今天，您走了，带着你美好人生的憧憬，悄然离去；

您走了，您的妻子失去了她心爱的丈夫，从此，漫漫长夜只有她孤独的泪水；

您走了，您的儿女失去了坚强的臂膀，从此，他们只能在茫茫人海中独自奋斗；

您走了，我们失去了一位优秀的教师，从此，我们只有翻开您的教案慢慢沉思。

同志们！最初的哭声与最后的逝世都是生命的必然；最初的晨曦与最后的晚霞一样光照人间。××年前，××同志来到人世间，今天他魂归故里，在家乡的土地上长眠安息，我们相信，他会把身体的每一粒飞尘都融入泥土当中，去报答葱茏的绿叶，去回报栖身的土地！

仙人已过蓬莱阁，德范犹香启后人。尊敬的××校长，永别了！尊敬的××校长，长宁安息！

# 第 12 章 岗位变动致辞

岗位变动也称作职务变动，或升迁，或降职，或平调。岗位变动致辞一般包括竞聘致辞、就职致辞、离职致辞以及调动致辞。岗位变动致辞一方面要总结变动者在位期间的工作业绩和工作经验。通过致辞增加自己的亲和力，更好地展示自己、推销自己，使自己拥有更多的支持者和关注者。

就职致辞，是开展工作的敲门砖，此类致辞要明确自己的责任、施政纲领，提出自己的工作设想和希望，表示自己的决心。

离职和调动致辞既要注意回顾过去，同时还要展望未来，一方面要对原单位的领导、同事表示感谢，同时还要对继任领导和同事提出希望。

一般来说，岗位变动致辞须包括以下三个部分。

（一）开头

开头部分要明确身份职务，即告知大家自己所竞聘或供职的具体岗位。开头部分一般也包括两个方面的内容：称谓和致谢。称谓的选择可以针对某些具体的人员，也可以是泛指性的称谓。在正文之后和正文开始的中间部分，一般需用一两句致谢语作为礼节性的表示，一来可以作为过渡，二来可以显得谦虚谨慎，引起相关人员的好感。例如：非常感谢市教育局和学校为我们全体教职员工提供了这次中层竞聘的机会！在这里我以平常人的心态参与学生处副处长和教务处副处长的岗位竞聘。此次竞聘，并非是为了让自己显得更加荣耀，更多的是在有可能的情况下为自己争取更广的锻炼舞台，实现自己的人生价值。

（二）正文

正文部分是岗位变动致辞的主体部分，要突出致辞的主题。在正文中，应将自身的自然情况、工作情况、施政纲领等作以相应的阐述。具体来说包括以下方面：

1. 自然情况

应包括自身的姓名、出生日期、政治面貌、学历情况、现任职务职称、履职经历等。自然情况的阐述应简洁、翔实。

2. 工作情况

竞聘者和就职者应就自身经历、学识、综合素质等方面的能力作以阐述，突出自身在某一岗位中做好工作的优势，离职或调动等应总结工作的经历，成绩和不足之处应得到体现。

3. 施政纲领

对于竞聘者和就职者而言，主要是对于被聘任后的工作目标、相关措施以及达到怎么样的结果等的设想。离职或调动人员的致辞部分可包含在对于工作情况的总结之中。例如：我叫××，来自××，现任××。我竞聘的岗位是××一职。党的基层组织是贯彻党的教育方针、执行党委工作部署的重要基础，××通过依靠广大教工群众，调动广大党员、干部的工作积极性，来营造安定有序的教学环境，保证学校的教学活动正常进行……

（三）结尾

结尾是整篇致辞的结束部分。应讲究如“豹尾”有力，一定要简明扼要，并且呼应文中的内容，在结尾的部分升华整篇致辞的主题。例如：俗话说：“不想当将军的士兵不是好士兵”，在这句名言的激励下我想斗胆一试，响应学校号召，积极参与竞聘，在求真务实中认识自己，在竞争中不断完善自己，在积极进取中实现人生价值。也正因为如此，我会更加清醒地看到自身存在的差距，促使自己在今后的工作中，恪尽职守、勤奋工作，以绵薄之力来回报学校领导和同事们。

## 第一节 竞聘致辞

竞聘就是竞聘上岗，是指对实行考任制的各级经营管理岗位的一种人员选拔技术，如果它用于内部招聘，即为内部竞聘上岗。党政机关、企事业单位全体员工，不论职务高低、贡献大小，都站在同一起跑线上，重新接受新岗位的挑选和任用。同时，员工本人也可以根据自身特点与岗位的要求，提出自己的选择期望和要求。

竞聘上岗可以作为一种保证组织变革顺利进行的必要措施和重塑企业文化的有效手段。它能够打破因循守旧的传统观念，摒弃论资排辈的落后体制，真正体现能上能下、优胜劣汰的市场化观念和竞争意识，鼓励员工不断创新，实现自我提升，为组织注入新的活力，同时强化员工的使命感与责任感。在看到危机和不足的同时，鼓足勇气，提高信心。

竞聘致辞要注重气势，态度要真诚老实，语言要简练有力，内心要充满自信。

竞聘者可以首先用诚挚的心情表达自己的谢意，这能使竞聘者和听众产生心理交融的效果。接下来简要介绍自己的有关情况，概述竞聘致辞的主要内容。竞聘致辞的主体内容应包括自己应聘的基本条件，简要介绍自身的不足之处，并表明自己任职后的打算。

最后，好的结束语能加深评选者对竞聘者的良好印象，从而有利于竞聘成功。结尾处可以表明对竞聘成败的态度，这能使评选者感受到竞聘者的坦诚。也可以表达自己对竞聘上岗的信心，希望得到评选者的评价。

## 范例1：医院科室主任竞聘致辞

【致辞人】竞聘者

【场　景】医院科室主任竞聘大会

【时　机】在竞聘大会上致辞

【风　格】条理清晰

【关键词】遵守法纪 严以律己 勤奋努力 社会效益

【妙　语】业务基础扎实、不怕苦不怕累、对业务有执着的追求、善于发现临床问题并研究解决；更对医院更加美好的明天充满期待和向往，为医院更加美好的明天贡献我的全部力量。

各位领导、各位同事：

大家好！

我叫××，今年××岁，医学硕士，现任××，今天要竞聘××。本人××××年毕业于××大学医学院，××××年取得了医学硕士学位。在临床一线岗位上工作××年。平素遵纪守法，诚实待人，组织纪律性强，胸怀宽广，身体健康，作风正派，品行端正，有较强的全局观念，严以律己，宽以待人，能妥善处理好同事之间的关系，能搞好科室之间的协调。××年来发表文章××篇，其中核心期刊××篇；主持完成科研项目××项，参与科研项目××项。参加国际会议××次。

我参加工作××年来，工作勤奋努力，业务基础扎实，不怕苦不怕累，对业务有执著的追求，善于发现临床问题并研究解决；具有较强的病人收治能力。××年的一线工作经验，使我对医疗事业产生了深厚的感情，也逐渐积累了一些医疗工作的经验，总结了一些医疗管理的体会，如果能得到领导和同志们的信任，走上班组长的工作岗位，我相信我有信心有能力做一名称职的医疗组长，为医院的发展、为医疗事业做出更多的贡献。××年来我亲身经历了医院的沧桑巨变，我为医院过去曾经的衰败感到焦虑不安，也为医院今天的蒸蒸日上感到自豪和欣喜，更对医院更加美好的明天充满期待和向往。

假如我竞聘成功，我将在院长、科主任、医务处及党组织的领导下，从以下几方面开展工作，搞好病房管理，不断提高医疗质量：

一、把病人的收治放在首要位置，病人的来源和质量是科室工作的基础和维持长期发展的必要因素。

二、把医疗安全放在工作的首位，防范和减少医疗纠纷。营造和谐融洽的医患关系、医护关系。

三、加强临床医生人员的“三基”培训，带出一支高素质的医疗队伍。

四、抓好患者的健康教育，提高患者的满意度。

五、抓好医疗教学和科研工作。

如果我能有机会走上××岗位，我将尽最大努力履行好我的职责，创造性地开展各项工作，营造一个温馨、融洽、安全、快乐的工作环境，创造良好的经济效益和社会效益。

如果我不能竞聘成功，我也将一如既往地做好临床医疗工作，为患者提供优质的医疗服务，积极配合科主任开展工作，为医疗质量的持续提高、为医院更加美好的明天贡献我的全部力量。

★★★

## 范例2：中层干部岗位竞聘致辞

【致辞人】竞聘者

【场　景】中层干部岗位竞聘会

【时　机】在竞聘会上致辞

【风　格】结构严谨

【关键词】岗位竞聘　锻炼舞台　厚爱　支持　热情　绵薄之力

【妙　语】没有辉煌的过去，但我只求把握现在和将来；真善美的道德标准塑造了我的灵魂；励精图治、恪尽职守、努力学习、勤奋工作，以绵薄之力来回报学校领导和同事们。

各位领导、各位同事：

大家好！

非常感谢××市教育局和××学校为我们全体教职员工提供了这次中层干部竞聘的机会！在这里我以平常人的心态参与××和××的岗位竞聘。此次竞聘，并非是为了让自己显得更加荣耀，更多的是在有可能的情况下为自己争取更广的锻炼舞台，实现自己的人生价值。

本人××××年××月毕业于××学校××专业，学历本科，文学学士学位。在××学校工作的××年里，一直从事着学生教学及管理工作。先后担任过××班、××班主任，现担任××一职。在校团委工作期间，我校团委光荣地被评为省级青年志愿者先进集体和市级先进团组织。本人也在工作锻炼中，得到了长足的进步。曾先后被授予省社会实践先进个人、市教育系统优秀共产党员、市优秀团干部和校级先进个人等光荣称号。在此，我衷心感谢学校各位领导和同事对我的厚爱和支持。

××学校是个人才济济的大家庭，可能在这个大家庭中我还显得稚嫩，也没有辉煌的过去，但我只求把握现在和将来。在恰逢职业教育和学校大发展的形势下，我想我更应该把握好这次大好机遇，努力地去实现自己的个人价值。这次，我参加××和××职位的竞聘，认为自己有几点优势:

第一，我是一名语文教师。中华民族的古典思想文化精粹流淌在我的血液中，真善美的道德标准塑造了我的灵魂。语文素养培养了我流畅的语言表达能力，也确立了我的做人的态度和为人师表的原则：诚实、善良、勤恳、踏实、热情。

第二，我能顾全大局、以学校利益为重。在学校工作期间，我能主动承担起学校领导交予的各项工作任务，从不怨天尤人，并尽自己能力去出色地完成各项任务，替学校领导分忧解难。

第三，我有严于律己、诚信为本的优良品质。我信奉诚实待人、严于律己的处世之道。在日常生活和工作中，不断加强个人修养和党性锻炼，以“老老实实做人、勤勤恳恳做事”为信条，严格要求自己，尊敬领导，团结同志。

假如我这次有幸竞聘成功，我将不负众望，不辱使命，继续努力做到“以为争位，以位促为”。

第一，摆正位置，当好配角。

第二，加强学习，提高素质。

第三，扎实工作，锐意进取。

俗话说："不想当将军的士兵不是好士兵"，在这句名言的激励下我想斗胆一试，响应学校号召，积极参与竞聘，在求真务实中认识自己，在竞争中不断完善自己，在积极进取中实现人生价值。也正因为如此，我会更加清醒地看到自身存在的差距，促使自己在今后的工作中，励精图治、恪尽职守、努力学习、勤奋工作，以绵薄之力来回报学校领导和同事们。

★★★

## 范例3：学院党政领导竞聘致辞

【致辞人】竞聘者

【场　景】学院党政领导竞聘会

【时　机】在竞聘会上致辞

【风　格】逻辑清晰

【关键词】重要基础　重担　良好循环　工作经验　征程

【妙　语】高度的政治觉悟、组织观念；如果学校没有给我这个机会，我将检查自身的不足，努力学习，提高政治和业务水平，服从组织安排，开始新的征程。

各位领导、各位来宾：

大家好！

我叫××，来自××，现任××。我竞聘的岗位是××记一职。

党的基层组织是贯彻党的教育方针、执行党委工作部署的重要基础，××通过依靠广大教工群众，调动广大党员、干部的工作积极性，来营造安定有序的教学环境，保证学校的教学活动正常进行，特别是在提高学生素质方面、反腐倡廉教育方面、校园文化建设方面肩负着重要使命。我选择这个岗位是要挑起这副重担，并以就业为突破口，缓解教师来自行政事务方面工作的压力，使他们能够腾出精力专心研究教学实务，提高教学质量和学生就业竞争力，从而促进招生与就业的良好循环。

那么如何才能承担如此重任？我的工作阅历将成为重要的保证。

我从教26年，党龄23年，曾受训于××学校××专业，××大学专业。第一个工作单位××市××学校，可谓是高工作起点。我曾担任过××等职务

多年的工作经验，是我挑起这副重担的基础，另外我还有两门正是该系的学科范围的教学专长，一是市场学教学，二是珠算和珠心算教学，在珠算和珠心算领域，取得了××等成果。以上是我的资历条件。

如果学校能够给我这个机会，我将在政治上，不折不扣地执行党委的各项方针政策和决议，以高度的政治觉悟、组织观念在思想上组织上与党委保持高度一致，充分依靠群众，发挥党员的先锋模范作用，配合和支持行政工作，搞好团总支和教办的队伍建设工作。在相应的管理工作中，为学校交出一份满意的答卷。

在具体业务上，我将为该系带来三大变化：

第一，就业工作由推销方式转化为营销方式；

第二，配合教学加快财会、营销两个专业的职业化进程；

第三，如果条件方便的话，通过市场化运作改善职工福利。

如果学校没有给我这个机会，我将检查自身的不足，努力学习，提高政治和业务水平，服从组织安排，开始新的征程。

谢谢大家！

★★★

## 范例4：银行高层主管竞聘致辞

【致辞人】竞聘者

【场　景】银行高层主管竞聘会

【时　机】在竞聘会上做竞聘演讲

【风　格】逻辑清晰 言简意赅

【关键词】感谢 锻炼 业务素质 艰巨 优势 精彩

【妙　语】加强学习，全面提高自身素质；履行职责，不断

强化决策管理；拓展服务理念，打造优质服务品牌。

各位领导、各位同事：

大家好！

我非常感谢各位领导、同志们给了我这次竞聘的机会。我叫××，今年××岁，大专文化，会计员。××年来在××等工作岗位上，从事的××工作，现任××一职。今天我本着锻炼自己，为建行服务的宗旨站到这里，竞聘××一职。××工作具有专业性、广泛性、从属性、服务性和琐碎性等特点，从委派××应当具备的基本条件和业务素质要求看，就知道这一工作的艰巨性。刚才参加竞聘演讲的几位同志，每个人都有自己的优势。我要说，我的优势就在于三个方面：

一是有较为扎实的专业知识。

二是有较为丰富的实践经验。

三是有较强的工作能力。

如果竞聘成功，我承诺，做到以下四点：

第一，加强学习，全面提高自身素质。

第二，履行职责，不断强化决策管理。

第三，开拓进取，创新工作方法。

第四，拓展服务理念，打造优质服务品牌。

尊敬的各位领导，各位评委，在我的竞聘演说即将结束时，我还想说的是，我也许还不成熟，也许还有很久不足，但是我会努力努力再努力，不断完善自我、追求自我、超越自我，做一个全面发展的人。西方一位哲学家说，给他一个支点，他会把地球撬起来。我要说的是，给我这个职位，我一定会做得更精彩！

## 范例 5：副处级领导竞聘致辞

【致辞人】竞聘者

【场　景】副处级竞聘会领导

【时　机】在竞聘大会上致辞

【风　格】结构严谨

【关键词】思绪万千　加紧历练　呵护　日渐加深　协调能力

【妙　语】信守为人正派、与人为善、顾全大局、谦虚谨慎的原则；无论竞聘结果如何，我都将正确对待，在今后的工作中一如既往地尽心、尽力、尽职、尽责。

各位领导、各位同人：

大家好！

我叫××，在××工作，今天竞聘的是副处级领导职位。近日来，我思绪万千，感谢中心领导班子锐意改革，给我们提供了一个机会。我觉得自己虽生正逢时，但任重道远；虽小有成绩，但尚需加紧历炼。今借此机会，希望大家能更多地了解我，客观地评价我。

我××××年出生，现年××岁，大学本科学历，中共党员，被评为系统先进工作者。主要工作经历是：××××年参加工作，就职于××至今。其间曾在××从事××工作，现主要从事××工作，此外，还担任××工作。回顾以往，正是在领导的培养下，在老同志的呵护下，在基层同志的帮助下，才使我从一个刚出校门的学生，成长为决心献身××这一伟大事业的工作者。

我认为，我具备了以下三点优势：

第一，具备了应有的政治素质和品德修养。始终与党组织保持一致，拥护党的各项方针政策。特别是通过先进性教育，更坚定了自己的理想信念。信守为人正派、与人为善、顾全大局、谦虚谨慎的原则，自身品德修养日渐加深。

第二，具备了应有的理论水平和实践经验。熟悉××业务，从参加工作之日起至今，多年来始终从事××工作。在历任处长和共同工作过的老同志们的培养下，参与处理了许多市、区、局范围的各类××的重点、难点工作。参与或组织全市××工作××次，在工作中积累了一定的经验。同时，能熟练掌握××技术的应用。具备一定的利用现代化办公手段完成工作的能力。

第三，具有较强的组织和协调能力。由于在××中心从事××工作，因此，有机会在对分中心的业务指导、工作部署以及与机关各处室和其他各单位相互配合的工作实践中，得到锻炼。特别是近年来，在××工作的实施过程中，在处长的领导下，进行了大量的组织协调工作，发挥了自己的作用。同时在工作中与领导和同志们建立了友谊，增加了信任，这即可以促进工作，又可以更好地发挥自己的组织和协调能力。

最后我要说的是，无论竞聘结果如何，我都将正确对待，在今后的工作中一如既往地尽心、尽力、尽职、尽责。

★★★

## 范例6：处长竞聘致辞

【致辞人】竞聘者

【场　景】处长竞聘大会

【时　机】在竞聘大会上致辞

【风　格】信心百倍

【关键词】竞聘 职位 信任 品质修养 长久发展

【妙　语】怀着忐忑与激动的心情来参加此次竞聘大会；一定会守职守责，不敢有丝毫的懈怠；把此次竞聘当作学习，当作锻炼，决不气馁。

尊敬的各位领导、各位老师：

大家下午好！

今天我怀着忐忑与激动的心情来参加此次竞聘大会，心里有说不出的高兴，我要竞聘的是××岗位。虽然心里自知还有很多不足之处，但更相信自己能够胜任这个职位，这要感谢领导对我的鼓励，老师们对我的信任。

一、竞聘优势

我的竞聘优势主要有四个方面：

1. 学科优势

××××年我毕业于××学校××专业，获得理学学士学位。学习过××多门专业课程，全面掌握专业基础理论知识，专业发展动态和发展方向。××××年获得××大学××专业硕士学位，具有多学科专业背景。

2. 资历优势

××××年以来，一直在××学校工作。熟悉每一个工作环节，有丰富工作经验。××××年起曾先在担任过××等职务，负责××工作。从事本职工作××年，××工作××年，具有较强的组织和协调能力。

3. 学术优势

工作以来，先后在本专业期刊上发表专业学术论文××篇。其中核心期刊论文占××篇，国内最高级别的刊物上发表学术论文××篇，参编著作××种，参与国家社科基金项目××项。具有较强的科研能力和学术水平。

4. 外语优势

先后翻译并发表了多篇学术论文，翻译出版了××部著作，另外还学习过日语，可以熟练地使用英语，通过了大学英语六级考试。

二、工作设想

如果我有幸胜出，工作设想有以下四个方面：

1. 注重自身的品质修养

提高自身的品质修养，有位大学校长说过，大学领导要具备政治家的敏锐、管理家的魄力、教育家的胸怀和学问家的眼光。这同样适合我职位，要以这这句话为奋斗目标来激励自己，为全校教职工提供一流的服务。

2. 建立研究型大学

这是个令人鼓舞的时刻，我校已经进入省部共建的行列。必需有自己的定位，因此，做好服务工作的同时，更要加强对外交流，积极学习国内外的先进经验，努力与国际接轨，把我校建设成为开放型、研究型的大学。

3. 加快数字化建设步伐

全面建设数字化校园、推动学校的科研创新，为省部共建提供强有力的信息支持。

4. 进一步规范管理

进一步规范管理，使所有职工都能够在制度的约束下规范地为师生提供服务。制定五年远景发展规划，修订完善的规章制度，促进长久发展。

这一次如果我胜出了，一定会守职守责，不敢有丝毫的懈怠。保持我的学术研究水平在省内的优势地位，并不时开辟新的空间，使我的管理和服务再上一个新的台阶。如果我失败了，也会像以往一样努力工作，并且会更努力工作，把此次竞聘当作学习，当作锻炼，决不气馁。

谢谢大家！

★★★

## 范例7：市总工会主任竞聘致辞

【致辞人】竞聘者

【场　景】市总工会主任竞聘大会

【时　机】在竞聘大会上致辞

【风　格】条分缕析

【关键词】退伍 厚爱 关心 踏实 温暖 为人正直 吃苦耐劳

【妙　语】让群众来评判，由组织来选择；将以此为新的起点，更加严格地要求自己，以更优异的工作成绩，回报领导和同志们的关心和厚爱。

尊敬的各位领导，同志们：

你们好！

我叫××，现任市总工会××职务，今天在这里要竞聘的是市总工会主任一职。

从部队退伍后，市总工会是我唯一的工作单位，在座的各位也是我最亲密的同事、朋友。在总工会工作的××年中，各位领导和同事给了我莫大的关心和帮助，使我从一个对工会工作一窍不通的青年，成长为现在办公室主任。

几年的工作使我深深地感到，个人的每一点成长、进步，都得益于总工会机关的良好的氛围和环境；得益于领导和同事们对我的厚爱和关心。在总工会这个大家庭里工作，感觉踏实，也很温暖。正是对总工会这个大家庭的热爱，激发了我参加此次竞聘的勇气；正是因为有了在座各位的支持，才使我有了竞聘的信心。特别是现在的总工会，政通人和、心齐气顺。在这样一种氛围好的工作环境里，没有理由不好好工作，没有理由不再奋斗几年。

竞争市总工会主任一职，我有以下优势：

第一，部队生活的锻炼和多年从事机关工作，使我养成了做好办公室工作必备的政治意识、大局意识、纪律意识和扎实的工作作风。

第二，为人正直、诚实，能善待每一位同事。

第三，身体素质好，精力充沛，能吃苦耐劳。

第四，在农村、部队受过锻炼，又有较长时间的工会工作经历，特别是接管××部近四年的时间里积累了丰富的管理经验，有较强的组织协调能力。

实事求是地讲，在这次竞争上岗中，相信包括我在内的每位同志都对自己的进步充满憧憬。我本人也希望能获得成功，同时我也不断地告诫自己，作为一名党员，就要把自己的一切交给党和人民，让群众来评判，由组织来选择。我会坚决服从工作需要和组织安排，如果我当选，一定争创一流业绩，树立良好形象，以优异的工作成绩回报领导和同志们的信任。但无论结果如何，我都将以此为新的起点，更加严格地要求自己，以更优异的工作成绩，回报领导和同志们的关心和厚爱。

★★★

## 范例8：工会副主席竞聘致辞

【致辞人】竞聘者

【场　景】工会副主席竞聘会

【时　机】在竞聘大会上致辞

【风　格】逻辑清晰

【关键词】新时期 工作经验 工作能力 满腔激情 聪明才智 期待

【妙　语】必须全力以赴，理清思路，找准工作的切入点和着力点；以昂扬的工作热情和高度的工作责任心，加倍努力地工作，回报组织的信任和职工的期待。

……………………………………………………………

局党委组织部：

局党委决定在全局范围内公开推荐局工会副主席人选，这是进一步推动我局干部人事制度改革的具体举措，也是新时期新形势下领导干部岗位交流的新渠道，有利于避免长期从事同一工作岗位的同志产生惰性心理；有利于激发干部的创新精神，对工作带来新的促进，增强干部队伍的活力。我作为一名基层工作的领导干部，坚决拥护局党委的决定。经反复斟酌，我决定毛遂自荐为局工会副主席人选。

我叫××，现年××岁，大学本科学历，中共党员，高级政工师，××××年参加工作，曾担任过地质技术员，××公司党办秘书，局干部处、劳动人事处、组织部技术干部科、干部科干事、副科长、科长等职，现任××公司党委副书记、纪委书记、工会主席。之所以自荐局工会副主席，主要是基于以下几个方面考虑的：

一是有较为扎实的理论知识和较丰富的基层工会工作经验。

二是有一定的组织、管理和工作能力。

三是有为职工服务的满腔热情。

假如我有幸被聘上岗，上述条件将有助于我尽快熟悉局工会的工作，并尽快进入局工会副主席的角色。局工会是党联系职工群众的桥梁和纽带，它的工作关系着职工队伍建设，企业可持续发展，居非常重要地位。我深知，局工会副主席的工作不是轻而易举就能做好的，必须全力以赴，理清思路，找准工作的切入点和着力点。如果我有幸担任局工会副主席职务，我将注重调查研究，转换角色，提高素质，把加强学习作为工作的第一任务；坚持领导，源头参与，把围绕局党委核心开展工作作为工作的第一原则；服务全局，突出重点，把围绕企业中心开展工作作为工作的第一要务；强化职责，贴近群众，把维护职工权益作为工作的第一选择；身体力行，开拓创新，把解决实际问题和保持工作后劲儿作为工作的第一要求。

诚恳待人，为人正派是我的做人态度！勤奋务实，开拓创新是我的工作态度！如果组织上委以我局工会副主席的重任，我将不辜负组织的厚爱和职工的期望，充分发挥我的聪明才智，以昂扬的工作热情和高度的工作责任心，加倍努力地工作，回报组织的信任和职工的期待。

★★★

## 范例9：检察院反贪局政委竞聘致辞

【致辞人】竞聘者

【场　景】检察院反贪局政委竞聘大会

【时　机】在竞聘大会上致辞

【风　格】层次清晰

【关键词】成绩 嘉奖 工作经验 秉公执法 贡献 再创佳绩

【妙　语】公正执法、加强监督、依法办案、从严治检、服务大局；以饱满的工作热情，迎接新的挑战，为检察事业再创佳绩。

各位领导，同志们：

大家好！

我叫××，今年××岁，我这次竞聘的岗位是××县人民检察院反贪局政委。我××××年××月份参加工作，××××年入党，××××年××月考入××县人民检察院任反贪局书记员，××××年通过全国初任检察官考试，任反贪局助理检察员，××××年××月通过竞聘任侦查监督科副科长，××××年××月至今任反贪局副局长。自从进入检察机关工作以来，我在不同的工作岗位上认真履行法律职责，工作上取得了很好的成绩。××××年被县政法委授予政法战线先进个人、被××市人民检察院授予检察机关反贪系统优秀侦查员；××××年受××县人民政府嘉奖，授予县政法工作先进个人称号；××××年市检察系统学东莱人民满意干警，市检察机关反贪系统优秀侦查员。

我竞争这个工作岗位的优势是：

一、我有较丰富的反贪工作经验

在从事检察工作十多年时间里，自己较多时间是在反贪局工作，一直奋斗在反贪工作的最前线，加之自己有多年从事财务工作的经历，有助于更好地完成反贪工作。多年的反贪工作，使我掌握了较丰富的法律业务知识，参加和主办过多起案件，有力地打击了贪污贿赂犯罪的同时也丰富了自己的工作经验。

二、我有较强的自律能力

在办案中，我严格履行“公正执法、加强监督、依法办案、从严治检、服务大局”的检察工作方针，能做到廉洁自律、秉公执法。

三、注重学习，不断提高自身的执法水平

做好本职工作，必须不断地加强政治理论学习和文化知识、业务知识学习，努力提高自身的政治素质和业务素质修养。近年来，我加强了马列主义、毛泽东思想、邓小平理论和“三个代表”重要思想的学习，积极参加院里组织的各项政治活动，结合自己办理的贪污贿赂犯罪案件，加强了对检察业务理论的系统学习，加强了文化素质的提高，在业余时间完成了法律本科的学业。还充分发挥自己的财务业务特长，在侦破案件上，尤其是侦破大案要案上做出了一定的贡献。

如果有幸上岗，我会在今后的工作中坚决贯彻上级指示精神，在院党组、主管检察长和局长的领导下，充分发挥自己的模范作用，发挥自己的业务特长，团结全局同志共同努力，坚决完成领导交办的各项任务，使我局的工作更上一个新的台阶。

如果落选，自己会正确对待竞聘结果，服从领导安排，在自己的工作岗位上，发挥一名共产党员的先锋模范作用，以饱满的工作热情，迎接新的挑战，为检察事业再创佳绩。

谢谢大家！

## 范例10：派出所所长竞聘致辞

【致辞人】竞聘者

【场　景】派出所所长竞聘大会

【时　机】在竞聘大会上致辞

【风　格】条分缕析

【关键词】推荐自己　表彰奖励　基本理论　创新意识　无怨无悔

【妙　语】服从命令、听从指挥、顾全大局、踏实勤恳、廉洁奉公；以满腔的热情，创建一流的队伍，扎扎实实开展好各项工作，全力维护社会稳定。

尊敬的各位评委、领导，同志们：

大家好！

首先，非常感谢组织给我这次推荐自己的机会。我竞聘的职位是××派出所所长。

一、我的个人情况

我叫××，××岁，大专毕业，现任××派出所副所长。××××年××月××学校毕业后被分配到××县公安局，××××年×××月被派到××派出所工作，××××年××月至今兼任内勤民警。曾多次受到市、县局、县委、县政府及当地党委政府表彰奖励。

二、我的任职优势

我从走出警校大门起，就在××派出所工作。××年来，我坚持政治业务学习，努力提高自己运用党的基本理论、基本方针分析问题、解决问题的能力；强化创新意识，在实践中不断探索，掌握了比较成熟的工作经验和工作方法。特别是对计算机网络知识的学习，使自己能够熟练操作计算机，熟悉网上办公及执法办案流程。工作中，服从命令、听从指挥、顾全大局、踏实勤恳、廉洁奉公。管好自己的嘴和手，绝不吃拿卡要；用好自己的嘴和手，做好群众工作，多为群众办好事实事，连续多年荣获××镇优秀共产党员称号。

多年来，我始终战斗在基层第一线，对派出所业务相当熟悉，对辖区情况具有人熟、地熟、情况熟的优势，还学习了之前三届领导的优秀管理经验，更取得了当地党委政府的理解、支持和信任，完全具备担任派出所所长的必备条件。

三、我的工作设想

如果同志们支持，组织信任，当选派出所所长后，我将坚持以所为家，按照局党委的工作布署，结合派出所的实际情况开展好以下工作：

1. 是服从命令、听从指挥。

2. 是坚决贯彻落实《公安部关于改革和加强公安派出所工作的决定》。

3. 是坚持一岗双责,抓好队伍建设和内部管理。

4. 是协调好各方面的关系。

这次局党委对二级班子实行竞聘上岗，是加强公安队伍建设的一项重要措施，也充分调动了广大干警的工作积极性，形成择优用人环境的一项新举措。我对这次的竞聘上岗十分支持，若我竞聘成功，我决不辜负局党委的期望和信任，以满腔的热情，创建一流的队伍，扎扎实实开展好各项工作，全力维护社会稳定，若竞聘不成功，我将服从局党委的安排，认真做好本职工作，无怨无悔。

谢谢大家！

★★★

## 范例11：项目部经理竞聘致辞

【致辞人】竞聘者

【场　景】公司项目部经理竞聘大会

【时　机】在竞聘大会上致辞

【风　格】逻辑清晰

【关键词】工作认真 关心 顶峰 更加美好 灿烂辉煌

【妙　语】人比山高，脚比路长；挑战自我，超越自我；竞争上岗有上有下、有进有退，上也好、下也好，一如既往；

进也好、退也好，一片丹心。

……………………………………………………………

各位领导、各位来宾：

大家好！

我叫××，是个工作认真、有责任心的人，今天很荣幸站在这里，参加××项目副经理一职的竞聘。迎接挑战，这是公司领导和各位同人给予我的机遇，借此机会我要向一直关心、支持我的各位领导和同事们表示衷心的感谢。

我××××年参加工作，××××年开始从事××工作，××××年至今一直担任××一职，负责协调、综治、安全方面的工作，我自认为在这方面有一定的经验。之所以参加此次竞聘，是因为在人生的道路上，常常会有许多更高的目标等待着我们去完成，常言说的好，人比山高，脚比路长，只有不断地挑战自我，超越自我，才会到达成功的顶峰。

我认为我竞聘本职位具有以下优势：

第一，我在本岗位工作多年。

第二，我积累了一定的工作经验和教训。

第三，具有胜任工作的组织能力和相应的专业知识。

关于如何做好这个岗位上的工作，我的工作思路是：一个原则、两大主题、三个服从、四个做到。

“一个原则”就是为项目部主要领导分忧，当好参谋助手，为职工服务，做到有力配合，主动补台，并把它作为全部工作的出发点和落脚点。

“两大主题”就是围绕协调与管理两大主题，突出项目建设的协调和办公室业务素质建设。

“三个服从”是个性服从党性，感情服从原则，主观服从客观。做到服务不欠位，主动不越位，服从不偏位，融洽不空位。

“四个做到”是：

一、做到服从主要领导安排，作好班子内部协调工作。

二、做到知人善任。

三、做到不拘泥于局部利益。

四、做到保持信念。

尊敬的各位领导、各位评委、全体同人们，竞争上岗有上有下、有进有退，上也好、下也好，一如既往；进也好、退也好，一片丹心。如果这次竞聘不成功，我将无条件服从大局，不计较个人得失，尽职尽责、一如既往地做好各项本职工作。最后，让我们衷心祝愿公司、项目部的明天更加美好！公司的未来更加灿烂辉煌！

## 第二节　就职致辞

就职致辞作为工作正式开展的“先行”，致辞者应说明自己的责任、施政纲领和自己要为大众所做的事情，提出自己的工作设想和希望，表达自己的工作决心。例如：根据组织安排，拟让我担任××职务。这是市委、市政府对我的信任，是本人接受人大监督的更好机会。如果我能走上这一工作岗位，我将紧紧依靠市委、市政府领导，始终坚持依法行政，自觉接受人大监督，恪尽职守，埋头苦干，扎扎实实做好工作，不辜负市委、市人大、市政府的重托和全市人民的期望。

同时，这对于自己的下属也是一种表达和承诺，以此取得下属的支持和信任。

一般来讲，就职致辞要注意以下四个方面的问题：

第一，对症下药、突出重点。就职致辞是在深入调查研究的基础上形成的，就职致辞是就职者对现实生活中最需要解决的问题发表见解，其矛头所指必须是该单位的热点、焦点问题，这样才会引起听者的共鸣。

第二，感情真挚、情感热烈。就职致辞需要注入了就职者强烈而真挚的感情，这种强烈的感情只有以适当的方式表现出来，才能产生强大的感染力和号召力。

第三，言语简洁、简单明了。就职致辞必须具有简洁性，要做到主题集中、突出，层次少而有条理，语言准确精练，使听众一听就能够明白接受。

第四，结合实际、切勿浮夸。就职致辞要比其他文章更真实亲切。内容要真实，要讲真话，讲实话，不能哗众取宠。

★★★

## 范例1：市长就职致辞

【致辞人】市长
【场　景】市长就职大会
【时　机】在就职大会上致辞
【风　格】信心百倍
【关键词】信任　谢意　任务　活力　决定性　成长
【妙　语】充满活力、意志坚强、锐意进取的团队；有能力和你们一起使我们的城市更好地成长；致力于把我们的城市建设成为一个平等、博爱、共同富裕的城市。

各位女士、各位先生，各位市民：

你们好！

此刻，在我即将开始本届市长任期之际，我要向给予我及我的团队以最大信任的每一位致以最诚挚的谢意。

感谢你们信任这个充满活力、意志坚强、锐意进取的团队，我们将一起执行你们赋予的权力。

我们对于我们城市的美好愿望已经逐渐建立，因此，我们要一起启动必要的改革来带给我们城市新的活力。

我相信你们的参与没有在选举结束时停止，相反，在我承担起你们赋予我的重大职责之日起，你们的参与一如既往的重要，具有决定性。作为这个城市的市长，必须不断地倾听，我将定期与你们见面，一起讨论你们生活、工作中遇到的问题，及我们城市的一些项目和工程。此外在每个区，将设立咨询委员会，负责你们的咨询、质疑、建议、反馈。

所有的这一切，如果没有积极的动员和每一位市民的参与的话，不会自然地发生。因此，我请求，也同样要求你们积极走进我们的办公楼。当然我们也会去你们中间做调查，询问你们的意见。你们每一个人每天都在为我们的城市工作、服务，我在这里致以我崇高的敬意。

今天，我们的城市还有很多问题尚未解决，在未来的发展中，也不可避免会出现新的问题，但我相信，我和我的团队有能力和你们一起使我们的城市更好地成长。

请你们相信，也请你们监督，这将是廉洁、高效、充满活力的政府。我们始终欢迎你们的批评和建议。就如我们所期待的那样，我们首先将逐步建立起一个阳光、开放的政府。这个政府将与你们一起致力于把我们的城市建设成为一个平等、博爱、共同富裕的城市。

★★★

## 范例2：县长就职致辞

【致辞人】县长

【场　景】县长就职大会

【时　机】在就职大会上致辞

【风　格】慷慨激昂

【关键词】热情　期望　第一要务　健康发展　努力奋斗

【妙　语】保持一种时不我待、只争朝夕的紧迫感，力争上游、拼搏争先的责任感，不进则退、慢进也是退的危机感；团结协作，尽职履责，真抓实干，开拓创新。

各位代表：

十分感谢各位代表对我的信任与支持，选举我为××县县长。我深知这一信任的分量，在我的身后是××县人民的重托。县长的任期是有限的，而责任是无限的。我将为××县的建设与发展，奉献自己全部的热情、智慧和汗水，不负××县人民的期望，不负历史的重托。在今后的工作中，我将努力做到：

一、不辱使命，真抓实干

我将以科学发展观和正确的政绩观为指导，始终把加快××县的发展作为工作的第一要务，抓机遇、谋发展，竭力做好“工业强县、二次创业”的各项工作，不断壮大产业经济，大力发展各项社会事业，积极构建和谐社会，努力实现经济社会持续快速协调健康发展。

二、与时俱进，开拓创新

我将始终保持时不我待、只争朝夕的紧迫感，力争上游、拼搏争先的责任感，不进则退、慢进也是退的危机感，以加快××县的发展为己任，吃透“上情”、体察“下情”、关注“外情”、洞悉“内情”，用创新的胆识、创新的作为，把国家的法律法规、上级的政策和××县的实际相结合，创造性地开展工作，不断开创政府工作的新局面。

三、牢记宗旨，勤政为民

我将把广大人民群众的安危冷暖放在心上，做到眼里有百姓的利益，心里有百姓的位置，时刻倾听群众呼声，体察社情民意，关心群众疾苦，及时研究和解决人民群众最关注的热点、难点问题，多做访贫问苦、扶残助困、雪中送炭的好事，多干暖民心、得民心、稳民心的实事，真正做到大事要得到群众支持、难事要得到群众理解、好事要办得群众高兴，努力把广大人民群众的切身利益实现好、维护好、发展好。

四、科学决策，依法行政

我将不断健全政府决策机制，完善决策程序，杜绝随意性、盲目性。特别是事关广大人民群众切身利益的重大决策，要广泛征求意见，搜集社会信息，向群众说明，向社会交底，务求政府的决策更加贴进群众需要，更加贴进发展需要。

各位代表，站在发展的新起点上，党和人民将××县县长的接力棒交到我的手中，我既备感压力和挑战，又对发展前景充满信心。在未来的征程中，我将紧紧依靠县委的坚强领导，紧紧依靠县人大、县政协的监督和支持，紧紧依靠全县人民的智慧和力量，紧紧依靠政府班子的团结协作，尽职履责，真抓实干，开拓创新，为全面建设的小康社会而努力奋斗。

## 范例3：市卫生局局长就职致辞

【致辞人】市市卫生局局长
【场　景】就职大会
【时　机】在就职大会上致辞
【风　格】慷慨激昂
【关键词】恪尽职守 期望 监督 勤奋学习 大胆实践 密切配合
【妙　语】向理论学习、向实践学习、向医护人员学习；没有创新，社会就不会发展；没有创新，人的思维就会僵化；树立敢于创新的形象。

各位主任、各位委员：

根据组织安排，拟让我担任市卫生局局长职务。这是市委、市政府对我的信任，是本人接受人大监督的更好机会。如果我能走上这一工作岗位，我将紧紧依靠市委、市政府领导，始终坚持依法行政，自觉接受人大监督，恪尽职守，埋头苦干，扎扎实实做好工作，不辜负市委、市政府的重托和全市人民的期望。

勤奋学习，树立善管会干的形象。面对新岗位、新职务，必须运用新的思维和新的方法。创新思维的关键是解放思想，解放思想的前提是加强学习。作为卫生系统的一名领导干部，要向理论学习、向实践学习、向医护人员学习，努力掌握邓小平理论的科学体系和“三个代表”重要思想的精神实质，刻苦钻研市场经济、现代管理、法律法规、卫生防疫等各方面的知识，不断充实、完善、提高自己，增强驾驭市场经济、应对复杂局面和解决实际问题的能力，真正成为能开拓、善管理、懂卫生知识的行家里手。

大胆实践，树立敢于创新的形象。实践告诉我们，没有创新，工作就打不开局面；没有创新，社会就不会发展；没有创新，人的思维就会僵化。要树立创新意识，须先解放思想。解放思想必须体现在具体工作中，体现在实际行动上。对认准的事，要敢负责任、敢担担子、敢冒风险；对定下来的事，要敢于超越过去、超越常规、超越传统、超越成功的经验，要以敢为人先的闯劲和百折不挠的韧劲，在卫生事业发展的实践中建功立业。

扎实工作，树立真抓实干的形象。抓落实是一切工作成败的关键。要大力弘扬“唯真、唯实、唯严”的“三唯”作风，注重目标求实、措施扎实、作风务实、考核真实，建立健全岗位责任制和责任追究制。全力抓好传染病的防治工作，依法加大医疗机构和食品卫生整顿治理力度，维护人民群众的健康；严格规范城乡医疗秩序，净化医疗市场；端正行风，改善服务，为群众提供良好的医疗环境。要深入基层，贴近实际，坚决杜绝坐而论道、马虎了事、作风漂浮等不良现象；不在花样上动脑筋，多在落实上下硬功，着力形成干净干事、亲民爱民、求真务实的良好政风。

密切配合，树立团结协作的形象。要始终围绕市委、市政府的中心工作，突出加快发展这一主题，鼓劲加压，协同作战。作为卫生局的主要负责人，要把主要精力放在出思路、定盘子、用好人上，放在理大事、抓重点，谋全局上，要严格坚持民主集中制原则，实施民主管理，科学决策，团结班子，爱护同志。要注意发挥班子其他成员的作用，充分调动他们的积极性、主动性，让他们多想事、多做事、多管事。上下左右善沟通、勤交流、多协调，努力形成一个知无不言、推心置腹、互相尊重、配合协调的良好氛围，真正做到合心合拍合力干好卫生工作。

从严治政，树立清正廉洁的形象。清正廉洁是从政者基本的职业准则和职业道德。在新的工作岗位上，要大力弘扬艰苦奋斗、勤俭办事的优良传统，坚决反对铺张浪费，大力压缩各项支出，切实降低工作成本。要带头执行中央关于廉政建设的若干规定和党员领导干部从政的六条准则，始终把自己置于法律、制度和群众的监督约束之下，不滥用权力，不谋取私利。要做到堂堂正正做人，清清白白做官，扎扎实实做事，公公正正执法。常思贪欲之害、常弃非分之想、常怀律已之心、常修为政之德。做到清正廉洁、质朴无华、淡泊平和、两袖清风。努力建设一支政治坚定、勤政为民、公道正派、廉洁奉公、团结高效的高素质卫生医疗队伍。

依法行政，树立法治卫生的形象。卫生局作为市政府的重要职能部门，在推进依法行政、提高政府部门工作水平上担负着重要职责。我将认真履行岗位责任，把依法行政贯穿于卫生工作的实践，自觉依法办事、依法管理、依法行使职权；认真落实行政执法责任制，按照执法范围，抓好任务落实。自觉接受人大监督，坚决贯彻市人大及常委会通过的各项决议、决定，定期向市人大常委会报告工作，重大问题及时向市人大汇报；及时请求市人大常委会领导视察、检查、指导工作，认真办理人大代表的意见和建议；采取聘请人大代表担任执法执纪监督员等形式，及时征求人大代表的意见和建议，不断改进工作，提高依法行政水平。

我的讲话完毕。

谢谢大家！

★★★

## 范例4：教育工会主席就职致辞

【致辞人】教育工会主席

【场　景】教育工会主席就职大会

【时　机】在就职大会上致辞

【风　格】气势磅礴

【关键词】信任　谢意　责任　深感荣幸　鞠躬尽瘁　创造性　重要支柱

【妙　语】不断地学习，不断地进步，一心一意求发展，鞠躬尽瘁为工作；教书育人、管理育人、服务育人，不愧是党联系教职工群众的桥梁和纽带、不愧是社会主义国家教育工作的重要支柱、不愧是教职工合法权益的表达者和维护者。

尊敬的各位领导、各位委员：

大家好！

首先我要对与会的各位代表的支持和信任表示诚挚的谢意！向关心和信任我的各位领导和各位委员表示诚挚的谢意！

今天，我当选为工会主席，这对我来讲是一种挑战更是一种责任，我为我能有机会为工会的工作尽一点绵薄之力而深感荣幸。在今后工会的各项工作中，我还有很多知识要向在座的各位领导和委员们学习、还有很多工作要向在座的各位领导和委员们请教，请大家一如既往地支持我帮助我。在这里，我代表新当选的新一届班子成员表个态：请大家相信，在今后工会的各项工作中，我们一定不断地学习，不断地进步，一心一意求发展，鞠躬尽瘁为工作，绝不辜负各位委员和各位领导对我们的期望。同时也希望各位领导和同事们给予我们不断的支持。

教育工会是市教职工、科研职工自愿结合的工人阶级群众组织，是市教育界的重要社会团体，是重要的产业工会。多年来，她与我们的共和国一道历经沧桑，风雨兼程。在党委和上级工会的领导下，以毛泽东思想、邓小平理论和“三个代表”重要思想为指针，教育工会团结动员广大教职工和科研职工，学习贯彻党的路线和方针政策，认真贯彻工会工作总体思路，发挥了党联系群众的桥梁、纽带作用。

在党的领导下，在全国总工会的指导下，全市广大教育工会工作者更加自觉地在党的领导下紧紧围绕党的中心工作和根本任务，解放思想、大胆探索、发挥优势、勇于实践、扎实工作，为教育事业的建设、发展和改革做出了应有的贡献。我们建立和完善了教代会制度，全面落实党的全心全意依靠工人阶级的根本指导方针，促进高校的民主管理和民主监督，充分调动广大教职工的积极性、创造性。

我们将开展以师德建设为重点的“教书育人、管理育人、服务育人”的“三育人”活动和教学基本功比赛等多种形式，以不断提高教师队伍尤其是青年教师队伍的政治素质和业务素质。我们将开展送温暖活动，密切联系教职工群众，关心他们的生活，为他们办实事、办好事，及时反映他们的意见和呼声，维护他们的合法权益。我们将开展丰富多彩的文体活动，陶冶他们的情操，促进校园精神文明建设。我们将开展建设“教职工之家”活动，不断加强工会自身的建设，以提高工作的整体水平来适应新形势、新任务的需求。

以上事实表明，我市教育工会不愧是党联系教职工群众的桥梁和纽带、不愧是社会主义国家教育工作的重要支柱、不愧是教职工合法权益的表达者和维护者。

## 范例5：城管局副局长就职致辞

【致辞人】城管局副局长

【场　景】城管局副局长就职大会

【时　机】在就职大会上致辞

【风　格】慷慨激昂

【关键词】厚爱　众望　弱势群体　爱岗敬业　共同创建　多作贡献

【妙　语】有决心有信心不辜负党和人民的重望；多帮扶、多监督、多提出宝贵意见和建议，让我在今后的工作中，为党、为人民、为××县的经济建设做出成绩、做出贡献。

各位领导、同志们：

大家好！

首先，感谢上级组织和领导对我的信任以及全县人民对我的厚爱。我被任命为城市管理局副局长，内心非常激动，同时也感到非常荣幸。这是我政治生涯中的一个大转折，我清楚地知道自己肩上的担子重了，压力大了，但我有决心有信心不辜负党和人民的重望。

城市管理工作牵涉到各行各业、千家万户，很多工作直接接触到弱势群体，稍有不慎就会影响到城市管理局的形象。如何贯彻落实好上级的指示精神，完成县委、县政府交办的各项工作任务，又要取信于民，让全体市民基本满意，这就要求我们付出更大的努力。本人将尽最大努力抓好以下几项工作：

一是抓好学习，提高执行党的路线、方针、政策的水平。利用一切宣传工具对市民进行旨在提高文化科学、思想道德、社会公德、法规纪律等方面的素质教育，营造好城市管理舆论氛围。达到全局干部职工爱岗敬业、全体市民积极参与和支持城市管理工作的良好态势。

二是抓好“创三城”工作，使我县在三、五年内成为省级卫生城、园林城、文明城。本着“政府引导、各界支持、全民参与、社会监督”的原则，在力所能及的情况下，对城市硬件不断进行完善，对城区环境卫生进行全面彻底的整治，并逐步制订城市市容和环境卫生管理方面规划和工作计划，将城市管理要实现的阶段性目标、整治措施、设施建设、管理手段等内容相对稳定下来，规范各职能部门有计划、有步骤、坚持不懈地围绕“创三城”活动开展工作。

三是自觉接受人大监督，争取各界人士的全力支持。本人年任局长时间不长，以前都是从事工程技术工作，对行政管理工作经验还不是很足。今后本人将深入实际、了解实情、多办实事。密切联系社区，了解社情民意，听取市民的良好建议和意见。学习周边县市兄弟单位的好经验、好做法，取长补短。密切与本县各部门各单位的关系，争取市民及各部门、单位对城市管理工作的理解和支持。共同创建省级卫生城、园林城、文明城。

各位领导，朋友们，漂亮的话我就不多说了，我愿意用今后的实际行动来证明我的决心。请在座的各位领导对我多帮扶、多监督、多提出宝贵意见和建议，让我在今后的工作中，为党、为人民、为××县的经济建设做出成绩、做出贡献。

★★★

## 范例6：建委主任就职致辞

【致辞人】建委主任
【场　景】建委主任就职大会
【时　机】在就职大会上致辞
【风　格】信心百倍
【关键词】荣幸　支持　廉洁奉公　基层工作　领导经验
【妙　语】廉洁奉公、恪尽职守、不辱使命、不负重托；虚心学习、集思广益，努力做一个合格的、有作为的建委主任；创造良好的条件，打下坚实的基础。

各位领导、各位委员：

今天，能够被任命为建委主任，我感到十分荣幸。首先，要感谢各位领导、各位委员对我的信任和支持。此时此刻，我感到责任很重，压力很大。在此，我向各位主任、各位委员郑重承诺，我将廉洁奉公、恪尽职守、不辱使命、不负重托。

从工作到现在，几十年的时间，我基本上都是在基层工作，今天，组织上安排我担任这一新的职务，对我来说，是一个全新的考验。特别是当前我市正处于建设现代化国际城市、迎办 2008 年北京奥运会水上项目和加快推进城市化进程的关键历史时期，城市建设的任务非常繁重。以我个人现有的知识、能力和水平，与组织上的要求和人民的期望相比都还有一定的差距，但我将尽快适应工作、虚心学习、集思广益，努力做一个合格的、有作为的建委主任。

我相信有市委、市政府的正确领导，有市人大及其常委会的支持监督，有建设系统广大干部职工的勠力同心，再加上我个人十年部队生活养成的雷厉风行的干练作风，二十多年基层工作培养的拼搏进取精神，以及在多个工作岗位上积累的丰富的领导经验，我有决心更有信心按照市委、市政府确定的目标，按照市人大提出的要求，全力以赴抓好各项工作的落实，不断推动我市城市建设工作迈上新的台阶。

当前，我市已进入全面建设小康社会的重要战略机遇期，面对繁重的任务、重大的责任，城市建设工作应该大有可为，也必须大有作为。为此，我将团结和带领建设系统广大干部职工，与时俱进、开拓创新、克难制胜，以崭新的风貌、昂扬的斗志、求实的作风、进取的精神，按照“四新”的要求，开创出我市城市建设工作的崭新局面，为我市的经济建设、改革开放和社会各项事业的发展创造良好的条件，打下坚实的基础。

再一次感谢各位领导、各位委员对我的信任，谢谢在座的各位对我的支持！

谢谢！

## 范例 7：教育局副局长就职致辞

【致辞人】教育局副局长
【场　景】教育局副局长就职大会
【时　机】在就职大会上致辞
【风　格】慷慨激昂
【关键词】信任 欣喜 殚精竭虑 乘势而上 突破
【妙　语】互相信任、互相尊重、互相支持、取长补短；围绕教学抓管理、围绕教学抓质量，努力使全县的教育教学水平有一个新的突破。

尊敬的各位领导，同志们：

承蒙组织的信任，让我担任县教育局副局长这一职务，在这个非常时刻，说心里话是压力多于欣喜，责任甚于欣慰，多年的教育工作经历，使我深知县级教育行政领导这副担子的分量和责任，也清楚它的意义。它饱含着县委、县政府的高度信任，寄托着在座每一位同志的殷切希望。

过去的几年，在县委、县政府的高度重视下，通过几届教育局领导班子的扎实工作和全县教育系统广大干部职工的共同努力，我县的教育工作取得了新的成绩。要使全县教育工作不断有新的突破，我深知肩上责任的重大，但既然组织信任我，我就会义不容辞地承担起这个角色理应承担的责任和义务，切实履行职责，殚精竭虑干好工作，勤奋学习，不辱使命！在今后的工作中我将做到：

一、加强学习，不断提高自身综合素质

认真学习政治理论和教育教学管理知识，不断提高自身政治理论素质，科学决策水平，依法行政水平和分析问题，处理问题的能力，增强做好教育工作的积极性和主动性。

二、认真贯彻执行民主集中制，尊重团结班子的每一名成员

做到班子成员之间团结协作，互相信任、互相尊重、互相支持、取长补短，真心实意地与其他同志合作共事，同舟共济，增强全局意识和大局观念，最大限度地调动每一位班子成员的积极性，发挥出班子的最佳效能。

三、转变作风，重视打造求真务实、廉洁、高效的班子新形象

找准工作着力点和突破口，切实深入教育工作第一线。狠抓教学质量和日常管理，向管理要质量，向教研要效果，努力提升育人水平，执著追求成才效果。力争通过几年的努力，使全县的教师逐渐成为素质高、教学过硬、责任心强的职工队伍，让教学质量成为广大教师骄傲的资本，让校园成为教师的乐园。同时，提两点希望与全县教育管理工作者共勉，一是立足现实，总结经验，转变作风抓管理。二是抓住机遇，乘势而上，巩固成果促发展。

××××年是贯彻落实“十五”规划的××年，是加快发展、承上启下的关键之年，必须清醒地认识到教育教学工作面临着新的机遇，同时也将遇到新的困难和问题，但我相信在县委、县政府的正确领导下，团结一班子人，齐心协力，切实加强对教育教学工作的领导，依法行使行政职能，认真履行职责，与全体教育系统的职工一道同心同德、克服困难、勤奋工作，围绕教学抓管理、围绕教学抓质量，努力使全县的教育教学水平有一个新的突破。

★★★

## 范例8：连队指导员就职致辞

【致辞人】连队指导员

【场　景】连队指导员就职大会

【时　机】在就职大会上致辞

【风　格】气势昂扬

【关键词】靠山王　好评　监督　团结一致　互相促进

【妙　语】和大家一起，团结一致，同心同德；互相帮助、互相关心、互相爱护、同劳动同娱乐，紧密地团结在一起；能奏响求实创新、团结奋进的进行曲，响遍大西北。

同志们：

大家好！

大家对我的到来，也许比较陌生，那么请允许我做一下自我介绍：我叫××，看过《××》这本书的同志都知道书中有个靠山王××，而我，没有他那么武艺高强，名声显赫！熟悉歌坛的同志也肯定知道，台湾有个叫××的女歌星，但我也没有她那么美妙的歌喉和身材，我有的只是大众化的五官，健壮的外表，老实、肯干的性格。××年××月我从陆军学院毕业来到了××当排长，××××年××月到××担任××到现在。

从今天开始，从现在这个时刻开始，我将和同志们一起工作、学习、生活和训练，我很高兴！同时也很感谢上级领导和组织对我的信任，给了我和大家肩并肩在一起朝夕相处的机会，还在××担任××的时候，我就对咱们这个连队有了一定的了解，咱们这个连队，关键时候能够拉得出、开得动、用得上，在几次执行上级重要任务时，都圆满地完成了上级所赋予的任务，受到了领导的好评！

对大家来说，我是陌生的，而对我来说，指导员这个职务也是同样陌生的。在这里，我只想提一个小小的希望，希望大家给我一点时间，给我一点彼此相互了解熟悉的时间，给我一点熟悉咱们连队工作、性质、任务的时间，使我能更早更好地进入角色，进入状态！

在这里我简单地向大家表个态，请大家监督。

在工作中，我会对自己高标准，严要求，主动配合好连长和其他连队干部的工作，和大家一起，团结一致，同心同德严格按照江主席提出的“政治合格、军事过硬、作风优良、纪律严明、保障有力”的总要求，坚定不移地做好我连的建设目标，使我们连队的全面建设再上一个新台阶，把我们的工作完成得更出色。

在生活中，让我们互相帮助、互相关心、互相爱护、同劳动同娱乐，紧密地团结在一起，真心希望得到在座的各位朋友、兄长的认可，让我们手拉手、心连心，为了一个共同的愿望，携手共进，把我连的各项建设推向一个新的高峰！在学习中，让我们互相促进，共同提高，养成爱学习的好风气。达到学有所成、学有所得、学有所用、学有所为，使你们的头脑和才智得到充实和发挥，也使我在指导员这个职位上得到更好的锻炼。

也希望在今后的日子里，大家多给我一些鼓励，多给我一些支持，多给我一些帮助。也愿我的加入，能奏响求实创新、团结奋进的进行曲，响遍大西北。

愿我们的连队明天更美好。

★★★

## 范例9：医院院长就职致辞

【致辞人】医院院长

【场　景】医院院长就职大会

【时　机】在就职大会上致辞

【风　格】条理清晰

【关键词】正轨　共勉　指正　无可比拟　答卷　厚爱

【妙　语】医疗和服务水平勿容置疑，地位和作用，不可替代；其设施和技术无可比拟；树立起主人翁意识，同心协力，同舟共济；一流环境、一流技术、一流服务、一流设备。

各位领导、各位来宾：

大家好！

根据组织安排，我到××市××医院任院长一职。我深感肩上担子的分量和责任的重大。今天与班子见面，各项工作也就全面进入了正轨。借此机会，谈几点感性认识和一些想法与大家共勉，不当之处，请各位领导和班子成员指正。

作为全市医疗机构的龙头，多年来，在市委、市政府的正确领导下，在历届领导班子打下的坚实基础上，我们医院无论是外部形象还是内部建设，无论是基础设施改善还是医疗水平提高，无论是学科建设还是医德医风树立，各方面都有了长足进步。在我市来讲，××医院的医疗和服务水平勿容置疑，地位和作用不可替代，设施和技术无可比拟。

悬壶济世，救死扶伤，是我们医务工作者的天职。我认为，我们的各项工作，必须紧紧围绕达到“三个基本满意”的目标，即让领导基本满意，让职工基本满意，让群众基本满意。实现这“三个基本满意”的目标，需要我们领导班子和全体员工真正树立起主人翁意识，同心协力，同舟共济。人人尽一份努力，人人做一份贡献。作为院长，在任职期限内，在市委、市政府的坚强领导下，在卫生局的大力支持下，在同志们的密切配合下，我有决心、有信心团结带领全体人员，为了我们共同的目标，不遗余力，把各项工作做好，向上级党组织和全体员工交上一份合格的答卷。

通过最近几天的思考，我认为，在今后的工作中，有这么几点需要我们，尤其是我个人，牢牢把握好：

第一，千方百计加强学习。

第二，千方百计增进团结。

第三，千方百计加快医院发展。

第四，千方百计加强自身建设。

多年来的工作实践，我始终坚持一个原则那就是不求惹眼政绩，但求无愧吾心。在新的岗位，我也不做什么漂亮的许诺，重要的是实实在在地行动，扎扎实实地工作，做到为官一任、造福一方。总之，要通过自己和在座各位的共同努力，真正把我们医院建成我市“一流环境、一流技术、一流服务、一流设备”的上水平、上档次医院，决不辜负组织的重托，决不辜负大家的期望和厚爱。

★★★

## 范例10：建筑公司经理就职致辞

【致辞人】建筑公司经理

【场　景】建筑公司经理就职大会

【时　机】在就职大会上致辞

【风　格】信心百倍

【关键词】信任　激动　团结奋进　领路人　龙头企业

【妙　语】殚精竭虑、恪尽职守、勤奋耕耘；我将不负重托、不辱使命、谋事敬业、开拓创新、用辛勤和汗水、使公司成为同行业的龙头企业！

各位同事：

大家好！

首先我要感谢总公司对我的信任，让我担任公司经理一职。今天我面对新的工作环境、面对新的领导班子成员以及公司全体员工，心情十分激动。作为××总公司下属分公司的领导，在今后的工作中，我有信心带领公司领导班子成员，继续发扬“争第一，攀高峰”的企业精神和“团结奋进、顽强拼搏”的优良作风，共同把公司管理好、发展好。为此，我将倾注全力，为发展公司事业殚精竭虑、恪尽职守、勤奋耕耘，并在工作中努力做到以下四点：

一、依法管理，自觉接受群众监督

作为公司新一届的经理，我将在自己任职期内，勤勤恳恳、兢兢业业做好自己本职工作，努力发挥核心作用，使整个领导团队发挥出更好的作用。我们都知道，管理是基础，服务是前提，发展是动力，三者需要紧密结合，相辅相成，缺一不可。……

二、勤于学习，提高驾驭全局的能力

自从接受任命以来，我感觉到有许多东西都是要静下心来认真学习、研究的。一是建筑行业管理涉及到许多行业法律法规、工程技术知识，专业技术性较强，这些对于我来说都是“新面孔”。二是在工作中我感觉到，经理不仅仅是一个负责行政审批的一把手，更是一个肩负着历史重任、带领全公司共同发展的领路人。……

三、廉洁自律，建设一流管理队伍

建筑行业是国家反腐倡廉的重点行业，廉政工作不能有丝毫马虎和松懈。我将全面贯彻执行民主集中制原则，进一步健全领导班子集体领导决策制度，重大问题必须经过领导班子集体研究决定，并注意听取干部职工意见。做到领导班子思想一致，行动一致。……

四、服务至上，打造企业品牌意识

各位同人，在当前市场环境中，我们要时刻保持头脑清醒，决不能轻视当前竞争残酷激烈的市场环境，要有“生于忧患，死于安乐”的觉悟，要有居安思危、如履薄冰的风险意识，要认识到我们还有很多不足，与同行业一些龙头公司还有差距。

最后，我希望公司全体员工以高度的敬业精神全身心地投入到工作中，同时，我有决心、有信心带领新班子全体成员以及全体员工，把公司做强做大、加快公司改革步伐、整合内外部资源优势、实现企业有效扩张、在做强的基础上稳步把公司做大。我将不负重托、不辱使命、谋事敬业、开拓创新、用辛勤和汗水，使公司成为同行业的龙头企业！

★★★

## 范例 11：集团总经理就职致辞

【致辞人】集团总经理

【场　景】集团总经理就职大会

【时　机】在就职大会上致辞

【风　格】激情四射

【关键词】激动　战略目标　优势资源　有效扩张

【妙　语】本本分分做人、扎扎实实做事；居安思危、如履薄冰的风险意识；实现企业有效扩张，在做强的基础上稳步把公司做大。

各位领导，同志们：

今天起，我将担任××集团总经理一职，感谢组织对我的信任，感谢董事长、副董事长以及前三任执行总经理对我的培养。今天我面对组织、面对领导、面对新的领导班子成员以及面对××集团总部全体员工，我心情很激动，同时也很有信心带领公司新领导班子成员，继续发扬“只争第一，不做第二”的××精神和“团结奋进、顽强拼搏”的优良作风，共同把公司管理好、发展好。在这里我向组织，向董事长、副董事长、新领导班子以及全体员工表态：

一、任总经理期间，我首先要做到本本分分做人、扎扎实实做事，力争把事做好。在工作中我将发挥领导班子的核心领导团队作用，做到分工明确，各尽其责，带领全体员工把各项工作做好。

二、开发工作方面，在前任总经理的领导下，公司发展势态良好。××××年下半年，公司的新领导班子将继续以××为导向，创新××开发策略并进一步拓展××开发渠道，力争年底中标合同额突破××亿元。

三、生产经营工作方面，以年工作报告精神为指导，坚持以项目为中心，以质量和成本为主线，加强项目成本管理力度，尤其针对××××年下半年材料、水泥、燃油、石料等原材料价格大幅度上涨等不利因素给公司带来的经营风险，确定××××年的工作重点是：加大精细管理力度，不断提高创利水平。目前时间已过半，截止××月底已完成计量产值××亿元，占全年计划的××%，下一步要抓住第三季度这个施工旺季，确保年底实现计量产值××亿元，力争突破××亿元。

四、实现公司跨越发展的战略目标，在今后的管理中要进一步加快人力资源开发，加大对员工能力培训和人才的引进与培养，使公司的人才结构不断优化，使公司的人力资源真正成为公司的优势资源。

在公司良好的发展势头下，我们同时要保持清醒的头脑，不能轻视当前残酷激烈的市场环境，随时要有居安思危、如履薄冰的风险意识，要认识到我们还有很多管理方面的不足，与各兄弟单位在某些方面还有差距，公司各项目之间管理水平还有差距。

总之，在董事会的正确领导下，在全体××人敬业精神的鼓舞下，我有决心、有信心带领新领导班子全体成员以及全体××人，把公司做强，在公司未来发展中，力争提前实现“同业多元跨越发展”第二阶段目标，进一步扩大市场，开发公路养护市场，通过横向联合，继续开发轻轨、地铁、隧道施工场，加大公司体制改革步伐，整合内外部资源优势，实现企业有效扩张，在做强的基础上稳步把公司做大。

★★★

## 范例12：销售总监就职致辞

【致辞人】销售总监

【场　景】销售总监就职大会

【时　机】在就职大会上致辞

【风　格】信心百倍

【关键词】无比欣慰　友好　和谐　敬业　昼夜不停　无怨无悔

【妙　语】只为成功想办法，不为失败找理由，狭路相逢勇者胜，烧不死的鸟就是凤凰！当我们的生命燃成熊熊大火时，我们公司事业已如日中天。

各位领导、各位同事：

晚上好！

非常荣幸能加入××公司，能有机会与各位领导和同事共同为××公司这艘舰艇的远航献上一份力量，我感到无比欣慰，我相信，只要××公司上下心连心、手拉手、肩并肩、同荣辱、共奋斗，我们公司就一定能成为××行业的航母。在这里，特别感谢××公司能给我这个搭载这艘航空母舰的机会。

首先，我先谈一下入职几天来的感受，虽然我的入职时间仅仅一周，但公司给我留下了深刻的印象，一是公司氛围非常好，上下级间、同事间都非常友好、和谐，充满着浓郁的亲情文化，正是这种亲情文化让我感受到，我们之间的关系除了基本的雇佣关系外，更是一种充满温馨、关爱的家人关系；二是公司的硬件资源达到相当的水平，这包括公司的厂区、生产车间、生产设备、配套设施，硬件资源，这些必将为公司将来的跨越式发展和腾飞提供强大保证；三是公司同事工作都非常敬业，我发现门卫以及后勤人员每天很早就在修剪草坪以及绿化树木，生产部门的员工也都能忘我工作确保生产线昼夜不停，财务人员工作也非常敬业。

其次，我想谈下，关于公司营销管理方面，个人初步工作思路，由于时间有限，对公司内外部资源状况以及信息了解尚不充分，若有不当或失实之处，请各位领导和同事指正！

第一，公司需要进一步完善营销战略规划及其战略执行方案。……

第二，公司销售模式有待于进一步完善和细化。……

第三，目标市场细分和区域市场选择需要更进一步明确。……

第四，公司需要进一步加大营销团队建设。……

以上是我个人的粗浅认识及看法，希望在以后的工作中，各位同事能多提宝贵意见和建议，并希望能获得大家的大力支持和配合，我在这里表示衷心感谢。

最后，我引用《××》杂志社社长××的话与各位同人共勉：在沙漠，在高原，在繁华的都市，在贫瘠的农村，等着我们的都是困难。我们营销团队的责任就是披荆斩棘，用生命、热血去铺筑我们公司未来的发展之路。胜则举杯相庆，败则拼死相救。只为成功想办法，不为失败找理由，狭路相逢勇者胜，烧不死的鸟就是凤凰！当我们的生命燃成熊熊大火时，我们公司事业已如日中天。我们可以骄傲地说：我们今生无怨无悔！

## 第三节　离职、工作调动致辞

离职和工作调动致辞，是指领导干部因工作调动或者任职届满、离退休时，离开单位时畅叙情谊、表示告别而发表的致辞。主要是回顾自己的工作经历、取得的成绩以及和同志们之间的情谊，此外，还可以对同志们提出新的希望。

致辞的开头，一般表明自己即将离任的心情、离职或者调动的原因，对于大家一贯以来的工作生活等方面的支持和信任表示感谢。例如：××××年的隆冬时节我来到这里，而今即将伴着和煦的春风离去，已过不惑之年的我就要挥别这曾经工作过的地方，踏上人生新的征程。此时此刻，我的心情很不平静，回顾过去的一年，这几日我辗转难眠，有太多的感慨和留恋，依依不舍之情常常浮现在眼前。这里有我朝夕相处的同事，有给予我无私帮助的朋友，有关怀爱护我的各级领导，有以大局为重支持理解我的同志们，借此机会，我要向你们致以诚挚的谢意！谢谢你们！

致辞的主体部分，一般要交代离职或者调动者的原因、情况，回顾在本单位的工作经历，对自己的工作进行总结，表达对同志们支持和信任的感谢，表达出依依不舍的眷恋之情。例如：一年零四个月的时间转瞬即逝了，直到这时我才真正理解了来去匆匆的内涵，虽然区区一年不过是漫漫人生旅途中的弹指一挥间，但这里良好的环境，朴实的作风，真挚的情感，热情的同志，都给我留下了永不磨灭的印象。我想，无论走到哪里，今后，××市都将是我魂牵梦绕的地方，我将时常想起它。即使在此时此刻，想起同志们对我工作的大力支持和个人的鼎力相助，我就深受感动，并将永志不忘！

在过去的工作中，作为市局一把手，在班子成员的支持下，我尽最大的努力，做了一些有利于全局、有利于同志们的事情，有一些还在实施之中，有一些没能够实现，我也倍感遗憾！尤其是人非圣贤谁能无过，我在工作中，肯定会有一些事情，没有做到恰到好处，虽然我讲原则重感情，但由于对工作要求过严、过急，难免会伤害一些同志的情感和自尊，在此我深表谦意恳请谅解！我相信，同志们都能从工作角度出发，对我个人和我的工作给予理解，谢谢你们！

致辞的结尾，一般是表达自己对于将来岗位或者未来生活的决心和信心，表达自己对本单位的祝愿和眷恋，最后再次表达对大家的谢意。例如：最后让我把各种情感汇集成对同志们的良好祝愿！祝同志们身体永远健康，家庭幸福和睦，万事顺心如意！

致辞的过程中，要着重经验的总结，而不是邀功；要着重集体成绩的肯定，而不是个人；要敢于展示自己的失误，而不是一味地文过饰非；提出希望和建议要讲究语气，而不是一味地训话。

★★★

## 范例1：地税局领导在离职大会上致辞

【致辞人】地税局领导

【场　景】地税局领导离职大会

【时　机】在离职大会上致辞

【风　格】逻辑清晰

【关键词】殷切期望　拥护　祝贺　新的征程　谢意　魂牵梦萦

永志不忘

【妙　语】辗转难眠，有太多的感慨和留恋，依依不舍之情溢于言表；良好的环境，朴实的作风，真挚的情感，热情的同事，都给我留下了不可磨灭的印象。

同志们：

刚才，××副局长宣布了××市地税局领导班子变动情况的决定，并代表省局作了重要讲话，提出了殷切期望。首先，我对省局的安排表示衷心的拥护！同时对××同志的任职表示最良好的祝贺！

××××年的隆冬时节我来到这里，而今即将伴着和煦的春风离去，已过不惑之年的我就要挥别这曾经工作过的地方，踏上人生新的征程。此时此刻，我的心情很不平静，回顾过去的一年，这几日我辗转难眠，有太多的感慨和留恋，依依不舍之情溢于言表。这里有与我朝夕相处的同事，有给予我无私帮助的朋友，有关怀爱护我的各级领导，有以大局为重支持理解我的同志们，借此机会，我要向你们致以诚挚的谢意！谢谢你们！

一年零四个月的时间转瞬即逝，直到此时我才真正理解了来去匆匆的内涵，虽然一年不过是漫漫人生旅途中的弹指一挥间，但这里良好的环境，朴实的作风，真挚的情感，热情的同事，都给我留下了不可磨灭的印象。我想，无论走到哪里，今后，××市都将是我魂牵梦索的地方，我将时常想起它。此时此刻，想起同志们对我工作的大力支持和鼎力相助，我就深受感动，并将永志不忘！

在过去的工作中，作为市局一把手，在班子成员的支持下，我尽最大的努力，做了一些有利于全局、有利于同事们的事情，有一些还在实施之中，有一些没能够实现，我也倍感遗憾！俗话说：人非圣贤孰能无过，我在工作中，肯定会有一些事情，没有做好，虽然我讲原则重感情，但由于对工作要求过严、过急，难免会伤害一些同事的情感和自尊，在此我深表歉意恳请谅解！我相信，同事们都能从工作角度出发，对我个人和我的工作给予理解，谢谢你们！人生自古伤别离，工作的需要不以我个人的意志为转移，我要遵照省局安排，离开我一直生活和工作的地方，离开与我并肩战斗的同志们。虽然离开了这里和大家，但我会一如既往地关心××市地税事业的发展，关注同志们的成长和进步。我相信只要同志们携手并肩，真抓实干，以××同志为首的新一届领导班子一定会率领大家开创××市地税局更加辉煌的明天。我也衷心祝愿××同志在××市地税局工作顺利、生活愉快！

最后让我把各种情感汇集成对同志们的良好祝愿！祝同志们身体永远健康，家庭幸福和睦，万事顺心如意！

今后，请大家在路过××市时到我家里做客，我会热情地接待你们！

谢谢同志们！

★★★

## 范例2：市领导在市委书记调职欢送仪式上致辞

【致辞人】市领导

【场　景】市委书记调职欢送仪式

【时　机】在欢送仪式开始时致辞

【风　格】气势磅礴

【关键词】祝贺　有目共睹　经济发展　改善　贡献

【妙　语】勤勤恳恳、艰苦奋斗；我市实现经济持续、快速、健康的发展和社会的全面进步，做出更大的贡献。

各位同志：

今天，我们怀着激动的心情给××同志送行，首先，请允许我代表市委、市政府并以我个人的名义向××同志升任地委委员表示衷心的祝贺。

××××年，××同志来到××任职。××年多来，作为带头人××同志团结和带领全市××万各族干部群众，勤勤恳恳、艰苦奋斗，使××市经济发生了新的变化，取得了新的成绩，这些是大家有目共睹的。

这××年是××市发生巨大变化的××年，是××市经济发展、社会稳定、民族团结、社会进步的××年，是全市人民生活大改善的××年。

××同志在这××年中，深入实际，密切联系群众，切实起到了带头作用，为我们积累了丰富的工作经验，树立了榜样，在他的指导和帮助下，我们学到了许多好的工作经验和工作方法，受益匪浅。我们相信，今后，××同志一定会继续关心和指导我们的工作，为我市实现经济持续、快速、健康的发展和社会的全面进步，做出更大的贡献。

最后祝：××同志在新的岗位上工作顺利，取得更大的成绩。同时，祝××同志在××市学习期间身体健康，万事如意。

★★★

## 范例3：县领导在岗位调动欢送大会上致辞

【致辞人】县领导

【场　景】岗位调动欢送大会

【时　机】在欢送大会上致辞

【风　格】措辞严谨

【关键词】难以平静　问候　共同帮助　勤劳朴实　富裕安康

【妙　语】民风淳朴，群众勤劳朴实；对认准的路子就不要松劲；不要忘记我这个曾经一起共事的老朋友。

各位领导，同志们：

最近，市委决定派我到新的岗位去工作，我将要离开我工作多年的地方了。今天晚上，在这里举行这样隆重的宴会，欢送我和其他三位调离××县的同志，此时此刻，我的心情难以平静。借此机会，向多年来关心、支持、理解我的各位领导和同志们表示最衷心的感谢！并通过大家向全县人民群众表示诚挚的问候！

我从××××年××月到××县工作以来，尤其是担任××以来的××年多时间里，在县委的正确领导，县人大、县政协的大力支持，和各乡镇、各部门以及全县广大干部群众的共同帮助下，一直想着尽最大努力多做一些好事，少干一些错事，避免办坏事，可以说是尽职尽责地做了一些事，工作上没有偷懒，也没有耍滑。至于所做的工作是做对了，还是做错了，请大家在今后的工作中去评说，让时间去检验吧！

说实在的，我在××县工作的××年间，尤其是近几年市里抓发展、抓项目的大环境对工作的要求越来越高，对我来说，深感力不从心。我长期在基层工作，但在跑项目方面，从思想上、观念上还有一些欠缺，这是我的一个短处，加之文化水平不高、能力水平有限，以及身体方面的原因，自己向组织主动提出变动工作岗位的想法，这次调动算是组织对我的照顾，满足了我个人的愿望，这样既对××县的发展有好处，也对我自己有好处。今天我将要调离××县，本来不应该再多说话了，但由于多年的工作情结和与大家相处的情份，使我深深地感受到了××县民风淳朴，群众勤劳朴实，从到××县工作的第一天起，我就没有把自己当外人来看待，多年的生活和工作使我对这个地方的一切有了很深厚的感情。今天，借这个比较特殊的场合，想说几句心里话，算是和同志们的交心，也是我对××县的美好期盼吧。

第一句话是，对认准的路子就不要松劲。……

第二句话是，穷地方要特别重视抓教育。……

第三句话是，抓好干部队伍建设是做好工作的根本。……

以上，如果有说得不对的地方，请大家谅解。同时，由于我的性子比较耿直，工作中有时也不太注意方式方法，在一些方面可能对大家从情感上有伤害的地方，恳请大家不要计较，我们还是好朋友！

最后，再一次感谢大家多年来的帮助和支持，希望在座的各位不要忘记我这个曾经一起共事的老朋友。衷心祝愿同志们身体健康，工作顺利，合家幸福；祝愿××县的事业蒸蒸日上，××县的明天更加美好，××县的人民更加富裕安康！

谢谢大家！

## 范例4：总经理在职位调动大会上致辞

【致辞人】总经理

【场　景】职位调动大会

【时　机】在调动大会上致辞

【风　格】谦虚谨慎

【关键词】调整 信任 鼓舞 鞭策 歉意 眷恋 勤勤恳恳 努力奋斗

【妙　语】永远回忆和珍藏；带来无限的慰藉与欢乐；积极解放思想、与时俱进、开拓创新，为××公司的发展而努力奋斗。

各位领导，同人们：

根据企业发展需要，总公司对××公司领导班子进行了调整，任命我为××公司总经理，虽然这个决定对我来说很突然，但我还是非常感谢总公司领导对我的信任。

总公司对××公司领导班子包括我本人的工作给予了充分肯定，这是对我极大的鼓舞和鞭策。从××××年××月来到××公司，转眼已经快××年了。……

所有成绩的取得，靠的是上级组织的正确领导，靠的是邓小平理论和"三个代表"重要思想的正确指引。成绩归功于党组织和全体员工的埋头苦干、勤奋工作；归功于领导班子成员的思想统一、团结协作；归功于各部门的开拓进取、扎实工作；归功于各位老领导、老同志们的关心爱护和大力支持。在此，我向同志们表示衷心的感谢！由于自己能力和水平的局限，仍有一些工作做的不够好，一些事情还没有做完，留下了不足与遗憾。我认为，如果我在学习上再刻苦一些，决策水平和工作质量或许会更高一些；如果我在工作中能更深入一些、接触员工更广泛一些，考虑问题或许会更全面一些，遗憾会少很多。今天也借此机会，向这么多年来因我个人主观原因，给××公司带来的遗憾以及给同志们的抱怨，表示深深的歉意！

今天我将告别同志们，走上新的岗位。我的心情很不平静，××公司的一草一木、一砖一瓦，时时萦绕在我的心头，使我难忘，令我眷恋。无论走到哪里，我都会永远回忆和珍藏与大家在一起的日子，××公司的每一点进步，都会给我带来无限的慰藉与欢乐，同志们的每一次进步，都会使我感到无限的喜悦与鼓舞。

从今天开始，我开始正式担任××公司总经理职务，我将以扎扎实实的工作作风，勤勤恳恳的工作态度，尽职尽责地干好每一项工作，认真听取各方面的意见和建议；我将进一步加强学习，不断提高自已驾驭管理工作和应对纷繁复杂局面的能力，以勤补拙，用全身心的投入来弥补自身能力的不足。在此也恳切在座的同人，能一如既往地关心支持我的工作，多提批评意见，使我能及时地发现问题、解决问题，找出工作中的不足和差距，采取积极有效的措施加以弥补和纠正。由于××公司刚刚成立，一切都要从头开始，将会面临譬如起步晚、信息落后、经验不足等困难，所以我衷心希望总公司能在物力、人力、财力等多方面给予我们充分的支持和帮助。

各位，今年是××公司的起步之年，做好今年的工作，对××公司今后一个时期的发展关系重大，我将积极解放思想、与时俱进、开拓创新，为××公司的发展而努力奋斗！

谢谢大家！